CSSCI 来源集刊

語言學論叢

ESSAYS ON LINGUISTICS

（第五十九辑）

北京大学中国语言学研究中心
《语言学论丛》编委会编

商務印書館
创于1897 The Commercial Press

2019年·北京

《语言学论丛》编委会

《语言学论丛》实行双向匿名审稿制度

编辑琐语

《语言学论丛》第五十九辑是词汇学专辑，该专辑的缘起是2016年3月由北京大学中文系、北京大学中国语言学研究中心、北京大学对外汉语教育学院共同承办的“词汇学国际学术会议暨第十一届全国汉语词汇学学术研讨会”在北京大学的举办。为弘扬我国词汇研究的优良传统，推动新时代背景下词汇研究的进一步深化，同时为了展示北京大学中文系在词汇研究方向上的最新成果，北京大学中国语言学研究中心在2016年词汇学会议后向会议特邀专家，特别是外籍专家及北京大学中文系师生、校友征稿，最后集结成《语言学论丛》词汇学专辑，以反映词汇研究的现况。限于《论丛》篇幅，还有不少与会者在词汇研究方面的最新研究成果只能割爱，未能收录，敬请谅解。

词汇研究在中国有着悠久的历史，世界上第一本词典《尔雅》即诞生于中国西汉时期。两千多年的中国小学史中，无论文字学、音韵学或训诂学的研究，归根结底都要落实到词汇单位上。19世纪末以后，受西方语言学影响，语法学迅速占据了中国现代语言学的主流，并且在整个20世纪中，语法与词汇的区别被过于拉大，在主流语言学理论中，词汇单位、词语的概念义研究几乎没有地位。20世纪末以来，一些新兴学科领域特别是认知心理学、认知语言学、语料库语言学、计算语言学、人工智能等的产生和发展，为词汇研究开拓了新的视角，对词汇研究提出了新的要求，在一些新兴语言学流派如词汇功能语法、词语法、构式语法、生成主义背景下的词汇语义学、生成词库、词网、认知语义学、自然语义元语言等的研究理念和理论架构中，对词汇单位的重视以及研究的广度和深度均达到了前所未有的新高度。

北京大学在汉语词汇研究方面有着深厚的传统学养，继前辈学者如王力、魏建功、岑麒祥、高名凯、周祖谟等先生分别从汉语史、现代汉语、语言学理论等方面对汉语词汇学这一语言学分支学科的开创之功，后继学者如贾彦德、徐通锵、曹先擢、符淮青、蒋绍愚、张双棣、张联荣等先生对这一学科的巩固与进一步发展起到了重要的推动作用。在当今中青年学者中，北大词汇研究传统也得到了很好的传承，并在断代词汇学、历史词汇学、词汇语义学、词汇类型学、词汇化、词法学、词典学、第二语言词汇习得等领域都做出了新的开拓。这本专辑中既有对语义演变的探索，也有对词汇更迭的考量，既有词源考证，也有热度追踪；有对概念内容的逻辑语义分析，有对语法属性的论证，有带特定标志词的句式意义研究，也有对理论流派的详细介绍；有单语范围内对概念场的考察，也有跨语言视域下对同类词的宏观审视；既有对音义关系的考辨，对历史文化背景的追溯，也有来自句法结构的观照，以及基于方言地理背景的阐释。总体看来，本专辑的视野非常宽广，研究内容涉及了词源学、训诂学、音韵学、句法学、形态学、方言学、类型学、结构语义学、新生成主义语义学、认知语义学等。其中所采用的具体理论观点和方法，比如从普遍的概念框架来把握一类词的语义分布及历史演变，从概念要素的角度来观察词义演变的方向和结果，利用当代搜索引擎和统计学方法来搜集和分析语言数据等，都是新世纪前后产生的新思路和新方法。对前沿理论、方法的关注无疑给词汇研究注入了相当大的发展活力。因而，尽管本期专辑未得以展示北京大学语言学专业学人词汇研究的全貌，却依然很好地传达了这个团队秉承传统而来的一种精神气质，即脚踏实地、意在高远——永远以尊重琐细的语言事实为先导，始终以探寻事实中蕴含的普遍真理为终极目标，于细微处见格局，在不懈探索和创新的过程中，力求不断超越。

词汇是当今语言学本体及应用研究的一个重要议题，是句法研究乃至更大的语言单位如语段、语篇研究的基石，也是自然语言处理及人工智能、二语习得及教学等领域深入研究的先决条件之一。在当今词汇研究的重要性得以重新回归学界视野的大背景下，如何继承传统，努力创新，借鉴其他语言研究成果、其他语言学分支学科乃至计算机科学、心理学、地理学、文化人类学等其他领域的成果以更好地推进词汇研究，仍然需要更多学人的共同努力。

是为记。

《语言学论丛》编辑部

2019年5月

目 录

CONTENTS

类型学视野下身体部件字转义的语义和语法考察*

赵果 刘玉杰

提要 本文通过对17种语言的14个身体义场字的转义模式的调查发现：1.语义方面：王洪君（2005a）提出的身体义场单字在保持［隶属］不变的前提下转义为无生物的隶属物、人的抽象隶属物、抽象事物的隶属物的转义模式亦适用于各语言身体部件字的转义分析，且不同身体部件字转义遵循的路径不同。2.语法方面：不同形态类型语言的身体部位字转义的语法表现不同，屈折语、黏着语转义和本义的语法形式基本相同，而作为孤立语的汉语，转义义项和本义义项语法表现不同，本义义项较转义义项自由。转义仍然为名物性的单字在功能上失掉了独立运用的能力，只能做词根。本义和转义在语法功能上呈现出根词—词根的对立。

关键词 字 身体部件 转义 词汇类型学 词根 根词

1 前言

词汇类型学研究通常从以下几个角度进行：第一个角度是从概念出发看词形，讨论不同的概念要素是通过什么样的语言形式表达的，比如莫斯科词汇类型学研究小组（MLexT）对水中运动动词、旋转动词、疼痛动词等的研究（参见李亮 2015）以及李亮（2015）对物理属性形容词的研究；第二个角度是从词形看概念，讨论同一词形下，概念是如何扩展的，各语言的共性和个性是什么，路径和

收稿日期：2017-7-13；**定稿日期**：2018-10-17。**通讯作者**：赵果。

* 本课题得到国家社会科学基金重大项目“对外汉语教学语法大纲研制和教学参考语法书系（多卷本）”（项目号17ZDA307）和北京语言大学校级科研项目（中央高校基本科研业务专项资金）（项目号18YJ080601）资助。在研究过程中得到王洪君教授的悉心指导，在此谨致谢忱！衷心感谢审稿专家的意见和建议，在此谨致谢忱！文中所有不当之处，由作者本人负责。

边界是什么，比如“colexification（共词化）”的研究（参见Alexandre François 2008，赵果 2017a）。第三个角度是对语言整体词汇系统的比较，比如早期类型学对屈折语、黏着语和孤立语的划分以及Talmy（2000）的词化类型研究。

本文所做的语义和语法考察是分别从后两个角度进行的研究。语义考察主要涉及语义变化的路径，语法考察则涉及形义关系。从语法的角度看，不同语言中具有相同所指的不同词形（如head和“头”）在各自的语法系统（理论）中有不同的称呼。如，英语中的“the head group of a parade”和汉语中的“头雁、头羊”，head和“头”都指“在前头的”，但是英语中的“head”此时是形容词，虽然词性变化，但是仍然是“word”（参看《英汉大词典》），汉语中的“头”此时是语素，但仍然是一个“字”（参看《现代汉语词典》（第6版））。语言的形义关系有两层，一层是语音形式和语义的关系，一层是书写符号和语义的关系。汉语的“字”和英语的“word”都是关联词汇、语音、文字三个层面的跨层单位，在跨层关联的枢纽性系统地位上具有对等性，“head”和“头”，都可以称之为一个“语汇字”（参见王洪君 2008），所以本文从语言单位在语言系统中的地位的对应性的角度出发，把研究对象暂称为“身体部件字”。

基于人类共有的身体构造，身体部件字成为人类语言共有的基本词汇。一形多义是人类语言的共有现象，身体部件字除了指身体本身以外，也常常被用来指其他物体的部件（如“火车头”）、人的情感或能力（如“头脑”）、社会中的某种人或某类现象（如“头目、风头”）。不同语言中这些本义相同的身体部件字，转义是否遵循相同的原则和路径？转义的语法表现形式和本义的语法表现形式之间是什么关系？这是本研究要回答的问题。

已有的对身体部件字的跨语言调查主要有以下三个方面的发现：

（1）身体部位的命名。人类虽然有共同的身体构造，但是人类语言对身体的分类和概念化上存在差异。很多语言中区分手和臂，也有不少语言中手和臂是同一个词（228种，Brown 2005a），手和手指是一个词（72种，Brown 2005b）。还有的语言用一个词同时表示臂和腿（一种孤立的巴布亚语言，tau），用另外一个词表示脚（fe），但却没有相对应的表示手的词（Enfield *et al*. 2006）。

（2）身体部件字的语法化。身体字汇是空间关系（spatial）和自反（relexive）—中间（middle）—相互（reciprocal）标记的语法化来源。“头、背、脚、耳、心、眼、嘴、臀、腰”等往往会成为空间关系的标记，“头”在很多语言里还成为自反标记的来源（Svorou 1994; Heine 1997; Heine & Kuteva 2002）。

（3）身体部件字的转义。身体部件字向空间关系引申以及用身体部件字描述情绪和心理状态是全世界语言比较普遍的现象。对身体字汇转义方式的具体研究揭示出身体部件和整体的空间关系、身体部位的形状、功能以及不同文化对身体部件的解读等是身体部件字汇转义的基础（王力 1958；束定芳 2000；侯玲文 2001；李树新 2002；王文斌2001；赵永新 1993；黄碧蓉 2010a，2010b，2013；赵果 2017a; Matisoff 1986）。

身体部件字向空间关系引申和用身体部件字描述情绪和心理状态这两种转义是否有共同的认知基础，这需要通过身体义场和其他义场转义的对比来发现。

对身体部件字和动物义场字所组成的全部二字词语的对比发现，身体义场以“与X之‘整体—部分’（隶属）关系相似”的模式转义。具体有三种不同的类型：1.保持［隶属］特征，由有生物的隶属物而转义为无生物的隶属物（如：山脚、椅背、床腿）。2.在保持“人的隶属物”的前提下，由具体的隶属物转义为抽象的隶属物——能力、感情、表情等（如：心痛、断肠、耳尖）。3.保持隶属关系，领属者、隶属物两者都抽象化（如：气头、岁尾、歌手）（王洪君 2005a，2005b）。

王洪君（2005a，2005b）的研究指出了身体部件字向空间关系引申（即转义为无生物的隶属物）和用身体部件字描述情绪和心理状态（即转义为人的抽象隶属物）的共同的认知基础是保持［隶属］特征，区别是领属者的生命度和隶属物的具体抽象程度的变化。同时，这项研究还首次提出了第三种转义模式：转义为抽象事物的隶属物。因此，可以通过身体部件字转义时的不变语义要素（隶属关系）、可变语义要素（有生—无生、具体—抽象），并通过"领属者"或"隶属物"的可变语义要素的变化对身体部件字转义进行系统的分类。这项研究揭示了身体部件字转义的语义要素模型，即［隶属］（领有者［有生/无生］［具体/抽象］—隶属物［具体/抽象］）。该研究还发现，身体类单字独具［隶属］特征使得身体类单字可以相当自由地出现在"N［人］（__A）"和"很（V__）"组构中，动物类单字不可以。与身体类单字搭配的动词有许多是主客同体类动词，动物类单字无此类搭配。

本文要解决的问题是：1.这个语义要素模型是以汉语材料为基础提出的，它是否适用于其他语言？ 2.领属者和隶属物的［有生/无生］［具体/抽象］语义引申是否遵循一定规律？ 3.本义和转义的语法表现是否相同？

本文选取了汉藏语系、印欧语系、阿尔泰语系、南亚语系这4种语系的17种语言，分别是：乌尔都语、英语、俄语、乌克兰语、波斯语、葡萄牙语、西班牙语、意大利语、罗马尼亚语、法语、汉语、缅甸语、泰语、哈萨克语、土耳其语、蒙古语、韩语。

语料的获取方式为两种：首先是根据各语言的汉译词典，从中找出各身体部件字的用法；然后对母语者进行调查。本论文的分析语料主要来自词典，以调查表为参考。

在研究对象上，本文选取了较为常见的身体部件字"背、腰、腿、脚、皮、头、尾、臂、耳、鼻、眼、手、心、肠"。根据《现代汉语词典》（第6版）的词类标注原则"单字条目在现代汉语中成词的标注词类，不成词的语素和非语素字不做标注"，除了"尾"是不成词语素以外，其余都是名词。其他语言的翻译对等词都是词。

2 身体部件字转义的类型及蕴涵关系

2.1 由人的具体隶属物转义为无生物的隶属物

通过对本文选取语料的分析发现，在不转类（由名词转为其他词类）的情况下，[隶属]（领有者[有生/无生][具体/抽象]—隶属物[具体/抽象]）语义要素模型亦适用于其他语言身体部件字的转义分析。

身体部件字转义为无生物的隶属物最具普遍性的是“头/尾/背”，本文所调查的17种语言都有这种转义，因此可以得出以下蕴涵规律：头/尾/背＞脚/眼/腿/臂/耳/皮/腰/鼻/手/肠。头/尾/背的转义是以空间关系为基础的。基于空间关系的转义较少受文化、生存环境等因素的制约。各语言身体部件字转义为无生物的隶属物的情况见下表：

表1 各语言身体部件字转义为无生物的隶属物

语种	头	尾	背	耳	眼	鼻	手	心	肠	腰	腿	脚	皮	臂
乌尔都语	+	+	+					+		+			+	+
英语	+	+	+	+	+	+	+	+	+	+	+	+	+	+
俄语	+	+	+	+	+	+	+	+			+		+	+
乌克兰语	+	+	+	+		+		+			+		+	
波斯语	+	+	+		+			+		+		+	+	+
葡萄牙语	+	+	+		+	+	+	+			+	+	+	+
西班牙语	+	+	+	+	+	+	+	+	+	+	+	+	+	+
意大利语	+	+	+		+			+			+	+	+	+
罗马尼亚语	+	+	+	+	+	+		+			+	+		+
法语	+	+	+	+	+	+		+				+	+	+
汉语	+	+	+	+	+	+	+	+		+	+	+	+	+
缅甸语	+	+	+	+					+	+	+	+		+
泰语	+	+	+	+	+			+	+	+		+	+	+
哈萨克语	+	+	+	+	+				+		+	+		
土耳其语	+	+	+		+	+	+	+		+	+	+	+	+
蒙古语	+	+	+	+	+		+				+	+		
韩语	+	+	+	+	+					+	+	+		

（1）“头”“尾”“背”转义为无生物的隶属物

在我们调查的17种语言中，“头”“尾”“背”都存在这种转义模式。

“头”转义为无生物的隶属物，通常表示物体的前端或上端。如“车头”“山头”。“尾”转义为无生物隶属物，通常表示物体的尾部、下部以及器物的柄、把儿。

“背”转义为无生物隶属物，可以表示“物体的背部、表层、山脊”等。英语、俄语、乌克兰语、波斯语、葡萄牙语、西班牙语、意大利语、罗马尼亚语、法语、汉语、土耳其语、韩语这12种语言的“背”都可表示物体的背部。而缅甸语的“背”可以表示物体的表层。哈萨克语、土耳其语、蒙古语的“背”有“山脊”的意思。乌尔都语的“背”跟“腰”是一个词，转义为物体的中间部位。

“头”“尾”“背”转义为无生物的隶属物可以分为拟人模型和兽形模型（Svorou 1994）。在拟人模型中，“头”位于上端，“尾”位于躯干的下端，“背”位于后面。在兽形模型中，“头”位于前端，“尾”位于躯干的尾部，“背”位于上部、外部。所以在缅甸语、哈萨克语、土耳其语、蒙古语里“背”转义为表层、山脊、物体的外部或上部。

（2）“脚、眼”“腿、臂、心”“耳、皮”“腰、鼻”转义为无生物的隶属物

“脚、眼”在14种语言中可以转义为无生物的隶属物。“腿、心、臂”在13种语言中可以转义为无生物的隶属物。“耳、皮”在12种语言中可以转义为无生物的隶属物。“腰、鼻”在9种语言中可以转义为无生物的隶属物。

“眼”一般转义为物体的“眼儿”“孔儿”“洞”或“网格”。

“鼻”可以转义为前部、门鼻儿等。

“耳”一般转义为器物的耳、嘴儿或把儿。缅甸语转义为旁边、附近。波斯语可以转义为“端”。

“心”可以转义为中间、中部、中心。

“脚”转义为物体的下部、底部。葡萄牙语、西班牙语、意大利语、法语里的“脚”转义为“植物的根茎”。英语、葡萄牙语和西班牙语里“脚”可以转义为渣滓。

“腿”可以转义为家具、器物的腿。英语、西班牙语、意大利语的“腿”还可以表达（某些字母的）竖笔画。

“腰”通常转义为“物体的中间部分”。

“臂”可以转义为吊臂、天平杆。西班牙语和葡萄牙语中还可以转义为树杈。乌尔都语和波斯语中可以转义为门框的两边。

“皮”可以转义为食物的皮、其他物体的表面。

（3）“手”“肠”转义为无生物隶属物

“手”“肠”分别在7种和5种语言中转义为无生物隶属物。

“手”可以转义为指针、柄、把手等。

“肠”转义为内部，在缅甸语、泰语、英语、西班牙语这4种语言中有这样的用法。

2.2　由人的具体隶属物转义为人的抽象隶属物

汉语中能转义为人的能力、感情、表情的身体部件字大多具有［能动力］和［感知力］的特点。本文发现其他语言的身体部件字转义为人的抽象隶属物也具有这一特点。

根据是否具备［能动力］和［感知力］，可以将能转义为“人的抽象隶属物”的字分为三类[①]：“臂、手”可以转义为“人的某些能力”，而不转义为“人的感情、表情”，这一组字具有［能动力］的特点；“耳、眼、鼻、心、头”既可以转义为“人的某些能力”，也可以转义为“人的感情、表情”，这一组字具有［能动力］［感知力］的特点；“肠”不能转义为“人的某些能力”，可以转义为“人的感情、表情”，具有［感知力］的特点。“背、尾、腰、皮、腿、脚”几乎不转义为“人的能力”“人的感情、表情”，为“身体义场其他外在部件字”。

表2 各语言身体部件字转义为人的抽象隶属物

语种	耳	眼	心	鼻	手	肠	背	腰	腿	脚	皮	头	尾	臂
乌尔都语	+	+	+		+							+		
英语	+	+	+	+	+							+		+
俄语	+	+	+		+							+		+
乌克兰语	+	+	+									+		
波斯语	+	+	+		+	+						+		
葡萄牙语	+	+	+	+	+	+						+		+
西班牙语	+	+	+	+	+							+		
意大利语	+	+	+	+	+							+		+
罗马尼亚语	+	+	+	+	+							+		
法语	+	+	+	+	+							+		
汉语	+	+	+	+	+	+								
缅甸语	+	+	+									+		
泰语	+	+	+		+							+		
哈萨克语	+	+	+	+	+	+						+		+
土耳其语	+	+	+		+							+		
蒙古语	+	+	+		+							+		
韩语	+	+	+		+							+		

在转义为“人的能力”方面，17种语言的“耳”都可以转义为人的听觉或鉴赏力。在俄语、汉语、哈萨克语、土耳其语、蒙古语和韩语这6种语言里，“耳”不仅可以转义为人的听力，还可以转义为人的感受。“眼”都可以转义为人的抽象隶属物，转义为人的视觉、判断力。在汉语和韩语里“眼”可以表达人的情感、感受。

很多语言的“头”可以转义为才智、头脑。除了乌克兰语和缅甸语的“手”不可以转义为人的抽象隶属物外，其他15种语言的“手”都可以转义为能力、权力。英语、俄语、葡萄牙语、意大利语、哈萨克语这5种语言里的“臂”可以转义为权力。英语、葡萄牙语、西班牙语、意大利语、罗马尼亚语、法语的“鼻”可以转义为人的嗅觉、判断力，哈萨克语、俄语的“鼻”可以转义为人的感受，汉语的“鼻”既可以转义为嗅觉、判断力（如：鼻子灵），也可以转义为人的感受（如：刺鼻）。

在转义为“人的感情、表情”方面，在我们调查的17种语言里“心”都可以转义为人的情感。波斯语、葡萄牙语、汉语和哈萨克语这4种语言的“肠”也可以转义为人的情感。

因此身体部件字转义为人的抽象隶属物可以得出以下蕴涵规律：耳/眼/心＞头/尾/背/脚/腿/臂/皮/腰/鼻/手/肠。

2.3 由人的具体隶属物转义为抽象事物的隶属物

这种转义模式比前两种转义模式少得多，只存在于个别身体部件字和少数语言当中。

表3 各语言身体部件字转义为抽象事物的隶属物

语种	耳	眼	鼻	手	心	肠	背	腰	腿	脚	皮	头	尾	臂
乌尔都语												+		+
英语				+	+		+			+		+	+	+
俄语				+								+		
乌克兰语												+		
波斯语	+			+								+	+	+
葡萄牙语												+		+
西班牙语				+						+		+		+
意大利语										+		+		+
罗马尼亚语				+	+							+		+
法语				+	+							+		+
汉语	+			+	+		+			+		+	+	+
缅甸语												+	+	
泰语	+			+			+					+		+
哈萨克语				+								+		
土耳其语										+		+	+	
蒙古语												+	+	
韩语				+						+		+		

这种转义模式中领属者和隶属物两方面都抽象化。

主要表现为：“耳”转义为“耳目”，“头”转义为“领导”，“心”转义为“中心”，“背”转义为“背景”，“脚”转义为“韵脚、音步”，“手”“臂”转义为“某种人”（如：扒手、左右手、左膀右臂），“臂”转义为“力臂”，“尾”转义为“随从”（英语、缅甸语、土耳其语），“尾”转义为“时间的末尾”（汉语、波斯语）。总体上数量较少。

2.4 身体义场部件字转义的路径

在转义为“无生物的隶属物”“人的抽象隶属物”“抽象事物的隶属物”这三种转义模式中，不同的身体部件字表现出了不同的引申路径。

（1）“耳/眼/心”的转义

“耳/眼/心”等具有［能动力］［感知力］的字，遵循了“人的抽象隶属物 > 无生物的隶属物 > 抽象事物的隶属物”的引申路径。

表4 各语言“耳/眼/心”转义一览表

语种	转义为无生物的隶属物			转义为人的抽象隶属物			转义为抽象事物的隶属物		
	耳	眼	心	耳	眼	心	耳	眼	心
乌尔都语			+	+	+	+			
英语	+	+	+	+	+	+			+
俄语	+	+	+	+	+	+			
乌克兰语	+		+	+	+	+			
波斯语	+	+	+	+	+	+	+	+	
葡萄牙语		+	+	+	+	+			
西班牙语	+	+	+	+	+	+			
意大利语		+	+	+	+	+			
罗马尼亚语	+	+	+	+	+	+			+
法语	+	+	+	+	+	+			+
汉语	+	+	+	+	+	+	+	+	+
缅甸语	+			+	+	+			
泰语	+	+	+	+	+	+	+	+	
哈萨克语	+	+		+	+	+			
土耳其语		+	+	+	+	+			
蒙古语	+	+		+	+	+			
韩语	+	+		+	+	+			

对于“耳/眼/心”等具有［能动力］［感知力］的身体部件字来说，转义为人的抽象隶属物比转义为无生物的隶属物更具有普遍性。这反映了人类认知的共性。

（2）“背/脚/尾”的转义

“背/脚/尾”中除了“脚”只在汉语中产生了“腿脚”“拳脚”等和能力有关的意思外，都是不具备［能动力］［感知力］特征的字。“背/脚/尾”转义遵循的是“无生物的隶属物＞抽象事物的隶属物”的引申路径。

表5 各语言“背/脚/尾”转义一览表

语种	转义为无生物的隶属物			转义为人的抽象隶属物			转义为抽象事物的隶属物		
	背	脚	尾	背	脚	尾	背	脚	尾
乌尔都语	+		+						
英语	+	+	+				+	+	+
俄语	+		+						
乌克兰语	+		+						
波斯语	+	+	+						+
葡萄牙语	+	+	+						
西班牙语	+	+	+					+	
意大利语	+	+	+					+	
罗马尼亚语	+	+	+						
法语	+	+	+						
汉语	+	+	+		+		+	+	+
缅甸语	+	+	+						+
泰语	+	+	+				+		
哈萨克语	+	+	+						
土耳其语	+	+	+					+	+
蒙古语	+	+	+						+
韩语	+	+	+					+	

（3）“头”的转义

“头”是身体部件字语义引申最丰富的一个词。“头”转义为“端”（无生物的隶属物）、“头脑、思想”（人的抽象隶属物）、“首脑”（抽象事物的隶属物）都较为常见。我们调查的17种语言中的“头”义字都可以转义为“端”“首脑”，结合赵果（2017a）对绍纳语的调查，绍纳语中的Musoro（头）不能转义为“首脑”。因此，“头”的转义路径是“无生物的隶属物＞人的抽象隶属物/抽象事物的隶属物”。

表6 各语言“头”义字转义一览表

语种	转义为无生物的隶属物	转义为人的抽象隶属物	转义为抽象事物的隶属物
	上端、前端	头脑、思想	首领
乌尔都语	+		+
英语	+	+	+
俄语	+	+	+
乌克兰语	+	+	+
波斯语	+	+	+
葡萄牙语	+	+	+
西班牙语	+	+	+
意大利语	+	+	+
罗马尼亚语		+	+
法语	+	+	+
汉语	+	+	+
缅甸语	+	+	+
泰语	+	+	+
哈萨克语	+	+	+
土耳其语	+	+	+
蒙古语	+	+	+
韩语	+	+	+
绍纳语	+	+	

3 汉语身体部件字转义的语法表现

从本文所涉及的身体部件字来看，转义和本义所能进入的结构类型基本上都没有差别，即都遵循名词的基本功能（参见王洪君2005b）。转义的身体部件字的语法表现仍遵循各语言的类型特点，即孤立语、黏着语、屈折语的特点。而作为孤立语的汉语，身体部件字转义的语法表现有以下几个特点：

（1）转义以词根形式实现

所谓词根形式，就是指不能直接进入组合式结构、而要进入黏合式结构（包括复合词）。

身体部件字的本义既可以进入黏合式结构，也可以进入组合式结构，而转义大部分不能进入组合式结构，大都体现在黏合式结构（包括复合词或者派生词）中，形成有规律的“词根 + 词根”组合，或者儿化，或者加“-子”缀，然后再进入句法结构。

我们以跨语言普遍存在的“头”的转义为例来说明这个问题。“头”既能转义为无生物隶属物，也能转义为人的抽象隶属物，还能转义为抽象事物的隶属物。

比如，“头”转义为无生物的隶属物“前端、上端”在很多语言都可以。比如：汉语“床头”，英语the head of the bed，俄语вг030ловá-х，意大利语latèsta（头）de lletto（床），葡萄牙语acabeça（头）de um monte（山），泰语หัว（床）เตียง（头），乌尔都语“山头”سرکاپہار，罗马尼亚语cap（头）de pod（桥），法语la tête（头）du train（火车），哈萨克语таудың（山）бас（头）-ы（在），蒙古语уулын（山）толгой（头）。

典型的屈折语的“头”转义后仍然直接进入组合式结构，可以进行短语层面的各种句法操作[2]，而汉语的“床头”是黏合式结构，不能进行短语层面的句法操作，也不能扩展为“床的头”，在“端”的意义上可以单说，但是要儿化，“这张桌子，我抬这头儿，你抬那头儿”。

“头”转义为抽象事物的隶属物“首领”也比较普遍。比如：汉语“工头儿”，英语the head of a state，俄语головá（头）в（在）дóме（家），罗马尼亚语cap（头）de familie（家），法语À la tête（头）d’une entreprise（企业），哈萨克语“千户长”мың（千）бас（头）-ы，土耳其语“队长”kol（臂）baş（头）-ı，缅甸语“工头”ကူလီ（苦力）ခေါင်း（头）。

屈折语中“头”转义为“首领”后的句法位置和本义时的句法位置并没有什么明显差别，比如the head of a state/the head of a person。而汉语中本义的“头”可以直接做主语“头不怕冷，脚怕冷”，而转义为“首领”后如果做主语，要儿化，“头儿不怕冷，他是东北人”。本义的“头”可以进入黏合式结构，可以扩展，“牛头/牛的头”。转义为“首领”的“头”进入黏合式结构，不能扩展，“工头儿/*工的头”。

“头”转义为“头发”进入VO复合词结构，即使扩展也只能是有限的扩展（参见赵元任 1968）。比如“洗头/洗一次头/头还没洗”。

本文根据《现代汉语词典》（第6版）对14个身体义场字逐一考察，14个字有36项转义（不算围棋和戏曲术语），其语法表现分为以下几种：

①和另一个字组合，构成复合词。有19个转义义项这样表达。如：

“耳”转义为“形状像耳朵的东西”：木耳｜银耳

“耳”转义为“位置在两旁的”：耳房｜耳门

“臂”转义为“形状或功能像臂的事物”[③]：吊臂｜力臂

“肠”转义为“心思；情怀”：愁肠｜衷肠

“脚”转义为“东西的最下部”：墙脚｜山脚｜高脚杯

“脚”转义为“剩余的废料”：下脚

“脚”转义为“旧时指跟体力搬运有关的”：脚夫｜脚行｜脚力

“皮”转义为“（名）皮子”：皮箱｜皮鞋｜皮袄

“皮”转义为“橡胶”：橡皮｜皮筋

“手”转义为“手段；手法”：眼高手低｜心狠手辣

“手”转义为“擅长某种技能的人或做某种事的人”：选手｜能手｜拖拉机手｜多面手

“头”转义为“（名）指头发或所留头发的样式”：剃头｜留

头｜梳头｜平头｜分头

“腿”转义为“火腿”：云腿（云南火腿）

“尾”转义为“末端；末尾”：排尾｜追尾｜年尾｜有头无尾

“尾”转义为“主要部分以外的部分；没有了结的事情”：尾数｜尾货｜扫尾｜收尾

“心”转义为“（名）通常也指思想的器官和思想、感情等”：心思｜心得｜用心｜谈心｜一心一意。

“心”转义为“中心；中央的部分”：江心｜圆心｜重心

“眼”转义为“眼力②”：眼毒｜眼尖

“腰”转义为“中间狭小，像腰部的地势”：土腰｜海腰

②儿化以后可以单说。有4个转义义项这样表达。如：

“头”转义为“（～儿）（名）事情的起点或终点”：提个头儿｜这样一条线一条线地，织到什么时候才是个头儿呀！

“头”转义为“（～儿）（名）物体的顶端或末梢”：中间粗，两头儿细。

“头”转义为“（～儿）（名）头领；为首的人”：他是这帮人的头儿。

“头”转义为“（～儿）（名）方面”：他们是一头儿的｜心挂两头。

③儿化且进入复合词。有13个转义义项这样表达。如：

“腰”转义为“事物的中间部分”：山腰｜树腰｜半中腰

“眼”转义为“（名）（～儿）指事物的关键所在”：节骨眼儿

“眼”转义为“（名）（～儿）小洞；窟窿”：泉眼｜炮眼｜耳朵眼儿｜拿针扎一个眼儿

“腿”转义为“（～儿）（名）器物下部像腿一样起支撑作用的部分”：桌子腿儿｜椅子腿儿

“头”转义为“（～儿）（名）物品的残余部分”：布头儿｜蜡头儿｜铅笔头儿。

“头”转义为“（～儿）（名）事情的起点或终点”：话头儿

“头”转义为“（～儿）（名）物体的顶端或末梢”：山头｜笔头儿

“头”转义为“（～儿）（名）头领；为首的人”：工头｜李头儿

“皮”转义为“（～儿）（名）某些薄片状的东西”：铅皮｜粉皮儿｜豆腐皮儿

“皮”转义为“（～儿）表面”：地皮｜水皮儿

“皮”转义为“（～儿）（名）包在或围在外面的一层东西”：包袱皮儿

“肠”转义为“（～儿）（名）在肠衣里塞进肉、淀粉等制成的食品”：香肠｜鱼肠｜腊肠

“鼻”转义为“（～儿）器物上面能够穿上其他东西的小孔”：门鼻儿｜针鼻儿

“背”转义为“（～儿）某些物体的反面或后部”：手背｜刀背儿｜墨透纸背

上述例子中有些字儿化或不儿化皆可（如：手背）。有些义项既可以儿化后单说，也可以又儿化又进入复合词（如“头”的首领义）。

④加“-子”缀。有1个转义义项这样表达，就是“头子”，这个贬义的义项《现代汉语词典》并未单独列为义项。

⑤和方位字组合，但是不能进入“数＋量＋名”结构，也不能儿化后单说。这种情况只有一例，“我腰里还有些钱，足够我们零用的”，《现代汉语词典》把这个“腰”释义为“（名）指腰包或衣兜”，但是这个表示“腰包”的“腰”是不能单用的，“一个腰包”不能说成“一个腰”，所以这个“腰”也是不能作为根词进入句子的，在这里也是词根。

⑥离子化，可以进入句子，但是有条件。有两个用例，一个是“头”转义为“头发”，如：你的脸型留这种头不合适。这是陆志韦（1964）所说的“动不离宾、宾不离动”的情况，作为“头发、头发的样式”讲的“头”并没有真正地独立运用。另一个例子

是“腰”转义为“裤腰”，如：这裤子腰太肥。这里“腰”作为主谓谓语句的小主语，依附于大主语。这两例转义义项都不能进入“数＋量＋名”结构，并不是真正意义上的独立运用。

上述转义中根据《现代汉语词典》凡是前面加了“（名）”的都是名词，未加的是语素。名词性的转义或者进入复合词，或者儿化，即使进入句子也是有限的独立运用。

从上面的统计看，转义最基本最常见的语法表现是进入复合词（包括儿化且进入复合词的情况）。从复合词中提炼义项也正是词典的编纂方法。“从所辖的合成词中概括出语素义，有多个组合的语素义就应该立义项。”（江蓝生 2017④）从语言使用的角度看，新义项（转义）是应新概念（新造复合词）需要而产生的。在汉语社团中，当新概念产生并要以复合词的形式加以表达时，要借助于两个或以上的单字概念来建构，复合词的意义具有原生性，复合词借助于单字概念的一部分加以整合来表达整体意义。这时，单字概念中的一部分得到凸显，就形成了不同于基本义的转义（赵果 2017b）。

此外，儿化也是转义的语法表现形式。汉语中儿化有很多功能，包括构词和构形两个方面。构词功能有以下几种：指称形体小的事物（即客观小量，如：球儿、绳儿）、表示可爱（即主观小量，如：人儿、脸儿、嘴儿）、儿化与非儿化形式共存（自由儿化，如：刺儿、姨儿、字儿）、非儿化形式或不能单说或只作为书面语词汇（如：味儿/味道，事儿/事情）、转指标记（盖儿，捆儿）。从形态学角度看，后缀“-儿”具备两类功能：派生（改变词汇意义，构成一个新词，如：画儿、盖儿、头儿）、屈折（相同词汇意义，不同的语法形式，即自指类儿化词，如：好儿、错儿）（方梅2007）。刘祥柏在一次讲座中曾指出，加“儿”有使词根转义的作用，并不一定表示“小”：眼—眼儿、鼻子—鼻儿、后门—后门儿、缝衣服的针—（毛衣）针儿/（表）针儿等等。这些对儿化改变词汇意义的发现与本文一致。不同之处在于本文的视角是从意义看形式。

从意义看形式，转义不能直接在句子中独立运用，要进入派生词、复合词等词汇形式才可以进入句子独立运用，也就是转义要作为词根出现。在基本义和转义的语法形式的形义关系中，如果从形式看意义，关系仍比较复杂；如果从意义看形式，关系比较简单。这也许正是汉语作为语义型语言的一个特点。

（2）“词根＋词根”黏合式结构的规律性和类推性

从组合的角度看，汉语的构词法在语义和语法上有很多细致的规律（参见王洪君 1994，2005a，2005b）。从聚合的角度看，类推性比较强，可以平行，甚至可以周遍（参见陈保亚 2006）。

比如，“头”表示“端”，汉语中可以说“排头/床头/火车头/船头/桥头/锤头/片头”，我们以这7个词为调查内容，对其他语言的母语者进行了调查，发现其他语言往往只能有其中的几个组合。[⑤]下面以“头”为例，进行说明。

表7 “头”义字部分组配情况调查

汉语	乌尔都语	英语	俄语	乌克兰语	波斯语	葡萄牙语	西班牙语	意大利语	罗马尼亚语	法语	缅甸语	泰语	哈萨克语	土耳其语	蒙古语	韩语	汉语
排头	+		+	+		+	+		+					+		+	
床头	+		+	+	+	+			+	+			+	+		+	+
火车头	+										+	+					
船头	+		+												+		+
桥头	+					+		+		+							
锤头	+		+				+	+									
片头	+																

即使同是偏正结构，汉语的身体部件字转义所形成的结构是黏合式的，而屈折语、黏着语所形成的结构往往是组合式的，是功能不同的结构，黏合式偏正结构整体上相当于一个名词，而组合式偏正结构没有这个功能。此外，汉语的身体义场字还有一些独有的黏合式结构（参见王洪君 2005a），比如［感知力］的“眼/耳/鼻”都可以进入“V＋N”整体转义为形容词的构词模式，如“刺眼/刺

耳/刺鼻”。汉语中特定构词模式和特定义类的关系很紧密，因此在聚合向上的类推比其他语言丰富。

此外，转义在“词根 + 词根”黏合式组合中有定位的倾向。比如“头”转义为“物体的顶端或末梢”，基本上出现在双音词的后字的位置，而转义为“领头的、次序居先的”则位于前字的位置。

通过按义类组合并基本定位，使得转义容易辨别，这解决了高频身体部件字转义众多又互不混淆的问题。

在汉语中，转义受到更多的语法限制，也就是作为词根出现，比如只能进入复合词、派生词等，这使得汉语的转义更容易辨别，虽然失去了句法上的独立运用，但是语义上更容易保持，更容易进一步引申，语义引申链条更长。语言的经济性更加凸显。

4 结论

本文以王洪君（2005a）提出的身体部件字在保持［隶属］不变的前提下转义为无生物的隶属物、人的抽象隶属物、抽象事物的隶属物为基础，对17种语言的14个身体义场字的转义模式进行了调查。本文主要有两个方面的发现：

1.语义方面:（1）［隶属］（领有者［有生/无生］［具体/抽象］—隶属物［具体/抽象］）语义要素模型亦适用于其他语言身体部件字的转义分析。（2）不同部件字转义遵循的路径不同:“耳/眼/心”等具有［能动力］［感知力］的词，遵循了“人的抽象隶属物 > 无生物的隶属物 > 抽象事物的隶属物”的引申路径。“背/脚/尾”转义遵循的是“无生物的隶属物 > 抽象事物的隶属物”的引申路径。“头”的语义引申路径是“无生物的隶属物 > 人的抽象隶属物/抽象事物的隶属物”。（3）是否具有［感知力］［能动力］，是身体义场部件词能否转义为人的抽象隶属物的关键语义要素，转义为人的抽象隶属物符合以下蕴涵规律：耳/眼/心 > 头/尾/背/脚/腿/臂/皮/腰/鼻/手/肠。（4）身体部件字转义为无生物的隶属物遵循以下规律：头/尾/背＞脚/眼/腿/臂/耳/皮/腰/鼻/手/肠。（5）身体部件字转义为抽象事物的隶属物主要集中在“耳/头/心/背/脚/手/臂/尾”这几个字上。

2.语法方面：（6）不同形态类型语言的身体部件字转义的语法表现不同，屈折语、黏着语转义和本义的语法形式基本相同，是实词的意义引申，而作为孤立语的汉语，转义表现为词根，进入复合词，形成有规律的“词根＋词根”黏合式组合，或者进入派生词加“-儿”“-子”缀，然后再进入句法结构，也就是本义和转义在语法功能上呈现出根词/词根的对立。

附 注

① 腿和脚，在汉语中可以转义为能力，但仅存在于“腿脚”等少数组合中，而其他语言未见此用法。

② 关于黏合式和组合式的讨论，参见朱德熙（1982）。

③ 这一用法，《现代汉语词典》并未单立义项。

④ 引自江蓝生2017年6月29日在北京语言大学做的题为“在编本《现代汉语大词典》的学术性”的讲座。

⑤ 我们也同时请母语者提供汉语没有但是他的母语中有的类似结构的表达，不过几乎没有。

参考文献

陈保亚 （2006） 论平行周遍原则与规则语素组的判定，《中国语文》第2期，99—109页。

方　梅 （2007） 北京话儿化的形态句法功能，《世界汉语教学》第2期，5—13页。

侯玲文 （2001） “心”义文化探索，《汉语学习》第3期，54—60页。

黄碧蓉 （2010a） 人体词语“手”个案的语义体系研究，《外语研究》第6期，14—18页。

黄碧蓉 （2010b） 从人体词语的意义分布看语义的认知性，《上海大学学报》（社会科学版）第6期，118—125页。

黄碧蓉 （2013） 人体词语语义隐喻性及其制动机制研究，《外语学刊》第6期，39—42页。

李　亮 （Kholkina Liliya）（2015）《词汇类型学视角的汉语物理属性形容词研究》，北京大学博士学位论文。

李树新 （2004） 人体词语的认知模式与语义类推，《汉字文化》第4期，8—12页。

陆志韦 （1964）《汉语的构词法》，科学出版社，北京。

束定芳 （2000）《隐喻学研究》，上海外语教育出版社，上海。

王洪君 （1994） 从字和字组看词和短语——也谈汉语中词的划分标准，《中国语文》第2期，102—112页。

王洪君 （2005a） 动物、身体两义场单字及两字组转义模式比较，《语文研究》第1期，4—8页。

王洪君 （2005b） 动物、身体两义场单字组构两字的结构模式，《语言研究》第3期，1—11页。

王洪君 （2008） 语言的层面与“字本位”的不同层面，《语言教学与研究》第3期，1—11页。

王　力 （1958/2004）《汉语史稿》，中华书局，北京。

王文斌 （2001） 论汉语“心”的空间隐喻的结构化，《解放军外语学院学报》第1期，57—60页。

赵　果 （2017a） 类型学视野下“头”的共词化分析，《当代修辞学》第2期，80—89页。

赵　果 （2017b）《基于空间认知的构词法研究》，科学出版社，北京。

赵永新 （1993） 反映人体器官的词语及其文化因素，《语言文字应用》第2期，96—100页。

赵元任著，丁邦新译 （1968）《中国话的文法》，载《赵元任全集》第1卷，商务印书馆，2002年。

朱德熙 （1982）《语法讲义》，商务印书馆，北京。

Brown, Cecil （2005a） Hand and Arm. In Haspelmath *et al.*(eds.) 522-525.

Brown, Cecil （2005b） Finger and Hand. In Haspelmath *et al.*(eds.) 526-529.

Enfield, N. J., Majid A., & Staden M. V. （2006） Cross-linguistic Categorisation of the Body: Introduction. *Language Sciences*, 28（2）, 137-147.

François, Alexandre （2008） Semantic Maps and the Typology of Colexification: Intertwining Polysemous Networks across Languages. *From Polysemy to Semantic Change: Towards a Typology of Lexcial Semantic Associations, ed.* by Martine Vanhove, 163-215. Amsterdam: Benjamins.

Haspelmath, M. （2003） The Geometry of Grammatical Meaning: Semantic Maps and Cross-linguistic Comparison. In *The New Psychology of Language*, vol.2, M. Tomasello (ed.) , 211-243. New York: Erlbaum.

Haspelmath, M., Dryer M., Gil D. & Comrie B. (eds.) （2005） *The World Atlas of Language Structures*. Oxford: Oxford University Press.

Heine, B. （1997） *Cognitive Foundations of Grammar.* Oxford University Press.

Heine, B., & Kuteva T. （2002） *World Lexicon of Grammaticalization*. Cambridge University Press.

Matisoff, J. （1986） Hearts and Minds in South-east Asian Languages and English: An Essay in the Comparative Lexical Semantics of Psycho-collocations. *Cahiers De LinguistiqueAsie Orientale*, 15（1）, 5-57.

Svorou, Soteri （1994） *The Grammar of Space*. John Benjamins Publishing Company Press.

Talmy, L. （2000） *Towards a Cognitive Semantics*. Cambridge, Massachusetts: The MIT Press.

工具书

《波斯语汉语词典》，北京大学东方语言文学系，商务印书馆，北京，1997。

《大俄汉词典》，黑龙江大学俄语语言文学研究中心辞书研究所，商务印书馆，北京，2001。

《哈汉词典》，努尔别克·阿布肯主编，哈伊纳尔大学出版社，乌鲁木齐，2010。

《韩汉大辞典》，刘沛霖主编，商务印书馆，北京，2007。

《拉鲁斯法汉双解词典》，薛建成等编译，外语教学与研究出版社，北京，1999。

《罗汉词典》，冯志臣、任远主编，北京语言文化大学出版社，北京，1996。

《缅汉词典》，北京大学东方语言文学系缅甸语教研室编，商务印书馆，北京，1990。

《葡汉词典》，陈用仪主编，商务印书馆，北京，2001。

《泰汉词典》，广州外国语学院，商务印书馆，北京，1990。

《土耳其语汉语词典》，周正清主编，商务印书馆，北京，2008。

《乌尔都语汉语词典》，孔菊兰主编，高等教育出版社，北京，2014。

《现代汉语词典》（第6版），中国社会科学院语言研究所词典编辑室，商务印书馆，北京，2014。

《新编乌克兰语汉语词典》，黄日炤主编，商务印书馆，北京，2013。

《新蒙汉词典》，《新蒙汉词典》编委会，商务印书馆，北京，1999。

《新西汉词典》，北京外国语学院西语系，商务印书馆，北京，1986。

《意汉词典》，费慧茹等编译，商务印书馆，北京，1985。

《英汉大词典》，陆谷孙主编，上海译文出版社，上海，1999。

A Semantic and Syntactic Study on Meaning Transfer of Body Words from a Perspective of Linguistic Typology

ZHAO Guo, LIU Yujie

Abstract: Based on a survey of 14 body words in 17 languages, this paper mainly has two findings:1. At semantic aspect, the semantic model of [subordinate] (owner [living / inanimate] -subordinate [concrete / abstract]) proposed in Wang Hongjun (2005a) is applicable to the analysis of the meaning transfer of body words in various languages, and the meaning transfers of different body words follow different paths. 2. At syntactic aspect: the syntactic behaviors of transferred meaning of body words in different morphologic types of languages are different, that is, the original meaning and transferred meaning's grammatical forms of inflected languages, adhesive languages are basically the same. But as an isolated language, Chinese grammatical forms of original meaning and transferred meaning are different. In function, transferred meanings which are still nominal have lost the ability of being used independently, and can only be used as roots. In syntactic function, the original meanings and transferred meanings show the opposition between root words and word roots.

Keywords: Zi, body words, transferred meanings, lexical typology, word roots, root words

（赵果：100083 北京，北京语言大学 1437010657@qq.com；
刘玉杰：518000 深圳，汉桥教育科技有限公司 1250912366@qq.com）

词汇类型学视角下汉语水中运动动词的历史演变*

墙 斯

提要 在汉语词汇史研究中，词的历时替换问题受到的关注较多，而像“游”“浮”“漂”等水中运动动词在汉语史上几乎都是概念域的主要成员，并没有明显的历时替换。对于这类没有明显替换关系的概念域，该如何来观察它的变化，以往的研究还不太多。本文从词汇类型学的视角，对汉语水中运动动词的历史演变做了详尽考察，得出的主要结论有：1）水中运动动词在汉语史上出现的多种词化模式，在跨语言中也能找到相对应的情况；2）水中运动动词在概念空间上覆盖范围的变化，反映出框架关联的先后顺序，从而可以预测词义发展的方向；3）通过水中运动动词的个案研究，本文认为词汇的历史演变大致包含三种类型的变化：基本框架词化模式的改变、词在概念空间上覆盖范围的变化和词的历时替换。其中前两种变化直接影响概念域的结构组织，属于“质”变。

关键词 词汇类型学 水中运动动词 概念域 历史演变 汉语词汇史

0 引言

“水中运动动词”（verbs of aqua-motion）是指物体依靠浮力

收稿日期：2016-11-01；**定稿日期**：2018-10-11。

* 基金项目：国家社科基金重大项目“汉语词汇通史”（14ZDB093）、教育部人文社科重点研究基地重大项目“汉语基本词汇历时演变研究”（16JJD740015）。本文初稿成于2014年，先后在“北京市语言学会2014年学术前沿论坛暨第11届学术年会”（北京）、“第五届国际词汇类型学学术研讨会”（莫斯科，2015）、“第四届全国中文学科博士生论坛”（广州，2015）宣读，在浙江大学“汉语词汇史读书会”（2018年1月）上做过报告。在论文写作与修改过程中，先后得到胡敕瑞、杨荣祥、邵永海、宋亚云、刘子瑜、董秀芳、郭锐、杨永龙、洪波、汪维辉、真大成等诸位先生，以及外籍专家E. Rakhilina、V. Plungian教授、李亮女士和匿名审稿专家的指教、帮助，在此一并致谢。文中错误概由作者本人负责。

在水中运动或静止漂浮的一价动词，如英语的*swim*, *sail*, *float*, *drift*，汉语普通话的“游、漂、浮”等。首次对“水中运动动词”进行跨语言比较研究的是莫斯科词汇类型学小组（Moscow Lexical Typology Group，简称MLexT）。[①]MLexT通过对50余种语言的考察，发现在语言多样性的表象下蕴含具有普遍意义的词化（Lexicalization）规律。

水中运动概念域有四个基本语义框架[②]（Semantic Frames），即SWIMMING（游泳框架）、SAILING（航行框架）、FLOATING（漂浮框架）和DRIFTING（漂流框架）。**游泳框架**是指有生物在水中主动行进,控制游泳框架的参数有“主体是有生物”“主动运动”和“有位移发生”。**航行框架**是指人依靠交通工具（如船、木筏等）在水中行进，控制航行框架的参数有“主体的类型”（人、船）“主动运动”和“有位移发生”。**漂浮框架**表示物体不沉于水，控制漂浮框架的参数有“无生物”“被动运动”和“没有位移发生”。**漂流框架**表示物体在水中被动发生位移，控制漂流框架的参数有“无生物”“被动运动”和“有位移发生”。漂流框架与漂浮框架的对立体现在是否有位移发生。

MLexT以跨语言数据为基础，将不同语言的词化模式绘制成语义地图，以把握词汇的扩散性；并根据水中运动动词的数量与词化策略为不同语言划分词汇系统等级[③]，即“丰富型”词汇系统（Rich Systems）、中等词汇系统（Middle Systems）和“贫乏型”词汇系统（Poor Systems）（Lander, Maisak, Rakhilina 2012：67—83；李亮 2015：16）。

Koptjevskaja（2008）指出：“词汇类型学的研究应该包括共时和历时两个维度。”本文在词汇类型学视角下，从概念域出发，考察汉语水中运动动词在不同时期或不同语体文献中的差异，基本研究思路是把词汇在共时上的差异比较与词汇的历史演变研究结合起来。共时研究为我们展示了词汇系统在空间上的多样性以及多样性背后的规律，而词汇语义的历史演变研究可以观察词汇在时间维度上发生的变化，展现变化发生的先后顺序，从而预测出词义演变的方向，这些信息很难通过共时层面的跨语言比较获取。

词汇类型学的语言样本是“现在的活材料”，而汉语历史词汇研究则要考察历史文献记载，后者是“反映历史发展状况的死材料”（徐通锵 1991：3）。研究对象的差异决定研究方法的不同。文献资料往往包含时间和地域因素带来的异质成分。因此，在本文选取的文献中有时会出现新词、旧词及方言词并存的情况，在具体讨论中会特别交代（文献清单见附表1）。

在数据收集和整理方面，本文采取定量统计与定性分析相结合的方法。首先对样本中出现的水中运动动词做频率统计；其次，按照基本框架将水中运动动词的不同用法分类，以便观察在共时层面上水中运动动词的分布（统计数据见附表2）。

MLexT主张，为保证跨语言比较的有效性，所收集的词应具有相同的语法功能。水中运动动词是一价动词，基本语法功能是做主谓结构的谓语。除此以外，水中运动动词在古汉语中还有存现句（“泛彼柏舟”）、致使结构（“流血漂橹”）、偏正结构（“浮萍”）及重叠式（“漂漂”）等用法。句法位置的改变会对词义产生影响，因此对于水中运动动词出现在致使结构、偏正结构及重叠式的情况不纳入本文的统计，仅在正文讨论中补充交代。

本文旨在考察水中运动概念域的历史演变，至于水中运动动词表示非水中运动的用法，以及引申义用法等，一般不作为我们讨论的重点。这也是需要说明的。

1 汉语水中运动概念域的基本特征

为便于研究水中运动动词的历史演变，我们先简要介绍汉语水中运动概念域的基本特征。包括：基本框架的表达策略；水中运动概念的其他表示方法，如用非水中运动动词表示游泳；双音节水中运动动词组合模式与分布特点。

1.1　基本框架的表达策略

1）游泳框架。游泳框架是高凸显框架[④]，除基本参数外，还有其他附加参数发生作用。

受参数“运动的位置”作用，分出“水面浮行”与“没水潜游”的对立。《世说新语·自新》：“蛟或浮或没，行数十里。”“浮”即浮行水上，“没”为没水潜游。游泳框架存在水上与水下的对立，在跨语言中也有平行证据，如印度尼西亚标准语（Standard Indonesian）有专门表示主体没水潜游的动词*menyelam*，与主体露出水面的情况形成区别（Lander, Maisak, Rakhilina 2012：67—83）。

此外还有很多表示游泳姿势的动词，如战国时期的“蹈水、矩游”，魏晋南北朝时期的“拍水、拍浮、仰浮、倒没”，普通话的“踩水、狗刨儿、扎猛子”等。

2）航行框架。航行框架主要有三种表达策略：1）用专门的水中运动动词表示，如《诗经》中的船类（或船的部件）名词（“舟”“方”“杭”“楫”）转化为动词后表示航行框架。船类名词通过“名—动”词类转化而表示航行义的现象并非上古汉语独有，而是跨语言中的普遍现象（详见2.1）；2）用其他基本框架的词表示，如“浮”；3）用普通动词组成的短语表示，如普通话的“坐船去（上海）”。其中，策略3在各时期都是航行框架的最优表达策略。

3）漂浮框架。漂浮框架客观上包括两种运动状态：一是物体在水中向上浮起的动态过程，二是物体漂浮于水面的静态结果。MLexT发现，大多数语言都用同一个词表示物体上浮和漂浮两种状态。汉语也符合这种共性，“浮”既可表示物体在水中向上浮起，也表示物体漂浮在水面。

4）漂流框架。漂流框架在汉语中存在多种表达策略，主要包括：1）用专门的水中运动动词表示，如“漂”；2）用漂浮框架的词表示，如“浮”；3）表示水流运动的词引申出随水漂流义，如

"流"。汉语用表示水流本身运动的词引申出物体漂流义的现象，在跨语言中也很普遍，如瑞典语的*flyta*，拉丁语的*scorrere*，印地语的*bah-*（Maisak, Rakhilina 2007：509—545）。

受参数"有无固定方向"作用，漂流框架细分出"定向漂流"与"不定向漂流"的对立。如"流"表示物体顺水漂流，而"泛"表示物体没有固定方向的任意漂流。

1.2 水中运动概念的其他表示方法

对人类、水鸟外的禽类及其他陆生动物而言，水中运动并非常规的运动状态。因此，一般而言人类进行水中运动都有特殊目的，如下水洗澡、水中娱乐、渡河等。汉语中不仅有专门的水中运动动词，一些与水有关的活动动词也能引申出游泳义，如表示洗澡义和戏水义动词引申出游泳义。沈从文《从文自传·我上许多课仍然不放下那一本大书》："他不只教他们摆阵，甚至于还教他们<u>**洗澡**</u>赌博。"赣南客家方言可用"搞水"表示游泳（许宝华、宫田一郎主编 1999：6491）。

1.3 双音节水中运动动词组合模式与分布特点

魏晋南北朝以后，双音节水中运动动词的数量增加，与单音节水中运动动词并存。关于双音词这里主要讨论两个问题。

1. 双音节水中运动动词的组合模式。从构成成分的语义和语法性质来看，主要包括以下五类：

1）【水中运动 + 水中运动】的同义并列式。如"浮漂、漂浮、流漂、漂流、浮游、浮泅、游泳"。

2）【水中运动 + 水】的述宾式。如"游水、浮水、泅水"，前一个成分均表示游泳，"水"为处所宾语。⑤

3）【身体动作 + 水】的述宾式。如"蹈水、拍水、划水、踩水"，前一个成分表示身体动作，"水"为动作客体。

4）【水中运动 + 一般位移】的偏正式，如"游行、游度、浮渡、浮涉”，前一个成分均表示游泳，后一个成分表示非水中运动的普通位移。

5)【身体动作＋水中运动】的偏正式。如“拍浮、倒没、矩游”，前一个成分表示身体动作，后一个成分均表示游泳。

其中1）类双音词来自游泳框架和漂流框架，2）—5）类双音词均来自游泳框架。

2.双音节水中运动动词的分布特点。我们发现，“浮漂、漂浮、流漂、漂流”在概念空间上的覆盖范围与“漂”相同，“游泳、游水、游行”的覆盖范围与“游”相同，“浮游、浮泅”的覆盖范围与“浮”“泅”相同。单双音节水中运动动词在概念域中并没有呈现出互补分布的特点，双音节水中运动动词在概念空间上的覆盖范围往往被所构成的单音节水中运动动词覆盖。由此可见，水中运动概念域是以单音节水中运动动词为核心成员。

2 汉语水中运动动词的历史演变

本章以概念域和语义框架为出发点，选取汉语史上水中运动概念域存在显著差异或变化的7个层面，来论述水中运动动词的历史演变。本文选取的7个层面包括：西周春秋时期、战国时期、东汉时期、魏晋南北朝中土文献、魏晋南北朝汉译佛经、元代官话和汉语普通话。以《诗经》为代表的西周春秋文献反映上古汉语前期，战国传世文献反映上古汉语中期，东汉中土文献反映中古汉语前期，魏晋南北朝文献反映中古汉语中期，元代官话文献反映近代汉语成熟时期。⑥

2.1 西周春秋时期

《诗经》中有丰富的水中运动动词，四个基本语义框架在《诗经》中均有反映，因此本文选取《诗经》作为西周春秋时期水中运动动词的样本。对《诗经》中少见或未见的用法则适当补充《尚书》及石鼓文等出土资料。

该层面水中运动基本框架的词化特点可分述如下：

1）游泳框架

“游”是游泳框架的上位词，对运动位置等附加参数不敏感，无论是水上浮行还是没水潜游，均用“游”表示。

（1）就其深矣，方之舟之。就其浅矣，泳之游之。（《诗经·邶风·谷风》）

（2）今在予小子旦，若游大川，予往暨汝奭，其济小子。（《尚书·君奭》）孔颖达疏：“游者，入水浮渡之名。”

（3）澫又（有）小鱼，其斿（游）趱趱。（《石鼓诗[⑦]·汧殹》）

受附加参数“运动位置”作用，游泳框架又细分出没水潜游的情景，由“泳”表示。《尔雅·释言》：“泳，游也。”又《释水》：“潜行为泳。”《毛传》《说文》同载“潜行为泳”，当从《尔雅》说。传世先秦文献中“泳”主要见于《诗经》。[⑧]

（4）汉之广矣，不可泳思。江之永矣，不可方思。（《诗经·周南·汉广》）

2）漂浮框架

《诗经》中表示漂浮框架的词为“浮”。“浮”强调物体不沉于水，与“沉”相对。

（5）泛泛杨舟，载沉载浮。（《诗经·小雅·菁菁者莪》）

3）漂流框架

漂流框架受附加参数“有无固定方向”作用分出“定向漂流”和“不定向漂流”的对立情景。

《诗经》没有专门的水中运动动词表示漂流框架，而是用本义为水流运动的词引申出物体随水漂流义。其中，“定向漂流”框架用“流”表示：

（6）譬彼舟流，不知所届。（《诗经·小雅·小弁》）

句法表现上，“流”主要采用致使结构表示漂流框架[⑨]，突出施事成分水的作用：

（7）扬之水，不流束薪。（《诗经·王风·扬之水》）

“不定向漂流”框架用“汎（泛）”表示。《说文·水部》以“浮”释“泛”：“泛，浮也。”“泛”与“浮”语义相近，又有所区别：“浮”强调物体漂浮于液体表面，与“沉”相对；而“泛”“侧重于无分东西南北，任其所往，漫无方向”（王凤阳 2011：530），即没有固定方向的漂流。

（8）汎彼柏舟，亦汎其流。（《诗经·邶风·柏舟》）

“汎/泛/氾”既表示水流本身的漫溢、泛滥，也表示物体在水中任意漂浮。《说文·水部》同收“泛、汎、氾”三字，认为“泛”是动词义“浮也”，“汎”是形容词描写物体漂浮的样子“汎，浮皃”，“氾，滥也”表示水流泛滥。不过王力先生认为三者是同一个词（王力 1982：621—622）。“汎/泛/氾”的词义引申路径与孟加拉语（Bengali Language）的水中运动动词*bhasa*类似，该词的义项主要包括：液体的流动（强调液体量大、漫溢）；（物体）在水中漂流；船在水上位移，且不强调方向性等（Maisak, Rakhilina 2007：546—567）。

4）航行框架

《诗经》中有专门的水中运动动词“舟、方、杭、楫”表示航行框架。

（9）就其深矣，方之舟之。就其浅矣，泳之游之。（《诗经·邶风·谷风》）

（10）谁谓河广，一苇杭之。谁谓宋远，跂予望之。（《诗经·卫风·河广》）

（11）淠彼泾舟，烝徒楫之。（《诗经·大雅·棫朴》）毛传：“楫，擢也。”

“舟、方、杭、楫”这类动词的共同特征在于它们都是名词转类而来的，本义指船或船的部件（如船桨）。船类名称属于人造类名词，根据生成词库理论，功用角色是人造类名词得以与自然类名词区别的主要特征。人造类名词发生“名—动”转化的基本模式主要有两种：1）从名物转化为利用该名物而实施的动作行为；2）从名物转化为动作行为的直接对象。船类名词转化为动词的模式符合第一种转化特征，即原生名词是功用角色所指向的动作行为关涉的对象，而在次生动词的语义结构中充当工具或处所论元（参看任荷2014）。

船类名词通过“名—动”词类转化而表示航行义的现象并非上古汉语独有，而是跨语言中的普遍现象。印度尼西亚标准语的航行框架有4个水中运动动词，表示用专门的交通工具航行，分别是：*berkapal*（乘大船航行）、*berperahu*（乘小船航行）、*berakit*（乘筏子航行）和*berkayuh/berdayung*（划船）。而这几个动词都是从名词船或船桨转化而来的（Lander, Maisak, Rakhilina 2012：67—83）。德语的*segeln*、葡萄牙语的*velejar*和芬兰语的*purjehtia*均表示航行义，这些词都来源于名词“帆”。英语中有几个划船义动词*oar*、*scull*、*paddle*，其原生词类都是名词，指船桨。（Maisak, Rakhilina 2007：41）

除用名动转类而来的水中运动动词表示航行框架外，常见的表达策略是用普通动词组成的短语表示。如用乘坐义动词注明人的位置（在船上），用一般位移动词表示船的位移。

（12）二子<u>乘</u>舟，汎汎其景。（《诗经・邶风・二子乘舟》）

（13）（丹朱）罔水<u>行</u>舟。（《尚书・皋陶谟（益稷）》）《史记・夏本纪》作“毋水行舟”。

用普通动词表示航行框架的策略，与人借助交通工具在陆地行驶的表达策略相同，后者如《诗经・郑风・大叔于田》：“叔于田，<u>乘</u>乘马。”

2.2 战国时期

1）游泳框架

“游”仍是上位词，对主体类型、运动位置等附加参数不敏感。

（1）阎敖游涌而逸，楚子杀之。(《左传·庄公十八年》)

（2）孔子观于吕梁，……鼋鼍鱼鳖之所不能游也。见一丈夫游之，以为有苦而欲死也，使弟子并流而拯之。(《庄子·达生》)

没水潜游用“没”表示。《说文·水部》:“没，沉也。”本义为沉没，主体一般是无生命物体。战国时期“没”的主体可以是人，即人主动没于水中，由此引申出没水潜游义。例如：

（3）河上有家贫恃纬萧而食者，其子没于渊，得千金之珠。(《庄子·列御寇》)

战国文献中还有表示某种游泳姿势的动词，如“蹈水、矩游”：

（4）吾以子为鬼，察子则人也。请问蹈水有道乎？(《庄子·达生》)

（5）君请遏原流，大夫立沼池，令以矩游为乐，则越人安敢至？(《管子·轻重甲》)于省吾《新证》:“然则距游，即在水中距跃游泳之义也。”

“蹈水”，指人在水中身体竖立、借助双腿向下蹬踩保持浮行状态的一种游泳姿势，近似于现代普通话的“踩水”。“矩游”，指跳跃游泳。

2）漂浮框架

战国时期，漂浮框架仍用“浮”表示，与“沉”对立。如：

（6）千钧得船则浮，锱铢失船则沉，非千钧轻锱铢重也，有势之与无势也。(《韩非子·功名》)

3）漂流框架

战国时期漂流框架有多种表达策略，主要包括：1）用专门的水中运动动词“漂”表示；2）用“流”表示；3）用“浮”表示。

《说文·水部》:“漂，浮也。”西周春秋时期的《诗经》有2例“漂”，但与水中运动没有直接联系。[10]战国晚期开始出现“漂”表示漂流框架的用法。

（7）今汝非木之根，则木之枝耳。汝逢疾风淋雨，漂入漳、

河，东流至海，泛滥无所止。(《战国策·赵策一》)

不过，战国时期“漂”主要出现在致使结构中，强调施事水流对主体的作用。如：

（8）大破二国之军，流血漂卤，斩首二十四万。(《战国策·中山策》)

此外，“漂”用于重叠式时描绘物体漂流的状貌。如：

（9）土偶曰：“不然。吾西岸之土也，土则复西岸耳。今子，东国之桃梗也，刻削子以为人，降雨下，淄水至，流子而去，则子漂漂者将何如耳。”(《战国策·齐策三》)按，漂漂，《太平御览》卷396引作“漂然”。

除有专门的水中运动动词“漂”表示漂流框架，战国时期“流”仍然保留漂流义用法，与西周春秋时期相同。如：

（10）以至仁伐至不仁，而何其血之流杵也？(《孟子·尽心下》)

战国时期，“流、漂”表示漂流框架时多采用致使结构来表达。水作为施事成分，突出运动主体水流的作用，即水流为物体的运动提供能量来源。水流使物体漂走的情景，从水的角度观察则是水将物体冲走。因此“流、漂”又引申出冲走、冲毁义。如《管子·七主七臣》：“四者俱犯，则阴阳不和，风雨不时，大水漂州流邑，大风漂（飘）屋折树，火暴焚，地燋草。”

“浮”对是否发生位移不敏感，当上下文没有出现位移信息时，可以看作漂浮义。当上下文注出位移信息（如上下文包含起点、终点成分或处所是江河等有固定流向的水域）时，可视作漂流义。例如：

（11）司马子期死而浮于江。(《韩非子·难言》)

（12）浮于济漯，达于河。(《尚书·禹贡》)

（13）道不行，乘桴浮于海。(《论语·公冶长》)

需要注意的是，当“浮”的主体是船时，将其看作漂流义与航行义用法的临界状态更确切（例12、13）。典型的漂流框架属于不可控制的被动运动，其运动主体应为无生命物，例（11）“浮于江”的是失去生命的司马子期。而当主体为船时，又符合人依靠交通工具在水中行进的情景特征。不过，由于战国时期“浮”表示航行框架时，运动处所仅为江、河等本身有固定流向的水域，船的位移主要依靠水流运动来实现，运动的主动性较弱（如例12，伪孔传：“顺流曰浮”），因此又与典型的航行情景不符。

4）航行框架

战国时期，航行框架没有专门的水中运动动词表示，主要采用另外两种表达策略：

一是用其他基本框架的词描述该情景。

（14）吴王浮于江，登乎狙之山。（《庄子·徐无鬼》）

表示航行义框架的词，其主语既可以是船，也可以是人。MLexT发现这种词义引申模式在跨语言中十分普遍，被视作航行框架的重要特征（Lander, Maisak, Rakhilina2012：67—83）。

二是用普通动词组成的短语表示，用一般位移动词或趋向动词表示船的位移。

（15）蜀地之甲，轻舟浮于汶，乘夏水而下江，五日而至郢。汉中之甲，乘舟出于巴，乘夏水而下汉，四日而至五渚。（《战国策·燕策二》）

（16）舫船载卒，一舫载五十人，与三月之粮，下水而浮，一日行三百余里。（《战国策·楚策一》）

2.3 东汉中土文献

东汉中土文献[11]水中运动概念域的结构与战国时期大致相同，即游泳框架独立，漂浮框架、漂流框架和航行框架三个基本框架用一个词“浮”表示。与战国时期相比，东汉时期水中运动概念域主要有两点重要变化。

1）“浮”主体的变化

“浮”在东汉时期开始出现主体是有生物的用法。如：

（1）以弓击水，鱼鳖浮为桥。东明得渡，鱼鳖解散，追兵不得渡。（《论衡·吉验》）

上例中“浮”虽然表示有生物主动向上浮，但还不能完全视作游泳义。这里的“浮”特指主体浮出水面，主体仅限于水生生物，而不能是人或其他陆生哺乳动物。不过，“浮”的主体可以是有生物，运动方式也从被动变为主动，这为“浮”引申出游泳义提供了条件。

2）表示航行框架的结构凝固化

东汉时期“浮”的航行义用法基本固定下来。主要体现在两方面：1）动词“浮”与处所名词之间的介词“于”消失，使得“浮/泛＋处所名词”结构凝固化；2）处所名词不再限于江、河等有固定流向的水域，也可以是没有固定流向的海洋。

（2）窃闻夜郎所有精兵可得十万，浮船牂柯，出不意，此制粤一奇也。（《汉书·西南夷列传》）

（3）今发兵浮海，直指泉山，陈舟列兵，席卷南行，可破灭也。（《汉书·严朱吾丘主父徐严终王贾传上》）

需要注意的是，“浮”表示航行框架时在句式上受到一定限制。“浮”的航行义主要出现在“浮＋处所名/船名”的结构中，脱离该结构“浮”很难表示航行义。

2.4　魏晋南北朝汉译佛经

1）游泳框架

“游”仍是游泳框架的上位词，对运动位置和主体类型没有限制。

（1）即雇如直持鳖归家，澡护其伤，临水放之，睹其游去。（《六度集经》卷3）[12]

（2）如有男子，欲见大海，游到陂池，及众江河，于彼求宝，而获水精小明月珠。（《修行道地经》卷7）

受参数“运动位置”作用，游泳框架分出“水上浮行”与“没水潜游”的对立，“浮”表示水上浮行，且主体可以是人类。例如：

（3）若比丘欲作喜故，以手拍水，波逸提。若于水中倒没或转如鱼，或一臂两臂浮，或身踊，或仰浮，皆波逸提。若比丘欲作乐作笑作戏弄水，令他喜令他乐令他笑故，作是种种浮戏，皆波逸提。……若学浮若直渡。(《十诵律》卷16)

（4）比丘即于界内，直浮趣船。水复漂船下，过三由旬，比丘复应舍船，直浮趣岸。(《摩诃僧祇律》卷8)

“没水潜游”框架由“没”表示，例如：

（5）没者，以戏故沐没，波夜提；若钵小钵铜焊器物堕水，没取者无罪，为澡洗故没无罪。(《摩诃僧祇律》卷19)

魏晋南北朝佛经中的“泅”也表示游泳框架。“泅”在魏晋以前的文献中极少出现。[13]《说文》以“泅”为“汓”的或体[14]:“汓，浮行水上也。从水、从子。古或以汓为没。泅，汓或从囚声。”桂馥《说文义证》:“汓，经典借游字。”《广韵·尤韵》:“泅，人浮水上。”《集韵·尤韵》:“汓，或作泅、游、湭。”

我们发现，表示游泳义的“泅”与“浮”在文献中大致呈互补分布。[15]“泅”的用例多见于南朝汉译佛经，具有南方方言色彩。《玄应音义》卷18:“泅水，古文作浮，同。似由反，《说文》泅，谓水上浮也，今江南谓拍浮为泅也。”[16]“浮、泅”的地域差异一直保留到现代汉语方言中。[17]

“浮”“泅”不仅有地域差异，二者搭配的主体类型也有区别。“泅”的主体一般是人或陆生哺乳动物，而不见其主体为鱼鳖等水生生物的用例，文献中不见“鱼泅”“鳖泅”等说法。

（6）尔时十七群比丘至阿夷罗河中取水，即因洗浴泅戏沐没，互相浇灒。(《五分律》卷8)

（7）譬如有人，未曾学泅，不离浮物。若已学未成，或离或捉。若学已成，不依浮物，自能得渡。(《阿毗达磨俱舍释论》卷16)

受双音化影响，佛经中还有数量丰富的双音词表示游泳框架。

从构词的语义特点来看可分为三类：一是“游泳义＋一般位移”，如“游行、游度、泅渡”等。如：

（8）昔者有一鳖王，游行大海。周旋往来，以为娱乐。（《生经》卷4）

（9）乐法戒为河，净黠悉在中，斗极往浴净，游度不复还。（《佛说义足经》卷下）

（10）小象欲泅渡江，见水深而畏，故叫。（《善见律毗婆沙》卷12）

二是“游泳义＋游泳义”，如“浮游、浮泅”等。如：

（11）其人念言：水少，诸鱼浮游，皆上网上。（《佛说梵网六十二见经》）

（12）众生堕在大林盛火欲处、色处、无色之处，浮泅三渊，为生死流。（《渐备一切智德经》卷1）

三是“身体动作＋水/游泳义”，如“仰浮、倒没、拍水”等。如：

（13）诸比丘皆到阿脂罗河岸上，脱衣入河中作种种戏：或手拍水，或倒没，或如鱼转，或掉臂，或两手把水，或一手，或仰浮。（《十诵律》卷16）

2）漂浮框架

漂浮框架由“浮”表示，例如：

（14）亦如酥瓶在水中坏，是时瓦石便沉在下，酥便浮在上。（《增壹阿含经》卷35）

（15）复取树叶裹不净，着池水中浮。（《摩诃僧祇律》卷22）

3）漂流框架

战国时期、东汉时期漂浮框架与漂流框架可用一个词“浮”来表示，而魏晋南北朝佛经中，漂流框架与漂浮框架没有合并。魏晋南北朝佛经中的漂流框架有两种词化策略：1）用“漂”表示；2）用“流”表示。

（16）风雨凌凌，笮绝舟漂。（《六度集经》卷5）

（17）其王于台，遥睹水中，有壶流下，赩辉光耀，似有乾灵。（《六度集经》卷3）

“漂”的语法功能发生变化。魏晋以前，“漂”主要出现在致使结构中，较少出现在主谓结构中。魏晋南北朝佛经中，“漂”除出现在主谓结构和致使结构外，还可做定语。例如：

（18）又睹漂狐，曰：“取之。”鳖亦云：“善。”又睹漂人，搏颊呼天，哀济吾命。（《六度集经》卷3）

“漂”做定语修饰中心语名词，实际上反映了“漂”的状态义增强，动作义减弱。复合词“漂流”也有类似句法表现，既可做主谓结构中的谓语，又可做偏正结构中的定语。例如：

（19）譬如河岸，所有草木，大水瀑涨，悉随漂流，入于大海，唯除杨柳，以其软故。（《大般涅槃经》卷12）

（20）昔者菩萨，身为马王，名曰趋耶，常处海边，渡漂流人。（《六度集经》卷6）

4）航行框架

航行框架在佛经文献中不用水中运动动词表示，航行框架用普通动词构成的短语表示。例如：

（21）即时去乘船至岸边，脱衣沐浴，相娱乐已，便弃船度河，往至香树间。（《大楼炭经》卷1）

（22）御船回旋，乃逾于师，布施财物，奉辞而去。（《法句譬喻经》卷2）

2.5 魏晋南北朝中土文献

魏晋南北朝中土文献和汉译佛经，二者属于同一历史时期内容性质不同的两种文献资料。我们发现，水中运动动词在不同文献资料中同样表现出显著差异，如“浮”在佛经中不能表示漂流框架，而在中土文献中却可以；航行框架在佛经中主要用普通动词组成的短语来表示，而中土文献中频见用“浮/泛”表示航行的用例，这种差异大致可以看作词汇系统在共时层面上的差异。

1）游泳框架

“游”是游泳框架的上位词。例如：

（1）又取鲤一双，一鲤傅药游釜中，若处渊。（《博物志·方士》）

受参数“运动位置”作用，区分出“水面浮行”和“没水潜游”的对立。水面浮行用“浮”表示。

（2）魧子，一名鱼子，好群浮水上，曰白萍。（《古今注·卷中·虫鱼》）

（3）傍人咸云水如此长，此人遂能浮过，共惊异之。（《北齐书·由吾道荣传》）

“没”突出运动的位置在水下，与“浮”相对。如：

（4）处即刺杀虎，又入水击蛟，蛟或浮或没，行数十里，处与之俱。（《世说新语·自新》）

“泅”同样零星见于魏晋南北朝的中土文献中。例如：

（5）杨子曰：“人有滨河而居者，习于水，勇于泅，操舟鬻渡，利供百口。……本学泅，不学溺，而利害如此。”（《列子·说符》）

（6）中江遇风船覆，左右丁壮者各泅走。（《南齐书·张敬儿传》）

中土文献中有数量丰富的复合词表示游泳框架，从构词的语义特点来看可分为两类：一是“游泳义动词＋水”，如“游、浮、泅、没”与“水”构成复合词“浮水、游水、没水、泅水”。例如：

（7）丰游水向土山，为浪所激，不时至，西人钩之。（《北齐书·刘丰传》）

（8）尚书左丞甄琛曰：“吴人浮水自云工，妓儿掷绳在虚空。”（《洛阳伽蓝记·正觉寺》）

（9）太祖令泅水钩捕，无得免者。（《魏书·羌姚苌传》）

（10）又令没水，直者入即不沉，不直者即沉也。（《南齐

书·东南夷列传》)

二是“动作动词＋游泳义动词”。复合词“拍浮”表示用水拍打着游泳的姿势。例如：

（11）毕茂世云:“一手持蟹螯，一手持酒杯，拍浮酒池中，便足了一生。”(《世说新语·任诞》)

“拍浮”具有南方方言色彩。《慧琳音义》卷58:“泅戏，又作汓，同。似由反。《说文》水上浮也。今江南呼‘拍浮’为‘泅’也。”又见卷70:“学泅，说文作汓，或从囚，作泅，音似流反。谓浮水上也，江南言‘拍浮’也。”

2）漂浮框架

漂浮框架由“浮”表示。例如：

（12）经一岁，捕鱼人张系世于海口忽见有铜花趺浮出水上。(《梁书·诸夷列传》)

（13）殷洪乔作豫章郡，临去，郡人因附百许函书。既至石头，悉掷水中，因祝曰:“沉者自沉，浮者自浮，殷洪乔不能作致书邮。”(《世说新语·任诞》)

“浮”表示漂浮义还可出现在致使结构、偏正结构、存现句中，下面分别举例说明。

（14）窃闻众口铄金，浮石沉木，三人成市虎，慈母投其杼。(《三国志·魏书·孙礼传》)

（15）各自别捶牛羊骨令碎，熟煮取汁，掠去浮沫，停之使清。(《齐民要术》卷8)

（16）盆中浮酥，得冷悉凝，以手接取。(《齐民要术》卷6)

“浮”的句法位置当与主体名词的物性结构有关系。主谓结构是“浮”出现的典型句法结构。“浮”做定语时，中心语名词通常具有轻浮、不沉于水的属性特征，如例（15）中的泡沫;“浮”在致使结构中，主体名词一般不具有轻浮、不沉于水的属性特征，如例（14）的石头。

3）漂流框架

漂流框架有多种表达策略：一是用单音词“漂”（例17）及由“漂”构成的复合词“浮漂、漂流、流漂”（例18—例20）表示；二是用其他框架的词“浮”（例21）表示；三是表示水流运动的“流”仍可表示漂流框架（例22）。

（17）忽有暴风从东北来，正昼昏暗，飞沙走砾，船缆忽绝，漂至城下。（《北齐书·刘丰传》）

（18）行至西塞，值暴风，纯丧舫流漂，不知所在，述乘小船寻求之。（《宋书·谢述传》）

（19）河水激急，沙土漂流，今日此渠高于河水二丈三尺，又河水浸射，往往崩颓。（《魏书·刁庸传》）

（20）乡土不同，河朔隆寒。流澌浮漂，舟船行难。（《宋书·乐志》）

（21）山水暴至，浮出长木数百根。（《魏书·崔亮传》）

（22）有一女浣于水滨，有三节大竹，流入女足间，推之不去。（《华阳国志·南中志》）

4）航行框架

中土文献中，航行框架有两种表达策略：一是用水中运动动词“浮、泛”表示。如：

（23）龙骧将军王镇恶伐木为舟，自河浮渭。（《宋书·武帝本纪》）

（24）子仙谓为信然，浮舟将发。（《梁书·王僧辩传》）

（25）及车驾还，幸彭城，泛舟泗水，诏在侍筵，观者荣之。（《魏书·崔休传》）

二是用“乘坐义动词＋船类名词＋位移动词”结构表示。如：

（26）藩气厉心愤，率左右十二人，乘小船迳往河北。（《宋书·胡藩传》）

值得注意的是，“浮、泛”表示航行框架的用法仅见于中土文献，在同一时期的佛经文献中没有出现，实际上反映了以书面语为基础的中土文献具有存古的特点。

2.6 元代官话

1）游泳框架

游泳框架主要用“浮”及复合词“浮水”表示。

（1）三军跟着我摔手浮，摔手浮；狗跑儿浮，狗跑儿浮；蹦水儿浮，蹦水儿浮；鸭儿浮，鸭儿浮；观音浮，观音浮，上的这岸来。（《全元杂剧·诸葛亮博望烧屯》）

（2）被侯成杀了杨奉，夺了门，浮水而过。（《三国志平话》卷上）

“游”也有表示游泳义的用例，但出现频率很低。

（3）这些时可不喂了那游来游去活鱼儿。（《全元杂剧·金水桥陈琳抱妆盒》）

2）漂浮框架

漂浮框架仍用“浮”表示。

（4）扑冬，丢下去了，再搬下井栏石往下压着，省的那尸首浮起来。（武汉臣《包待制智赚生金阁》）

3）漂流框架

漂流框架有两种表达策略：1）用“漂”及复合词“浮漂、漂流”表示，“漂”不再保留致使用法，仅做一价动词；2）用其他框架的词“浮”表示，“浮”出现在包含位移特征的结构中，如“浮＋将＋趋向补语”（例9）。

（5）那军多半向火内烧，三停在水上漂。若不是天交有道伐无道，这其间吴国尽属曹。（关汉卿《关大王独赴单刀会》）

（6）居士，这会儿风浪越急了，你看那船越漂的高了也。（刘君锡《庞居士误放来生债》）

（7）这船呵在风中簸荡任东西，水上浮漂。又无人把舵推篷，那里也举棹撑篙。（刘君锡《庞居士误放来生债》）

（8）妾身复还到船中，随着风浪，漂流至此。（《全元杂

剧·无名氏·冯玉兰夜月泣江舟》）

（9）干荷叶，水上浮，渐渐浮将去。（《全元散曲·刘秉忠·干荷叶》）

4）航行框架

元代北方方言中，航行框架不用水中运动动词表示，而是用“乘坐义/操控义动词+船类名词”注出位置信息，用一般位移动词表示船的位移及其他路径信息。

（10）韩国忠乘船而去。（《三国志平话》卷下）

（11）早些开船去，俺趁着船快走，快走。（《全元杂剧·张国宾·相国寺公孙合汗衫》）

（12）驾着渔船一只，过江逃难。（《全元杂剧·郑廷玉·楚昭公疏者下船》）

2.7 汉语普通话

1）游泳框架

普通话中，游泳框架由“游”或复合词“游泳”[18]表示。如：

（1）罪犯游到对岸逃走了。

（2）小鱼在水里游来游去。

（3）小明每天坚持游泳。

元代官话中，游泳框架是用“浮”或双音词“浮水”表示。尽管“浮”在普通话中没有保留这种用法，但在北方方言中游泳框架仍用来“浮”来表示，南方方言则用“泅”。可见，游泳框架的主导词存在南北地域差异的现象一直保留至现代汉语。[19]

2）漂浮框架

漂浮框架由“浮、漂”表示，但“浮”主要表示物体在水中向上浮起的情景。“浮”表示漂浮义时，搭配的主体受到一定限制，主要为密度小于水的物质名词（如“油”“泡沫”），强调这类物质存在于水上面的固有属性特征。

（4）水面上浮着一层油。

如果表示普通无生物漂浮于水面上，一般用“漂”而不用“浮”表示。

（5）汤里漂着几片菜叶。

（5'）*汤里浮着几片菜叶。

“汤里浮着几片菜叶”在说普通话的人中接受度低，原因就在于上下文语境不需要强调菜叶的浮力，而只是强调漂浮的状态，换用“漂”则接受度增高。

“浮、漂”表示漂浮框架时，还有语法功能上的差异。“浮”可以做定语直接修饰中心语名词，如“浮花/油/沫/木”，而“漂”则基本不出现在定语位置。

3）漂流框架

漂流框架由“漂”表示。例如：

（6）这些土地不用竹桩固定住，就会像冰块一样东一块西一块地漂走。（CCL）

（7）朦胧中忽见上游漂来一只木槎。（CCL）

4）航行框架

复合词“航行”表示船在水中行驶[20]，“航海”专表船在海上行驶。不过“航行、航海”主要出现在文学作品、新闻报道、应用文、科技文等书面语中，反映实际生活的口语中则较少使用。航行框架在普通话口语中主要采用“乘坐义/操控义＋船类名词（＋趋向动词）”的短语结构表示，用一般位移动词表示船的位移。如：

（8）坐船去上海。

（9）等乘客都上来后就开船。

（10）船在海上走了一天一夜。

3 汉语水中运动概念域的历史演变与跨语言比较

为便于比较水中运动概念域在本文不同观察层面中的差异，我们以图表的形式总结上文的论述。

表1 汉语水中运动概念域历史演变图表

<table>
<tr><th rowspan="2">观察层面</th><th colspan="2">游泳框架</th><th rowspan="2">漂浮框架</th><th colspan="2">漂流框架</th><th rowspan="2">航行框架</th></tr>
<tr><th>水上</th><th>水下</th><th>定向</th><th>不定向</th></tr>
<tr><td rowspan="2">西周春秋文献</td><td colspan="2">游</td><td rowspan="2">浮</td><td rowspan="2">+</td><td rowspan="2">+</td><td rowspan="2">“名—动”转类词</td></tr>
<tr><td>–</td><td>泳</td></tr>
<tr><td rowspan="2">战国、东汉中土文献</td><td colspan="2">游</td><td rowspan="2">浮</td><td colspan="2" rowspan="2">漂|浮</td><td rowspan="2">浮|+</td></tr>
<tr><td>–</td><td>+</td></tr>
<tr><td rowspan="2">魏晋南北朝佛经文献</td><td colspan="2">游</td><td rowspan="2">浮</td><td colspan="2" rowspan="2">漂</td><td rowspan="2">–</td></tr>
<tr><td>浮|泅</td><td>+</td></tr>
<tr><td rowspan="2">魏晋南北朝中土文献</td><td colspan="2">游</td><td rowspan="2">浮</td><td colspan="2" rowspan="2">漂|浮</td><td rowspan="2">浮|+</td></tr>
<tr><td>浮|泅</td><td>+</td></tr>
<tr><td rowspan="2">元代官话文献</td><td colspan="2">游</td><td rowspan="2">浮</td><td colspan="2" rowspan="2">漂|浮</td><td rowspan="2">–</td></tr>
<tr><td>浮</td><td>–</td></tr>
<tr><td>普通话</td><td colspan="2">游</td><td>漂|浮</td><td colspan="2">漂</td><td>–</td></tr>
</table>

注：1）表中第一列是“语义框架”，包括四个基本语义框架和子框架（如“水上”与“水下”）；2）为更直观地看出同一个词在不同层面上覆盖域的改变，表中仅列出核心的单音节水中运动动词；3）“|”代表其两边的词均可表示该框架；“–”表示没有对应的单音节水中运动动词表示该框架；“+”表示用相邻概念域的词的引申义来表示该框架，如本义水中运动的“流”引申出漂流义，本义为沉没义的“没”引申出没水潜游义。

由上表可知，从概念域出发，汉语水中运动动词的历史演变主要包含三种类型的变化。

1）基本框架词化模式的改变

在本文考察的7个层面中，基本框架的词化模式共有6种不同类型，即：

第一种（西周春秋时期）：四个基本框架不合并。每个基本框架都有专门的表达策略词，水中运动动词数量多于4个。游泳框架因附加参数“运动位置”作用分出“水上”与“水下”两种情景的对立，漂流框架因附加参数“运动方向”作用分出“定向”与“不定向”的对立。西周春秋时期水中运动动词符合MLexT三级划分中的“丰富型”词汇系统的特点。跨语言中，同属“丰富型”词汇系统的语言有印度尼西亚标准语、英语、瑞典语等。

第二种（战国、东汉中土文献）：漂浮、漂流与航行框架合并。游泳框架用“游”表示，与其他基本框架区分开来。漂浮、漂流与航行框架发生合并，用一个词“浮”表示。战国、东汉时期的水中运动动词符合“中等”词汇系统的特点，跨语言中同属于“中等”词汇系统的有Komi语、波斯语、Maninka语。

第三种（魏晋南北朝汉译佛经）：游泳与漂浮框架合并。游泳与漂浮框架可用一个词“浮”表示。游泳框架与漂流框架有单独的水中运动动词表示。航行框架不凸显，用普通动词表示。魏晋南北朝佛经的水中运动动词也属于“中等”词汇系统。

第四种（魏晋南北朝中土文献）：四个基本框架发生合并。游泳、漂浮、漂流与航行框架均可用同一个词“浮”来表示，同时游泳框架与漂流框架存在单独的水中运动动词。魏晋南北朝水中运动概念域的词化模式在跨语言中也能找到对应的情况，像俄语、波兰语、土耳其语、Aghul语也是用一个水中运动动词覆盖概念空间上的所有基本框架。这种词化模式符合“贫乏型”词汇系统的特点。

第五种（元代官话）：游泳、漂浮、漂流框架合并。元代官话文献中，漂浮、漂流、游泳框架可用一个词“浮”表示。游泳框架可与其他基本框架合并，且没有其他附加参数作用于基本框架。航行框架不凸显，用普通动词表示。元代官话水中运动动词表现出“贫乏型”词汇系统的特点。

第六种（普通话）：漂浮与漂流框架合并。普通话中漂浮框架和漂流框架可用一个词“漂”表示。游泳框架有单独的水中运动动词，但航行框架不凸显，用普通动词表示。汉语普通话水中运动动词也符合“中等”词汇系统的特点。

从7个观察层面的考察结果来看，汉语水中运动动词以“中等”词汇系统居多，战国时期、东汉中土文献、魏晋南北朝佛经、普通话都符合“中等”词汇系统的特点，以《诗经》为代表的西周春秋时期属于“丰富型”系统，而以书面语为基础的魏晋南北朝中土文献与元代官话文献又具有“贫乏型”词汇系统的特点。

需要指出的是，以历史文献为样本的考察，其结果呈现出一定的杂糅性：一方面有方言词并存的现象，如魏晋南北朝时期的“泅、浮”；另一方面也有书面语的存古现象，“浮、泛”表示航行框架在战国时期出现，这种用法直到魏晋南北朝中土文献中仍然很常见，不过同时期口语性较强的佛经文献中并没有见到“浮、泛”表示航行框架的用例。尽管以文献为对象的考察结果具有杂糅的特点，但以上六种词化模式均不违背MLexT以跨语言数据为基础构建的水中运动语义地图的关联原则（参看李亮 2015：12—16）。

2）词在概念空间上覆盖域的变化

从表中可见，“游、浮、漂”出现在多个层面中，是汉语水中运动概念域中的主要成员，但其中有的词（“浮、漂”）在不同层面的概念空间中，其覆盖域存在显著差异。

西周春秋时期，“浮”仅覆盖漂浮框架；战国、东汉时期，“浮”的覆盖域扩大，覆盖漂浮、漂流与航行框架。魏晋南北朝佛经文献中，“浮”覆盖漂浮和游泳框架；而在同一时期的中土文献中，“浮”的覆盖域达到最大化，覆盖所有基本框架。元代官话文献中“浮”的覆盖域有缩减的趋势，覆盖漂浮、漂流和游泳框架。而到汉语普通话中“浮”的覆盖域又缩至最小，仅覆盖漂浮框架。“浮”在不同层面概念空间的覆盖范围，大致呈“两头小，中间大”的橄榄形。

“漂”在战国时期进入水中运动概念域，直到元代官话“漂”仅表示漂流框架。而在普通话中，“漂”的覆盖域扩大，不仅表示漂流框架，还可表示没有位移的漂浮框架。

值得注意的是，“游”在汉语史上一直都是游泳框架的主要成员，表现出很强的稳定性。尽管“游”表示游泳义在文献中一直保留，但在元代官话文献中主要表示出游、游戏等用法，极少表示游泳义。[21]由此我们推测，“游”的游泳义主要还是保存在书面语中，实际口语中“游”很可能不再表示游泳义。同样，虽然普通话用“游”“游泳”表示游泳义，但在现代汉语方言中，北方官话方言区主要用“浮”及“浮”系双音词表示，而南方方言区多要用“泅”及“泅”系双音词表示。由此可见，普通话中仍保留较多典雅的书面语成分。

3）词的历时替换

所谓词的历时替换，是针对某个具体语义框架而言的，指表示该框架的词出现变化。然而，我们发现水中运动概念域的成员，总的来看是变的少，不变的多。像“浮、游、漂”，几乎在本文考察的所有层面都是水中运动概念域的主要成员，并没有明显的历时替换。就水中运动概念域而言，比较明显的历时替换主要是近代汉语以来“漂”对“浮”的替换。

“浮”在古代汉语中，一直是覆盖漂浮与漂流两个被动运动框架的上位词，“漂”则仅覆盖漂流框架。而在普通话中，“漂”已经取代“浮”成为表示被动运动的上位词。

4 结语

蒋绍恩（2007）曾指出，研究词汇的历史演变有两条思路，一条是“以词为出发点”，另一条是“以概念域为出发点”，并认为以概念域为出发点对词汇系统的历史演变来说可能更合适，有助于观察成员分布的变化。这指明了进一步研究的方向，极富启发性。本文借鉴词汇类型学理论方法加以考察，是沿着“以概念域为出发点”思路做出的初步探索。从汉语水中运动动词的历史演变来看，词汇系统的演变可以归结为三类变化，即基本框架词化模式的改变、词在概念空间上覆盖域的变化和词的历时替换。尽管三类变化不能截然对立，但各类变化的作用和性质不能等同。其中前两类变化涉及概念域结构的改变，是概念结构组织的重组，当属“质”的变化。而词的历时替换首先是在单个语义框架的层面完成，对概念域结构的格局并没有直接影响，当属“量”的改变。通过对不同层面水中运动概念域的分析，不难发现，概念域结构的变化其实是由“浮”覆盖域的变化决定的，“浮”可视为汉语水中运动概念域的核心词。从“浮”的覆盖域变化可以获取两点有价值的认识：

第一，它反映出水中运动概念域的核心语义特征，即物体依靠浮力不沉于水。物体不沉于水是所有基本义框架的共有特征。游泳框架中，有生物通过自身的活动不沉于水；航行框架中，人借助交通工具不沉于水；漂浮框架中，无生命物体依靠浮力不沉于水。本文从历史演变的角度所获取的水中运动概念域的核心语义特征，正好与MLexT对水中运动动词的定义——物体依靠浮力静止或漂浮于水面——相符，这也再次证明将词汇的跨语言比较与词汇的历史演变研究结合起来的研究思路具有可行性。

第二，“浮”在概念空间上覆盖域的历时变化，是以漂浮框架为起点，依次扩大到漂流框架、航行框架，最后覆盖游泳框架。通过“浮”覆盖域的变化，可以观察到四个基本框架发生关联的先后顺序，以及框架之间是如何产生关联的。

“浮”强调物体位于液体表面，但对是否发生位移参数不敏感。当上下文没有出现位移信息时，“浮”表示漂浮框架。当上下文注出位移信息时，“浮”表示漂流框架。

“浮”从漂流框架扩展至航行框架，需要两个条件：一是运动主体的改变（普通无生物→船），二是处所的变化（有固定流向的水域→没有固定流向的水域）。

“浮”从漂浮框架扩展游泳框架，其运动主体经历了“普通无生物→水生生物→人及其他陆生哺乳动物”的变化，主体类型的改变使运动的主动性逐步加强，从而覆盖游泳框架。

历史演变研究不仅展现出词汇在时间维度上发生的变化，还可展现变化发生的先后顺序。这些信息很难通过共时层面的跨语言比较获取，由此体现出历史演变研究的独有价值。

附 注

① MLexT“水中运动动词”项目的研究成果见T. Maisak、E. Rakhilina主编（2007），该书的英文简介与PDF版本见网站：http://aquamotion.narod.ru。“水中运动动词”项目的中文介绍可参看李亮（2015）。

② “语义框架”和下文“参数”是MLexT论述体系中的两个重要术语。限于篇幅，这里仅做简要说明。“语义框架”是指由一组典型参数组合形成的情景，在不同语言中往往会用专门的词来表示该情景。如水中运动概念域中，“有生物在水中主动行进”这一情景在很多语言中都用一个专门的词来表示（如汉语的“游”，英语的*swim*），“有生物在水中主动行进”即为水中运动概念域中的语义框架。MLexT提出的“参数”，与传统语义分析中的“义素”既有相似处，又不能完全等同。二者本质上都是语义特征，最大的区别在于：经典义素分析法中，语义场内的几个义素之间是独立的，彼此没有关联。比如在亲属语义场中，义素［性别］和［年龄］彼此独立。而“参数”之间往往不具有独立性，彼此会相互影响。以水中运动为例，参数“主体类型”与“运动方式”之间存在关联：如果主体是有生命的物体，运动方式则通常是主动运动；如果主体是无生命的物体，运动方式一般为被动运动。有关“语义框架”和“参数”的详细介绍可参看Rakhilina, Reznikova（2014）、李亮（2015：7—8）。

③ MLexT划分词汇系统的标准主要有：“丰富”型词汇系统的水中运动动词数量不少于4个，四个基本框架可以区分开；有更多附加参数作用于基本框架；“中等”词汇系统的水中运动动词数量一般为3个，游泳、漂浮、航行三个基本框架能够区分开，游泳框架用单独的水中运动动词表示；“贫乏”型词汇系统的水中运动动词数量不超过2个，游泳、漂浮、漂流框架被同一个词覆盖。不过单纯用数量标准来判断汉语水中运动动词词汇系统的等级恐怕不合适，汉语不仅有单双音节词并存的特点，以文献为基础的历时考察，往往还有时间、地域因素带来的异质成分。因此，本文在判断汉语水中运动动词的词汇等级时综合了基本框架的词化模式、发生作用的参数数量、动词数量等多项标准。

④ “框架凸显”，是指存在不同的词表示该框架，能够与其他框架区别开来。如果用其他框架的词、普通动词或者用短语的形式表达，则说明该框架不凸显。“框架高凸显”是指不仅有专门的词表示基本框架，而且还可能存在多个词表示包含更多参数特征的子框架。

⑤ 本文原将“游水”“浮水”“泅水”当作“述补式”，“水”是处所成分，做补语。匿名审稿专家指出，“游水”“浮水”“泅水”当为述宾式，“水”为处所宾语。谨致谢忱。

⑥ 近代汉语部分本文仅选择元代北方方言作为考察对象。以元代为近代汉语的代表，主要基于两方面的考虑：1）虽然水中运动概念域在近代汉语

时期出现的一些新变化在唐宋时期已见端倪，但新现象在文献中用例总体偏少，语境表现也不够丰富，而元代处于近代汉语的成熟阶段，新的用法基本稳固下来，有利于在共时层面中展开讨论。2）本文重点在于选取能够反映水中运动动词发生显著变化的层面来讨论，如果前后两个时期概念域的结构组织完全相同且动词成员在概念空间上的分布没有变化，本文仅选取一个做代表。而在以《朱子语类》为代表的南宋文献中，水中运动概念域的结构特点与元代文献大致相同。当然，元代文献并不能反映整个近代汉语所有时段和地域的水中运动动词的全貌。比如明清以后，南北方言在表示游泳框架上呈现“浮”系与“泅”系的对立，这一对立在反映南北方言特点的文献中得以呈现，“泅”多出现在有南方方言色彩的文学作品中，如“三言”《初刻拍案惊奇》《海上花列传》《花月痕》等，而不见于《儿女英雄传》《红楼梦》等北方方言作品。又如清代以后北方方言中有“洑、泭、凫”等表示游泳义，从它们的音义及用法特点来看，当为“浮”的异体字。曹先擢、苏培成（1999：146）：“‘凫水’在北方作‘洑水’”。

⑦ 裘锡圭、徐宝贵先生认为石鼓诗是春秋中晚期作品，与《诗经》时代接近。参看徐宝贵（2008：654）。

⑧“泳”在普通话以前一直是个低频词，战国时期仅有1例见于《晏子春秋》，为同义连文“游泳”形式；汉代文献中《史记》仅见1例;《汉书》1例，但为引用《史记》原文;《中论》1例引自《诗经》；魏晋南北朝以后零星出现在诗歌赋文等典雅的书面语中。

⑨《诗经》中共有6例“流”表示漂流框架，其中有5例“流”见于致使结构，仅1例见于主谓结构。

⑩ 1例通“飘”，出现在致使结构中，“萚兮萚兮，风其漂女。”（《郑风·萚兮》），毛传：“漂，犹吹也。”另1例为联绵词“漂摇”：“予室翘翘，风雨所漂摇。”（《豳风·鸱鸮》）

⑪ 由于水中运动概念域在东汉佛经文献中表现不充分，比如“浮”不见其表示水中运动概念的用例，游泳框架在佛经文献中也没有得到反映。因此，本文仅以中土文献中的水中运动动词为东汉时期水中运动概念域为代表，必要时也会补充佛典文献中的情况。

⑫ 此例之“游”《大正藏》原文作“遊”，从上下文看就是“游”；《房山石经》毁字号《六度集经》（1088年刻）即作“游”。又该例所述同事,《经律异相》卷11异文作“浮”,《法苑珠林》卷50、《诸经要集》卷8作“游”，皆可证。下例（2）、例（9）中的“游”,《大正藏》原本亦均作“遊”。又《佛本行集经》卷51“令此大石在于水上浮遊不没”，亦将“游”写作“遊”。古书“游”“遊”使用的通例，是“在游玩、游历、交游等意义上，古代通用；只有关于水中的活动，一般用‘游’，很少用‘遊’”（王力主编2000：1441）。从前揭数例看,《大正藏》用字习惯不完全统一，间或用“遊”表示水中活动。

⑬ 战国以前文献未见“泅”的用例（《列子》有“泅”，但不算先秦文献）。汉代文献中，似仅见于《申鉴·政体》（3例）。

⑭ 笔者另有专文讨论“泅”与“游”的关系，主要结论是“泅”是“游”的方言变体，大约产生于东汉中晚期的南方方言。

⑮ 也有少数例外的情况。如竺法护译经中既有用“泅”表示游泳义的用例，同时也有“浮”表示游泳义的用例。《生经》卷3既有“第四精进者……脱衣入水，泅截接取”，也有“赖我浮江水，接得妙栴檀”。

⑯ “泅水”条又见于《慧琳音义》卷73，不过其中“拍浮”误为“指浮”。

⑰ 现代汉语中，北方方言多用“浮”表示游泳，而南方方言多用“泅”表示。（参看北京大学中国语言文学系语言学教研室编《汉语方言词汇》，1964：323）

⑱ “游”“游泳”不能看作完全等同的同义词，有学者认为二者的区别在于运动主体上，“游”既可以指人在水里游泳，也可以指动物在水里游泳，而“游泳”的主体则只能是人（王进 2006）。我们认为，“游”与“游泳”既有句法上的差别，也有词汇语义上的差别。句法上，双音词“游泳”不可带数量宾语（*游泳了1公里），而“游”则不受限制；“游泳”可做定语，修饰名词，如“游泳衣”“游泳池”，而“游”则不可做定语。“游泳”的句法表现反映了汉语双音节动词发生指称化倾向。词汇语义上，“游泳”特指一项运动项目，上下文中经常有锻炼、竞技或休闲等信息。

⑲ 参看北京大学中国语言文学系语言学教研室编《汉语方言词汇》（1964：323）；汪维辉（2018：505—507），“63.游泳”条。

⑳ 现代汉语中“航行”既可表示船在水上行驶，又可表示飞机在空中行驶（中国社会科学院语言研究所词典编辑室编《现代汉语词典》（第7版），2016：517）。飞机是当代社会出现的新事物，用水中运动动词表示物体在空中的运动是跨语言中的普遍现象。因此，我们仍然将“航行”看作水中运动动词。

㉑ 在本文所考察的元代文献中，仅《元杂剧》中有1例表示鱼在水中游动的例子（2.6节例3）。

附表1 文献清单表

西周春秋文献	以《诗经》为样本代表，针对《诗经》中少见未见的词或用法，适当补充今文《尚书》的语料以及石鼓诗等出土文献资料。
春秋战国文献	以传世文献为主，包括《左传》《国语》《战国策》《周礼》《仪礼》《礼记》《论语》《孟子》《荀子》《老子》《庄子》《墨子》《管子》《晏子春秋》《韩非子》《吕氏春秋》《（吴）孙子兵法》《楚辞》等。
西汉文献	《新书》《淮南子》《史记》《盐铁论》《说苑》《新序》等。
东汉中土文献	《论衡》《太平经》《东观汉记》《风俗通义》《汉书》《前汉纪》等。

（续表）

东汉汉译佛经	使用东汉汉译佛经共31部（参看许理和 2001：306—309），用《大正藏》本。
魏晋南北朝中土文献	《抱朴子》《博物志》《世说新语》《齐民要术》《三国志》（含裴注）《真诰》《列子》《洛阳伽蓝记》《宋书》《南齐书》《梁书》《魏书》等。
魏晋南北朝汉译佛经	选用佛经文献主要依据汪维辉（2000）的引用书目，用《大正藏》本。
唐宋文献	《全唐诗》《全唐文》《太平广记》《敦煌变文集新书》《祖堂集》《入唐求法巡礼行记》《五灯会元》《朱子语类》等。
元代官话文献	包括元杂剧、散曲、话本，此外还涉及域外汉语文献，如《原刊老乞大》《朴通事》等。
明清文献	主要考察明清白话、文言小说，如“三言”“二拍”、《金瓶梅》《水浒传》《水浒后传》《后水浒传》《红楼梦》《聊斋志异》等。

附表2　水中运动动词定量统计表

		单音词				双音词
		游	浮	漂	泅	
西周春秋时期	游泳框架	3				
	漂浮框架		1			
	漂流框架					
	航行框架					
春秋战国文献	游泳框架	29				
	漂浮框架		6			
	漂流框架		1	4		
	航行框架		19			
东汉中土文献	游泳框架	10			1	
	漂浮框架		2			
	漂流框架		1	5		流漂3漂流1浮漂1
	航行框架		2			
魏晋南北朝中土文献	游泳框架	23	21		5	浮游1浮水4游度2 游泳2拍浮1浮渡1
	漂浮框架		41			
	漂流框架		3	5		漂浪3漂流4流漂3浮漂1
	航行框架		85			浮涉1

（续表）

		单音词				双音词
		游	浮	漂	泅	
魏晋南北朝佛经文献	游泳框架	10	6		5	游度1游行2浮渡6浮泅1 拍水4仰浮2倒没1
	漂浮框架		10			沉浮2浮没2
	漂流框架			5		漂流3
	航行框架					
元代官话文献	游泳框架	3	23			浮泛1
	漂浮框架		15			
	漂流框架		3	4		漂流9浮漂1
	航行框架					

参考文献

北京大学中国语言文学系语言学教研室编 （1964）《汉语方言词汇》，文字改革出版社，北京。

曹先擢、苏培成主编 （1999）《汉字形义分析字典》，北京大学出版社，北京。

蒋绍愚 （2007） 打击义动词的词义分析，《中国语文》第5期，北京。

李　亮 （Kholkina Liliya）（2015）《词汇类型学视角的汉语物理属性形容词研究》，北京大学博士学位论文。

任　荷 （2014） 先秦汉语“名词动用”现象研究——以物质名词为例，《语言学论丛》第50辑，312—341页，商务印书馆，北京。

汪维辉 （2000）《东汉-隋常用词演变研究》，南京大学出版社，南京。

汪维辉 （2018）《汉语核心词的历史与现状研究》，商务印书馆，北京。

王凤阳 （2011）《古辞辨》（增订本），中华书局，北京。

王　进 （2006）《语言类型学的词汇语义研究维度——以汉俄语“水中运动”语义场为介》，首都师范大学博士论文，北京。

王　力 （1982）《同源字典》，商务印书馆，北京。

王力主编 （2000）《王力古汉语字典》，中华书局，北京。

徐宝贵 （2008）《石鼓文整理研究》，中华书局，北京。

徐通锵 （1991）《历史语言学》，商务印书馆，北京。

许宝华、宫田一郎主编 （1999）《汉语方言大词典》，中华书局，北京。

许理和 （2001）《关于初期汉译佛经的新思考》（顾满林译），《汉语史研究集刊》第四辑，306—309页，巴蜀书社，成都。

郑张尚芳 （2013）《上古音系》，上海教育出版社，上海。

中国社会科学院语言研究所词典编辑室编 （2016）《现代汉语词典》（第7

版），商务印书馆，北京。

Koptjevskaja-Tamm M. （2008） *Approaching Lexical Typology, Vanhove M, From Polysemy to Semantic Change*. Amsterdam: Benjamins.

Lander Y., Maisak T., Rakhilina E. （2012） Verbs of Aqua-motion: Semantic Domains and Lexical Systems, *Motion Encoding in Language and Space*. New York: Oxford University Press.

Rakhilina E., Reznikova T. （2014） Doing Lexical Typology with Frames and Semantic Maps, Working Papers on Basic Research Program, Moscow: National Research University Higher School of Economics（HSE）.

T. Maisak, E. Rakhilina （2007） Глаголы движения в воде: лексическая типология / Ред., М.: Издательство «Индрик».（T. Maisak、E. Rakhilina主编《水中运动动词：词汇类型学》, Indrik出版社，莫斯科）

Diachronic Changes in the System of Chinese Aqua-motion Verbs from the Viewpoint of Lexical Typology

QIANG Si

Abstract: In the study of Chinese lexical history, the problem of word replacement has received much attention. It is worth noting that while many aqua-motion verbs such as *you*（游）, *fu*（浮）, *piao*（漂）are major component members of the concept domain in the history of Chinese language, no salient diachronic replacement has been observed regarding their development. For concept domains that show no salient replacement relationship, studies about how to observe historical changes are rather scanty. From the perspective of lexical typology, this paper undertakes a detailed examination of the historical evolution of Chinese aqua-motion verbs. The main conclusions achived are as follows: 1) With regard to the multiple patterns of lexicalization as shown in the development of aqua-motion verbs in the history of the Chinese language, parallel situations can be observed cross-linguistically; 2) The change of the coverage of aqua-motion verbs in the conceptual space reflects the sequencing of the framework's association, by which the developmental direction of lexical meanings can be predicted; 3) Through the case study of aqua-motion verbs, the present paper argues that the historical evolution of vocabulary can be divided into three types of changes: the change of the basic framework in lexicalization patterns, the change of the word coverage in the conceptual space, and the diachronic replacement of words. The first two changes directly affect the structural organization of the concept domain, thus they cause a "qualitative" change.

Keywords: Lexical Typology, verbs of aqua-motion, conceptual domain, diachronic change, history of Chinese lexicon

（310028　杭州，浙江大学人文学院汉语史研究中心
chanceqq@126.com）

从变价的角度看古汉语动词“他动词化”的趋势*

宋亚云

提要 论文区分了语义价和句法价。古汉语动词从先秦至唐宋时期，除了“自动词化”的趋势之外，还有一种“他动词化”的趋势。这种趋势可以分为两种情况:(一)部分动词或形容词经由使动用法逐渐演变为他动词，包括两类: 1.词义使动构词。如“立”“退”“止”“上”。2.音变使动构词。如“下”“出”“坏”“沉”。这两种情况的“他动词化”是动词语义价增加的一种结果。(二)部分兼有及物和不及物用法的动词或形容词，中古以后自动用法陆续消失，结果只剩下他动用法。如“治”“伐”“拔”。上古汉语动词在演变过程中，既有自动词化，也有他动词化，二者都是指动词或形容词用于变价结构，其句法价和语义价同时发生改变。

关键词 变价 增价 他动词化

1 配价、语义价、句法价和变价结构

1.1 配价、语义价、句法价

王丽玲（2010）详细介绍了国内外有关变价结构的研究成果，指出“配价”既是一个语义的概念，也是一个语法的概念。语义概念上的配价就是语义价，句法概念上的配价就是语法价（或称句法价）；一般情况下，动词的语法价和语义价相等，但有时二者并不相同。[①] Tomas E. Payne（2006: 237—238）指出:“配价既可以认为是个语义概念，也可以认为是个句法概念，或者是二者的结合。

收稿日期: 2017-1-3；**定稿日期**: 2018-10-16。

* 本文受2014年度国家社科基金重大项目（14ZDB092）和2018年度国家社科基金一般项目（18BYY146）资助，谨致谢忱。

语义价指通常由动词表达的信息世界场景中参与者的数目。……语法价（或句法价）指呈现在任何特定的小句中的论元的数目。”作者以英语动词eat为例：

（1）Calvin already ate. “卡尔文已经吃了”。

（2）Calvin came in and Φ grabbed Hobbes. “卡尔文走进来抓住霍布斯”。

Payne认为英语动词eat“吃”的语义价是2，但是动词eat“吃”出现在小句中，其语法价既可以是1价，也可以是2价，取决于这个动词怎么用。如在例（1）中，没有直接宾语，因此动词唯一的核心论元即指“吃的人”, eat“吃”的语法价是1价，这是一个减价结构。动词ate“吃”之后有一个零形式，实际上就是论元省略，而不是零形代词（即复指语）。在例（2）中，动词grab前的零形式是一种复指手段，指向前面的小句中提及的某个特定的参与者，动词grab的语法价仍然是2价。

1.2 变价结构

Dixon & Aikhenvald（2000：7—12）总结了部分语言减价的几种途径（被动Passives，反被动Antipassives，反身结构Reflexives，相互结构Reciprocals）和增价的几种途径（施用式Applicativs和使役式Causatives）。

Payne（2006：241—258）依次讨论的减价结构有：反身结构（Reflexives）、相互结构（Reciprocals）、中动结构（Middle constructions）、主语省略（Subject omission）、被动式（Passives）、反被动（Antipassives）、宾语省略和降级（Object demotion and omission）、宾语并入（Object incorporation）。Payne（2006：258—272）依次讨论的增价结构有：使役式（Causatives）、施用式（applicatives）、与格转换（Dative shift）、领有者提升（Possessor raising）、利益与格（Dative interest）。

王丽玲（2010）提出从功能角度来看，先秦汉语的动词变价式包括增价结构和减价结构两类，其中增价结构包括使役式和升宾式两类，减价结构主要有被动式、中动式、降宾式、交互式、反身式等几类。

宋亚云（2015）指出古汉语的减价结构常见的有：被动式、反宾为主句、动词和宾语之间插入介词“于/於”、“主语+可/足+动词”、主语省略、宾语省略、交互结构等七种。该文从变价的角度讨论了古汉语“自动词化”的趋势。

古汉语的增价结构常见的有：使役式、施用式、与格转换、领有者提升。下面依次介绍。

1. 使役式

（3）死吾父而专于国，有死而已，吾蔑从之矣。（左·襄21）

（4）逮至尧之时，十日并出，焦禾稼，杀草木，而民无所食。（淮南子·本经训）

（5）乃逸楚囚。（左·成16）

此类结构是一种典型的增价结构，王丽玲（2010：12）认为“使役式是从动词语义场景的外部引入一个新的语义角色（即使役者），对于使役事件来说，该角色为核心论元”。我们认为，这种变价结构同时改变了动词的语义价和句法价。这种使役用法如果频繁发生，动词的语义价就“稳妥地成为句法价；并且，实现自动词的他动词化”（匿名审稿人语）。

2. 施用式

（6）上好富，则民死利矣！（荀子·大略篇）死利：为利而死。

（7）弃疾曰：“君三泣臣矣，敢问谁之罪也？”（左·襄22）泣臣：对臣哭泣。

（8）父曰：“履我！”良业为取履，因长跪履之。（史记·留侯世家）履我：给我穿鞋。

（9）秦缪公怒其逃归也，起奉公子重耳以攻怀公。（吕氏春秋·原乱）怒其逃归：因其逃回而发怒。

（10）且君而逃臣，若社稷何？（左·宣12）逃臣：从臣那里逃跑。

以上结构实际上是一种“升宾式”（王丽玲 2010：12），即，将动词语义场景中的某个边缘角色（如时间、方所、工具等角色）提升至中心地带，将它从非核心论元转变为核心论元。我们认为，这种变价结构并不改变动词的语义价，只是句法价临时增价1价。

3. 与格转换

（11）昔者有**馈生鱼于郑子产**，子产使校人畜之池。（孟子·万章上）

（12）他日归，则有**馈其兄生鹅**者。（孟子·滕文公下）

以上例（11）中，动词“馈”的语法价和语义价都是2价。例（12）中，介词“于”隐去，旁格对象宾语“其兄”升为间接宾语，“馈”的句法价增为3价，但语义价并没有发生改变，仍然是2价。同类例证还有：

（13）于是三国并力攻楚，楚果**告急于秦**，秦遂不敢出兵。（战国策·秦策四）

（14）楚王始不信昭应之计矣，今公乃征甲及粟于周，此**告楚病**也。（战国策·西周策）

（15）国人道之，闻之于宋君，宋君令人**问之于丁氏**。（吕氏春秋·察传）

（16）子贡以为重，**问之仲尼**。（韩非子·内储说上七术）

4. 领有者提升

（17）**君灭族**不久矣。（史记·萧相国世家）君灭族：即“灭君之族”。

（18）公**伤股**。门官歼焉。（左·僖22）公伤股：即“伤公之股”。

（19）秩宗之官，不宜一足，犹守者**断足**，不可贵也。（论衡·书虚篇）守者断足：即“断守者之足”。

（20）范雎**免相**。（史记·范雎蔡泽列传）范雎免相：即“免范雎之相”。

（21）田中有株，兔走触株，折颈而死。（韩非子·五蠹）

（兔）折颈：即“折兔之颈”。

以上五例中，动词前后的名词性成分都是动词的受事，二者是一种领有和被领有的关系，这类句子中，主语由受事的一部分提升而来，宾语也是受事的一部分，因此又叫“部分宾语”或“保留宾语”。在这类结构中，动词的句法价和语义价都是2价，没有发生改变。

以上四类增价结构中，后三类（施用式、与格转换、领有者提升）只是临时改变动词的句法价，而不改变语义价。而在使役式中，动词的语义价和句法价同时发生改变，部分动词或形容词通过使役用法，由自动词或形容词发展为他动词。本文把这种变化叫作“他动词化”。②

2 从变价的角度看古汉语动词或形容词“他动词化”的趋势

我们认为，古汉语动词从先秦至唐宋时期，除了“自动词化”的趋势之外，还有“他动词化”的趋势。这种趋势可以分为以下两种情况。

2.1 使动构词

不少动词或形容词在上古汉语时期，自动用法占主要地位，同时兼有带宾语的使动用法，后来经由使动用法逐渐演变为他动词。这种情况比较常见，学界以往称为使动用法或使动构词，其实这就是一种“他动词化”的趋势。这又包括两种情况：词义使动构词和音变使动构词。二者的区别是：前者没有音变，后者有音变。

2.1.1 词义使动构词

2.1.1.1 立

现代汉语时期，“立”带宾语的用法有很多，如：立身、立法、立案、立言、立说、立约、立论、立功、立名、立誓、立木、立标、立柱、立像、立储、立宪、立契、立制、立愿等，“立”的及物用法在上古时期就已经产生，是由不及物用法发展而来的。

《说文·立部》：“立，住也。从大，立一之上。”“立”的本义当为“站立”，引申为树立、建立、成立等义，是不及物动词。下面是故训材料：

(22)《礼记·曲礼下》“立则磬折垂佩”孔疏：“立，倚也。”

(23)《易·系辞上》“乾坤成列而易立乎其中矣”焦循章句：“立，定也。”

(24)《左·襄24》“既没，其言立”杜预注：“立，谓不废绝。”

(25)《论语·为政》“三十而立”皇侃疏：“立，谓所学经业成立也。”

(26)《楚辞·离骚》“老冉冉其将至兮，恐修名之不立”王逸注：“立，成也。”

由以上故训材料可知，“立”不带宾语时，是一个不及物动词。再看带宾语的“立”：

(27)《周礼·春官·肆师》“掌立国祀之礼”孙怡让正义：“立与建义同。”

(28)《管子·地员》“其立后而手实”集校引陈奂云：“立，犹树也。”

(29)《战国策·秦策五》“明主用之，知其可与立功”高诱注：“立，成功也。”

(30)《吕氏春秋·荡兵》“长则犹不足治之，故立君”高诱注：“立，置也。”

(31)《楚辞·大招》“诸侯毕极，立九卿只”蒋骥注：“立，设也。”

由以上故训材料可知，“立”带宾语时是一个及物动词。

《左传》中的“立”共324例。分布如下：

1. 不带宾语有92例，有“站立、存在、即位”等诸多义项，依所搭配的主语的不同可以做不同的理解和翻译，典型分布：

（32）豕人立而啼。《庄8》

（33）莒展舆立，而夺群公子秩。《昭1》

2.“立”带宾语220例，有“树立、设置、建立、创立、使……即位、确定某种名分”等诸多义项，依所带宾语的不同可以做不同的理解和翻译，典型分布③：

（34）大上有立德，其次有立功，其次有立言。《襄24》

（35）晋人立孝侯。《桓2》

李佐丰（1983）将“立”归入自动词。当“立”义为“站立”时，李先生把它归入乙类自动词；义为“即位”时，李先生把它归入丁类自动词，也就是说，无论“立”是否带宾语，都是自动词。我们认为，“立”是作格动词，不带宾语时，是不及物动词；带宾语时，是及物动词。“立”的他动词化，在上古就已完成。

2.1.1.2 退

在现代汉语中，“退”的及物用法比比皆是，如：退子弹、退兵、退敌、退色、退烧、退火、退款、退税、退货、退财、退毛、退股、退约、退赃、退租、退亲、退婚……

“退”的及物用法在上古时期就已经产生，是由不及物用法发展而来的。

《说文·彳部》：“退，却也。一曰行迟也。”“退”的本义是“退却、后退”，是不及物动词。下面是古人对不及物的“退”的训释：

（36）《楚辞·离骚》“进不入以离尤兮，退将复修吾初服”王逸注：“退，去也。”

（37）《仪礼·乡饮酒礼》“主人退，宾拜送”郑玄注：“退，去也，归也。”

由此引申出“谦退、退位、让位”等义，如：

（38）《国语·楚语上》“夫子践位则退，自退则敬”韦昭注：“退，谦退也。自退，则见敬。”

（39）《左·哀3》“康子请退”杜预注：“辟位也。”

“退”带宾语时是及物动词，古人对及物的“退”的训释如下：

（40）《左·昭25》“公退之”杜预：“退，使去。”

（41）《国语·晋语一》“救败不暇，谁能退敌”韦昭注：“退，却也。”

（42）《吕氏春秋·仲夏纪》“退嗜欲，定心气”高诱注：“退，止也。”

《左传》中的“退”共130例。其中，不带宾语93例，义为“后退、退回去、退下来、退却”。例如④：

（43）师退，次于召陵。《僖4》

带受事宾语、义为“击退”7例，如：

（44）范宣子数吴之不德也，以退吴人。《襄14》

“退”在《左传》中带宾语（7例）的比例稍低，只占全部用例的5.1%。但是根据孙洪伟（2004）的研究，《韩非子》中，“退”有自动用例（不带宾）34例，使动用例13例，这个比例就大大上升了。如：

（45）遂去雍鉏，退弥子瑕，而用司空狗。（韩非子·难四）

上例中，“退”是“斥退”的意思，它还可以有被动用法，义为“（被）斥退”，如：

（46）亲臣进而故人退。（韩非子·亡征）

以上带宾用法和意念被动用法表明，“退”的及物用法不是临时的，而是较为稳定的常见用法。

2.1.1.3 止

现代汉语中有“止疼、止痛、止血、止步、止吐、止泻、止痒、止汗、止咳、止渴、止怒、止动、止足、止暴”等及物性用法。“止”的及物用法在上古时期就已经产生，是由不及物用法发展而来的。

《说文》：“止，下基也。”本义应该是足，后来写作“趾”，引申为基址、基础。这个“止”是名词。古人对自动用法的“止”有下列一些训释：

（47）《礼记·间传》“大功貌若止”孔疏：“止，平停不动也。”

（48）《孟子·公孙丑上》“可以仕则仕，可以止则止”赵岐注：“止，处也。”

（49）《诗·商颂·玄鸟》“邦畿千里，维民所止”郑笺：“止犹居也。”

（50）《吕氏春秋·下贤》“万乘之主，见布衣之士，一日三至而弗得见，亦可以止矣”高诱注：“止，休也。”

上述用法的“止”义为“停留、居住、栖息”，是不及物动词。再看古人对及物性的“止”的训释：

（51）《左·哀12》“寡君惧，故将止之”杜预注：“止，执。”

（52）《国语·晋语三》“君厚问以召吕甥、郄称、冀芮而止之”韦昭注：“止，留也。”

（53）《礼记·月令》“禁止伐木”孔疏：“止，谓止其已伐者。”

（54）《吕氏春秋·仲春纪》“止狱讼”高诱注：“止，禁也。”

（55）《汉书·五行志下之上》“夏帝卜杀之，去之，止之，莫吉”颜师古注：“去谓驱逐也，止谓拘留也。”

从以上训释可以看出，注释者分明已经意识到“止”的词义和“停止、居住”的“止”有很大不同，并用“留、执、拘留、禁、禁止”等及物性很强的动词来训释，只是没有使用及物动词或者使动用法等名目而已。

《左传》的“止”共170例。其中不带宾语64例，义为“停止”。如：

（56）楚人将伐陈，闻丧乃止。《襄4》

带宾语76例（其中“止之”45例），省宾3例（“弗止”2例，“不能止”1例），“弗可止”1例，“禁止”1例。用于意念被动句2例。这些都是他动用法，义为“使……留下来、使停止、阻止、禁止、拘留”等等，共83例。例如[⑤]：

（57）子召外盗而大礼焉，何以止吾盗？《襄21》

以上统计数据表明，带宾语和不带宾语的比例是76∶64，化简为19∶16。以上这些带宾语的“止”义为留住、制止、禁止、阻止，最好不看成是不及物动词的活用，而应该视为及物动词。

2.1.1.4 上

现代汉语中，“上”的及物用法有很多，如：上刑、上腿、上手、上菜、上茶、上酒、上礼、上供、上款、上弦、上税、上书、上疏、上表、上言、上药、上水、上粪、上货……“上”的及物用法在上古就已经产生，是由不及物用法发展而来的，二者读音相同，属于词义构词。“上”的不及物动词用法则是由方位词发展而来的，二者读音不同，属于变调构词。

《左传》中的“上”共242例。[⑥]“上”用作动词16例。“上”做名词、方位词或形容词时读去声，是原始词；做动词时读上声，是滋生词。“上”的变调构词属于“去声如字、上声破读”，不符合变调构词的普遍规律，是例外，但却是可以解释的。[⑦]下面对这16例动词用法进行分析。分述如下：

1. 动词“上”不带宾语5例，义为“向上、呈上、从低处到高处”，在不同的上下文中词义有变体。《经典释文》对这5例全部注音，都注“时掌反”。如：

（58）下，执其手以上，《昭28》《释文》：“以上，时掌反。下并注同。”

“下并注同”指的正是下例：

（59）冬，梗阳人有狱，魏戊不能断，以狱上。《昭28》杜注：“上魏子。”

2. 动词“上”带宾语11例，义为“举之使上、使……在上位、居……之上、崇尚、驾凌、欺辱”等。《经典释文》只对11例中的1例注了音：

（60）上其手，曰：“……”《襄26》《释文》：“上其手，时掌反，下注同。”

其他10例都不注音，如：

（61）杜祁以君故，让偪姞而上之。《文6》

（62）楚人上左，君必左，无与王遇。《桓8》

2.1.2 音变使动构词

2.1.2.1下

现代汉语中，“下”的及物用法较多，如：下手、下脚、下本钱、下棋、下力、下劲、下死劲、下礼、下石、下蛋、下酒、下饭、下奶、下帖、下火、下毒……“下”的及物用法在上古就已经出现，也是由不及物动词“下”发展而来，二者读音有别，属于变调构词。

《左传》中的“下”共260例。[8]“下”用作动词48例。分述如下：

1. 不带宾语，义为“下来、自动地从高处往低处”29例，《经典释文》不注音。如：

（63）林雍羞为颜鸣右，下。《昭26》

（64）自始合，苟有险，余必下推车，子岂识之?《成2》

（65）怒之，使下，指木曰:“尸女于是。”《宣12》

2. 带宾语18例。

（2a）义为“屈己下人、谦逊对人”11例，《经典释文》注去声9例，注“遐嫁反”6例，注“户嫁反”3例，如：

（66）季梁请下之，弗许而后战。《桓8》《释文》:“请下，遐嫁反。”

（67）女，嬖大夫，而弗下之，不尊贵也。《昭1》《释文》:“弗下，户嫁反。”

只有2例没有注音，即：

（68）下人而已，又何问焉?《襄24》

（69）知伯愎而好胜，早下之，则可行也。《哀27》

（2b）义为“使处于下位、使……下来、放低”7例，这些“下”《释文》都不注音。如：

（70）闾丘婴以帷缚其妻而载之，与申鲜虞乘而出，鲜虞推而下之。《襄25》

（71）遇贾获，载其母妻，下之，而授公交车。《襄25》

3.“相下”1例，义为“谦逊对人”,《释文》注去声：

（72）伯有侈而愎，子皙好在人上，莫能**相下**也。《襄30》《释文》:“相下，户嫁反。”

由此可见,“下”带宾语和不带宾语时，不但词义不同，而且当表示“屈己下人、谦逊对人”义时，在读音上也有区别，属于变调构词，应该区分为两个词。[⑨]

2.1.2.2 出

现代汉语中“出”带宾语的例子极多，如：出车、出布告、出主意、出力、出钱、出煤、出问题、出英雄、出人才、出汗、出血、出麻疹、出气、出声、出名、出丑、出洋相、出风头、出书，等等。“出”的及物用法在上古就已经出现，也是由不及物动词“出”发展而来，二者读音有别，属于变调构词。

“出”的本义是“由内到外，出来，离去”，读短入，有“尺述切”(《玉篇》)、“赤律切”(《广韵》)、“尺律切”(《集韵》）等反切，这时,“出”是不及物动词。当“出”携带宾语时，义为“使……出来，驱逐，释放”，读长入，有“尺季切”(《玉篇》)、“尺类切”(《广韵》)、“尺委切”(《集韵》）等反切，这时,“出”是及物动词。“出”的变调构词，属于“入～去”型使动构词。[⑩]

《左传》中的“出”共444例。分述如下：

1. 不带宾语241例：

（1a）有生名词＋出，义为“出来、出动、出发、出行、出走”等，212例。如：

（73）邾庄公与夷射姑饮酒，**私出**。《定2》

（1b）有生名词＋出，义为“出生”，8例。如：

（74）晋平公，**杞出**也，故治杞。《襄29》

（1c）有生名词＋出，义为“来源于”，7例。如：

（75）则我**周之自出**，至于今是赖。《襄25》

（1d）无生名词＋出，义为“出来、出现、发出”，14例。如：

（76）济河，及着雍，病，**目出**。《襄19》

2. 带宾语97例：

（2a）出＋有生受事宾语，50例，受事主语句1例，省宾1例，义为“出动，使……出来、逐出、放出、赶出、救出、迁出”等。在读音上也有区别，如上所述。例如：

（77）卫侯欲与楚，国人不欲，故出其君，以说于晋。《僖28》

（78）晋侯背大主而忌小怨，民弗与也。伐之，必出。《僖10》

“出”的宾语省略。

（2b）出＋无生受事或当事宾语，22例，义为“拿出、发出、说出”等。如：

（79）宋亦饥，请于平公，出公粟以贷。《襄29》

（80）子服景伯至，命宰人出礼书，以待命。《哀3》

（2c）出＋处所宾语，22例。义为“经过、从……走出”，如：

（81）十二月，郑游眅将归晋，未出竟，遭逆妻者，夺之，以馆于邑。《襄22》

（2d）义为“超过、超出”2例，即：

（82）不出七年。《文14》

3. “出”与其他谓词连用共98例，如：出奔、出入、出居、走出、出舍、出次、出在、出适、出战、出射、出御、出质、出征、出盟、出聘、出见、逃出，等等。

4. 其他共8例。[11]

2.1.2.3 坏

现代汉语中，“坏”带宾语的用法也不多见[12]，只有“坏事”（使事情办糟；办不好事情）较为常用。“坏”后面跟一个名词性成分时，优先被理解为定中结构。但是“坏”的及物用法在上古就已经出现，是由不及物用法发展而来的。二者读音有别，属于变调构词。

《说文·土部》：“坏，败也。”《王力古汉语字典·序》指出：“‘坏’的本义是房屋倒塌。”因此，“坏”本是不及物动词，及物用法是后起的。先看故训对不及物的“坏”的解释：

（83）《书·泰誓》：“**毁坏**其三正”孙星衍《尚书今古文注疏》引《说文》：“坏，败也。”

（84）《大戴礼记·虞戴德》“礼失则**坏**”王聘珍《解诂》：“坏，败也。”

（85）《论语·阳货》“君子三年不为礼，礼必**坏**”皇侃疏：“坏是渐败之名。”

（86）《尔雅·释诂上》“**坏**，毁也”陆德明《经典释文》引《字林》云：“毁，自败也。”

再看故训对及物的“坏”的解释：

（87）《左·襄31》：“子产**使尽坏其馆之垣**而纳车马焉。”《释文》：“坏音怪。”

（88）《史记·秦始皇本纪》“**堕坏城郭**，决通川防，夷去险阻”张守节《正义》：“坏音怪。堕，毁也。坏，坼也。言始皇毁坼关东诸侯旧城郭也。夫自颓曰坏，音户怪反。”

（89）《尔雅·释诂上》“亏，**坏**，圮，垝，毁也”陆德明《经典释文》：“坏音怪。”邢昺疏：“皆谓毁败也。……坏者，人毁也，音怪。一云自毁也，乎怪切。”

（90）《慧琳音义》卷二十五“**破坏生死**”注：“坏，音乖拜反，谓**加功毁之使破也**；若音怀拜反，任运自破也。”

从以上训释可见，“坏”有两个读音，意义有别⑬，我们据此区分为两个词项：[坏t]，毁坏，及物，音怪或乖拜反。[坏i]，自坏、自毁，不及物，音户怪反或乎怪反、怀拜反。

《左传》中的“坏”共20例，分布如下⑭：

1. 不带宾8例。

（1a）搭配当事主语6例。如：

（91）秋七月，**大室之屋坏**，书，不共也。《文13》

（92）诸侯贰，则**晋国坏**；晋国贰，则**子之家坏**，何没没也？《襄24》

（1b）用于使字句2例，如：

（93）《夏书》曰："戒之用休，董之用威，劝之以《九歌》，勿使坏。"《文7》

（94）《诗》曰："宗子维城，毋俾城坏，毋独斯畏。"女其畏哉！《昭6》

2. 其中5例带宾。如：

（95）坏大门及寝门而入。《成10》

3. 省宾1例，"所坏"1例。即：

（96）若又勿坏，是无所藏币以重罪也。《襄31》沈译："如果还不拆毁围墙。"

（97）天之所坏，不可支也；众之所为，不可奸也。《定1》

2.1.2.4 沉（沈）

现代汉语时期，"沉"带宾语的用法不太多见，"沉船"既可理解为动宾结构，也可理解为定中结构。但是"沉"的及物用法在上古就已经出现，是由不及物用法发展而来的。二者读音有别，属于变调构词。

《说文》："沈，陵上滈水也。"《段注》："谓陵上雨积停潦也。古多假借为湛没之湛，如《小雅》'载沈载浮'是。"《说文》："湛，没也。"《段注》："古书浮沈字多作湛。湛沈古今字。'沉'又'沈'之俗也。"由此可知，"湛"是古字，"沈"是今字，"沉"是"沈"的俗字。"湛"的意思是"沉没"，本为不及物动词。现一律写为"沈"。

孙玉文（2000：289）指出："（沈）原始词，义为没入水中，与'浮'相对，动词，直深切（平声）。滋生词，义为使（人或物）没入水中，动词，直禁切（去声）。"今暂从孙说。原始词，可概括为[沈i]，沉没，没入水中，不及物。滋生词，可概括为[沈t]，使沉没，使没入水中，及物。先看[沈i]在先秦文献中的用例：

（98）《庄子·知北游》："天下莫不沈浮，终身不故。"

（99）《韩非子·功名》："千钧得船则浮，锱铢失船则沈。"

（100）《战国策·韩策二》："乘舟，舟漏而弗塞，则舟沈矣。"

（101）《吕氏春秋·论威》：“以冰投冰则沈，以涂投涂则陷。”

再看［沈t］在先秦文献中的使用实例及有关故训：

（102）《左·成11》“施氏逆诸河，沈其二子”杜预注：“沈之于河。”《释文》：“沈，徐荫反，注同，一音如字。”

（103）《左·襄18》“沈玉而济”《释文》：“沈音鸩，或如字。”

（104）《国语·越语上》：“将焚宗庙，系妻孥，沈金玉于江。”

（105）《韩非子·说林下》：“不如乘之以沈之。”

（106）《战国策·魏策一》：“臣闻积羽沈舟，群轻折轴，众口铄金。”

《左传》中的“沈”共47例，其中3例用作动词，上已举，全部是及物动词。

2.2 两用动词自动用法消失

不少动词或形容词在上古汉语时期，他动用法和自动用法都很常见；中古以后，这些动词或形容词的自动用法陆续消失，结果只剩下他动用法。这也是一种“他动词化”的趋势。学界以往对此关注不多。此类动词或形容词有：治、拔、扰、免、除，等等。

2.2.1 治

“治”在上古汉语时期兼有动词用法和形容词用法，二者读音有别。下面分而述之。

1. 及物动词“治”。主要有以下几种分布：

（1a）带宾语，用于“S＋治＋O”句式中。[15]

（107）圣人治天下，使有菽粟如水火。（孟子·尽心上）

（1b）不带宾语，用于“S（＋A）＋治”句式，包括受事主语句和省略动词宾语的施事主语句，如：

（108）城郭不治，仓无积粟，府无储钱，库无甲兵，邑无守具。（韩非子·十过）

（109）左丞相不治，常给事于中。（史记·陈丞相世家）

《经典释文》给及物动词“治”注音时，一般注“如字”，如：

（110）以听官府之六计弊群吏之治。（周礼·天官·小宰）郑玄注："听，平治也。平治官府之计有六事。弊，断也。"《释文》："治也，如字。下文'治其弛舍'同。"

2. 形容词"治"。主要有以下几种分布：

（2a）做定语，如：

（111）夫忠于治世易，忠于浊世难。（吕氏春秋·至忠）

（2b）做谓语，如：

（112）舜承安继治，任贤使能，恭己无为而天下治。（论衡·语增篇）

（113）"民孰与之众？"曰："不如。""金钱粟孰与之富？"曰："弗如。""国孰与之治？"曰："不如。""相孰与之贤？"曰："不如。""将孰与之武？"曰："不如。""律令孰与之明？"曰："不如。"（战国策·秦策五）

（114）所废者十，所起者九，诛大臣五，举处士六，而邦大治。（韩非子·喻老）

（115）若此之时，则至治已。（庄子·胠箧）

对于形容词"治"，《经典释文》一般注"直吏反"[16]，如：

（116）余有乱臣十人，同心同德。（左·襄28）杜注："武王言我有治臣十人，虽少，同心也。"《释文》："治，直吏反。"

（117）立长则顺，建善则治。王顺、国治，可不务乎？（左·昭26）《释文》："治，直吏反，下同。"

先秦10部文献中，"治"共有1390例，用于"NP（受事或当事）（+状）+治"类的句子共有284例，占20.4%。如：

（118）昔者齐桓公高冠博带，金剑木盾，以治其国，其国治。（墨子·公孟）

（119）土地辟，田野治。（孟子·告子下）

（120）于是举士五人任官，齐国大治。（战国策·齐策）

"治"（包括动词"治"和形容词"治"）的这种不及物用法在汉代已经开始衰落。《史记》中，此类句子较之先秦明显减少[17]，

《史记》中,“治”共有448例，此类用法有51例，占11.4%。《论衡》中,“治”共有291例，此类用法只有18例，占6.2%。《论衡》不少篇幅是议论古书古事，我们发现此类用法基本上是存古的用法，东汉佛经中则不见一例，说明“治”的形容词用法在东汉已经消失。与此同时,“治”带宾语的及物用法则比比皆是，搭配的宾语范围不断扩大。从先秦到东汉以后,“治”从自他两用的动词发展为一个纯粹的他动词，这也是一种“他动词化”的趋势。

2.2.2 伐

“伐”的原始词词义为“砍斫、击杀”，引申为“征伐、讨伐、进攻”，读房废切，长入，主要用于“NP1+伐+NP2”格式，形成施事主语句,“伐”的宾语很少省略。如：

（121）郑人以王师、虢师**伐**卫南鄙。（左·隐1）

“伐”的滋生词词义为“遭到砍伐”“遭到进攻、遭到讨伐”，是被动构词，读房越切，短入，主要用于“NP2（+A）+伐”格式，形成受事主语句，且难以指明“伐”的施事,《左传》中仅1例：

（122）君**伐**，焉归？（左·昭10）

其他上古文献中“伐”用于受事主语句、义为“遭到进攻、遭到讨伐”的例子还有很多：

（123）**韦顾既伐**，昆吾夏桀。（诗·商颂·长发）孔疏:“韦顾二国既已伐之，又伐昆吾之与夏桀。”

（124）昔者，**楚人久伐**而中山亡。（战国策·赵策）

（125）**宋、中山数伐**数割，而随以亡。（战国策·魏策）

（126）吾欲伐卫十年矣，而**卫不伐**。（吕氏春秋·期贤）

（127）立帝、帝立，伐秦、**秦伐**。（战国纵横家书·苏秦谓齐王章一）

（128）诸侯赞齐而王弗从，是**国伐**也。（战国纵横家书·谓燕王章）

（129）秦必取，**齐必伐**矣。（战国纵横家书·谓燕王章）

（130）今已得之，楚国必伐。（战国纵横家书·公仲倗谓韩王章）

“伐”用于受事主语句、义为“遭到砍伐”的例子有：

（131）文台堕，垂都焚，林木伐，麋鹿尽，而国继以围。（战国策·魏策）

（132）直木先伐，甘井先竭。（庄子·山木）

（133）支台随（堕），垂都然（燃），林木伐，麋鹿尽，而国续以围。（战国纵横家书·朱己谓魏王章）

我们全面调查了《十三经》《国语》《战国策》《战国纵横家书》《庄子》《荀子》《韩非子》《史记》中全部“伐”字的用例，“伐”当“砍伐、击杀”“讨伐、进攻”讲共有2000多例，“伐”当“遭到进攻、遭到讨伐”“遭到砍伐”的例子接近30例。“伐”的原始词读长入，短入读法后起，后对长入一读产生挤压，最后竟取而代之，长入读法逐渐消失，只是在部分北方方言中有保留。这样，就是原始词改读滋生词的读音。东汉以降，滋生词逐渐消失，王充的《论衡》中仅有一例：

（134）夫能使一人不刑，则能使一国不伐。（论衡·儒增篇）

“伐”当“遭到进攻、遭到讨伐”讲为何逐渐消失了呢？很可能是由于这样的句子容易产生歧义，而逐渐被弃而不用，试将上面的例子与下面两例进行比较：

（135）此天下之无道不义，而王不伐，王名终不成。（战国策·燕策）

（136）韩、魏不听则秦伐，齐不听则燕、赵伐，天下孰敢不听。（战国纵横家书·谓燕王章）

“王不伐”究竟是“王不讨伐别人”，还是“王不被讨伐、不遭到进攻”呢？结合上下文才知道，此句应该理解为“而王不伐之”，“之”指代“天下之无道不义”，此句为“伐”的宾语省略。第二例也是如此。有意思的是，《史记》将第二例改为：

（137）韩、魏不听则秦伐之，齐不听则燕、赵伐之，天下孰

敢不听？（史记·苏秦列传）

加"之"之后，施受关系豁然清楚。类似的例子还有一些。随着短入读法最终取代长入读法，"伐"的读音固定在短入一读上，不再能够通过读音来区别词义，最后形成了一种斜配关系：原始词词义"砍伐、击杀""讨伐、进攻"和滋生词读音（短入）结合在一起，原始词读音（长入）和滋生词词义（遭到砍伐、遭到进攻、遭到讨伐）全部消失。

"伐"的自动用法消失以后，"伐"只留下他动用法，这也属于"他动词化"。

2.2.3　拔

《说文·手部》《玉篇·手部》皆曰："拔，擢也。""拔"的本义就是把某物拔出来，本是及物动词，多数带宾语。在"把某物拔出来、拔起"义上，反宾为主句是少数。如：

（138）《左·隐11》："颍考叔挟辀以走，子都**拔棘**以逐之。"

（139）《晏子春秋·第五卷内篇杂上》："秋风一至，**根且拔**矣。"

（140）《战国策·魏策一》："绵绵不绝，缦缦奈何；**毫毛不拔**，将成斧柯。"

攻克、占领一座城池或一个国家，犹如连根拔掉某物一样，因此"拔"又引申出"攻克、攻取"，也是及物动词。下面是故训材料：

（141）《战国策·西周策》"今围雍氏五月**不能拔**，是楚病也"鲍彪注："得城曰拔，如拔物然。"

（142）《汉书·高帝纪上》"二月，攻砀，三日**拔之**"颜师古注："拔者，破城邑而取之，言若拔树木，并得其根本也。"

"拔"用于"NP＋可/不可＋拔"的例子也有一些，《战国策》中有："则梁可拔"（秦策一）、"而守不可拔"（齐策五）、"赵守而不可拔者"（赵策三）；《韩非子》中有："则梁可拔"（初见秦）；《孙子》中有："故其城可拔"（九地）。从这些情况来看，"拔"是一个典型的及物动词，"$NP_{受}$＋拔"中的"拔"似乎没有必要独立出另一个不及物的词项，只需视为反宾为主的意念被动用法即可。但是，“拔”用于反宾为主句表示某个城池被攻克了的例子不是少数，上古文献材料中，这种用法较多的是《韩非子》《战国策》和稍晚的《史记》。

（143）《韩非子》中有：“城且**拔**矣”（初见秦）、“宜阳果**拔**”（十过）、“兵至釐而六城**拔**矣”（饰邪）、“善建不**拔**”（喻老）、“臣荐乐羊而中山**拔**”（外储说左下）、“退守则城**拔**”（五蠹）……

（144）《战国策》中有：“宜阳**拔**”（秦策二）、“宜阳果**拔**”（楚策三）、“宜阳不**拔**”（东周策）、“宜阳必不**拔**矣”（韩策一）、“城且**拔**矣”（秦策一）、“城今且将**拔**矣”（赵策一）、“雍氏必**拔**”（西周策）、“邯郸**拔**”（齐策一）、“蔺、离石、祁**拔**”（赵策三）、“边城尽**拔**”（魏策三）、“守必不**拔**”（齐策五）……

（145）《史记》中有“晋不**拔**”“昌邑未**拔**”“开封未**拔**”“边城尽**拔**”“中山以**拔**”“邯郸**拔**”“煮枣将**拔**”……

经常的“反宾为主”用法往往会使一个词的意义发生改变，比如“折”“断”“破”“见”“解”“治”“伐”“闻”“穿”等等，都经由此途径或者分化出新词，或者分化出另一个新的不及物词项，这个词项动作性微弱，结果义比较突出，主要是陈述这个动作完成以后所实现的结果，或者描述当事主语所呈现出来的状态。当然，不是所有的“反宾为主”用法都会产生新词或新义，有的词虽然有这种用法，但并未形成新义，其“反宾为主”用法后来消失了，比如“围、剖、斩、烹”等词。结合故训材料和当代辞书的解释，我们认为“NP＋拔”中的“拔”不妨概括为另一个词项：被攻克、得到、获得，不及物。故训材料有：

（146）《战国策·秦策二》“明日鼓之，**宜阳拔**”高诱注：“拔，得也。”

《古代汉语词典》“拔”字下第五个义项“攻克、攻取”后又列出引申义“得到、获得”，所举例证正是上例“宜阳拔”（战国策·秦策二）。

“拔”和“折”“断”等词不同的是,“拔”的不及物用法后来消失了,而“折”“断”等词的自动用法逐渐增多,不及物词项成为强势词项。“拔”则逐渐由一个两用动词固定为他动词,这是一种和“自动词化”相反的趋势,也即“他动词化”。

3 小结:自动词化、他动词化的机制

就一般情况而言,无论是增价还是减价,改变的都是句法价,而不是语义价。及物动词的语义价只要不发生改变,尽管句法价临时发生改变(由2价变为1价),其语义性质也不会发生改变(仍为2价),及物动词还是及物动词,人们不会因为这个动词用于被动句、反宾为主句、交互结构、主宾语省略句、“可”字句或动词和宾语之间介“于/於”的句子,就视之为不及物动词。不及物动词或者形容词也是如此,其语义价一般都是1价,如果用于使役句、施用式、与格转换式或领有者提升结构,只是句法价临时增为2价,语义价仍为1价,人们一般也不会视之为及物动词。

但是,有三种特殊情况会使动词或形容词的语义价和句法价都发生改变,从而使得该动词或形容词发生自动词化或者他动词化。

1. 如果一个及物动词经常用于某种减价结构,其句法表现变得与不及物动词或者形容词十分近似,其语义性质就会逐渐发生改变,久而久之,人们就会倾向于将其看作不及物动词或者形容词。如有的及物动词常常用于反宾为主句,这种句子的结构形式是S+VP,与一般不及物动词或形容词构成的主要句式S+VP/AP相同,如果这种反宾为主句经常出现,就会使得及物动词的语义性质发生改变,及物性减弱,结果义或者性状义增强,逐步变为不及物动词或者形容词。如“坏”“破”“断”等词,都从及物动词发展出不及物动词用法,有的甚至进一步变为形容词。这就是所谓的“自动词化”。[18]

2. 如果一个不及物动词或者形容词经常用于某种增价结构,

其句法表现变得和及物动词十分近似，其语义性质也会逐步发生变化，久而久之，人们就会倾向于将其看作及物动词。如有的不及物动词或形容词经常用于使役式，这种句子的结构形式是S+VP+NP，与一般及物动词构成的主要句式相同，如果这种使役式反复出现，就会使得用于这种句式中的不及物动词或形容词的语义性质发生改变，吸收句式带来的语境义（也即致使义），及物性增强，结果义或性状义减弱，逐步变为及物动词。如“入”变为“纳”,“来”变为“徕”等（蒋绍愚 2013）。这就是所谓的“使动构词”。也可以称之为“他动词化”。

3. 有的动词在上古汉语时期本身就是两用动词，他动用法和自动用法都很常见，从语义价的角度来说，它们既是2价动词，也是1价动词。东汉以后，这些动词的自动用法逐渐消失，只留下他动用法，其语义价也固定为2价。这也可以称之为“他动词化”。

总之，所谓的“自动词化”和“他动词化”，都是指动词用于变价结构，其句法价和语义价同时发生改变。上古汉语动词在演变过程中，既有自动词化，也有他动词化[19]。前者使他动词变为自动词，语义价由2价变为1价，或变为自他两用动词，即一分为二；后者使自动词变为他动词，即使动构词，包括词义使动构词（如“立”“退”“止”“上”）和音变使动构词（如“下”“出”“坏”“沉”），语义价由1价变为2价，或自他两用动词固定为他动词，即合二为一（如“治”“伐”“拔”）。

附　注

① 匿名审稿人建议作者不要把语义价跟句法价对立起来，因为语义增价一定要通过句法表现在句式中实现；一旦实现了，固定了，就稳妥地成为句法价；并且，实现自动词的他动词化。我们同意这一看法，因为一般情况下二者是相等的，只是在变价结构或者论元省略结构中，语义价和句法价才不相同。谨致谢意！

② 匿名审稿人指出“当原来的自动词派生出的他动词已经变为另外一个词的时候，是不是也可以称作他动词化？”我们正是把这种情况称作他动词

化。我们所说的他动词化，不是指自动词或者形容词的临时活用，而是指它们转变为真正的他动词。谨致谢意！

③　此外，“立”用于“所欲立、所立”2例，做定语（立者）1例，做宾语（求立、惧不立、惧弗得立）3例；义为“立刻、马上”（晋国之忧，可立俟也。）1例；义为“安定”（立我烝民）1例；有2例，似乎是《左传》的惯用语（鲁虽无与立；国于天地，有与立焉。）；还有2例不好分析（未有立焉；而后立衷焉。）。这些共12例。

④　此外，“退”和其他谓词连用20例，有进退7、退朝3、退入3、退飞1、退告1、退修教1、退思1、退食1、退会1、趋退1。“退”带处所宾语7例，主要是“退舍、退一舍、退三舍、退三十里”等形式。做宾语3例（请退2，卜退1）。

⑤　另外，用于人名、地名17例，“民亦劳止、有所底止、文王既勤止、容止可观、淑慎尔止、止戈为武”等6例没有计入。

⑥　其中用作方位词64例，组合形式有：城上；土上；河上；台上；幕上；门上；沂上；堤上；泗上；泓上；淮上，等等。此外，用作名词、形容词及构成复合词共162例。以上都不在本文研究之列。

⑦　参孙玉文（2000：131—139）的相关部分。

⑧　其中用作方位词60例，组合形式有：户下；山下；城下；阶下；其下；车下；堤下；幕下；堂下；棘下；溜下；牖下；桑下；木下；宇下；鼓下；樠木之下；靡笄之下；膏之下；鱼齿之下；野幕之下；松柏之下；韩起之下；羊舌肸之下；普天之下；人下；在下；于下；自下；以下；已下，等等。此外，用作名词、形容词及构成复合词共152例。以上都不在本文研究之列。

⑨　有关“下”变调构词的详细论述，可参孙玉文（2000：110—116）的相关部分。

⑩　详细举例见孙玉文（2000：220—223）。

⑪　做主语2例（“出曰来归”和“出曰归于某”）；做定语1例“出者”；做宾语1例“蔡人欲立其出”。象声词“出出”1例。用于人名2例：“出姜”和“卫出公”。

⑫　宋代的“坏”用作他动还比较常见，如：1.其弊至于今日略欲触动一事，则议者纷然以为坏祖宗法（朱子语类·本朝二）；2.天下一切人，都被这些子坏了（朱子语类·本朝六）；3.刘欲止受正所当得者，以恐坏后来例，不敢（朱子语类·本朝六）；4.王介甫恐坏他新经，遂奏云：“……”（朱子语类·本朝七）；5.吾视身与空等，视吾与汝等，汝能坏空与汝乎？苟能坏空及汝，吾则不生不灭也（五灯会元，卷第二）；6.虚幻之相，开谢不停。能坏善根，仁者安可嗜之。（景德传灯录，卷四·招贤会通）

⑬　但是也有不同意见，《段注》“坏”字下注：“毁、坏字皆谓自毁、自坏，而人毁之、人坏之，其义同也，不必有二音。”

⑭　此外，地名“坏陨”5例。

⑮ S代表主语，O代表宾语，A代表状语。

⑯ 此外，还有两种情况，《经典释文》也给“治”注“直吏反”：一、给名词“治”（政治、王治）注音，如：“国小而迫，君不用道，好絜其衣服，逍遥游燕，而不能自强于**政治**，故作是诗也。”（诗·桧风·羔裘小序）《释文》：“治，直吏反。下注同。”二、给“治所、设置治所”一义注音，如：“公会尹武公、单襄公及诸侯伐郑，自戏童至于曲洧”。（左·成17）杜注：“今新汲县**治**曲洧城，临洧水。”《释文》：“**治**，直吏反。”

⑰《史记》中，“治”也可以用于施事主语句而省略宾语，与这种句子形式一样，我们不计入。如：1.“**河南治**，逮淮南太子。”（史记·淮南衡山列传）2.**吏治**，诛新垣平。（论衡·儒增篇）

⑱ 宋亚云（2015）对此类“自动词化”趋势进行了探讨。

⑲ 不同动词自动词化或他动词化的速度都不完全一样，有的快，有的慢。如“破”“裂”“灭”“断”“残”“绝”“败”6个动词在上古时期都是他动用法占优势的他动词，前4个动词到唐代还没有实现自动词化，他动用法占所有用法的比例都高于15%；后3个动词分别在东汉、魏晋南北朝和唐代完成自动词化，演变为自动词。

参考文献

陈祥明 （2000） 先秦至六朝汉语中“于”的一种用法辨析，《大理师专学报》第4期，57—60页。

董秀芳 （2006） 古汉语中动名之间“于/於”的功能再认识，《古汉语研究》第2期，2—8页。

杜纯梓 （2003） 对动补结构产生于六朝说之献疑，《语文研究》第4期，32—36页。

何乐士 （1987）《左传》的虚词“于”和“於”，《左传虚词研究》，商务印书馆，北京。

蒋绍愚 （1999） 汉语动结式产生的时代，袁行霈主编《国学研究》第6卷，北京大学出版社，北京。

蒋绍愚 （2003） 魏晋南北朝的“述宾补”式述补结构，袁行霈主编《国学研究》第12卷，北京大学出版社，北京。

蒋绍愚 （2013） 词义变化与句法变化，《苏州大学学报》（哲学社会科学版）第1期，132—144页。

李佐丰 （1983） 先秦汉语的自动词及其使动用法，《语言学论丛》第10辑，117—144页，商务印书馆，北京。

梅祖麟 （1991） 从汉代的“动、杀”、“动、死”来看动补结构的发展，《语言学论丛》第16辑，112—136页，商务印书馆，北京；又载《梅祖麟语言学论文集》，商务印书馆，2000年，北京。

宋亚云 （2015） 从变价的角度看古汉语自动词化的趋势,《湖北大学学报》第5期，62—68页。
孙洪伟 （2004）《韩非子使动用法研究》，北京大学硕士学位论文。
孙玉文 （2000）《汉语变调构词研究》（增订本），商务印书馆，北京。
王丽玲 （2010）《先秦汉语变价结构研究——以〈左传〉为例》，中国社会科学院研究生院博士学位论文。
徐　丹 （2005） 谈“破”——汉语某些动词的类型转变,《中国语文》第4期，333—340页。
袁明军 （2008） 与“V于NP”结构有关的句法语义问题,《汉语学习》第4期，24—30页。
张　定 （2011） 汉语的一种逆被动式，吴福祥、张谊生主编《语法化与语法研究（五）》，393—414页，商务印书馆，北京。
〔日〕杉田泰史 （1998） 介词于的未完成用法，郭锡良主编《古汉语语法论集》，123—130页，语文出版社，北京。
〔日〕杉田泰史 （2006）《左传》的“讨X”与“讨于X”，张显成主编《简帛语言文字研究》第2辑，330—339页，巴蜀书社，成都。
〔日〕太田辰夫 （1958/2003）《中国语历史文法》，蒋绍愚、徐昌华译，北京大学出版社，北京。
〔日〕志村良治 （1983/1995）《中国中世语法史研究》，江蓝生、白维国译，中华书局，北京。
Dixon, R. M. W. & Alexandra Y. Aikhenvald （2000） Introduction. In Dixon, R. M. W. & Alexandra Y. Aikhenvald (eds.) *Changing Valency*: *Case Studies in Transitivity*, 1-29. Cambridge University Press.
Tomas, E. Payne （2006） *Exploring Language Structure: A Student Guide*. Cambridge University Press.

The Trend of Transitivizing in Ancient Chinese Verbs from the Perspective of Valence Change

SONG Yayun

Abstract: The paper distinguishes between semantic valence and syntactic valence. In addition to intransitivizing trend, there is a transitivizing trend in ancient Chinese verbs from the pre-Qin to the Tang and Song Dynasties. This trend can be divided into two classes: (a) Some verbs or adjectives are gradually evolved into transitive verbs by utilizing causative usage. This includes two types: the causative word-formation of words like *li*（立）, *tui*（退）, *zhi*（止）, or *shang*（上）by lexical meaning and the causative word-formation of words like *xia*（下）, *chu*（出）, *huai*（坏）, *chen*（沉）by tonal modification. In this case, transitivizing is a result of the increase in semantic valence of verb. (b) Some verbs or adjectives with both transitive and intransitive usage only keep transitive usage. Their intransitive usages have gradually disappeared since the Middle Ages, such as *zhi*（治）, *fa*（伐）, *ba*（拔）, and etc. In the evolution process of ancient Chinese verbs, there are both intransitivizing and transitivizing trend. Both refer to verbs or adjectives used in variable valence structure, and their syntactic valence and semantic valence change simultaneously.

Keywords: valence change, valenceincrease, transitivizing

（100871　北京，北京大学中文系/北京大学中国语言学研究中心
syy@pku.edu.cn）

“开—关”概念场中词汇的历史演变

蒋绍愚

提要 “开—关”概念场的词汇的历史演变表现在两个方面。一是概念场中词汇的历史替换。常用词的替换，不能简单地理解为一个词代替了另一个词占有了概念场中的同一个位置，因为原先的词和后来的词在概念场的位置很可能是不一样的。二是概念场中的词（如“开”）的词义演变，有些词在词义演变后进入了另一个概念场。文章对这些词义演变的途径做了考察和分析。

关键词 概念场 开 关 词汇替换 词义演变

〇 引言

近年来，常用词演变的研究有较大的进展。常用词的演变关系到两个问题：一.常用词词义的变化，这是“词改变了意义”；二.常用词的替换，这是“概念改变了名称”。这两个问题是有关联的。第二个问题和概念有关，需要放到概念场中来看。第一个问题也和概念场有关，词义变化，有时就进入了另一个概念场。所以，本文把这两个问题都放到概念场中来考察。

“开启”和“关闭”是两个概念场，但这两个概念场关系密切，所以本文把它们放在一起讨论，并称之为“开—关”概念场。本文所说的“开—关”概念场指的是表示某些实体（门窗、箱箧、书册等）开启和关闭的概念场，开拓的“开”、闭塞的“闭”和“开灯”“关灯”的“开”“关”都不在本文所说的这个概念场内。本文第二部分会谈到“开拓”“开灯”等，这已经是进入另一个概念场了。

收稿日期：2017-7-31；**定稿日期**：2018-10-23。

为什么词汇的演变要放到概念场中考察？早在1934年，德国语言学家J.Trier就说过：一个时代的一个词汇场（lexical field）之所以能和另一个时代的词汇场进行比较，是因为它们覆盖着同一个概念场（conceptual field）。他举了一个例子：13世纪初，德高地语的“知识”概念场上覆盖着一个由wisheit, kunst, list三个词组成的词汇场。一百年后，这个词汇场变成由wisheit, kunst和wizzen组成。这不是简单地由wizzen代替了list，而是整个词汇场中三个词的概念域（conceptual area）都发生了变化，也就是说，原来三个词和后来三个词在概念场中占的位置不一样了。（转引自J. Lyons 1977：250—261。我的《古汉语词汇纲要》P. 19—20曾引用和介绍。）所以，谈词汇的历史演变，不能仅仅看哪个词和哪个词产生了历史替换，还要考察在概念场中它们之间关系的历史变化。在我的《汉语历史词汇学概要》（2015：390—391）中曾说：“汉语发展的不同时期词汇系统的面貌是不同的，成员不同，分布不同，从而结构也有所不同。怎样把两个或几个不同历史时期的词汇系统加以比较呢？打一个比方，两块花样不同的地毯，怎样比较？最好的办法是把它们铺在同一块有地板砖的地面上，以地板砖的格子为坐标，就能很清楚地显示两块地毯的不同。要比较不同时期的汉语词汇词义系统，最好把它们覆盖在同一概念场上。”这个问题以前说过，这里不展开谈。

下面先说常用词的替换，再说常用词的演变。

一 “开—关”概念场中词汇的历史变化

1.1 表达“开启”概念的词的变化

1.1.1 表达“开启”概念的，上古时期有三个词：“启”“闢（辟）”“开（闿）”。“启”是最古老的，“闢”（也写作“辟”）次之，“开”是后起的。

甲骨文中"启"有两个意义：1.打开。"其启厅西户。"（邺三下，四一·六）2.天放晴。"今日启。"《说文》作"啓"，云："雨而昼姓也。"后一义是前一义的引申义。

金文中有："广启朕身。"（通录钟）是"启"的引申义。

有"闢"，象双手开门。

甲骨文、金文中无"开"。

《诗经》中有"开"。《说文》"开"之古文作開。"开"的古文和"闢"的字形略有差别："闢"门中少"一"，而"開"之古文门中有"一"。商承祚云："案𨵦为闢，是门已开。闩示门闭，𠬞象两手开门也。"据此，则"闢"表状态，"开"表动作。

《说文》："闿，开也。"《方言》："开户，楚谓之闿。"《广韵·海韵》："闿，开也。苦亥切。亦音开。"《周易·系辞上》："开物成务。"王肃本作"闿物成务"。"闿"和"开"可以看作是一个词，在方言中有不同读音。

"闢"在传世文献中用得不多。在先秦13种文献中共6例，其中为"开启"义的3例：

《尚书·舜典》："询于四岳，闢四门，明四目，达四聪。"

《周易·系辞上》："阖户谓之坤，闢户谓之乾。一阖一闢谓之变，往来不穷谓之通。"

《左传·宣公二年》："晨往，寝门闢矣，盛服将朝。"

"闢"也写作"辟"：

《国语·晋语五》："晨往，则寝门辟矣。"

《墨子·非攻中》："是以三主之君，一心戮力辟门除道。"

《荀子·议兵》："故辟门除涂，以迎吾入。"

"启"和"开"是这个概念场中的主导词。

1.1.2 在传世文献中"启"和"开"的替换见下表：（表中统计数字为"开启"义的"启"和"开"，其他引申义的"启"和"开"如"启发""开拓"等不包括在内。）

	启	开
尚书（不包括古文尚书）	3	0
诗经	0	1（周颂）
周易	0	0
论语	2	0
左传	10	1
老子	0	1
墨子	0	2
庄子	0	1
韩非子	0	2
吕氏春秋	0	5
新书	0	4
淮南子	0	9
史记	0	66
论衡	1（凿窗启牖）	43

先秦的“启”和“开”各书各举一例如下：

启：

《尚书·金縢》：“启籥见书，乃并是吉。……以启金縢之书。”（籥：简册。书：占兆之辞。）

《左传·隐公元年》：“夫人将启之。”

《论语·泰伯》：“启予足，启予手！”（这将在下面讨论）

开：

《诗经·周颂·良耜》：“以开百室，百室盈止。”

《左传·哀公二十六年》：“重赂越人，申开守陴而纳公。”（申开：大开。）

《老子》第十章：“天门开阖，能为雌？”（按：帛书乙本作“启阖”。）

《墨子·号令》：“开门已，辄复上籥。”

《庄子·天运》：“天门弗开矣。”

《韩非子·外储说右上》：“乃益爵二级，而开后门出太子。”

《吕氏春秋·举难》：“桓公郊迎客，夜开门。”

从统计可以看出，表示“开启”义，春秋以前主要用“启”，战国时期全部用“开”，无一例用“启”。“启—开”的替换，实际上从战国就已经开始了。

到汉代，《史记》的情况非常清楚：《史记》中“启”共18例，除引《论语》“不愤不启”外，全是人名。用“开”甚多，“开启”义的“开”66例。人名“微子启”全改为“微子开”，在一些引用先秦典籍的句子中，也把“启”换成了“开”。如：

《尚书·金縢》：“启籥见书，乃并是吉。……以启金縢之书。”《史记·鲁世家》：“开籥，乃见书遇吉。……以开金縢书。”

《左传·闵公元年》：“毕万之后必大。万，盈数也；魏，大名也。以是始赏。天启之矣。”《史记·魏世家》：“毕万之后必大。万，盈数也；魏，大名也。以是始赏，天开之矣。”

这和避讳是否有关呢（汉景帝名启）？从这些例句看，大概是因为避讳的缘故。避讳对常用词的替换是有影响的。但西汉以“开”替换“启”，不能完全归于避讳，也有语言自身演变的原因。我们可以看一看贾谊的《新书》。《新书》中“启”6次，3次用于人名，“启门”无。“开”6次，“开门”4次。如果《新书》确实为贾谊所作，那么，贾谊生活在景帝之前，无所谓避讳。当然，《新书》的真伪还有疑问，我们不能完全以此立论。再看看《淮南子》，此书是汉武帝建元二年献给朝廷的，应该避讳。但《淮南子·泰族》：“今商鞅之《启塞》，申子之《三符》，韩非之《孤愤》。”按：今本《商君书》作《开塞》，文中云：“此道之塞久矣。……今日愿启之以效。”可见《商君书》本作《启塞》，而《淮南子》不改为“开”，可见“启”字不完全因避讳而不用。但《淮南子》中“启”用得很少，共8例，其中2为人名，1为篇名，剩下5例，无“开启”义。“开启”义的“开”有9例。《论衡》中“启”共8例。7例是引古书，1例为《效力》：“开户内日之光，日光不能照幽，凿窗启牖，以助户明也。”《论衡》在引古书时也有的把“启”改为“开”。《论衡·四讳》：“故曾子有疾，召门弟子曰：‘开予足！开予手！而今而后，吾知免夫。小子！’”而“开门”义的“开”有43例。《论衡》以“开”替换“启”，也是避讳和语言自身发展两方面的原因兼而有之。

总之，到汉代，“开”替换“启”的历史演变已经完成。“开启”义的“闢”在汉代写作“辟”，用得很少，据初步查检，只在《汉书》中有两例：《汉书·扬雄传》：“惟天轨之不辟兮。”《汉书·沟洫志》：“故凿龙门，辟伊阙。”显然都不是口语。因此，在当时的实际语言中，“开启”这个概念就只用“开”一个词表达了。

1.2 表达“关闭”概念的词的变化

表达“关闭”概念的在先秦有三个词：“闭”“閟”“阖”。

《说文》：“闭，阖门也。”

《说文》：“閟，闭门也。”马叙伦云：“閟为闭之转注字。”

《说文》：“阖，门扇也。一曰闭也。”（“闭”义也是由“门扇”引申出来的。）

先秦时表达“关闭”概念不用“关”，“关”表示“关闭”是后起的。

这三个字甲骨文皆未见。金文中有“闭”。但“闭”为人名（豆闭簋）。马叙伦云：“闭与楗皆为扃门之物，非动词也。”“关为‘闭’之转注字。”但无论证。

《尚书》和《诗经》都有“閟”。《尚书·大诰》：“天閟毖我成功所。”有人以为“閟”是衍文。《诗经·鲁颂·閟宫》：“閟宫有侐，实实枚枚。”《诗经·卫风·载驰》：“视尔不臧，我思不閟。”毛传并云：“閟，闭也。”这三例都不是“关闭”义。表“关闭”义的是：《左传·庄公三十二年》：“初，公筑台，临党氏，见孟任，从之。閟。而以夫人言，许之。”“閟”用得不多。

《周易》有“阖”。《周易·系辞上》：“阖户谓之坤，闢户谓之乾。一阖一闢谓之变，往来不穷谓之通。”在先秦十三种文献中

（包括《周易》），“关闭”义的“阖”共有8例。

用得最多的是“闭”。《周易》有“闭”。《周易·复卦》：“先王以至日闭关，商旅不行。”在先秦十三种文献中，“关闭”义的“闭”共有43例。其中“闭门”10例，“闭户”3例。例多不备举。“闭”是这个概念场中一个主导词。

到后来，出现另一个主导词“关”。

《说文》：“关，以木横持门户也。”（即“抱关击柝”的“关”。）

这个意义在文献中最早见于《左传》：

《左传·襄公二十三年》：“臧纥斩鹿门之关。”

“关闭”是其引申义，见于下列文献：

《管子·八观》：“宫垣关闭，不可以不修。”（《管子》成书于汉代）

《淮南子·览冥》：“城郭不关，邑无盗贼。”高诱注：“关，闭也。”

《淮南子·精神》：“夫至人倚不拔之柱，行不关之途，禀不竭之府，学不死之神。”高诱注：“行于不可关闭之途。”

《尚书大传》卷七：“止夜禁，诛诈伪，省酤酿，谨关闭。”

《史记·惠景间诸侯年表》：“以典客夺赵王吕禄印，关殿门拒吕产等入。”

《史记·循吏列传》：“三年，门不夜关。”徐广曰：“一作‘闭’。”

王褒《僮约》：“已而盖藏，关门塞窦。”（《初学记》卷十九）

可见，“关闭”义的“关”是出现得很晚的，在西汉仅此7例，而且，《史记》例有异文，王褒《僮约》不可靠，可靠的只有5例。

东汉文献中，汪维辉（2017）引《易林》2例，《论衡》1例，《释名》1例，《吴越春秋》1例。可以补充《汉书》1例：

《汉书·陈遵传》：“每大饮，宾客满堂，辄关门，取客车辖投井中，虽有急，终不得去。”

汉代以后，“关闭”义的“关”也用得不多。据王盛婷（2007）

统计，魏晋南北朝的一些文献，如《法显传》《搜神后记》《世说新语》《宝藏经》《百喻经》《齐民要术》《周氏冥通记》《洛阳伽蓝记》，均未见"关闭"的"关"，《古小说钩沉》1见，文人诗共5见。直到《元刊杂剧三十种》，"关闭"义的"关"还仅有1例。"关"和"闭"的使用次数一直相差很悬殊。《西游记》中两者接近，《金瓶梅》（崇祯本）中"关"才超过"闭"。《金瓶梅》比《西游记》略晚。但两书的差别，恐怕还不是由于时代的早晚，而是由于地域的差别：江淮官话存古的成分可能多于北方官话。一直要到《红楼梦》，"关"才处于压倒性优势。下面是"闭"和"关"使用次数的比较表：

	闭	关
世说新语	3	0
敦煌变文校注	23	5
三朝北盟会编	24	1
朱子语类	17	4
五灯会元	12	1
元刊杂剧	10	1 （《陈抟高卧》："把门关上。"）
西游记	12	11
金瓶梅	6	9
红楼梦	2 （1句引古诗）	14

按：王盛婷（2007）所统计的《敦煌变文》《朱子语类》《元刊杂剧》《西游记》《红楼梦》的数据与本文有出入，可能是对"闭"和"关"统计范围的掌握宽严不同。但总的倾向是一致的，即：在《元刊杂剧》中"关"还很少，到《西游记》以后"关"才接近或超过"闭"，到《红楼梦》"关"才处于压倒性优势。

"启—闭"和"开—关"是两组关系很密切的词。这两组词在历史上都发生了词汇替换，但替换的时代有早有晚，替换的过程有快有慢。这种情况，对我们认识词汇的历史演变很有启发。"启—开"的替换在战国时期就完成了，如果想当然的话，大概会觉得其反义词“闭—关”的替换也会同时并进，既然汉代已出现了“关”，大概会很快替换“闭”。但事实并非如此，“闭—关”的替换直到明代才完。所以，在相当长的一段时间里，“开”最常见的反义词不是“关”而是“闭”。为什么一对反义词的词汇替换开始的时代不一样，而且替换过程的速度会相差这么远？这个问题还无法回答。但这告诉我们词汇历史演变的复杂性，只有对词汇历史演变的具体案例多做扎实细致的研究，把词汇历史演变的各种复杂情况弄清楚，才能更好地总结其演变的规律。

1.3 进一步的讨论

上面是“开—关”概念场中词汇历史变化的一个大致轮廓。从上面的叙述看，似乎问题很简单：在一个概念场中有一些同义词，它们产生的时代有早有晚，产生得早的词有些到后来消失了，产生得晚的词有些后来成为主导词，这样就形成了新旧词的替换。

如果深入一点看，问题不那么简单。

1.3.1 首先，所谓的“同义词”，其实在词义结构和句法功能方面可能会有差别，因此，在有些情况下不能替换。

1.《论语·泰伯》:“曾子有疾，召门弟子曰:‘启予足！启予手！诗云“战战兢兢，如临深渊，如履薄冰。”而今而后，吾知免夫！小子！’”《论语集解》:“郑曰：启，开也。曾子以为受身体于父母，不敢毁伤，故使弟子开衾而视之。”

这个句子的“启”，郑玄解释为“开”。但刘宝楠《论语正义》云:“以为开衾视之，未免增文成义。”他的意思是：衾可开，而手足不可开。他认为《古论》作“哆”，开也，“当谓身将死，恐手足有所拘挛，令展布之也。”王念孙认为“启”与“䁈”同，视也。

确实，这里的“启”不能换“开”。“开予足，开予手”是读不通的。《论衡·四讳》中引用时改成了“开予足，开予手”，这只是因为避讳。但用“启”是可以的，因为“启”有和“开”不一样的用法。

《左传·昭公四年》:“古者日在北陆而藏冰，西陆朝觌而出之。其藏冰也，深山穷谷，固阴冱寒，于是乎取之。其出之也，朝之禄位，宾食丧祭，于是乎用之。其藏之也，黑牡秬黍以享司寒。其出之也，桃弧棘矢以除其灾。其出入也时。食肉之禄，冰皆与焉。大夫命妇丧浴用冰。祭寒而藏之，献羔而启之，公始用之。”这一段文章里的“取之”“出之”“用之”“藏之”的“之”都是指“冰”。那么“献羔而启之”该怎样解释呢?“启之”的“之”显然也指冰，但“启之”不是说把冰打开。杜预注:“谓二月春分献羔祭韭，始开冰室。”“启之”是说把藏冰之室打开。

那么,“启予足，启予手”的“启”也可以同样理解：把覆盖于手足上的衾打开。

“启+N”有时可以表示打开覆盖在N上的东西,“开+N”只能表示把N打开。这是“启”和“开”不同的地方。这种“启”不能简单地用“开”替换。如果改用动词“开”，就要换一种说法：打开手足上的被子，打开藏冰之室。

“启齿”的“启”也是同样用法。

《庄子·徐无鬼》:“徐无鬼因女商见魏武侯,……武侯大说而笑。徐无鬼出，女商曰:‘先生独何以说吾君乎？吾所以说吾君者，横说之则以《诗》《书》《礼》《乐》，从说之则以《金板》《六弢》，奉事而大有功者不可为数，而吾君未尝启齿。今先生何以说吾君，使吾君说若此乎?’”成疏:“启齿，笑貌。”

“启齿”不是把牙齿张开，而是开唇而露齿。后来“启齿”才变成了“开口说话”的意思。

2.《左传·僖公二十三年》:“臣闻天之所启，人弗及也。晋公子有三焉，天其或者将建诸，君其礼焉。男女同姓，其生不蕃。晋公子，姬出也，而至于今。一也。离外之患，而天不靖晋国，殆将启之。二也。有三士足以上人，而从之。三也。晋郑同侪，其过子弟，固将礼焉；况天之所启乎！”这是说晋公子重耳。《左传》《国语》中，“天启之”“天之所启”这一类的话很多。

这种“启”，在杜预注和韦昭注中，都说：“启，开也。”但实际上，用“开”无法读通。除了《史记》因为避讳，在《晋世家》和《楚世家》中记述城濮之战时，称晋文公为“天之所开”，在其他文献中从未见到“天开之”和“天之所开”。

杨树达《积微居金文说》卷四《番生𣪘盖跋》根据金文“广启氒孙子于下”“广启禹身”“用广启士父身”“广启朕身”及传世文献中的“光启”“佑启”“启佑”等词语，考定“‘启’义与‘右’同训‘助’”。是为确诂。这是“启”的另一个意义。问题是这个意义和“启”的“开启”义有无联系？

《国语·郑语》：“夫荆子熊严生子四人：伯霜、仲雪、叔熊、季紃。叔熊逃难于濮而蛮，季紃是立，薳氏将起之，祸又不克。是天启之心也，又甚聪明和协，盖其先王。臣闻之，天之所启，十世不替。”

《国语·晋语四》：“遂如楚，楚成王以周礼享之，九献，庭实旅百。公子欲辞，子犯曰：‘天命也，君其飨之。亡人而国荐之，非敌而君设之，非天，谁启之心！’”

可见，古人是把“天启之心”和“天启（助）之”联系在一起的，天启某人之心就是天佑助某人。《三国志·吴书·张温传》：“伏惟殿下，天生明德，神启圣心。”虽然时代较晚，但可以看到，在三国时，人们还认为君主是天启之心。在古人的观念中，“启”的对象不但是门户、箱箧之类具体的器物，还可以是人的心。这也是“启”和“开”不同之处。

“启之心”不能用“开之心”来代替，那么，这种意思后来怎样表达呢？后来“启”一般不单用了，而成为一个语素，构成“启迪”“启发”等复音词，进入了另一个概念场：表思维活动的概念场。但“启迪”“启发”也不能用“心”做宾语，只能说“启迪后人”“启发学生”。

“开”也有用作“启发”“启迪”义的，如《礼记·学记》：“故君子之教喻也，道而弗牵，强而弗抑，开而弗达。”但用得很少。所以，《史记》中“启”除了用作人名外，基本上不用了，全都用“开”代替；但唯独在《孔子世家》中表述孔子的思想时，还是说：“不愤不启，举一隅不以三隅反，则弗复也。”可见司马迁也觉得“不愤不开”是说不通的。

3.“闭”和“关”的区别更为明显。

《周易·坤》：“天地闭，贤人隐。”

《礼记·月令》：“天气上腾，地气下降。天地不通，闭塞而成冬。”

《管子·度地》：“当冬三月，天地闭藏。”

这些句子里的“闭”都不能换成“关”。“关”通常是人的动作，或者是门户箱箧之类打开后合上的状态。“闭”则可以是一种自然现象，所以，可以说“天地闭”，不能说“天地关”。

4.“启”和“闭”产生较早，都有上古汉语“综合性”的特点，即动词可以把动作和对象综合在一起。“启”表“启门”，“闭”表“闭门”。

《左传·隐公元年》：“大叔完聚，缮甲兵，具卒乘，将袭郑。夫人将启之。”

《左传·襄公二十五年》：“吴子诸樊伐楚，以报舟师之役，门于巢。巢牛臣曰：‘吴王勇而轻。若启之，将亲门。我获射之，必殪。’”

《左传·定公四年》：“驷赤先如宿，侯犯殿。每出一门，郈人闭之。”

袁宏《后汉纪·光武纪》：“公将出，或曰：‘闭之。’亭长曰：‘天下讵可知，何闭长者为！’”

这些例句中“开之”“闭之”的“之”指人而不指门。“门”包含在“开”“闭”中。“闭长者”为“对长者闭门”。

较后产生的“开”和“关”是“分析性”的，动作的对象不包含在动词中，因此也没有“开之”“关之”（“之”指人）这样的结构。

综上所述，可以看到，虽然"启—开"和"闭—关"的替换是历史发展的总趋势，但深入考察，可以看到，"启"没有全部被"开"替换，"闭"也没有全部被"关"替换。有些"启"和"闭"是无法用"开"和"关"替换的。

从概念场的角度来看问题，可以看到，常用词的替换，不能简单地理解为一个词代替了另一个词，占有了概念场中的同一个位置，因为原先的词和后来的词在概念场中的位置很可能是不一样的。俗话说"一个萝卜一个坑"，词汇替换并不是在同一个坑里起先有一个萝卜，后来换成了另一个萝卜，因为萝卜有不同的大小。旧词的意义和用法未必全部能由新词代替，反过来说，新词的意义和用法也未必全部和旧词相同。这种情况，只有把词汇替换放到概念场的背景上才能看得更清楚。至于像特里尔所说的那种情况，就更不是单个词的历史替换所能说明的，这更需要放到概念场的背景上加以考察。

1.3.2 上面讨论的是一般意义的"开启"和"关闭"。一些特定对象的"开启"和"关闭"情况有些不一样。比如，"口"和"目"都有开合，但没有"启口""启目"和"关口""关目"的说法。与"口"组合的只有"开"和"闭"。

《庄子·盗跖》："其中开口而笑者，一月之中不过四五日而已矣。"

《庄子·秋水》："今吾无所开吾喙，敢问其方。"

《左传·哀公二十七年》："闭其口而死。"

与"目"组合的也只有"开"和"闭"。"开目"和"闭目"在文献中出现较晚：

《论衡·死伪》："成王于时缢死，气尚盛，新绝，目尚开，因谥曰'灵'。"

《后汉书·高句骊传》："后句骊王宫生而开目能视。"

《抱朴子·对俗》："掩耳而闻千里，闭目而见将来。"

到“眼”演变为“眼睛”义后，有“开眼”“闭眼”和“合眼”：

《十诵律》卷二十六：“仙人开眼见之。”

《十诵律》卷十六：“令诸比丘大坐闭眼随后而去。”

《摩诃僧祇律》卷四：“或合眼以手自指。”

更值得注意的是：在上古汉语中，表示“口”和“目”开闭的有另一套动词：

《左传·文公元年》：“王缢。谥之曰‘灵’，不瞑。曰‘成’，乃瞑。”《说文》：“瞑，翕目也。”

《庄子·天运》：“予口张而不能嗋。”成玄英疏：“嗋，合也。心惧不定，口开不合。”

《吕氏春秋·重言》：“君呿而不唫，所言者‘莒’也。”高诱注：“呿，开；唫，闭。”《玉篇》：“呿，张口貌。”

刘向《九叹·思古》：“心婵媛而无告兮，口噤闭而不言。”《说文》：“噤，口闭也。”

班固《白虎通·考黜》：“武王望羊，是谓摄扬，盱目陈兵，天下富昌。”《说文》：“盱，张目也。”

“张”是一个很常用的动词，一般不属于“开—关”概念场，但“张口”的“张”应该属于这个概念场。

其他的动词“嗋”“呿”“唫”“噤”和“瞑”“盱”都是专用于“口”或“目”的，也属于这个概念场。而且，“呿”“唫”和“瞑”都是“综合性”的（“呿”＝开口，“唫”＝闭口，“瞑＝闭目”），这是上古汉语词汇的特点。这些词后来都消失了。

到后来，还有一个专用于眼的动词“睁”。这个动词在宋代表示眼睛睁大，如：

《三朝北盟会编》卷一九七：“常闭目坐怒睁如环。”

《诗话总龟前集》卷十四：“怒仆空睁眼，嗔童谩握拳。”

后来才表示“睁开（眼睛）”，这已是明代的事了：

史敬先《庄周梦·楔子》：“［生云］……老先生睁眼看者！［末开眼科，云］……”

二 "开"的词义演变

在"开—闭"概念场中的很多词都有词义演变。"关"的词义演变谈得较多，本文只讨论"开"的词义演变。

2.1 "开"的核心义是"开启"，此外还有多种意义，都属于其他概念场。这些意义是怎样从"开—闭"概念场转移到其他概念场的？它们和"开"的核心意义有什么联系？这是一个值得探讨的问题。

"开"的意义除"开启"外，还有如下一些：

（一）开拓。《韩非子·有度》："荆庄王并国二十六，开地三千里。"《后汉书·袁安传》："陛下奉承洪业，大开疆宇。"

（二）开始，开创。《诗经·周颂·武》："于皇武王，无竞维烈。允文文王，克开厥后。"《盐铁论·非鞅》："知其为秦开帝业。"

这两个义项，"启"也有。如：

（1）开拓。《诗经·鲁颂·閟宫》："大启尔宇，为周室辅。"《左传·昭公四年》："或多难以固其国，启其疆土。"

（2）开始，开创。潘岳《在怀县作》诗之一："初伏启新节，隆暑方赫羲。"沈约《齐故安陆昭王碑文》："景皇蒸哉，实启洪祚。"

"开"的这两个义项先秦就有，都是从"开启"这个核心义引申出来的，其演变路径比较清楚，无须多说。下面几个义项的演变路径需要讨论。

（三）开设，设置（某种府署）。《盐铁论·本议》："开委府于京师，以笼货物。"陆倕《石阙铭》："置博士之职，而著录之生若云；开集雅之馆，而款关之学如市。"

此义大约产生于西汉。目前查检到的最早的例句是《盐铁论》。此义应由某种府署开门理事演变而成。"委府"为管理委输之官署，"开委府"即"使委府开"。现在还说"这家商店开了三年，就关门了。"可见一家店铺的开设和停业跟"开启"和"关闭"有联系。

（四）开花。此义产生于齐梁时期。《玉台新咏·梁武帝〈夏歌〉》："江南莲花开，红光覆碧水。"沈约《三月三日率尔成篇》："开花已匝树，流莺复满枝。"

"开花/花开"指花蕾开坼，花瓣展开。《周易·解》："雷雨作，而百果草木皆甲坼。"《广雅·释诂》："坼，开也。"虽然不是说的花开，但有助于说明"开启"的"开"和"花开"的"开"的关系。

"开花/花开"也可以说"发花/花发"。如：

《玉台新咏·鲍照〈代白纻歌辞二首〉》之二："桃含红萼兰紫芽，朝日灼烁发园花。"

《玉台新咏·刘缓〈敬酬刘长史咏名士悦倾城〉》："遥见疑花发，闻香知异春。"

"开（花）"侧重于从闭到开，"发（花）"侧重于从无到有。"开"是从闭合处向两边展开，"发"是从原点向目标延展，两者的意象图式（Image Schemata）有相似之处。所以，一些"开＋N"的组合和"发＋N"的组合往往会互相影响，这在下面将会看到。

（五）"开（舟）船""开车"的"开"。

《现代汉语词典》："开：❻发动或操纵（枪、炮、车、船、飞机、机器等）。"这个解释适用于现代汉语，不适用于古代汉语。古代的"开船""开车"与"开炮""开枪"出现的时代不同，"开"演变的途径不同，要分开讨论。

先说"开（舟）船"。"开舟""开船"都见于庾信诗，但"开船"是打开船舱之意，"开舟"跟"行舟"有关，但不是"发动舟"或"操纵舟"，而是舟离岸而行：

庾信《舟中望月诗》："舟子夜离家，开船望月华。"

庾信《应令诗》："望别非新馆，开舟即旧湾。浦喧征棹发，亭空送客还。"

杜甫《登白马潭》："水生春缆没，日出野船开。"

韩愈《桃源图》诗："船开棹进一回顾，万里苍苍烟水暮。"

在下面的例句中可以看得更清楚，"开船"是船离岸。

《广异记》:"一人遽走至船所，才上船，未及开，白毛之士走来牵缆。"

《三朝北盟会编》卷一三三:"遂急斫断缆开船而去。"

《三朝北盟会编》卷一三六:"急解维开船而去。"

"断缆""解维"等都说明，船本来是用船缆系在岸边的，解缆以后，船和岸边离开了，所以叫"开船"。

古代诗文中还有"发舟"和"发船"。

《宋书·邓琬传》:"水陆长驱，数道并进，发舟逾险，背水争先。"

杜甫《十二月一日三首》之二:"负盐出井此溪女，打鼓发船何郡郎。"

用"发舟(船)"表示舟船离岸而行比"开舟(船)"早。"发舟"见于《宋书》，早于庾信的"开舟"。上面说过,"发"和"开"的意象图式有相似之处，所以,《宋书》说"发舟"，庾信可以说"开舟"；而且庾信诗上句说"开舟即旧湾"，下句皆接着说"浦喧征棹发"，也说明"开舟"的"开"和"发棹"的"发"有关。"发"和"开"意义的关联，会促使"开"形成"舟船离岸而行"的新义项。

"开车"比"开船"晚得多。我查到的例句最早是清代的。清代早期还没有火车和汽车,"开车"不会是"发动车"。下面例句中的"车"都是马车。"开车"指马车行驶。

《歧路灯》(乾隆四十一年自序)21回:"谭绍闻跟定王中走至巫家门首，王中道:'上车!'谭绍闻上了车。邓祥牵过牲口，套上。王中道:'快走!'邓祥催开车走了。"

《品花宝鉴》(道光刊本)16回:"见天气已晚，只得硬了心肠出来，上了车回顾了几次，一径出了胡同方才坐好。小厮跨上车沿，只见迎面两马一车，走的泼风似的，劈面冲来，偏偏是王通政，子玉躲避不及，只得要下来。王文辉连忙摇手止住，问了几句话，也就点点头开车走了。"

《曾国藩全集·修身篇》:"去年十二月十六日，男在汉口寄家信，付湘潭人和纸行，不知已收到否？后于二十一日在汉口开车。二人共雇二把手小车六辆，男占三辆半。行三百余里，至河南八里溪度岁。正月初二日开车，初七日至周家口，即换大车。雇三套篷车二辆，每套钱十五千文。男占四套，朱占二套。初九日开车，十二日至河南省城，拜客耽搁四天，获百余金。十六日起行，即于是日三更趁风平浪静径渡黄河。”

《野叟曝言》卷一："叫起车夫，整顿车马……开车出店，坦然而行。”

《永庆升平前集》第十五回："正跑之间，前面南北一条大路，两旁是山夹沟子，长有三四里，当中不能开车。马成龙收不住缰了，一直往里就走。从对面来了一辆草车，赶车直嚷说：‘那边开！别来！外头开！’”

还有雍正年间的例句：

《清会典事例》卷九二七："（雍正五年）范堤照黄河堤岸成例，堤顶修开车道。”

马车行驶为什么叫“开车”？可能是受“开船”的影响。既然船开始行驶叫“开船”，那么，车开始行驶也就叫“开车”。到后来，船和车都用机器发动了，于是“开船”和“开车”的“开”就变成“发动或操纵”的意思了。这是社会生活的变化引起词义的变化。

（六）“开炮”“开枪”的“开”。

这个“开”是“发射”的意思。“开炮”比“开枪”早，可能火器是先有炮，后有枪。而且，最初“砲”从“石”不从“火”，因为用的是机械抛石，称为“抛车”，发射的动作叫“发”；后来才用火药，动词也用“发”，再往后才用“开”。

《后汉书·袁绍传》“操乃发石车击绍楼，皆破，军中呼曰‘霹雳车’”唐李贤注："以其发石声震烈，呼为‘霹雳’，即今之抛车也。”

《三朝北盟会编》卷五十三："每攻城，先列炮三十座，凡举一炮听鼓声齐发，炮石入城者大可如斗，楼橹中炮无不坏者。”

（这还是石砲。）

《明史·兵志四》：“古所谓炮，皆以机发石。元初得西域炮，攻金蔡州城，始用火。”

《明史·兵志四》：“崇祯时，大学士徐光启请令西洋人制造，发各镇。然将帅多不得人，城守不固，有委而去之者。及流寇犯阙，三大营兵不战而溃，枪炮皆为贼有，反用以攻城。城上亦发炮击贼。”

明梅村野史《鹿樵纪闻》卷中：“官军开炮击之，即扬帆而遁。”

“开炮”的“开”也和“发砲”的“发”有关。

“开枪”较早见于清初文献，也说“发枪”“放枪”。“放枪”明代已有：

《明英宗实录》卷一九三：“隔一人放一枪，先放六枪。”

在《清高宗（乾隆）实录》中，“开枪”“发枪”各5例，“放枪”194例。

《清高宗（乾隆）实录》卷一四零六：“据伍拉纳奏署守备林凤鸣、及署游击李廷翰听从贿嘱，与民人争夺网地，放枪滋事一摺。此事实属大奇。……该督摺内称李廷翰举旗开枪，铅子已打三十余出。”

《清高宗（乾隆）实录》卷一百四：“麾红旗，则枪炮齐发各一周。鸣金乃止。再伐鼓、整列而进，鸣金、麾旗，发枪炮如初。”

“开枪”的说法也受“放枪”“发枪”影响。

（七）开灯。见于明代文献。

林鸿《题福山寺陈铉读书堂》诗：“开灯明竹雪，散帙落松风。”

陈继儒编《捷用云笺》：“九天送月，万户开灯。”

又：“开灯”在清代为抽鸦片的用语，指的是点起灯来抽鸦片，在清代小说中常见。

《品花宝鉴》五十八回：“奚十一烟瘾来了，见这楼下头铺设得甚好，想开灯吃烟，就可等他们回来。烟枪是带着的，就少盏灯，问大傻道：‘你去点一个灯来，我要吃两口。’”

魏源《海国图志》卷七十八："凡食烟之人，燃灯在榻，……名曰开灯。"

为什么"燃灯"叫"开灯"？

在有电灯之前，一直用的是油灯。所以，六朝最常见的用语是"然（燃）灯"。

《六度集经》卷六："散华烧香，然灯悬缯，晨夜肃虔，稽首恭礼。"又："烧香燃灯，悬缯奉华。"

法显《佛国记》："香华供养，然灯续明。"

在唐代，多用"点灯"。如：

《入唐求法巡礼行记》卷二："廿九日晚头，此新罗院佛堂经藏点灯供养，别处不点灯。"

敦煌变文和《祖堂集》也多用"点灯"。

文献中也有"张灯"，但从下面《汉书》例看，"张灯"的"张"主要还是"陈设"之意。《梁书》例"张灯"已经接近"点灯"，《明神宗实录》例离"点灯"更接近一点。

《汉书·外戚传上》："上思念李夫人不已，方士齐人少翁言能致其神。乃夜张灯烛，设帷帐，陈酒肉，而令上居他帐，遥望见好女如李夫人之貌。"

《梁书·韦睿传》："睿每昼接客旅，夜算军书，三更起张灯达曙。"

《明神宗实录》卷二一九："朕如今张灯后看字不甚分明，如何能一一遍览。"

古代没有"关灯"的说法。和"然（燃）灯""点灯""开灯"相对的是"熄灯"或"灭灯"。

我想，"开灯"是从"张灯"来的。如果汉语中一直只有"然（燃）灯"和"点灯"，就不可能把这种动作叫作"开灯"，因为"开"和"燃""点"毫无关系。后来出现了"张灯"，才有可能把这种动作称为"开灯"：因为"张口"义同"开口"，所以人们会觉得"张灯"也可以叫"开灯"。

有了电灯以后，"开灯"的意思是使电灯发光；和"开灯"相对的是"关灯"。和现代的"开灯/关灯"同属一类的是"开机/关机"。这些"开"指的是使电器或机器处于工作状态,"关"指的是使电器或机器停止工作;"开/关"相当于英语的"turn on/turn off"。

(八)(水)沸。这个义项大约始于明代。

明朱橚《普济方》一四五卷:"临卧,用开水调服五钱匕。"(共五例。)

《品花宝鉴》三十三回:"宝珠见水开了,自己于博古厨内取出一个玉茶缸,配了四种名茶,自己亲手泡好了,把盖子盖上。"

为什么水沸叫"开",不清楚。

古人把煮茶时水沸而水泡上升的情况叫作"鱼眼沸":

陆羽《茶经》:"其沸如鱼目,微有声为一沸,缘边如涌泉连珠为二沸,腾波鼓浪为三沸。"

白居易《睡后茶兴忆杨同州》诗:"白瓷瓯甚洁,红炉炭方炽。沫下曲尘香,花浮鱼眼沸。"

苏轼《试院煎茶》诗:"蟹眼已过鱼眼生,飕飕欲作松风鸣。"

也许水泡从锅底升起到上面散开,状如花开,所以叫"水开"。但这只是猜测,并无确切的证据。

2.2 王云路、王诚(2014:73):"一个词的大多数义位都与核心义相关,都受核心义制约。"书中分析了很多案例,做了充分的论证。但从"开"的分析来看,"开"的上述8个义位与核心义的联系,情况各不相同。1.开拓。2.开始,开创。这两个义项和核心义的联系最紧,所以"启"也有这两个义项。3. 开设,设置。4.开花。这两个义项和核心义远一些,但也能连得上。5."开船""开车"的"开",如果只看它们在现代汉语中的用法,像《现代汉语词典》概括的那样:"发动或操纵",那就找不到它们和"开"的核心义"开启"有什么关系。但如果从词义的历史演变来考察,就能看到,这些义项在开始形成时,还是和核心义有联系的,只是后来词义进一步发展了,使用的范围更加扩展了,就离核心义越来越远,就找不到其间的联系了。6."开炮""开枪"的"开"。7."开灯”“开机”的“开”。这些两个义项形成，都和另一个词有关：“开炮”跟“发砲”有关，“开枪”跟“放枪”有关，“开灯”跟“张灯”有关；因为“发”“放”和“开”，“张”和“开”有共同之处，所以，“发砲”“放枪”可以说成“开炮”“开枪”，“张灯”可以说成“开灯”。这两个义项很难说跟核心义“开启”在意义上有什么联系。也许，“开”的核心义和“发”“放”“张”的核心义有某些关联。顾龙飞、唐广厚《现代汉语“V+开”结构语义扩展路径新探——基于“开”本义的意象图示》（《语文研究》2018年第2期）对“开”本义的意象图示做了分析，可以参考。这个问题还需要继续研究。

参考文献

杜　翔 （2017）《支谦译经动作语义场及其演变研究》，花木兰文化出版社，台湾。
方一新 （2010）《中古近代汉语词汇学》，商务印书馆，北京。
顾龙飞、唐广厚 （2018）《现代汉语“V+开”结构语义扩展路径新探——基于“开”本义的意象图示》，《语文研究》第2期。
蒋绍愚 （1989/2005）《古汉语词汇纲要》，商务印书馆，北京。
蒋绍愚 （2015）《汉语历史词汇学概要》，商务印书馆，北京。
谭代龙 （2008）《义净译经身体运动概念场词汇系统及其演变研究》，语文出版社，北京。
汪维辉 （2007）《汉语词汇史新探》，上海人民出版社，上海。
汪维辉 （2017）《东汉-隋常用词演变研究》（修订本），商务印书馆，北京。
王　力 （1958）《汉语史稿》，《王力全集》第一卷，中华书局，北京。
王盛婷 （2007）《汉语八组反义词聚合演变研究》，南京大学博士学位论文。
王彤伟 （2010）《〈三国志〉同义词及其历时演变研究》，巴蜀书社，成都。
王云路 （2010）《中古汉语词汇史》，商务印书馆，北京。
王云路、王诚 （2014）《汉语词汇核心义研究》，北京大学出版社，北京。
吴福祥、王云路编 （2015）《汉语语义演变研究》，商务印书馆，北京。
于省吾主编 （1996）《甲骨文字诂林》，中华书局，北京。
周法高主编 （1974）《金文诂林》，香港中文大学，香港。
J. Lyons （1977） *Semantics*, Cambridge: Cambridge University Press.

The Historical Change of the Lexicon in the Conceptual Field of "OPEN-CLOSE"

JIANG Shaoyu

Abstract: The historical change of the lexicon in the conceptual field of "OPEN-CLOSE" includes two aspects: 1. The replacement of the words in the conceptual field. It does not mean that the positions in the conceptual field of the new word completely overlap with the old word. 2. The semantic change of the word (such as "OPEN") in the conceptual field. Some words enter another conceptual field after semantic changes. This paper investigates and analyses the ways of the semantic change.

Keywords: conceptual field, open, close, replacement of the words, semantic changes

（100871　北京，北京大学中文系/清华大学人文学院
jiangshy@pku.edu.cn）

从对偶句或排比句看古文的若干字义和字音*

孙玉文

提要 本文针对常见古文词语训释中存在的若干误释现象，利用先秦以来已经客观存在的对偶句和排比句的规律，对部分误释做出新的解释，希望纠正对古代作品的若干词义的错误理解和一些字音的误读，加深对对偶句和排比句规律的认识，推进语言和文学结合的研究。

关键词 对偶句 排比句 训释 古文 词义

〇 引言

陈望道《修辞学发凡》第八篇《积极修辞四》："说话中凡是字数相等，句法相似的两句，成双作对排列成功的，都叫做对偶辞。"这里的"对偶辞"即是我们所说的对偶句。对偶句是结构相似、内容相关、行文相邻、字数相等的两句话。陈氏又说："同范围同性质的事象用了组织相似的句法逐一表出的，名叫排比。"利用排比手法形成的"句"，我们叫排比句。陈氏还说："排比和对偶，颇有类似处，但也有分别：(一) 对偶必须字数相等，排比不拘；(二) 对偶必须两两相对，排比也不拘；(三) 对偶力避字同意同，排比却以字同意同为经常状况。"

从先秦时代起，汉语的诗歌和散文都有大量的对偶句和排比句，至今使用仍然连绵不绝。这些对偶句和排比句，以其特有的形

收稿日期：2016-12-4；**定稿日期**：2018-9-5。

* 本文是国家社科基金项目"古汉语联绵词形音义综合研究"（项目号17BYY022）的成果之一。

式，使相关内容的各“句”互相倚依，互相突显，不仅有交互映衬和分类列举各端的积极修辞效果，还能通过相类的句法形式的骈列或排比，帮助表达词汇意义和语法意义，使人们更易于理解其中的字义和句义。因此，这些对偶句和排比句可以看作一种词义表达手段和一种语法范畴。

利用对偶句和排比句探讨古文的字义和音读，必须结合字的音义关系，结合其他的训诂方法来进行，单独利用对偶句和排比句常常只能大致求出一个字的词类归属和词义的属类。例如人们常说，律诗对仗中，名词又分天文、时令、地理、宫室等类别，这可以认为是词义的属类。有时候，人们在训诂学教材中谈到对文求义，这是运用处在对偶句或排比句上下两句相同位置上的字和词往往是同义词或反义词的原理，求得一个未知的字的字义。这实际上也运用了其他训诂方法，因为这种句式中，处在相同位置上的字很多并不是同义词或反义词的关系，所以如何知道它们是同义词或反义词，光凭结构位置看不出来，必须运用其他方法。可以肯定，任何人利用对偶句和排比句探求字义和字音，都必须结合其他探求字义和字音的方法进行。这里面有很多细致的规则需要探讨，我本人有一些想法，但还没有考虑成熟，本文在此只是提一下。因此，本文利用对偶句和排比句探讨字义和字音，是结合了其他方法，这是需要说明的。下面利用对偶句和排比句训释古文中的若干字义，探讨一些字的音读。

一　养备而动时

《荀子·天论》:“强本而节用，则天不能贫；养备而动时，则天不能病；修道而不贰，则天不能祸。故水旱不能使之饥渴，寒暑不能使之疾，妖怪不能使之凶。本荒而用侈，则天不能使之富；养略而动罕，则天不能使之全；倍道而妄行，则天不能使之吉。”（按，文中“修”和“贰”当依王念孙《读书杂志》卷八之五作

“循”“貣”，“渴”当依刘台拱和王念孙说处理为衍文）其中的“养备而动时，则天不能病”杨倞注：“养备，谓使人衣食足；动时，谓劝人勤力，不失时，亦不使劳苦也。养生既备，动作以时，则疾疢不作也。”有的古文选本选了此文，将“时”理解为天时，将“动时”理解为动宾或动补结构，例如郭锡良先生主持编写的《古代汉语》（下册）注释：“动时，动以时，即按时活动，指行动适应天时的变化。时：天时。”这是不准确的。

这里从“强本”至“不能祸”，用了三个排比句。“强本而节用”内部，“而”字连接的是两个动宾结构；“养备而动时”内部，“而”字连接的则应该是两个主谓结构。“养备”是主谓结构，因此“动时”是主谓结构，“养”指给养，“动”指活动、运动，都是主语；“时”是不及物动词，指合乎时节，适应时节，上下文中指适应寒暑等天时的变化。《天论》下文的“养略而动罕”正是跟“养备而动时”结构相同而语义相反，“动罕”是主谓结构，则“动时”也应是主谓结构。

“时”古代有不及物动词用法，指合乎时节，适应时节。《荀子》中，“时”作“合乎时节，适应时节”讲也绝非仅见，多用在排比和对偶句中，处在谓词的位置上。例如《荣辱》：“政令法，举措时，听断公。”杨倞注：“举措时，谓兴力役不夺农时也。”《王制》：“故养长时则六畜育，杀生时则草木殖，政令时则百姓一，贤良服。”杨倞注：“时，谓有常；服，谓为之任使。”《君道》：“故由天子至于庶人也……事时制明而用足，是又所同也。”这里“时、明、足”都是不及物动词做谓语。《强国》：“礼乐则修，分义则明，举措则时，爱利则形……礼乐则不修，分义则不明，举措则不时，爱利则不形。”

正因为这个“时”是一个固定的词义，所以也可用作使动，带宾语。例如《富国》：“时其事，轻其任，以调齐之。”杨倞注：“时其事，谓使人趋时，不夺之也；轻其任，谓量力而使也。”按：“时其事，轻其任，以调齐之”又见《王制》《议兵》，“时”的作用同

《富国》。“时”还可以跟“宜”并列,《大略》:“不时宜，不敬交，不欢欣。”杨倞注:“时谓得时，宜谓合宜。”

其他先秦隋唐时期古书的“时”也有这个用法。例如《礼记·月令》:“孟春行夏令，则雨水不时，草木蚤落，国时有恐。”《韩非子·难二》:“若天事，风雨时，寒温适，土地不加大，而有丰年之功，则入多。”《吕氏春秋·大乐》:“能以一治天下者，寒暑适，风雨时，为圣人。”高诱注:“适，和也。时，不差忒。”《季夏》:“季夏……行冬令，则寒气不时，鹰隼早鸷，四鄙入保。”《诗·小雅·大田》“有渰萋萋，兴雨祁祁。雨我公田，遂及我私”郑笺:“古者阴阳和，风雨时。”《列子·黄帝》:“阴阳常调，日月常明，四时常若，风雨常均，字育常时，年谷常丰。”《太平广记》九一引《剧谈录》:“钟律辨则风雨调，号令时则寒暑节。”引申为合乎时宜。《孟子·万章下》:“伯夷，圣之清者也；伊尹，圣之任者也；柳下惠，圣之和者也；孔子，圣之时者也。”赵岐注:“孔子时行则行，时止则止。”《论衡·定贤》也说:“大贤之在世也，时行则行，时止则止，铨可否之宜，以制清浊之行。”也指合乎时机。《商君书·壹言》:“制度时，则国俗可化，而民以制。”还指合乎一定的时候。《黄帝内经·素问·至真要大论》:“太阴在泉，客胜则足痿下重，便溲不时。”《灵枢经·刺节真邪》:“故饮食不节，喜怒不时，津液内溢。”

《说文》日部:“时，四时也。”这是本义。由此引申指时候，特指一定的时候；又引申指时机，时宜。变成不及物动词，就有“合乎时节，适应时节”和“合乎时宜”“合乎时机”“合乎一定的时候”等意思。《论语·阳货》:“孔子时其亡也，而往拜之。”其中的“时”，指的应该就是“窥伺时机，伺机”的意思，由于直到南北朝时期仍然还在使用，因此何晏《集解》没有专门为它作注。邢昺《疏》:“‘孔子时其亡也，而往拜之’者，谓伺虎不在家时而往谢之也。”邢疏来自皇侃《义疏》:“亡，无也，谓虎不在家之时也……故敢伺虎不在家时，而往拜于其家也矣。”有人以为这里的

“时”是假借为“伺”字，大可不必。《经典释文》的《论语音义》不给这个“时”注上音“伺”的读音，可见这个“时”是按照它本来的读音来读，古人并没有认为它假借为“伺”。段玉裁《说文注》“时”下作注:“《广雅》曰:‘时，伺也。’此引伸之义。”他的意见是对的。

因此,《天论》的“动时”，是指活动适应寒暑等季节的变化,“时”字在这里做谓语。《天论》中的“夫日月之有蚀，风雨之不时，怪星之党见”“政令不明，举措不时，本事不理，夫是之谓人妖”“勉力不时，则马牛相生，六畜作妖”的“时”也是“合乎时节，适应时节”的意思。

二　操吴戈兮被犀甲

《楚辞·九歌·国殇》:“操吴戈兮被犀甲，车错毂兮短兵接。”这里“操吴戈”和“被犀甲”都是动宾结构，相骈偶,“被”是动词。很多人都以为这个“被”是“通‘披’”，读pī。这个看法是不准确的。“被”和“披”词义不同,“被”是穿着在身上,“披”是披挂在身上。如果“被犀甲”相当于“披犀甲”，则指将犀甲披挂在身上，如何打仗？如果还是按照“被”的原义来理解，则“被犀甲”即穿着犀甲，则文从字顺。王逸注释“操吴戈兮被犀甲”:“言国殇始从军之时，手持吴戟，身被犀铠而行也。”这里“身被犀铠”应该理解为身穿犀铠。

古人本来将作“穿着”讲的“被”读作去声，不理解为通“披”。作“穿着”讲的“被”来自作“寝衣，被子”讲的“被”。“被”作“寝衣，被子”讲是读上声,《广韵》皮彼切:“被，寝衣也。”变调构词，作“覆盖”讲，继续引申指穿着。这两个意义都读去声,《广韵》平义切:“被，被服也，覆也。”《释名·释衣服》:“被，被也，所以被覆人也。”被释词“被”读上声，解释的词语中，两个“被”都读去声。

《经典释文》给作“穿着”讲的“被”注音12次，都是去声。例如《书·顾命》：“相被冕服，凭玉几。”旧题孔传：“扶相者被以冠冕，加朝服。”《释文》：“被，皮义反，徐扶伪反。注同。”《诗·大雅·板》郑玄笺：“价，甲也，被甲之人，谓卿士掌军事者。”《释文》：“被甲，皮寄反。”《瞻卬》郑玄笺：“王……乃舍女被甲。”《释文》：“被甲，皮寄反。”《周颂·臣工》郑玄笺：“车右勇力之士，被甲执兵也。”《释文》：“被甲，皮寄反。”《周礼·夏官·旅贲氏》：“军旅，则介而趋。”郑玄注：“介，被甲。”《释文》：“被甲，皮伪反。”《仪礼·士昏礼》：“女从者毕袗玄，纚笄，被纚黼，在其后。”郑玄注：“言被，明非常服。”《释文》：“被，皮义反。下及注同。”《礼记·郊特牲》：“祭之日，王被衮以象天。”《释文》：“王被，皮义反。”《左传·僖公二十八年》杜预注：“驷介，四马被甲。”《释文》：“被甲，皮义反。”《襄公三年》：“使邓廖帅组甲三百，被练三千。”《释文》：“被练，皮义反，徐扶伪反。”《哀公十五年》杜预注：“介，被甲。”《释文》：“被甲，皮寄反。”《公羊传·僖公二十一年》：“古者被甲婴胄，非以兴国也。”《释文》：“被甲，皮既反。”《老子》七十章：“是以圣人被褐怀玉。”《释文》：“被，音备。”《汉书·高帝纪》：“朕亲被坚执锐。”颜师古注：“被坚谓甲胄也。执锐谓利兵也。被音皮义反。”《成帝纪》：“多畜奴婢，被服绮縠。”颜师古注：“被音皮义反。”《江充传》：“初，充召见犬台宫，自请愿以所常被服冠见上。”颜师古注：“被音皮义反。”《贾谊传》：“将吏被介胄而睡。”颜师古注：“被音皮义反。”《司马相如传》：“绔白虎，被斑文。”颜师古注：“被谓衣著之也……被音皮义反。”《文选·张衡〈南都赋〉》：“被服杂错，履蹑华英。”李善注：“被，皮义切。”在一般情况下，古人除了用“被甲”，还用“衣甲”“擐甲”等，不用“披”，因为铠甲是穿在身上的。例如《周礼·冬官·函人》：“凡甲……衣之欲其无齘也……衣之无齘，则变也。”《左传·成公二年》：“擐甲执兵，固即死也。”杜预注：“擐，贯也。”如果是将铠甲贴身穿着，就叫“衷甲”，《左传·襄公二十七年》：“辛巳，将盟于宋西门之外，楚人衷甲。”杜预注：“甲在衣中，欲因会击晋。”

关于“被”字音义源流以及它和“披”字的分别的具体情况，可以参看拙文《大型语文工具书编写和修订应该加强字的音义关系的研究——以“被”字为例》一文（载《中国训诂学报》第一辑，商务印书馆，2009年），这里不赘。古书中有“被”通“披”的例子，但这个“被”是作“披在肩背上”讲，不是作“穿着”讲。《左传·襄公十四年》：“乃祖吾离被苫盖，蒙荆棘，以来归我先君。”《释文》：“被，普皮反。”这是强调没有衣服穿，只好披着茅草编的覆盖物，所以孔疏说：“被苫盖，言无布帛可衣，唯衣草也；蒙荆棘，言无道路可从，冒榛薮也。说其穷困之极耳。”《庄子》中有一个假托的人名，叫“被衣”，是按庄子的哲学思想设计的，不受世俗穿衣习惯制约，其中的“被”不是指穿衣，而是指披衣，《天地》：“王倪之师曰被衣。”《释文》：“被衣，音披。”《知北游》：“啮缺问道于被衣。”《释文》：“被衣，音披。本亦作披。”这跟作“穿着”讲的“被”词义不同。可见上下文中“被”是作“穿着”讲，还是通“披”，是随着上下文作不同理解的。这时候，古人的音义材料的重要性就显示出来了。将“被苫盖”和人名“被衣”的“被”理解为“披着”，古人行文的妙处就显现出来了。

今天有很多人都把带衣服、铠甲之类宾语的作“穿着”讲的“被”读作“披”，不合古注。在古代，“披”和“被”音义皆有别。“披”的词义指披在肩背上，不束带，“被”指穿衣服时，是要束带的，所以《群经音辨·辨字同音异》说：“被，不带也，普为切。”我们认为，后人之所以把“穿衣服”的“被”读作“披”，是因为此义后代消失了，而“披”的“披在身上”一义与此相近，于是读古书时，碰到“被甲”“被褐”等的“被”，就读作“披”。古代也有“披甲”的说法，跟“被甲”不同。忽视了它们的区别，既误解古书，也会将古人行文的妙处给埋没了。例如《汉书》一般说“被甲”，共11处；只有1处用“披甲”，《陈汤传》：“望见单于城上立五采幡帜，数百人披甲乘城，又出百余骑往来驰城下，步兵百余人夹门鱼鳞陈，讲习用兵。城上人更招汉军曰‘斗来！’”这里意在写匈奴故意做出藐视汉军、以至挑衅汉军的姿态，借以打击汉军士气，提升己方士气，其实内心还是很恐惧的。匈奴有意不“被甲”，而是“披甲”，指披上铠甲；《陈汤传》的下文，写到匈奴真正跟汉军交战时，则说：“单于乃被甲在楼上，诸阏氏夫人数十皆以弓射外人。外人射中单于鼻，诸夫人颇死。”这一例用“被甲”，指穿上铠甲。《陈汤传》对“披甲”和“被甲”的使用，正好证明“被甲”不能解释为“披甲”。《汉语大词典》“披甲”条将此例作为“穿上铠甲”义的证据，是不妥当的。《汉语大词典》还举了《北史·张定和传》“定和不披甲，挺身登山，中流矢而毙”的“披甲”作为“穿上铠甲”义的例证，也不妥当。《北史》的这个“披甲”有的本子作“被甲”，例如中华书局点校本。如果是作“披甲”，那也得按照“披”在古代的常义来理解，这是写隋张定和轻敌，“既与贼遇，轻其众少”，因此作战时不但不穿铠甲，而且连披在身上也不愿意，结果是“中流矢而毙”，因此这一例的“披甲”仍然是“披上铠甲”的意思。不将“被甲”和“披甲”的意思弄清楚，古人这种行文的妙处就容易忽略过去。

“披甲”其实有两个意思：一个是披上铠甲，上面所举《汉书·陈汤传》和《北史·张定和传》的“披甲”取的就是这个意思；另外一个是穿上铠甲，《汉语大词典》为了证明“披甲”是“穿上铠甲”的意思，举了清袁枚《新齐谐·雷诛营卒》：“二十年前，披甲时曾有一事，我因同为班卒，稔知之。”近代曹亚伯《武昌革命真史·致满清政府电》：“然所以如此披甲厉兵，枕戈饮血者……实以祖仇所在，人心所趋，事势有不得不然耳。”这是对的，因为此时人们已经误将“被”的“穿着”义看作是“披”的通假字。“披甲”的“穿上铠甲”义不是从“披上铠甲”义引申出来的，而是来自对“被甲”的误读。将“被坚执锐”写作“披坚执锐”，根据《汉语大词典》，已见于唐刘禹锡《请赴行营表》：“披坚执锐，虽未经于戎行；制胜伐谋，亦尝习于事业。”但是这一例不典型，有的本子将“披”写作“被”，例如《全唐文》卷六〇二所收刘禹锡该文，就作“被坚执锐”。将“被坚执锐”的“被”注成“披”，至晚清代已经如此，更早可能宋元时期就有这种误读。例如杜甫《魏将军歌》：“被坚执锐略西极，昆仑月窟东崭岩。”仇兆鳌给“被”注音：“音披。”但是仇兆鳌对“穿着”义的“被”注音和理解不一致，杜甫《醉时歌》：“杜陵野客人更嗤，被褐短窄鬓如丝。”《夏夜叹》：“青紫虽被体，不如早还乡。”他给这两个“被”注音：“去声。”注去声是理解为穿着，这是对的。《十六国春秋》卷五十八《后秦录六》：“广平公弼潜谋为乱，招集党与数千人，披甲伏于其第，候兴死，欲杀泓自立。”卷九十九《北燕录二》：“五月乙卯，弘率和龙见户东徒，焚烧宫殿，火一旬不灭，令妇人披甲居中，阳伊等勒精兵居外。”《搜神记》卷六：“成帝河平元年，长安男子石良、刘音相与同居。有如人状在其室中，击之，为狗，走出。去后，有数人披甲持弓弩至良家。良等格击，或死或伤，皆狗也。”（郑妞提供）其中都有“披甲”，这里的“披甲”显然应该理解为穿上铠甲。但是根据后人考证，今所见《十六国春秋》不是北魏崔鸿之旧，是明代人屠乔孙、项琳的伪本；今所见《搜神记》也不是干宝之旧，而是明人胡应麟所辑，因此不乏反映明代语言文字的痕迹。

后来的一些大型古汉语辞书，在处理上存在着不少问题。例如《中文大辞典》将“着也”义置于平义切，是对的；但是除了将“寝衣”义正确地置于皮彼切之下，也置于此音下，则音义配合未当。《汉语大字典》“被”下将“覆盖”义置于皮彼切之下，音义配合不妥；所引《集韵》攀糜切下也收了“覆盖”义，此义下的例证，有些应该是“穿着”义，读去声；有的是“披着”义，这才读攀糜切。看来《汉语大字典》认为“被”作“穿着”和作“披着”讲的“被”混并为一个词义，即通“披”，都是读平声。《汉语大词典》虽然将“搭衣于肩背”义和“穿着”义分开，但是都放到攀糜切之下，这也是不妥当的。《中华字海》更是在pī音下说：

"通'披'，穿着。"所举例证正是《楚辞·九歌·国殇》"操吴戈兮被犀甲"，显然不妥。《辞源》(第三版)删去bèi音下的"平义切"一读，只在bì音下保留"平义切"，用来处理通"髲"的"被"。bèi音下，除了将"被子"一义置于"皮彼切"下面是正确的，其余2—6个义项都应该放到"平义切"一读下面，要保留"平义切"一读；另外，将"穿着"义置于攀糜切一读之下，并说"后写作'披'"，这也是不对的。今人在阅读古书时，由于受大型古汉语辞书对"被"字的不妥当的处理的影响，多有失误，这是应该纠正的。

三　奏胡马之长思

《文选》卷四十载繁钦《与魏文帝笺》:"而此孺子，遗声抑扬，不可胜穷；优游转化，馀弄未尽。暨其清激悲吟，杂以怨慕，咏北狄之遐征，奏胡马之长思；凄入肝脾，哀感顽艳。"这是写都尉薛访手下的一个善歌者歌声的美妙。其中"奏胡马之长思"李善注:"古诗曰:'胡马依北风。'"吕延济注:"北狄征、胡马思，皆古歌曲，皆能喉啭，为之凄伤也。"据吕延济，"胡马思"和"北狄征"一样，是古歌曲名，但是这两个歌曲名的得名我们今天应该弄清楚。李善、吕延济都没有专门解释其中的"思"字，但今天理解"思"字的意思就不那么容易了。

有人以为这个"思"通"嘶"，指马叫。魏晋时代，"思"，之部；"嘶"，支部。据丁邦新《魏晋音韵研究》，当时之支二部读音相差甚远，仅有个别互相押韵的例子。说"思"通"嘶"，除此之外，还没有其他相通的平行例证。"思"和"斯"都可以作句首语气词，所以可以形成异文。例如《诗·小雅·我行其野》"言归思复"，李富孙《诗经异文释》卷八:"言归思复，唐石经作'斯复'。"《鲁颂·泮水》"思乐泮水"，《礼记·礼器》疏作"斯乐泮水"。但这是同义异文，不是音近异文。因此，说"奏胡马之长思"的"思"通

“嘶”，此说谬。

说“胡马之长思”的“思”通“嘶”，这种看法的前提是马不能“思”。可是古书中，说“马思”的绝非鲜见。有的“思”读去声，作“悲愁”讲，例如唐沈佺期《出塞》诗：“饥乌啼旧垒，疲马思空城。”这是五律，“思”去声，否则这一句成了三平调；“思空城”，在空城中悲愁。唐张九龄《初发道中寄远》：“日夜乡山远，秋风复此时。旧闻胡马思，今听楚猿悲。念别朝昏苦，怀归岁月迟。壮图空不息，常恐发如丝。”这里“思”用在非韵脚的位置上，依平仄格式，是去声；“胡马思”，胡马悲伤。赵嘏《杂曲歌辞·昔昔盐·一去无还意》诗：“萧萧边马思，猎猎戍旗闲。”这是一首五律，“思”用在奇数句，是去声，指悲愁；“边马思”，边地的马发出悲愁之声。苏颋《同饯阳将军兼源州都督御史中丞》：“朔风摇汉鼓，边马思胡笳。”这也是五律，“思”处在仄声位置上，如取平声，则“思胡笳”成了三平调，因此当取“悲愁”义；“思胡笳”，因听了胡笳吹奏的乐曲而悲愁。又鲍溶《琴曲歌辞·蔡氏五弄·秋思二首》之一：“女儿晚事夫，颜色同秋萤。秋日边马思，武夫不遑宁。燕歌易水怨，剑舞蛟龙腥。”这里“思”可能取“悲愁”的意思。这都是运用了拟人的修辞手法。

有的“思”读平声，可作动词，作“思念”和“想”讲。例如晋湛方生《游园咏》诗：“故羁马思其华林，笼雉想其皋泽。矧流客之归思，岂可忘于畴昔。”这里“思”和“想”相对。梁江淹《从萧骠骑新亭》诗：“燕兵歌越水，代马思吴州。”这里“歌”和“思”相对。唐孟郊《赠姚怤别》诗：“倦客厌出门，疲马思解鞍。”这里“厌”和“思”相对，“思”只能理解为“想着”。“长思”一语，“思”用作动词，“长思”或指思念深远，指所思念的对象距离思念者的时间长。例如汉张衡《东京赋》：“望先帝之旧墟，慨长思而怀古。”三国魏嵇康《琴赋》：“理重华之遗操，慨远慕而长思。”或指长久地思念。指思念者思念的过程持续时间长。例如汉焦赣《易林·乾之家人》：“三女求夫，不见复关。伺候山隅，长思忧叹。”

唐李贺《秋凉诗寄正字十二兄》:“梦中相聚笑，觉见半床月。长思剧寻环，乱忧抵覃葛。”也用作名词,“长思”指长久的思念。指思念者持续时间长的思念。《先秦汉魏晋南北朝诗·梁诗》卷三梁江淹《刘仆射东山集诗》:“萧萧云色滋，惟爱起长思。”这也是运用了拟人的手法。

用“思”的本来意义完全可以读通“奏胡马之长思”的“思”，没有必要节外生枝。“咏北狄之遐征，奏胡马之长思”对偶,“征”是动词，这里自指化了，用同名词，则“思”也用同名词。“思”受形容词“长”修饰，应取“思念”的意思，是动词，也自指化了。“咏北狄之遐征，奏胡马之长思”是说，这个歌手借演奏古歌曲咏出了北狄之人离家远足的忧伤，演奏出了胡马依恋北土的长久的思念。晋成公绥《啸赋》沿用了此典:“奏胡马之长思，向寒风乎北朔。”李善注:“古诗曰:‘胡马思北风。’”这里也是宽的对偶，其中“长思”跟“北朔”相对,“北朔”是名词，可知“长思”也是用作名词。也有沿用“长思”动词用法的，例如唐佚名《杂曲歌辞·凉州歌》第二:“征马长思青海北，胡笳夜听陇山头。”依平仄格式，这里“思”取平声。敦煌写本《朋友书仪》:“胡马长思北阙，越鸟恒顾南枝。”这里“思”指思念,“顾”指眷恋，显然是化用《古诗十九首》“行行重行行”的“胡马依北风，越鸟巢南枝”。

表达“胡马依北风”的意象，古人既可说胡马依恋北风，也可说胡马对着北风嘶叫。例如《文选》卷二十九《古诗十九首》“行行重行行”:“胡马依北风，越鸟巢南枝。”这里的“依”意思是依恋。“依”有“爱恋”义,《诗·周颂·载芟》:“思媚其妇，有依其士。”郑笺:“依之言爱也。”“胡马依北风”句的“依”,《玉台新咏》作“嘶”，这才是指马嘶。《文选》同卷苏武《诗四首》之二:“胡马失其群，思心常依依。”李善注:“依依，思恋之貌也。”这里“依依”是描写“思心”的，可见“思”指思念。南朝梁范云《赠沈左卫》诗:“越鸟憎北树，胡马畏南风。”这是说胡马“畏”南风，喜欢北风。《水经注》卷二《河水》:“汉武帝闻大宛有天马，遣李广利伐之，始得此马……胡马感北风之思，遂顿羁绝绊，骧首而驰，晨发京城，夕至敦煌北塞外，长鸣而去，因名其处曰候马亭。”这里的“思”指思念。《先秦汉魏晋南北朝诗·隋诗》卷四隋杨素《赠薛播州》诗：“君见南枝巢，应思北风路。”这是暗用“胡马依北风”的典，“思”指思念。唐李白《古风》之一：“代马不思越，越禽不恋燕。”这里“思”和“恋”都是心理动词，“思”只能理解为思念。“代马不思越”的言下之意是，代马思代地。

马的嗅觉和听觉都十分灵敏，对气味、声音、方向、所经路途能形成牢固而长久的记忆。《韩非子·说林上》载，“管仲、隰朋从于桓公而伐孤竹，春往冬反，迷惑失道。管仲曰：‘老马之智可用也。’乃放老马而随之，遂得道。”这说明先秦时人已认识到“老马识途”的特点。南朝陈沈炯《咏老马》诗：“昔日从戎阵，流汗几东西。一日驰千里，三丈拔深泥。渡水频伤骨，翻霜屡损蹄。勿言年齿暮，寻途尚不迷。”唐杜甫《观安西兵过赴关中待命二首》之一：“老马夜知道，苍鹰饥著人。”宋陆游《自述》诗：“心如老马虽知路，身似鸣蛙不属官。”毛滂《寄曹使君》诗：“请同韶濩公勿疑，老马由来识途久。”据说，蒙古马不畏寒冷，出发前一定会尥起蹄子对着家乡嘶鸣，眼望星象，留下深刻记忆，以便返回故土。胡马出产于西北，因此对西北地区有强烈的记忆，并会产生种种使人感觉到它思念北方的行为。在古人看来，这就是“胡马依北风”“胡马之长思”。因此繁钦《与魏帝笺》的“胡马之长思”的字面意思是指胡马因离别故土而长久地思念。

四 擅山海之富，居山林之饶

《洛阳伽蓝记》卷四《城西·法云寺》“王子坊”：“于是帝族王侯、外戚公主，擅山海之富，居山林之饶，争修园宅，互相夸竞。”郭锡良先生主持编写的《古代汉语》：“擅：占有。山海之富：山海所出产的财富。川林之饶：山水景物很多的地方。两句形容权贵财富很多，它们的庄园占据着风景优美、物产富足之处。”

今按：此注可商。《洛阳伽蓝记》多对偶之句；“擅山海之富，居山林之饶”两句相对偶。“擅”占有，“居”亦当为“占有”义。“居”的“占有”义并非罕见。例如《广雅·释言》：“居，据也。”《礼记·王制》：“其有中士、下士者，数各居其上之三分。”《商君书·算地》：“故为国任地者，山林居十一，薮泽居十一，溪谷流水居十一，都邑蹊道居十四，此先王之正律也。”《颜氏家训·诫兵》：“仲尼门徒升堂者七十有二，颜氏居八人焉。”双音词“占居”是同义连用。

文中“川林之饶”不是指“山水景物很多的地方”，而是指山水中出产的丰富财物。古书中多有“某某之饶”的用法，都指财富饶足，不指景物饶足。例如《史记·高祖本纪》：“夫齐，东有琅邪、即墨之饶，南有泰山之固，西有浊河之限，北有勃海之利。”《河渠书》：“且褒斜材木竹箭之饶，拟于巴蜀。”《留侯世家》：“夫关中左殽函，右陇蜀，沃野千里，南有巴蜀之饶，北有胡苑之利。”《苏秦列传》：“南有碣石、雁门之饶，北有枣栗之利。”《刺客列传》：“秦地……北有甘泉、谷口之固，南有泾、渭之沃，擅巴、汉之饶。”《西南夷列传》：“诚以汉之强，巴蜀之饶，通夜郎道，为置吏，易甚。”《货殖列传》：“（夫燕）大与赵、代俗相类，而民雕捍少虑，有鱼盐枣栗之饶……（而邹、鲁滨洙、泗）颇有桑麻之业，无林泽之饶……（梁宋）虽无山川之饶，能恶衣食，致其蓄藏……江陵故郢都，西通巫、巴，东有云梦之饶……夫吴自阖庐、春申、王濞三人招致天下之喜游子弟，东有海盐之饶，章山之铜，三江、五湖之利，亦江东一都会也。”《后汉书·班超传》：“如其不然，则因西域租入之饶，兵马之众，以扰动缘边。”《杜笃传》：“非夫大汉之盛，世藉廱土之饶，得御外理内之术。”

魏晋以后，这种用法仍然例证很多。《三国志·魏书·贾诩传》：“建安十三年，太祖破荆州，欲顺江东下。诩谏曰：‘明公昔破袁氏，今收汉南，威名远著，军势既大；若乘旧楚之饶，以飨吏士，抚安百姓，使安土乐业，则可不劳众而江东稽服矣。’太祖不从，军遂无利。”《华阳国志·蜀志》：“（李冰）又识察水脉，穿广都盐井诸陂池，蜀于是盛有养生之饶焉。”《宋书·孔靖传论》：“荆城跨南楚之富，扬部有全吴之沃，鱼盐杞梓之利，充仞八方，丝绵布帛之饶，覆衣天下。”《全唐文》卷六一宪宗皇帝《追赠高沐吏部尚书诏》：“讽其不庭之咎，将冀革心；数其煮海之饶，聿求利国。”卷九五高宗武皇后《以郑汴等州为王畿制》：“所以东姬握图，王畿存千里之制；西京御历，帝里据三辅之饶。”卷六百刘禹锡《拟册齐王文》：“周实太公之国，积海、岱之饶，习戎革之盛。因俗简礼，其政易成。”

文中“富”和“饶”相对，“饶”只能是形容词，则“富”亦当为形容词，不当解释为财富。这里“富”和“饶”本身都是形容词，在上下文中都转指化了，指充足的财物。如果将“富”理解为财富，则一为名词，一为形容词，“富”跟“饶”无法形成严格的对偶，因此“富”是“富裕，富足”的意思，转指以后分别做“擅”和“居”的宾语。正因为“帝族王侯、外戚公主，擅山海之富，居山林之饶”，积累了大量的财物，所以才“争修园宅，互相夸竞”。

五　雉头狐腋，画卵雕薪

又《洛阳伽蓝记》卷四《城西·法云寺》“王子坊”：“（元）琛常语人曰：‘晋室石崇乃是庶姓，犹能雉头狐腋，画卵雕薪，况我大魏天王，不为华侈？’”郭锡良先生主持编写的《古代汉语》：“雉头狐腋：指名贵的皮毛衣服。前者集雉（野鸡）头毛而成，后者集狐狸腋下的皮毛而成。这里用在能愿动词的后面，用作动词，是穿雉头狐腋毛皮衣服的意思。画卵：在吃的蛋上画图画。雕薪：在烧的柴上雕刻花纹。两句形容生活的极端奢侈。”

今按：这里“雉头狐腋”不必看作名词性结构用作动词性结

构。“雉头、狐腋”都是名词性的偏正结构。杨伯峻、何乐士《古汉语语法及其发展》中，第四章《名词谓语句》谈到，古代汉语中，名词性的偏正结构可以做描写句的谓语，举了很多例证，可以参看。黄南津、唐丽《魏晋六朝诗文中名词句分布与特点》（载武汉大学文学院、武汉大学国学院《纪念黄侃先生诞辰一百三十周年国际学术研讨会会议论文集》78—84页，2016年10月，武汉）的统计、分析结果是，魏晋南北朝时期的诗文中，名词句大量出现，诗、文中名词句出现的数量基本持平；以沈约为界，沈约开始至隋，名词句大幅上升。其中名词或名词性短语并列而成的部分名词句的例子如曹植《七启》：“崇景山之高基，迎清风而立观。彤轩紫柱，文榱华梁，绮井含葩，金墀玉箱。温房则冬服絺绤，清室则中夏含霜。”这里“彤轩、紫柱，文榱、华梁”都是两个名词句的并列。颜延之《陶征士诔》：“汲流旧巘，葺宇家林。晨烟暮霭，春煦秋阴。陈书辍卷，置酒弦琴。”这里“晨烟、暮霭，春煦、秋阴”都是两个名词句的并列。萧纲《与刘孝仪令悼刘遵》：“吾昔在汉南，连翩书记。及忝朱方，从容坐首。良辰美景，清风月夜，鹢舟乍动，朱鹭徐鸣。”这里“良辰、美景”“清风、月夜”都是名词句的并列，每一组内部也是名词性的并列结构。崔祖思《陈政事启》：“宋武节俭过人，张妃房唯碧绡、蚊帱，三齐苮席，五盏盘、桃花米饭。”这里“碧绡、蚊帱，三齐苮席，五盏盘、桃花米饭”都是名词句并列。诗的例子如何逊《学古诗》三首之一：“长安美少年，羽骑暮连翩。玉羁玛瑙勒，金络珊瑚鞭。”这里“玉羁玛瑙勒，金络珊瑚鞭”是两个名词句的并列。吴均《行路难》之二：“自言家在赵邯郸，翩翩舌杪复剑端。青骊白驳的卢马，金羁绿控紫丝鞶。”这里“青骊、白驳、的卢马，金羁、绿控、紫丝鞶”都是名词句的并列。鲍照《代白纻曲》之二：“齐讴秦吹卢女弦，千金雇笑买芳年。”这里“齐讴、秦吹、卢女弦”是名词句并列。萧纲《东飞伯劳歌》二首之一：“天窗绮井暖徘徊，珠帘玉篋明镜台。”这里“珠帘、玉篋、明镜台”是名词句并列。江总《乌栖曲》：“桃花春水木兰桡，金羁翠盖聚河桥。”这里“桃花、春水、木兰桡”是名词句并列。

助动词“能”后可以跟上名词性的偏正结构，用来描摹状态。张猛《左传谓语动词研究》100页中说到，《左传》“有少数用例带的是体词性宾语”，宾语是助动词“能”的对象。例如《文公十三年》“能外事”、《昭公元年》“能是二者”、《二十九年》“实能金、木及水”、《定公四年》“唯仁者能之”。崔立斌《〈孟子〉词类研究》71页说，这个“能”（他叫作能愿动词）在《孟子》中有2例带体词宾语，例如《尽心下》：“不能三年之丧，而缌、小功之察。”有人将这个“能”直接处理成一般动词，例如《吕氏春秋词典》这个“能”归在动词中，意思是有能力做，能做到，认为这个“能”《吕氏春秋》中有9例“带体词性宾语”。

“能”之后既然可以跟上名词性的偏正结构做宾语，而魏晋南北朝时期，名词性的偏正结构并列的情况既然很多，因此将这些名词性的偏正结构直接放在助动词“能”之后做宾语自然是常见现象，不应该看作词类活用。所以“雉头狐腋”完全可以以名词性偏正结构的身份做“能”的宾语，不必处理为词类活用。

“画卵雕薪”跟“雉头狐腋”对偶，也当理解为名词性的偏正结构，而不是两个动宾结构的并列。“画卵”指画有图画的蛋，“雕薪”指刻有花纹的柴草。

六　望九山其相侣

《全上古三代秦汉三国六朝文·全齐文》卷九王俭《和竟陵王子良高松赋》：“若乃朔穷于纪，岁亦暮止；隆冰峨峨，飞雪千里。掔三秀而靡遗，望九山其相侣。翔雁哀回于天津，振鹭惊鸣于川涘。嗟万有之必衰，独贞华之无已。积皓霰而争光，延微飚而响起。”

今按：这里“掔三秀而靡遗，望九山其相侣”相骈偶，“靡遗”

和“相佀”相对。“佀”当为“似”之讹。这里“纪、止、里、佀、涘、已、起”相押，除了“佀”字，其余六个字均为止韵字，非常精细。如果“佀”作“似”，则“似”亦为止韵字，整个韵段都是止韵字自押。“似”的异体字是“佀”，跟“佀”形体相近，很容易致误。

汉代韵文中“似”和“佀”就已经入韵了。“似”是押之部，例如贾谊《旱云赋》：理、止、起、似（“嵬隆崇以崔巍兮，时仿佛而有似”）、骇、有，东方朔《七谏·谬谏》：似（“同音者相和兮，同类者相似”）、友，马融《长笛赋》：起、已、己、似（“龙鸣水中不见己，截竹吹之声相似”），都是押之部上声。“佀”押鱼部，例如王褒《责须髯奴辞》：赭、苦、土、佀（“伧嗫穰擩，与尘为佀”）、怙、虏，蔡邕《短人赋》：窭、语、距、举、口、佀（“众人恐忌，难与并佀”）、偶、语，祢衡《鹦鹉赋》：佀（“尔乃归穷委命，离群丧佀”）、羽、阻、暑、主、旅、处、伫、俎；“佀”也有个别和之幽宵诸部合押的例子，张超《诮青衣赋》：妇、起、子、祀、似（“叔胖纳申，听声狼似”）、己、始、矣、鄙、起、道、佀（“感彼《关雎》，德不双佀”）、窕、父、首、女、受、竖、序、偶、主、所、虏、祖、下、酒、主、柱、聚、后、数、垢、父。可见汉代“似”和“佀”二字读音一般分得很清楚。汉代有少数之鱼二部合押的例子，这表明至少在汉代部分方言中，之鱼二部音值还比较接近。

南北朝时期，“似”押之部。例如曹植《蝙蝠赋》：似（“尽似鼠形，谓鸟不似”）、齿、子，诸葛亮《梁甫吟》：里、似（“里中有三坟，累累正相似”）、子、理、士、子，束皙《南陔》：涘、鲤、子、似（“养隆敬薄，惟禽之似”）、祉，曹摅《思友人诗》：子、理、耳、俟、似（“延首出阶檐，伫立增想似”），郭璞《尔雅图·芣苢赞》：苢、李、似（“名之相乱，在乎疑似”），谢道韫《咏雪联句》：似（“白雪纷纷何所似”）、拟、起，刘谧之《迷赋》：市、士、似（“东西二城门，赫奕正相似”）、耳，佚名《子夜冬歌》之一：里、似（“我心如松柏，君情复何似”），谢灵运《会吟行》：始、汜、理、里、杞、似（“两京愧佳丽，三都岂能似”）、雉、沚、子、纪、止、市、梓、已，《昙隆法师诔》：已、似（“倘或遇世，曾未近似”）、理、李，鲍照《登庐山》之二：士、趾、里、汜、耳、祀、里、起、似（“回互非一形，参差悉相似”）、子、市，王融《望城行》：里、似（“万户如不殊，千门反相似”）、已、市，范云《次新亭》：起、似（“江天自如合，烟树还相似”）、已，王僧孺《从子永宁令谦诔》：已、子、里、似（“实凤靡杂，真龙非似”）、李、滓、喜、耻、理、已、峙、梓、使、里，张率《相逢行》：里、似（“高门既如一，甲第复相似”）、子，萧纲《采莲曲》：水、似（“桂楫兰桡浮碧水，江花玉面两相似”）、起，庾信《行雨山铭》：起、里、似（“草绿衫同，花红面似”），江总《新入姬人应令》：史、似（“数钱拾翠争佳丽，拂红点黛何相似”）、市，傅縡《杂曲》：子、齿、似（“一娇一态本难逢，如画如花定相似”）。

“侣”字押鱼部。例如曹植《洛神赋》：侣（“尔乃众灵杂遝，命俦啸侣”）、渚、羽、女、处、伫，嵇康《赠秀才入军》之一：羽、渚、侣（“邕邕和鸣，顾眄俦侣”）、与。《卜疑》：侣（“宁与王乔、赤松为侣乎”）、父，张华《情诗》之五：伫、渚、与、雨、侣（“未曾远别离，安知慕俦侣”），曹摅《答赵景猷》：聚、侣（“郁彼北林，招其侪侣”）、胥、渚，佚名《黄鹄曲》之四：渚、侣（“欲飞复不飞，悲鸣觅群侣”），江夏王刘义恭《艳歌行》：女、楚、浒、渚、予、侣（“悲鸿失良匹，俯仰恋俦侣”）、举、语，颜延之《行殣赋》：渚、侣（“行徘徊于永路，时悄怆于川侣”），王僧达《祭颜光禄文》：举、侣（“逸翮独翔，孤风绝侣”）、绪、处，陶功曹《采菱曲》：屿、与、侣（“匆遽佳期移，方追明月侣”）、伫，孔稚珪《北山移文》：举、侣（“青松落阴，白云谁侣”）、伫，沈约《为临川王九日侍太子宴》：举、楚、侣（“负岳未胜，瞻云难侣”）、伫，《八咏诗·夕行闻夜鹤》：举、楚、侣（“复值南飞鸿，参差共成侣”)、屿、渚，江淹《杂体诗·张黄门协苦雨》：渚、础、序、举、侣（“高谈玩四时，索居慕俦侣”）、楚、伫,《丽色赋》：女、渚、伫、侣（“犹比之无色，方之非侣”），王僧孺《为人有赠》：女、侣（“曼声古难匹，长袂世无侣”）、渚、语，何逊《送韦司马别》：侣（“送别临曲渚，征人慕前侣”）、绪、举,《初发新林》：楚、与、暑、许、举、侣（“浮水暗舟舻，合岸喧徒侣”）、渚、屿、拒、许、所、语，萧纲《别鹤》：楚、侣（“值雪已迷群，惊风复失侣”),《鸡鸣篇》：举、侣（“意气多惊举，飘扬独无侣”）、距,《十空·如响》：拒、语、所、侣（“空成颠倒群，徒迷尘缚侣”）、去，张缵《南征赋》：聚、渚、羽、侣（“听寡鹤之偏鸣，闻孤鸿之慕侣”）、楚、固，卢元明《剧鼠赋》：处、御、所、侣（“矧乃微虫，乖群异侣”）、许，佚名《七召》：与、侣（“接鹄驭于后乘，追风箫于前侣”）、宇、拒、举、绪。

根据丁邦新《魏晋音韵研究》，当时之部跟鱼部合押6次，跟脂鱼二部合押1次，跟咍幽鱼支四部合押1次，跟幽鱼脂三部合押1次，跟鱼咍二部合押1次，跟鱼幽二部合押2次。之鱼二部，尤其是鱼部，在此时期诗中大量入韵，而两部合押次数极少，可见之鱼二部分别还是很严格的。齐梁以后，文人们的诗文用韵自觉地追求韵律，押韵更趋严格。王力先生《南北朝诗人用韵考》考证，“汉魏晋宋用韵宽，齐梁陈隋用韵严”;(《王力全集》第十九卷，51页）沈约之后，不但鱼部不跟之部相混，而且原来鱼部的虞模二韵不与鱼韵相混。王俭（452—489年）于学无所不窥，是南朝齐著名的文学家、目录学家，小学功力深厚。《南齐书·王俭传》说他“手笔典裁，为当时所重”;《南史·王昙首传》的“论”中说王俭以“雅道自居”，这当然包括诗文用韵的雅正。

“掔三秀而靡遗”很显然是用《楚辞·九歌·山鬼》:“采三秀兮于山间。”王逸注:“三秀，谓芝草也。”这里的“九山”应该指九嶷山，九座山峰形状相似，游人难辨，故称九嶷。如果“望九山其相侣”的“侣”改作“似”，正合九嶷山的得名理据。《山海经·海内经》："其中有九疑山。" 郭璞注："其山九溪皆相似，故曰九疑。"《楚辞·离骚》："百神翳其备降兮，九嶷缤其并迎。" 洪兴祖补注："颜师古云：疑，似也，山有九峰，其形相似。《水经》云：峰秀数郡之间，异岭同势，游者疑焉。"《史记·五帝本纪》："葬于江南九疑。" 裴骃《集解》引《皇览》："其山九溪皆相似，故曰九疑。"

因此 "望九山其相侣" 的 "侣" 当是 "似（佀）" 的讹字。于安澜《汉魏六朝韵谱·齐梁陈隋》"旨止" 以为 "纪、止、里、侣、涘、已、起" 是止韵和语韵合押，未安。六朝文人审音已趋精细，这是齐梁陈隋时期 "旨止" 部分跟 "侣" 相押的仅有的两个例子之一，如果 "侣" 是 "似（佀）" 的讹字，则这里是 "旨止" 中的止韵自押。

七　灵龟不可侣

南朝梁江淹《清思》诗五首之五："至德不可传，灵龟不可侣。草木还根蒂，精灵归妙理。我学杳冥道，谁能测穷已。须待九转成，终会长沙市。" 这个 "侣"《先秦汉魏晋南北朝诗·梁诗》卷四江淹、《江文通集》皆如此作，无异文。

今按：这里 "至德不可传，灵龟不可侣" 相骈偶，"传" 和 "侣" 相对。"侣" 亦当为 "似" 之讹。这里 "侣、理、已、市" 相押，除了 "侣" 字，其余三字均为止韵字，如果 "侣" 作 "似"，则 "似" 亦为止韵字。

江淹（444—505年）是齐梁时人。《梁书·江淹传》评价江淹 "辞藻壮丽，允值其时"。《隋书·文学传》说："暨永明、天监之际，太和、天保之间，洛阳、江左，文雅尤盛。于时作者，济阳江淹、吴郡沈约、乐安任昉、济阳温子升、河间邢子才、巨鹿魏伯起等，并学穷书圃，思极人文，缛彩郁于云霞，逸响振于金石。英华秀发，波澜浩荡，笔有余力，词无竭源。方诸张、蔡、曹、王，亦各一时之选也。闻其风者，声驰景慕，然彼此好尚，互有异同。江左宫商发越，贵于清绮；河朔词义贞刚，重乎气质。气质则理胜其词，清绮则文过其意；理深者便于时用，文华者宜于咏歌。此其南北词人得失之大较也……梁自大同以后，雅道沦缺，渐乖典则，争驰新巧。”可见江淹韵文中，是很讲究声律的。

江淹的止摄字和遇摄字分别颇严，先看遇摄字。他的鱼韵字为一组，虞模韵字为一组，有分押的趋势。《南北朝诗人用韵考》以为江淹属于鱼虞模合用的类型。现在看来，鱼韵和虞模二韵还是有分为两组的趋势的，鱼韵独立的痕迹还很明显。

鱼韵是一组，《去故乡赋》叶“墟、疏、居”，《丹砂可学赋》叶“居、虚、馀”，都是鱼韵；《张黄门协苦雨》叶“渚、础、序、举、侣、楚、伫”，《丽色赋》叶“女、渚、伫、侣”，《横吹赋》叶“序、吕”，《莲花赋》叶“女、与、渚、楚、伫”，《齐太祖诔》叶“楚、举、序、渚”，都为语韵字。鱼韵押韵中不乏长篇韵段。虞模韵是一组，《水上女神赋》叶“吴、途、都、姝、无”，是虞模合押；《去故乡赋》叶“暮、渡、顾”，《伤友人赋》叶“度、素、故”，是暮韵自押；《酬刘记室》叶“暮、路、树、度、露、赋、素”，《班婕好咏扇》叶“素、务、故、树、路”，《伤友人赋》叶“顾、遇”，《灯赋》叶“度、慕、故、赋”，《青苔赋》叶“注、顾、骛、布、趣、暮”，《山中楚辞》之四叶“树、路、慕、顾”，《齐太祖诔》叶“露、树、数、度”，是遇暮合押。虞模韵押韵中不乏长篇韵段。

有些是两组递用，可以看作换韵，《郊外望秋》叶“芜、蹰、瑜、都、濡、初、居、书”，于安澜《汉魏六朝韵谱》看作是鱼虞模合押，但前五字是虞模韵，后三字是鱼韵，可以看作虞模和鱼分押；《齐太祖诔》叶“虞、都、虚、居”，于安澜《汉魏六朝韵谱》看作是鱼虞模合押，但前两字是虞模韵，后两字是鱼韵，可以看作虞模和鱼分押；《待罪江南思北归赋》叶“柱、雨、屿、处”，于安澜《汉魏六朝韵谱》看作是语麌合押，但前两字是麌韵，后两字是语韵，可以看作麌语分押；《齐太祖诔》叶“序、与、武、组、古”，于安澜《汉魏六朝韵谱》看作是语麌姥合押，但前两字是语韵，后三字是麌姥韵，可以看作麌姥和语分押；《待罪江南思北归赋》叶“露、暮、去、语、据”，于安澜《汉魏六朝韵谱》看作是御暮合押，但前两字是暮韵，后两字是御韵，可以看作御暮分押。

真正合押的例子是：《倡妇自卑赋》叶“芜、虚、居”，《悼室人》之十叶“无、都、舆、凫、居”，《待罪江南思北归赋》叶“墟、芜、梧、徂、夫”，《丹砂可学赋》叶“都、无、裾、图、模”，是鱼虞合押；《翡翠赋》叶“绪、暑、雨、渚、羽、府”，是语麌合押；《刘琨伤乱》叶“雾、据、骛、遇、举、故、度、路、树、虑、素、数”，《殷仲文兴瞩》叶“趣、遇、树、素、务、慕、虑”，《赤虹赋》叶“去、树、路、度、固、慕”，是御遇暮合押。这里，两组合押的韵段字数都在三字以上。李荣说：“独用是每次用韵字数越多，意义越大。合用是每次用韵字数越少，意义越大。”（见《庾信诗文用韵研究》，《音韵存稿》，234页）此语符合学理。因此，这些韵段不能作为鱼韵和虞模二韵这两组合用的的证。

再看止摄字。《南北朝诗人用韵考》以为江淹“脂之同用”“微独用”“支佳同用”。支佳相押，说明支韵跟脂之，跟微的音值有不小的区别。这种考察符合实际情况。止摄脂之二韵押韵的韵段极多，但绝不跟遇摄鱼韵相押，根据于安澜《汉魏六朝韵谱》统计，脂之入韵18次，其中跟微合押1次，没有跟遇摄押韵的；旨止入韵17次，除了《清思》诗的这1次，其他16次都没有遇摄字；至志入韵9次，其中有个别祭韵、寘韵字，绝没有遇摄字。这里只分析江氏诗文止韵字的入韵情况。他的止韵字或独押，或只跟旨韵合押，除了这里需要讨论的“灵龟不可侣”，其他的韵段例如《奏宣烈之乐歌舞》叶“祀、時、起、始、履”，《待罪江南思北归赋》叶“止、子”，又叶“履、始、市”，《别赋》叶“矣、里、起”，又叶“士、市、里、视、起、里、死”，《恨赋》叶“已、死”，又叶“里、仕、子、史、已”，又叶“轨、起、里”，《效阮公诗》之十四叶“梓、李、止、涘、始、恃”，《丽色赋》叶“史、止、理、耳”，《去故乡赋》叶“芷、起、市、里”，《泣赋》叶“市、史、子、视、使”,《伤友人赋》叶“史、纪、里、起”,《伤爱子赋》叶“起、子、圮、已”,《齐太祖诔》叶“史、理、轨”,《宋故银青光禄大夫孙敻墓志》叶“史、履、轨”，都跟语韵字没有瓜葛。这既说明江淹押韵时审音精细，又说明他采用的音系中止韵字的音值跟语韵有相当大的距离。

以上的考察可以证明，江淹诗文用韵在审音方面很精细。“侣”字入韵多次，不跟止摄字相押（见上）。江淹传世的所有韵文，止摄、遇摄都分开押韵，只有这一首诗例外。因此这首诗止摄和遇摄相押，遇摄的“侣”如果是“佀”的讹字，则整首诗是止摄止韵字自押，更能看出江氏押韵之精细。在古书中,“不可侣”和“不可似”的说法均少见，但“可侣”和“可似”均有用例。例如“可侣”,《初学记》卷二十四《居处部》唐虞世南《侍宴归雁堂诗》:“凫归初可侣，雁起欲分行。”《两宋名贤小集》卷一百三十七王子思《何源秀才为予画山水图觅诗》:“寄言鸟兽倘可侣，吾将从汝栖林峦。”再如“可似”,《全唐诗》卷四百九十七姚合《秋中寄崔道士》:“平生志舒豁，难可似兹夕。”《全唐文》卷四百八十二黎逢《象魏赋》:“取象则金榜为奢，指字则银钩可似。”卷六百三十七李翱《知凤说》:“似凤而不见其灵者山鸡也，则可似其形而凤之云耶？”既然古人可以说“可侣”，那么将“可似”讹成“可侣”在用法上说得过去，这大约也是“似”讹成“侣”的一个原因。

“灵龟不可似”，是说灵龟是没有东西跟它相像的。“似”有“相像，相类，类似”的意思，这是常义。《广雅·释诂三》:“似，类也。”也写作“佀”,《说文》人部:“佀，象也。”《马王堆汉墓帛书·老子乙本·道经》:“渊呵佀万物之宗。”《庄子·秋水》:“蛇谓风曰:‘予动吾脊胁而行，则有似也。’”成玄英疏:“似，像也。蛇虽无足而有形像。”这里“似”指形象。如果作“侣”，则动词“侣”一般指结为伙伴，不是指相俦侣。例如《抱朴子·外篇·安贫》:“党援多者，偕惊飚以凌云；交结狭者，侣跛鳖以沈泳。”苏轼《赤壁赋》:“侣鱼虾而友麋鹿。”

因此“灵龟不可侣”的“侣”也当是“似”的讹字。于安澜《汉魏六朝韵谱·齐梁陈隋》“旨止”以为“侣、理、已、市”是止韵和语韵合押，同样未安。这是“旨止”部分跟“侣”相押的仅有的两个例子的第二个例子，如果“侣”是“似（佀）”的讹字，则这里是“旨止”自押，整个齐梁陈隋时期就没有旨止跟“侣”相押的情况了。

八 下有芍药之诗

南朝梁江淹《别赋》：“下有芍药之诗，佳人之歌，桑中卫女，上宫陈娥。春草碧色，春水渌波，送君南浦，伤如之何！”这一段话都是写春天时恋人相别的。其中“芍药之诗”和“佳人之歌”相骈偶，“芍药”和“佳人”相对。“下有芍药之诗”的理解值得讨论。

《文选》李善注：“《诗经》曰：‘维士与女，伊其相谑，赠之以芍药。’李延年歌曰：‘北方有佳人，绝世而独立。’”只引用出典，没有解释含义。北京大学中国文学史教研室选注《魏晋南北朝文学史参考资料》注释“‘下有’二句：‘下’承上段‘上士’之‘上’而来，与天上仙境对照，指人间。‘芍药之诗’，《诗经·郑风·溱洧》：‘维士与女，伊其相谑，赠之以芍药。’‘佳人之歌’，李延年歌：‘北方有佳人，绝世而独立。’这两句是用《溱洧》与李延年歌喻男女相恋。”王力主编《古代汉语》“歌”作“謌”，注释是：“下有，此外还有。芍药之诗，《诗经·郑风·溱洧》：‘维士与女，伊其相谑，赠之以芍药。’謌，同‘歌’。佳人之歌，汉李延年歌：‘北方有佳人，绝世而独立。一顾倾人城，再顾倾人国。宁不知倾城与倾国，佳人难再得。’以上用《溱洧》和李延年歌比喻恋人之爱。”

按：“下有”理解不同。《魏晋南北朝文学史参考资料》说是承上一段“上士”的“上”而来，恐未确。上士，指求仙炼丹的方术之士，来自“道德高尚的士人”一义。“上士”的“上”不是指天上，而是指上中下的等列，因此跟下一段“下有”的“下”不是相承关系，这个“下”也不是指地上。《古代汉语》说“下有”指此外还有，是对的，“下”是一个承上文而转的连接词。《别赋》写各种离别，转换时往往用一些转接的词语，如“故、乃有、或乃、至如、又若、倘有、是以”等，因此“下有”也是一个转接的词语。

“芍药之诗”,《魏晋南北朝文学史参考资料》以为“喻男女相恋”,《古代汉语》以为“比喻恋人之爱”，是正确的，但不全面，实际上是象征恋人离别之时表达爱慕之情。这就跟《别赋》的主旨联系起来了。王观国《学林》卷一“勺药”条:“《溱洧》诗曰:‘维士与女，伊其相谑，赠之以芍药。’毛氏《传》曰:‘勺药，香草也。其别则赠之以勺药，结恩情也。’（文按：引文未确，详下）观国按：崔豹《古今注》曰:‘勺药，一名将离，将行则送之以勺药。’以此观之，则勺药，离草也，离别则赠之，以见志也。江淹《别赋》曰:‘下有勺药之诗。’淹用为离别事，盖可见矣。若曰香草，则草之香者多矣，奚必勺药而后可以结恩情也？”王氏的意见有理。

古人在离别时可赠芍药,《诗经》时代已如此。《诗经·郑风·溱洧》:“维士与女，伊其相谑，赠之以芍药。”《传》:“芍药，香草也。”《笺》:“士与女往观，因相与戏谑，行夫妇之事。其别则送女以勺药，结恩情也。”《释文》:“芍药，香草也。《韩诗》云:‘离草也。’言将离赠此草也。”根据《韩诗》和《郑笺》，古人在离别时赠芍药。南朝陈江总《宛转歌》:“不怨前阶促织鸣，偏愁别路捣衣声。别燕差池自有返，离蝉寂寞讵含情。云聚怀情四望台，月冷相思九重观。欲题芍药诗不成，来采芙蓉花已散。”这是写离别相思之苦的。唐乔知之《下山逢故夫》诗:“妾身本薄命，轻弃城南隅。庭前厌芍药，山上采蘼芜。”所谓“厌芍药”，写出了女子对丈夫抛弃自己而内心愁闷之心情。柳宗元《戏题阶前芍药》诗:“愿致溱洧赠，悠悠南国人。”元稹《红芍药》诗:“采之谅多思，幽赠何由果。”张泌《芍药》诗:“零落若教随暮雨，又应愁杀别离人。”这些诗都跟写男女离别而相思有关。

罗愿《尔雅翼》卷三《释草》“芍药”：“芍药，华之盛者。当春暮祓除之时，故郑之士女取以相赠。董仲舒以为将离赠芍药者，芍药一名可离，犹相招赠以文无。文无一名当归也。然则相谑之后，喻使去尔。”这里点出了《溱洧》是写暮春时的事，跟江淹写春天男女恋人离别正相吻合。正因为如此，所以后来“芍药”又叫“可离”，晋崔豹《古今注·草木》：“芍药，一名可离，故将别以赠之。”也叫“将离”。唐苏鹗《苏氏演义》卷下：“牛亨问曰：‘将离别，赠之以芍药者何？’答曰：‘芍药，一名将离，故将别以赠之。’”

九　突怒偃蹇

柳宗元《钴鉧潭西小丘记》：“其石之突怒偃蹇、负土而出、争为奇状者，殆不可数。其嵚然相累而下者，若牛马之饮于溪；其冲然角列而上者，若熊罴之登于山。”其中“偃蹇”一词，人民教育出版社《古代散文选》（中册）注释：“傲慢的样子。”郭锡良先生主持编写的《古代汉语》（修订本，上册）注释：“盘曲高耸的样子。”今按：这里的“偃蹇”以训为“傲慢的样子”为佳。

这一段话是以动写静，是将钴鉧潭西小丘上的石头比拟作人或动物来写，从而写出奇石的奇美及其生动传神。其中“突怒偃蹇、负土而出、争为奇状”都是动词性结构，可算作是宽的排比句式，其中的“突怒”，本指人突然发怒，比喻石头凸起、有锋棱的样子；“负”，指人背着东西，“负土而出”，比喻石头好像顶破泥土出来的样子；“争为奇状”显然也是比拟成人，用一个“争”字，比拟的意味凸显而出。下文则连用了严格的排比句式，“其嵚然相累而下者，若牛马之饮于溪”，更直接将部分奇石比作家畜。这是描摹石头耸立而蜿蜒下垂的安详之貌，故以家畜喻之。“其冲然角列而上者，若熊罴之登于山”，则是将部分奇石比作猛兽。这是描摹大石、怪石高耸而峭拔的出人意表之貌，故以猛兽喻之。如果“偃蹇”指盘曲高耸的样子，则为直接形容奇石的状貌，不是将它们比作人来写，跟前后文不协调，文气不畅。

“偃蹇”本指高耸盘曲貌，跟“夭矫（挢）”是同源词。《楚辞·离骚》：“望瑶台之偃蹇兮，见有娀之佚女。”王逸注：“偃蹇，高貌。”《文选·枚乘〈七发〉》：“旌旗偃蹇，羽旄肃纷。”吕向注：“偃蹇，高貌。”杨炯《青苔赋》：“借如灵山偃蹇，巨壁崔巍，画千峰而锦照，图万壑而霞开。”由此引申，可形容人的倨傲自大。《广雅·释训》：“偃蹇，夭挢也。”王念孙疏证：“夭挢谓之偃蹇，故骄傲亦谓之偃蹇，崇高亦谓之偃蹇。”古书中“偃蹇”作“骄傲的样子，倨傲的样子”讲的用例甚夥。《左传·哀公六年》：“齐陈乞伪事高、国者，每朝必骖乘焉。所从必言诸大夫曰：‘彼皆偃蹇，将弃子之命。皆曰：“高、国得君，必逼我，盍去诸？”固将谋子，子早图之。图之，莫如尽灭之。需，事之下也。’”杜预注：“偃蹇，骄敖。”《文选·张衡〈思玄赋〉》：“偃蹇夭矫娩以连卷兮，杂沓丛橪飒以方骧。”李善注：“偃蹇，骄傲之貌也。夭矫，自恣之貌也。”《后汉书·文苑列传下·赵壹》载《刺世疾邪赋》：“于兹迄今，情伪万方。佞谄日炽，刚克消亡。舐痔结驷，正色徒行。妪㛂名势，抚拍豪强。偃蹇反俗，立致咎殃。捷慑逐物，日富月昌。浑然同惑，孰温孰凉。邪夫显进，直士幽藏。”李贤注：“偃蹇，骄傲也。”《列女传·续传·梁鸿之妻》：“妻跪问曰：‘窃闻夫子高义，斥数妻。妾亦已偃蹇数夫，今来而见择，请问其故。’”王照圆补注：“偃蹇，倨傲也。”这里指傲视。李白《留别王司马嵩》：“余亦南阳子，时为梁甫吟。苍山容偃蹇，白日惜颓侵。”王琦辑注引《左传》杜预注：“偃蹇，骄敖。”又李白《送岑徵君归鸣皋山》：“余亦谢明主，今称偃蹇臣。登高览万古，思与广成邻。”王琦辑注引《后汉书》李贤注：“偃蹇，骄敖。”《新唐书·苏良嗣传》：“遇薛怀义于朝，怀义偃蹇，良嗣怒，叱左右批其颊，曳去。”柳宗元《答韦中立论师道书》：“未尝敢以矜气作之，惧其偃蹇而骄也。”司马光《送同年郎兄景微归会稽荣觐序》:“由七品官举进士，一上中选，可谓美矣；然未尝有偃蹇之容，自满之意。”

《钴鉧潭西小丘记》中“突怒偃蹇”的“偃蹇”正是用人的傲慢的样子，来比喻部分奇石傲然凸出于群石之外、高高耸立人前的样子，从而写出这部分奇石突兀、峭拔的奇美。

十 回环节候推

白居易《代书诗一百韵寄微之》诗:“荏苒星霜换，回环节候推。”此诗“司、知、羁、卑、规、偲、持、帷、陂、期、诗、师、为、棋、逵、池、奇、丝、枝、迤、施、姬、嬉、眉、移、遗、卮、迟、骑、垂、岐、随、推（‘荏苒星霜换，回环节候推’）、资、宜、时、窥、孜、锥、坻、词、基、疲、旗、衰、披、縻、驰、墀、差、姿、蕤、咿、儿、私、狸、欺、毗、兹、危、巇、疑、萎、支、疵、蓠、辞、夷、祠、碑、湄、陴、弥、鹚、篱、炊、髻、思、吹、羸、醨、仪、葵、缁、龟、医、斯、涯、綦、芝、离、亏、追、衰、谁、夷、颐、悲、饥、之”相押。

1958年由知识出版社出版的《汉语诗律学》第一章《近体诗》第四节《近体诗的用韵》:“宋代以前，近体诗之出韵者，千首中难见一二首，自然不可为训。何况千数百年来，传抄难免有误。例如本章第二节所举白居易的百韵排律，中有一联是:‘荏苒星霜换，回环节候推’。推，一本作‘催’，当系传抄之误，因为绝没有能用九十九个支韵字，而偏让一个字出韵的道理。”（《王力全集》第十七卷，51页）朱金城《白居易集笺校》:“[节候推]‘推’，马本、《全诗》俱作‘催’。据宋本、那波本、汪本、《才调》、卢校改。《全诗》注云:‘一作“推”’。查校:‘“催”字出误，疑当作“推”’。”（《白居易集笺校（二）》，上海古籍出版社，712页）按：作“推”是，作“催”误。但由于《全唐诗》卷四三六正文作“催”，小字注释说:“一作推。”因此，很多人都以“催”为索解的对象，不管“推”字。这是不对的，需要特地指出。

“推”《广韵》二读：一是尺隹切：“推，排也。”一是他回切，未释义，但注了又音：“推，又昌隹切。”这两读在中古都很常见，特别是尺隹切一读，更是“如字”。《玉篇》手部：“推，出唯、他雷二切，排也。《易》曰：刚柔相推。”这里将出唯切摆在前面，说明中古此读更常见。《经典诗文》给“推”注音17次，其中给“介之推”的“推”注音1次，见《左传·僖公二十四年》，注“昌谁反”。除此，或只注蟹摄读音者2次，《书·仲虺之诰》：“推亡固存，邦乃其昌。”旧题孔传：“有亡道则推而亡之，有存道则辅而固之。”《释文》：“推，土雷反。”《诗·大雅·云汉》：“旱既太甚，则不可推。”毛传：“推，去也。”《释文》：“可推，吐雷反，去也。注同。”或注止摄读音者1次，《礼记·儒行》：“上弗援，下弗推。”郑玄注：“推，犹进也。”《释文》：“弗推，昌谁反，进也，举也。注同。”或二读兼注者13次，《周礼·天官·甸师》：“甸师掌帅其属而耕耨王藉。”郑玄注：“王以孟春躬耕帝藉，天子三推，三公五推。”《释文》：“三推，出谁反，又他回反。”《冬官·车人》：“直庇则利推，句庇则利发。”《释文》：“利推，如字，李汤雷反。”《礼记·檀弓上》：“主人既祖填池，推柩而反之。”《释文》：“推，昌隹反，又吐回反。”《月令》：“天子……躬耕帝藉，天子三推，三公五推。”《释文》：“三推，出隹反，又吐回反。下同。推谓伐也。”《左传·成公二年》：“苟有险，余必下推车。”《释文》：“推车，昌谁反，又他回反。注及下‘推车’同。”《襄公十四年》：“夫二子者，或輓之，或推之。”《释文》：“或推，如字，又他回反。”《二十五年》：“鲜虞推而下之。”杜预注：“下婴妻也。”《释文》：“推而，如字，又他回反。”《昭公十年》：“辇而归，吾亲推之。”杜预注：“推其车而送之。”《释文》：“亲推，如字，又他回反。注同。”《定公九年》：“亲推之三。”杜预注：“齐侯自推丧车，轮三转。”《释文》：“亲推，如字，又他回反。”《谷梁传·桓公十四年》“天子亲耕，以共粢盛”杜预注：“天子亲耕，其礼三推。”《释文》：“三推，昌谁反，一音他回反。”《僖公二十二年》：“襄公曰：‘君子不推人危，不攻人厄，须其出。’”《释文》：“不推，如字，又他回反。”《庄子·天运》：“孰居无事推而行是？”《释文》：“推而，如字，一音吐回反。司马本作谁。”又：“夫水行莫如用舟……以舟之可行于水也，而求推之于陆，则没世不行寻常。”《释文》：“推之，郭吐回反，又如字。下同。”也多以尺隹切为首音，有时径称“如字”，有时将他回切前加上“一音”二字。可知在陆德明心目中，“尺隹切”是正音。

有人忽视了尺隹切一读，以为“推”跟止摄字押韵是止摄、蟹摄同用，这是有问题的。例如鲍明炜先生《唐代诗文韵部研究》中，将卢照邻《释疾文·命曰》“眉、颐、时、推、期、厘、之”相押看作是脂之和蟹摄灰韵字同用，应该处理为止摄自押。再如宋晁补之《建除体二首答黄鲁直教授》之二押“之、迟、知、兹、思、时、禆、讥、期、微、推（‘开口且复欢，是事置勿推’）、为”，应该处理为止摄自押，不能处理为止蟹二摄通押。

“回环节候推”的“推”或“催”，无疑是取止摄读音。但是“推”有止摄读法，中古时期此读更为常见；而“催”只有蟹摄读法，因此这里只能作“推”，不能作“催”。古书中，说催促节候推移，可以说“催节候”，例如唐刘沧《夏日登慈恩寺》诗：“晚景风蝉催节候，高空云鸟度轩层。”但是也可以说节候“推”，指按顺序更换。例如《易·系辞下》：“寒往则暑来，暑往则寒来，寒暑相推而岁成焉。”唐李贺《河南府试十二月乐词·闰月》诗：“帝重光，年重时，七十二候回环推，天官玉琯灰剩飞。”因此，从意义和对仗上讲，“荏苒星霜换，回环节候推”的“推”也可以作“催”，但是从语音上讲，只能作“推”。这也说明，从古诗异文中做选择，有时候音韵是最具决定性的因素。当我们选择原文作“推”字时，回过头再看“荏苒星霜换，回环节候推”这两句诗，可以看出，作“推”在对仗方面最为严整，“推”和“换”意思相同，前面用了去声字“换”，后面押韵的位置上用了它的同义词“推”，这是工对。

这两句诗“荏苒”双声兼准叠韵，“回环”也双声，且都是合口，在字义和语音技巧上都有讲究。

On Meaning and Pronunciation of Several Words in Ancient Chinese Literatures from the Perspective of Couplet or Parallelism

SUN Yuwen

Abstract: In terms of several current misinterpretations on several common words in ancient Chinese literatures, in this article we utilize the patterns of couplet or parallelism, which can be dated back to Pre-Qin, to make new explanations, with the hope of correcting the misunderstanding on meaning and pronunciation of several words in ancient literary works, and also deepening our knowledge of the patterns of couplet and parallelism to promote the combination of linguistics and literature studies.

Keywords: couplet, parallelism, interpretation, ancient Chinese literature, word meaning

（100871 北京，北京大学中文系 sunyw@pku.edu.cn）

李贺《秦宫》诗“生色”考*

朱冠明

提要 本文讨论李贺《秦宫》诗中“生色”一词的准确释义，并考察它的来源及在后世的发展变化。“生色”最初是中古汉译佛典中的一个义为“金”的仿译词，唐代并不常用，在宋代以后常常用于绘画和染织，也用于形容风景，义为“金色”。

关键词 生色 金 汉译佛典 仿译 罨画

李贺《秦宫》诗有一句“桐英永巷骑新马，内屋深屏生色画”，写汉将军梁冀的家奴秦宫受宠得势的骄奢之状。其中“生色”一词是什么意思，存在不同的解释。本文讨论“生色”的准确释义，并考察它的来源及其在后世使用中的发展变化。

1 现有之“生色”释义

现有关于“生色”的释义，概括起来主要有这样四类：一是古人对《秦宫》诗的注解；二是今人注；三是今人注其他诗文涉及“生色”；四是今人的相关研究，含词典及研究性论著。以下挑选各类中有代表性的分别简述。

1.1 古人注《秦宫》

（1）桐英，桐花也，永巷所植。汉宫中巷曰永巷，武帝改曰掖庭。新马，一作主马。深，一作珍。生色，画鲜明如生也。

收稿日期：2018-1-3；**定稿日期**：2018-8-4。

* 国家社会科学基金项目“律部佛典语法研究”（14BYY117）阶段性成果。感谢匿名审稿人提出的宝贵意见。

（南宋·吴正子《笺注评点李长吉歌诗》，四库本）

（2）吴正子注：桐英，桐花也，永巷所植。《诗经正义》：王肃曰，今后宫称永巷，是宫内道名也。《三辅黄图》：永，长也。永巷，宫中之长巷。陈仁锡曰：宫中长庑相通曰永巷。生色画，谓画之鲜明，色像如生者。（清·王琦《李贺诗歌集注》，上海人民出版社1977年，216页）

1.2 今人注《秦宫》

（3）生色：指颜色鲜活如生。（叶葱奇编订 1959：214）又叶葱奇（1959/2015：228）同。

（4）生色画：色彩鲜明，形象栩栩如生的图画。（江苏师范学院《李贺歌诗选注》评注组1975：170）

（5）生色：指颜色艳活如生。（徐传武译注1992：296）

（6）生色：色、象鲜明生动。（王克俭主编1997：68）

（7）生色画：即罨画，用各种彩色绘成的画。（吴企明、尤振中1981：121）此说本南宋高似孙。吴企明编选（2014：66）即注，"生色画：彩色画，见高似孙《纬略》卷7。"

（8）生色画：即罨画。《丹铅总录》："画家有罨画，杂彩色画也。"（刘衍1990：171）

1.3 今人注释其他诗文所涉

（9）生色：颜色鲜明。李贺《秦宫诗》："内屋深屏生色画。"（山东大学中文系古典文学教研室编《中国古代文学作品选（下）》（1985：61）注释王世贞《海游记》"乃南望田横之岛，则隐隐负生色焉"。）

（10）生色：色泽鲜明，形象如生。李贺《秦宫诗》："内屋深屏生色画。"（胡问侬、王皓叟《后村千家诗校注》（1986：225）注刘克庄《再和熊主簿十绝》其五"何处贵游开步障，谁家生色画深屏"。）

（11）“生色”指山的颜色鲜明（有人解“生色”为设色，似不甚确。李贺《秦宫》诗：“内屋深屏生色画。”王琦注：“生色画，谓画之鲜明色像如生者。”）（上海辞书出版社文学鉴赏辞典编纂中心编《元曲鉴赏辞典珍藏本（中）》（2012：1236）鉴赏元·张可久《[南吕]一枝花·湖上归》“长天落彩霞，远水涵秋镜。花如人面红，山似佛头青。生色围屏，翠冷松云径，嫣然眉黛横”。）

1.4 今人研究

1.4.1 代表性词典释义

（12）《汉语大词典》第七卷“生色”条（1991：1495）：形象鲜明生动。唐李贺《秦宫诗》：“桐英永巷骑新马，内屋深屏生色画。”王琦汇解引陈仁锡曰：“生色画，谓画之鲜明，色像如生者。”其他如《辞源》（修订本1979：2096）、《辞海》（1999年版普及本2002：3227）、《中文大辞典》（普及本第六册1990：592）等对“生色”的释义和引证均与《汉语大词典》近同。

（13）江蓝生、曹广顺主编《唐五代语言词典》（1997：336）：金色，金黄色。李贺《秦宫诗》：“桐英永巷骑新马，内屋深屏生色画。”玄应《一切经音义》卷22“生色可染”条：“生色，即金也；言生便黄色，不可变改也。可染，即银也；言……”（《瑜伽师地论》卷25）

（14）张忠纲主编《全唐诗大词典》（2000：767）：金色。李贺《秦宫诗》：“桐英永巷骑新马，内屋深屏生色画。”

（15）白维国、江蓝生、汪维辉主编《近代汉语词典》（2015：1927）：色彩鲜明；形象鲜明。唐李贺《秦宫诗》：“桐英永巷骑新马，内屋深屏生色画。”宋陈允平《浣溪沙》：“生色鞋儿销凤稳，碧罗衫子唾花微。”清弘历《暖》：“金乌晃枫林，生色画屏展。”

1.4.2 几种有代表性的研究论著

（16）陈治文（1984/2013：74—76）《词语释义商兑》“生色”

条指出《辞海》《辞源》《中文大辞典》以及日本的《大汉和辞典》都采用王琦的说法，认为王说与李贺用“生色”的本来意思不合：“《秦宫诗》通篇叙述的是秦宫生活的骄奢淫逸，如果其内屋深屏上的画只不过色彩鲜明形象如生，那就不足为奇太一般化了，但凡多少有些绘画技能够得上在屏风上作画的，总该达到色彩鲜明形象如生的水平。”其次，玄应《一切经音义》卷22“生色可染”条释为“金也”，用玄应对“生色”的解释来解读李贺诗，“金光闪闪的屏风表现出一种富丽堂皇的景象，正好用来说明秦宫奢华的一斑”。后引《东京梦华录》中二例。陈说是目前所见最早用“金”来解释《秦宫》诗之“生色”的。

（17）徐复（1992：3；1994；1995：266；2007：172、307、405）多次批驳王琦引陈仁锡语而注“生色画，谓画之鲜明，色象如生者”之误，指出“生色画”即“金色画”，是唐人语，引慧琳《一切经音义》卷48“生色，即金也”；并指出《广韵》有“珄”字，释为“金色”。也认为以“金/金色”释“生色”，“与李诗‘内屋深屏’之金碧富丽相切合。如泛言鲜明生动，则不免就字说义之嫌”（徐复1994）。

（18）郗政民（1991：91）《古书未释词语荟释》“生色画”条：“即‘罨画’，画家谓杂彩色之画为‘罨画’。唐·李贺《秦宫诗》：‘内屋深屏生色画。’清·吴景旭《历代诗话》卷52：‘按罨画，今之生色也。’”

按，用“生色”来解释“罨画”，目前所知最早如（7）所引，见于南宋·高似孙《纬略》卷7引《墨客挥犀》“罨画，今之生色也”，可见从宋至清“生色”一词相比于“罨画”都是更常见和易懂的。

（19）王继如（2000）评徐复论著，其中举对“生色”的考释为例，认为“徐老以唐人慧琳《音义》解唐诗，极其恰切”，且徐老指出“珄”即“生色”的语源，“可见探源法的妙处”。王还增补刘克庄诗“何处贵游开步幛，谁家生色画深屏”为例。

（20）王锳（2005：269—270）《诗词曲语辞例释》（二次增订本）"生色"条认为应释为"彩色"，引张可久、陈允平等诗词例及《东京梦华录》等宋人笔记例。提出"生色"一词可能源于绘画，"是专门术语进入一般口语者"，并引杨慎、方以智等人说法，指出"生色"与"罨画"是异代同义词，有时指彩色画，有时只指彩色。同时认为一般词书释作"色彩鲜明，形象如生"及乐东甫（即陈治文）释作"金色"都可商榷。

按，从（13）和（15）对比来看，同为两书主编之一的江蓝生先生放弃（13）释为"金色"的观点，而在（15）中改为"色彩形象鲜明"说，似部分接受了王锳先生此处的意见，且（15）还引用了一个王锳先生引用过的例句（陈允平词），尽管二者对例中"生色"的解释并不相同。

（21）徐时仪（2005：418）、梁晓红等（2005：309）《佛经音义与汉语词汇研究》"生色"条，采用徐复先生说法，同时指出曾良（2001：134）释敦煌遗书中"生像"一词为"生色之像，言用金银制成的亮堂堂的形像"不确，因为据玄应所释，生色并无"银"义。[①]

1.5 小结

目前所见，对《秦宫》中的"生色"一词主要有三种解释：

一为"色彩鲜明、形象如生"，如上举（1）（2）（3）（4）（5）（6）（9）（10）（11）（12）（15）。此说最早是南宋吴正子提出，清王琦沿用，后有《辞海》等工具书及众多现代注家承袭。从（1）（2）的对比来看，显然吴正子是这一种解释的首创者，而非《汉语大词典》、徐复等认为的，是"王琦引陈仁锡语"。另外从（2）可以看出陈仁锡只是注"永巷"，与下文"生色画"并无关涉；且我们调查陈仁锡并未注李贺诗，故不可能有此注语。[②]根据我们的考察，以"鲜明生动"注"生色"，吴正子之后、王琦之前并未见第二人。《四库全书总目提要》卷150《笺注评点李长吉歌诗》提要言:“正子则不知何许人。近时王琦作《李长吉歌诗汇解》，亦称正子时代、爵里未详。”另据钱仲联（1984:62—63），吴注为李贺诗集的最早评注，但目前所见只是明刻本《李长吉歌诗》（吴正子笺注、刘辰翁评点）。可见吴正子及其笺注在作者、时代上并不确凿，其中用“鲜明生动”来注释“生色”是否真是南宋人所为、是否有明人羼入之可能，颇可怀疑。

二为“彩色”，如上（7）（8）（18）（20）。这种观点以“罨画”来释“生色”，认为二者同义，但“罨画”究竟是什么，是否就是论者所言“杂彩色”，后文还要讨论。

三为“金、金色”，如（13）（14）（16）（17）（19）（21）。此说陈治文（1984）首倡，徐复先生力举，都引《一切经音义》释“生色”为“金也”为证，且从文学鉴赏的角度论证仅将“生色”解释为“鲜明生动”太平淡，不足以形容秦宫内屋的奢华；如解释为“金色”，则更能衬托其金碧富丽。

第三种观点将“生色”解释为“金色”，即便是反对者如王锳先生（2005）也认为在《秦宫》中是“可通的”（尽管他说在其他用例中“扞格难通”）。我们认为这种观点是有道理的，尽管他们论述得还很不充分，理由是:

1）目前所见，在所有非佛教文献中，李贺《秦宫》诗是第一次使用“生色”一词，而且所有唐代及唐以前的非佛教文献中仅见此一例。③假定“生色”在当时汉语中是已有的、表达“鲜明生动”或“彩色”义的普通词汇，会有两个困难：一是难以解释其理据，二是看不到其产生和发展情况。这样一个来历不明的词被李贺直接用到诗中，颇有可疑。相反，我们认为确如第三种观点所示，“生色”一词来自佛教文献，而以李贺与佛教的密切关系而言，他从佛教文献中借用一个新词入诗则是很好理解的。④我们下文将具体说明在佛教中为什么“金”被称为“生色”。

2）借助大型电子语料库⑤的调查，我们发现宋代以后“生色”在文献中十分常见，有时一部文献中甚至会出现数十个用例

（如明·宋濂编修的《元史》中就有83例），且从宋至清代都有人用“生色”来解释更生僻的“罨画”，这表明“生色”是日常生活中的一个常用词，其语义在当时应该是十分明晰的。仔细比对这些用例，会发现其中一些“生色”用例绝不可以“鲜明生动”或“彩色”释之，而以往研究中因掌握的用例有限，无法做出这样的论断。另一方面，这些用例绝大多数是用在绘画或染织方面，跟佛典中的用法有所区别。后文我们要讨论的是，宋至清的日常用语“生色”到底是什么意思，与佛典中的“金”义是否有关联？

2　佛典中的“生色”及其释义

2.1　佛典中的“生色”用例

（22）时难陀、优波难陀数钱，手上着土，往诣世尊，头面礼足，却住一面。佛知而故问：“手上何以着土？”答言：“世尊！我数钱故，手上有土。”佛语难陀：“汝等云何手自捉生色、似色？从今日不听手自持生色、似色。”（东晋·佛陀跋陀罗共法显译《摩诃僧祇律》卷10，22/311a）[⑥]

肆上人欲调弄故，不与解，语言：“汝自解与我。”答言：“佛不听我捉生色、似色，汝自解取。”（同上）

生色者，是金也。似色者，是银。生色似色者，钱等市用物。（同上，311b）

（23）舍梨子！犹如王及大臣，有种种严饰具：缯彩、锦罽、指环、臂钏、肘璎、咽钳、生色、珠鬘。舍梨子！如是，比丘、比丘尼以戒德为严饰具。（东晋·瞿昙僧伽提婆译《中阿含经》卷15，1/519a）

（24）时王及诸大臣集会，共作是言：“沙门释子得捉金银若钱，沙门释子不舍金银若钱、珍宝、珠璎、生像。”尔时座中复有一大臣名曰珠髻，即语诸大臣言：“莫作是言：‘沙门释子得捉金银若钱，不舍珍宝珠璎。’何以故？我自从如来闻：‘沙门释子

不得捉金银若钱，沙门释子舍离珍宝珠瓔。’”（后秦·佛陀耶舍共竺佛念译《四分律》卷8，22/619a）

（25）诸贤！我离酒，断酒，我于饮酒净除其心。……诸贤！我离受生色像宝，断受生色像宝，我于受生色像宝净除其心。（东晋·瞿昙僧伽提婆译《中阿含经》卷19，1/553a）

（26）彼金色王极大富乐，有大财宝，多有杂物，多受用物，多有钱、谷珠及真珠、珂宝、珊瑚，多有金银、饶生色金，多有象马，多有牛群，多騲马群，充满栏厩。（东魏·瞿昙般若流支译《金色王经》卷1，3/388b）

（27）若诸菩萨安住菩萨净戒律仪，他持种种生色、可染、末尼、真珠、琉璃等宝，及持种种众多上妙财利供具，殷勤奉施，由嫌恨心或恚恼心违拒不受，是名有犯，有所违越，是染违犯。（唐·玄奘译《瑜伽师地论》卷41，30/516b）

从以上用例可以推断，“生色—似色”“生色—像宝”“生—像”“生色—可染”分别都是“金—银”的意思，后来的一些佛经音义、论疏也能帮我们证实这一论断：

（28）生色即金也，言生便黄色，不可变改也。可染即银也，言色可染变，故云可染也。（玄应《一切经音义》卷22，57/84b；慧琳《一切经音义》卷48，54/628c）

（29）胡汉二彰者，谓胡音呼金曰“生色”，银曰“似色”，即“像”也。故知生像是胡音，金银是汉语。文中双牒，故曰二彰。《羯磨疏》引古师云：“文列生像者，是世中鈚具似人畜形者，不许捉也。如律所制，不持乐器，亦是比拟。”今不同之。然《僧祇》中，“生色，金也”，“似色，银也”，“似”即“像”也，银之异名耳。有人不许胡汉二彰：“若金银既是可翻，但须翻胡为汉，何须双彰？经律之中不有此例。若梵音不可翻者，如‘涅盘’‘佛陀’‘薄伽梵’等，以名含多义，故从本，不可就别翻之，故依梵言也。若水火等可翻者，即依此汉语，何处有梵汉两彰之例也？”今详：亦有两彰，如《法华经》云“安禅合掌”，

“合掌”汉语，“安禅”梵言也。（唐·大觉《四分律行事钞批》卷14，R68/82a-b）

（30）然下出正义：“生色”天□[⑦]性黄，色不变也；“似色”谓银可涂染，亦似金也。唐梵两举。若据西域，呼金“呎剌拏”，又云“苏伐罗”，又云“捺陀”；呼银为“阿路也”，又云“惹多”。此五印度正音也。及翻梵至诸差胡，言音涉汉，遂翻“呎剌拏”为“生”，“阿路也”为“似”。及至汉地，故翻金银。今合而言之，乃曰“生像金银”，当知是胡汉两音耳。故《大钞》云：“生像金银，胡汉二彰。本梵下谓说银为像，同此似像义也。”（宋·释允堪《四分律随机羯磨疏正源记》卷5，R64/336a-b）

（31）生像金银：《僧祇律》云：“生色似色，生色者是金，似色者是银。”《善见律》云：“生像者，金银也。”南山云：“胡汉二彰。”谓胡名生像，此称金银，二名俱存，是胡汉双举也。言生者，谓金色生来本自黄，不假余助；像即似也，谓银可染色令黄似金也。故《师地论》云“生色可染”，应师注曰：“生色即金也，生便黄色，不可变改也；可染即银也，言色可染变，故云可染也。”斯皆胡义，非正梵文。天竺梵音呼金云“苏伐罗”，唤银言“阿路巴”，元亦未详其义，或有名无义，故不翻。如此方金银亦无义，但以黄白分之。因彼译人赍梵夹来，多经胡地，传彼胡语，译为华言，致有斯异。故《指归》云：“况于阗国语与五印音不同，其《四分》到于阗自经一翻，翻了经本，到唐则为重也。”（明·释弘赞在犙《四分律名义标释》卷24，R70/766b）

（28）—（31）不仅清楚地说明了佛典中“生色”以及与之相关的“似色”“生”“像”“可染”的意思，而且（28）试图解释“生色”“可染”的内部形式；（29）阐明了佛典翻译中的“胡汉二彰”现象，即如（26）中的“生色金”，其中“生色”是胡语，“金”是汉语；（30）（31）则给出了“金银”所对应的各种梵音形式，且从《四分律》经由胡地传至中土、胡人翻译过而至唐“再翻为重”来解释“胡汉二彰”。但是这些说法究竟是否正确或准确，我们需要从梵汉对勘的角度加以判定。

2.2 “金银”的梵汉对勘

根据（30）（31）提供的梵文音译，我们可写出与它们相应的义为“金”“银”的梵文词：

金：吚剌拏 < hiraṇya（Monier-Williams 1899：1299）

苏伐罗 < suvarṇa（同上：1236）

捺陀 < nada（ < jāmbū-nada）[8]（同上：419）

银：阿路也/巴 <rūpya[9]（同上：886）

惹多 < rajata（ <√raj，同上：861）[10]

另有两个梵文词与此处解释相关，一并列出：

金：jāta-rūpa（同上：417）

色：rūpa（同上：885）

从以上梵汉词汇的对照，我们看到了（30）（31）所列音译词的来历，（30）中所谓“又云”，表明这些词在梵文中是同义词（各词间是否有细微差别暂无考）。但这些义为“金”“银”的梵文词，为什么在佛典中又可以被意译为“生色”“似色、像、可染”呢？“金”译为“生色”，是来源于梵文词jāta-rūpa。[11]此词前部jāta是√jan的过去被动分词，√jan一词Monier-Williams（1899：410）释义为“to generate, beget, produce, create, cause, to cause to be born”，汉译时被译为“生”；后部rūpa一词释义为“any outward appearance or phenomenon or colour, form, shape, figure”（同上：885），汉译便译为“色”。“银”译为“似色”，或与rūpya一词有关，此词来源于rūpa，本义为“well-shaped, beautiful”（同上：886），又有“silver”一义，与rūpa在词形上十分相似，因为rūpa汉译为“色”，而rūpya与之相似，所以被译为“似色”或“像”。[12]“银”又译为“可染”，则是源自rajata，此词词根√raj，释义为“to be dyed or coloured, to redden, grow red, glow”（同上：861），故汉译“可染”。

2.3 小结

佛典中的“生色”完全是个外来词，是梵文词jāta-rūpa的仿译，其意义就是作为贵重金属的“金”。这个意义的“生色”在唐代的非佛教文献中并不常见，我们目前只见到李贺在《秦宫》诗中使用过一次，可见不能因为玄应或慧琳注解过此词而推断它是“唐人语”。从文献记载上看，更有可能的是，“《楞伽》堆案前”的李贺因为熟悉佛典而在写作诗歌时借用了一个佛典中的仿译词。另外既然“生色”是个外来词，那么前文引徐复和王继如先生所谓“甠”是“生色”的语源，就缺乏依据了；我们查检各类文献，也并未发现“甠”的实际用例。

3 作为绘画和染织的“生色”

前文解释了佛教文献中义为“金”的“生色”一词的来历，同时注意到唐以前非佛教文献中罕有使用。但从宋代开始，“生色”频繁地出现在文献中，用法与佛教文献亦有所不同。接下来我们看看这些非佛教文献中“生色”当作何解。

3.1 生色和罨画

在探寻“生色”一语的确解时，我们首先注意到，宋以后“生色”常常作为注解语，用来解释“罨画”一词：

（32）罨画流苏锡销：昔之歌诗小说，多言罨画流苏者，询之朋游，莫知其状。予尝知广南恩州，恩有匠人求见，问其所能，曰：“某善锡销。”亦不晓其事，再诘之，则曰：“今京师所谓银泥者是也。”又问更有何艺，曰：“亦能罨画。”遂以小儿衣试之，乃今之生色也。（宋·江少虞《宋朝事实类苑》卷62“风俗杂志”，上海古籍出版社1981年，827页）

（33）罨画流苏：昔人歌诗多言“罨画”“流苏”，莫知其状。

南恩州有匠人善锡销，亦不晓其事，则曰：“京师所谓银泥是也。”又曰：“能罨画。”乃今之生色也。（宋·曾慥《类说》卷16，北京图书馆古籍珍本丛刊62，书目文献出版社1988年，289页）按：曾慥此段文字当取自（32）江少虞文。

（34）罨画：《墨客挥犀》曰：“罨画，今之生色也。”[13]余尝谓五采彰施于五服，此固生色之始也。秦韬玉诗：“花明驿路胭脂暖，山入江亭罨画开。”李西台诗：“晴山云罨画，孤屿水含棱。”卢赞元诗：“花外小楼新罨画，杏波晴叶退微红。”刘商隐爱义兴罨画溪者，亦以其如画也。（宋·高似孙《纬略》卷7，左洪涛校注2012：129）

（35）《再游韦曲山寺》：“鹊岩烟断玉巢欹，罨画春塘太白低。”元人郝天挺注：“罨画，丹青生色图画也。”（元·元好问《唐诗鼓吹评注》卷9谭用之诗，河北大学出版社2000年，484页）

（36）罨画：生色也。《墨客挥犀》曰：“罨画，今之生色。”高续古引秦韬玉诗“花明驿路胭脂暖，山入江亭罨画开”，李西台、卢赞元诗皆用罨画。刘商隐爱义兴罨画溪。（清·方以智《通雅》卷37“衣服彩色”，中国书店1990年，455页）

（37）罨画：今之生色也。张祜诗：“红罨画衫缠腕出”，杨汝士诗：“罨画罗裙任嫂裁”，此其义也。若作䕎字，反索然矣。曾见杨廉夫《苕山水歌》云：“既到车山口，还过䕎水渍。”又《漫兴》云：“䕎画溪头翠水家。”升庵或据此为说邪。（清·吴景旭著《历代诗话》，中华书局1958年，758页）

从以上所引（32）—（37）可以看出这样几点：第一，“罨画”在唐末宋初人笔下尚时有使用，如（34）引秦韬玉、李西台、卢赞元诗，（35）引谭用之诗，（37）引张祜、杨汝士诗等；自北宋末南宋初起即不为人所熟知，如（32）—（34）所示。而“生色”似乎从宋自清都是常用语，所以用来解释罨画[14]。第二，罨画当是绘画的一种，首先其名称有“画”字，其次（35）亦明言它是“图画”。第三，罨画也与服饰相关，似即一种在服饰上作画的方式，（32）“以小儿衣试之”、（34）“五采彰施于五服”、（37）“罨画红衫”“罨画罗裙”等均可证。第四，罨画也可以用来形容风景，当取“风景如画”之意，如（34）（35）（36）所引诗句。

无论是形容风景如画，还是在服饰上作画，都是其绘画义的引申发展，所以我们要考究的是：“罨画”到底是怎样一种绘画？

目前所见，文献中最早记载“罨画”一词，见于《邺中记》：

（38）石虎作“云母五明金箔莫难扇”，此一扇之名也。薄打纯金如蝉翼，二面彩漆，画列仙奇鸟异兽，其五明方中辟方三寸，或五寸，随扇大小，云母帖其中，细缕缝其际，虽罨画而彩色明彻，看之如谓可取，故名莫难也。（东晋·陆翙《邺中记》，丛书集成初编，中华书局1985年，6页）

从此例看，以金箔为扇，其上彩漆作画即为“罨画”。但很显然并非只在扇上作画才是罨画，故从此例尚不足以了解何为罨画。后人也有试图对罨画做出解释的：

（39）罨画：画家有罨画，杂彩色画也。宜兴有罨画溪，然其字当用靥，罨乃鱼网，非其训也。张泌诗“罨岸春涛打船尾”，谓鱼网遮岸也，此用字最得字义。左思蜀都赋“罨翡翠，钓鰋鲉”。（明·杨慎《丹铅余录》卷12，四库本）

（40）靥：安盍切，饰采谓之靥，通作匎，妇人髻饰。按吴兴有罨画溪，本取其处山水如设色之画。详声义，罨亦当与靥通，今作掩声，颇无义。杜诗“翠为匎叶垂鬓唇”。（清·黄生《字诂义府合按》，中华书局1984年，72页）

“设色”即“敷彩、着色”，可见杨慎和黄生都以罨画为“彩色画”。即便我们暂且认可这种解释，也仍然有不明之处：到底是怎样的一种彩色，果真如杨慎所言是“杂彩色”，即混杂各色的彩色吗？

3.2 金碧山水

南宋人赵希鹄一则笔记，为我们提供了解决这一问题的线索：

（41）金碧山水：唐小李将军始作金碧山水，其后王晋卿、赵大年、近日赵千里，皆为之。大抵山水初无金碧、水墨之分，要在心匠布置如何耳。若多用金碧，如今生色罨画之状，而略无风韵，何取乎？与水墨其为病则均耳。（南宋·赵希鹄《洞天清录·外二种》，尹意点校 2016：63）

可见“生色”“罨画”实则源自“金碧山水”，画法是“多用金碧”，在南宋还很流行。关于金碧山水，绘画史上已有明确的论断：

（42）金碧山水亦曰青绿山水，创于李思训，金碧辉映为一家法，后人所画著色山水往往宗之……其子昭道克绍其箕裘，稍变父法，妙又过之……昭道画石用小斧劈，树用夹叶，用绢之法，皆以热汤使半熟，入粉搥之如银版。后以青绿为质，金碧为文，当时画家多用此法。中唐以还，政汉失轨，国势渐衰……艺术乃时代之反映，故山水画一变金碧辉煌而为水墨清淡，王维之破墨山水遂应运而生，为中国文人画之滥觞。（俞剑华 1984：107—109）

（43）李氏父子发展了展子虔的青绿设色，能够不按一定程式而据画面需要设色，使画面极为生动。不过，李氏父子更多地使用金泥，使画面金碧辉煌。《图绘宝鉴》评他们道：“用金碧辉映，为一家法，后人所画著色山水往往多宗之。”所谓“金碧山水”的画法，就是大青绿设色，再用金泥来增强它的明艳程度的画法。这种画法“只宜朝暮及晴景”。金碧设色加上骨力劲健、笔线细致，就形成了灿烂严整的画格。（童教英 1991：75）[15]

从上可知，自初唐李思训、李昭道（即“小李将军”）父子创制的金碧山水画法，唐宋十分流行，画家多宗用之。此画法多用“金泥”，画面金碧灿烂，罨画当即指这一派画法，而异于“水墨山水”。（38）之“莫难扇”，因以金箔造就，自然也金光闪闪，故言

“罨画”。所以罨画并非一般的杂彩色，一定是以金色为突出表现手段，营造出金光灿烂、富丽堂皇画面的彩色。后文我们还将以“生色”的实际用例来说明这一点。前引杨慎、黄生仅释“罨画”为“彩色”，这固然算不上错，但远不够明晰和精确。既然如（32）所载，自南宋初年起，一般人已不了解什么是罨画，那么到了明清时期杨慎、黄生不能准确地解释“罨画”，这是一点也不奇怪的。

3.3 用于服饰的“生色”

前文看到，罨画是一种绘画方法，但也能用于服饰，当指服饰上所染织的图画。宋代有一些罨画用于服饰的例子，如：

（44）又诸部曲、客女、奴婢，服絁紬绢布，色通用黄白，饰以铜铁。客女及婢，通服青碧，听用庶人，兼许夹缬。丈夫许通服黄白，如属诸军、诸使、诸司及属诸道，任依本色目流例。其女人不得服黄紫为裙，及银泥罨画锦绣等。余请依令式。（宋·王溥《唐会要》卷31“舆服上”，上海古籍出版社2006年，671页）

（45）跨马之士，或小帽锦绣抹额者，或黑漆圆顶袱头者，或以皮如兜鍪者，或漆皮如戽斗而笼巾者，或衣红黄罨画锦绣之服者，或衣纯青纯皂以至鞋裤皆青黑者……（宋·孟元老《东京梦华录》，伊永文笺注 2006：900）

（46）跨马之士……或衣红黄罨画锦绣服者，或衣纯青纯皂以至鞋袜皆纯青纯皂者……（宋·吴自牧《梦粱录》，《东京梦华录（外四种）》，中华书局1962年，169页）

上引（44）《唐会要》系王溥采唐人苏冕、崔铉等人著述并续补而成，文字所反映的或为中晚唐情况，其中“罨画”与“银泥”并列，可见二者一样均可敷染于服饰。（45）（46）文字近同，也指红色或黄色锦绣之上另有“罨画”敷染。与此同类的文字在宋代以后“罨画”大多改为“生色”，如《东京梦华录》中“生色”即出现7例（“罨画”仅［45］这一例），如：

（47）a. 生色销金花样幞头（卷3“相国寺内万姓交易”，288页）；b. 以络盛酒瓶，装以大花八朵、罗绢生色或银胜八枚（卷5“娶妇”，479页）；c. 上以锦绣或生色帕复盖之（卷5“育子”，503页）；d. 至满月则生色及绷绣钱（同上）[16]；e. 着绯绿紫青生色花衫（卷9“宰执亲王宗室百官入内上寿”，833页）；f. 四契红黄生色销金锦绣之衣（同上，834页）；g. 着黄生色宽衫（卷10“驾宿太庙奉神主出室”，907页）（伊永文2006）

仅从（47）看，a-f“生色”似乎都既可理解为“彩色”，也可理解为“金色”，尤其e中出现在“绯绿紫青”之后，f出现在“红黄”之后，似乎理解为彩色更好；但是g“黄生色”因为只有“黄”这一单色，故断不可理解为彩色，只能理解为“黄色宽衫之上有金色图案”。

为了更清楚地证明这一点，我们再看看《续文献通考》卷117“洪武三年九月定朝会宴享乐舞之数，凡宴会用九奏三舞”一段，详细记载了所规定的宴会奏舞时舞者的衣饰，其中大量出现“生色”，如：

（48）a. 青罗生色画舞鹤花样窄袖衫；b. 皂生色画花缘；c. 青罗生色画花大袖衫，红生色领袖；d. 大红罗生色云肩，绿生色缘；e. 系红罗生色银锭红销金抹额。（清·嵇璜等撰《钦定续文献通考》卷117，四库本）

这些“生色”用例，全都出现在某一单色之后，如再将它解释为“彩色”，实在扞格难通；[17]如解释为“金色”，不仅句义通顺，而且十分符合当时服饰中大量用金饰的情况。下面是与（48）邻近的同为记载舞者衣饰的一段文字，短短的一段用了13次“金”：

（49）四夷舞曰抚安四夷之舞，象以威德服远人也。舞士十六人，东夷四人，椎髻于后，系红销金头绳，红罗销金抹额，中缀涂金博山，两旁缀涂金巾环，明金耳环。青罗生色画花大袖衫，红生色领袖；红罗销金裙，青销金裙缘；红生绢衬衫，锦领；涂金束带，乌皮靴。西戎四人，间道锦缠头，明金耳环，红纻丝，细折袄子，大红罗生色云肩，绿生色缘；蓝青罗销金汗裤，红销金缘；系腰合钵，十字泥金数珠，五色销金罗香囊，红绢拥项，红结子，赤皮靴。……（同上）[18]

唐宋以后服饰中大量用金的情况，沈从文（2002）有很好的描述：

（50）（唐代）刺绣除彩绣外，加工技法也突破由西周到两汉延长约千百年的“琐丝”法，改进为擘丝成细绒进行“平绒绣”或“错针绣”，且已流行用金银线平金、盘金及蹙金法。或用金银粉末绘画，名“泥金”“泥银”，因为加工容易效果又好，经常更多使用于歌舞衣裙上。（沈从文 2002：406）

（宋代）加金的织物也常见于文献，以文彦博守成都献金线莲花灯笼锦开端，应用到各方面。照王林《燕翼贻谋录》记载，加金技术就已达十八种之多。（同上：510）

同样，从宋人王林的记载，也可看出当时官民服饰用金之盛，以至不得不加以禁阻：

（51）大中祥符元年二月，诏：“金箔、金银线、贴金销金间金蹙金线，装贴什器土木玩之物，并行禁断。非命妇不得以金为首饰。许人纠告，并以违制论。寺观饰塑像者，赍金银并工价，就文思院换易。”……八年三月庚子，又诏自中宫以下，衣服并不得以金为饰，应销金、贴金、缕金、间金、戭金、圈金、解金、剔金、撚金、陷金、明金、泥金、榜金、背金、影金、阑金、盘金、织金金线，皆不许造。然上之所好，终不可得而绝也。（宋·王林《燕翼贻谋录》卷2，中华书局1981年，18页）

此处列出了（50）沈从文所说的十八种“加金术”，即从“销金”“贴金”一直到“织金”。前面说明了服饰中的“生色”不可能是彩色，而很可能与金相关，以下引文可进一步确证这一点：

（52）此盖真宗皇帝躬行俭德，以化天下，故自中禁以及庶邦，凡衣服玩用以金为饰者，一切禁断……而自近年以来，时俗相尚销金之作，寖以公行，近日尤甚。其戚里及臣僚士庶之家，衣服首饰并用销金及生色内间金之类，并无避惧。盖是匠人等故违条制，厚取工钱，上下相蒙，无敢言者。若不速行禁止，切虑縻坏金宝，扇长浇风，竞事浮华，大损圣化。（宋·包拯《包拯集》卷5“请断销金等事”，中华书局1963年，58页）

这里“销金”是“衣服首饰”等织物中嵌织金线这样一种加金的方法，“生色”与之并列，都属“縻坏金宝”而应“速行禁止”之事，可见“生色”必然与金相关。结合前文讨论的“生色”与绘画的关系，我们推断“生色”很可能是指在织物上以金泥或金线金箔做文饰，如（32）所示。

3.4 小结

唐宋以后织物大量用金，无论是以泥金涂染，还是以金箔金线等靠各种加金法在各色织物中加金，造成的织物那种金光闪闪、色彩绚烂的效果，即为“生色”。显然，这种“金色”义还是与它在佛经中“金”义是一脉相承的，尽管也发生了一些变化。变化表现在两方面，一是意义上，原为“金”或“金钱”本身，唐宋后变为“金色”，且主要用于绘画与染织。如果说用于绘画与染织的“生色”因的确要用到金，还同其在佛典中的“金”义密切相关的话，大量用于形容风景如画的“生色”（见下节诗文用例，以及上文“罨画”用例）就只是“金色”而与“金”本身无关了。[19]二是用法上，唐宋以前仅出现在佛教文献中，用作事物名称，唐宋后大量出现在世俗文献中，主要用作事物的修饰语。由此也可看到，前文所举诸家说解中将“生色”解为“色泽鲜明”“彩色”等，都过于模糊，不够准确，也不能说清楚“生色”的得义之由。

4 宋以后诗文中的“生色”

以下列举一些宋以后诗文中的“生色”用例，进一步印证前文对“生色”的解释。

（53）a. 林端生色美新晴，楼阁依山若画屏（蒋堂《虎丘山》，《全宋诗》卷151，1712页）；b. 才人物地新装束，生色春衫画折枝（王珪《宫词》，卷496，6001页）；c. 要与松筠共岁寒，听它青女苦雕残。不于叶上添生色，谁辨刚中一寸丹（释居简《红叶》，卷2791，33072页）；d. 稻畦千顷晬生色，竹日一川摇静晖（魏了翁《次韵虞永康谢余过沧江》，卷2930，34925页）；e. 何处贵游开步障，谁家生色画深屏（刘克庄《再和十首》，卷3040，36247页）；f. 晨光报新霁，生色浮宿莽。（牟巘《和善之游法华》，卷3511，41927页）（北京大学古文献研究所编 1991—1998）

（54）高堂梧与竹，瑷瑷排空青。凉飙忽飞来，落我生色屏。（清·顾嗣立编《元诗选（初集）》辛集载顾瑛《玉山璞稿》，中华书局1987年，2345页）

（55）上笼着一领白罗生色花袍，垂着条紫绒飞带；脚登一双黄皮衬底靴。（《水浒传》第13回，人民文学出版社1997年，169页）

（56）衮龙服，制以青罗，饰以生色销金帝星一、日一、月一、升龙四、复身龙四、山三十八、火四十八、华虫四十八、虎雌四十八。（明·宋濂《元史·舆服志》，中华书局1976年，1930页）

（57）尝记其房中楹联云："湘瑟无声睡鹦鹉，云屏生色画鸳鸯。"（清·王韬《淞滨琐话》，齐鲁书社2004年，262页）

（58）销金生色衣各一袭，金涂银合二，锦绣绫罗三百匹。（《续通典》卷58"礼·皇太子纳妃"，万有文库本，商务印书馆1935年，1483页）

（59）销金生色衣各一袭，涂金银合二，各百两，锦绮绫罗共三百匹。（清·徐松《宋会要辑稿》卷1268"礼五十三亲王娶"，中华书局1957年，1571页）[20]

（60）金乌晃枫林，生色画屏展。（清·弘历《暖》，《御制诗

集（二集）》卷12，四库本，转引自［15］）

上举诸例中“生色”均可理解为“金色、金黄色”。（53）是一组来自《全宋诗》的诗句：a写新晴后林端在阳光照耀下泛出金色；b是春衫上画出的金色花枝；c写严霜下原本绿色的树叶已泛黄红色（就像银白的钢铁间有小块丹红色）；d是指眼见到的千顷金黄的稻谷；e还是金色屏风；f指经冬的枯草（“宿莽”）在早晨太阳照射下泛出的颜色。

（54）是元人诗句，（57）是清人文字，都同（53）e，指金色屏风。这些诗句联语，既表明屏风常被画以生色，也表明“生色屏”在李贺之后作为“语典”常常入诗（参见前文（43）下注⑮）。

（55）“白罗生色花袍”说明“生色”不是彩色；（56）说明“生色”是衣物上的装饰；（58）（59）说明“生色”和“销金”一样，都是服饰染织的一种方式；（60）同（53）a，也指金色阳光照耀下的枫树林像展开的“生色”画屏。㉑

5 结语

“生色”是一个佛源词，是梵文词jāta-rūpa的仿译，在中古佛典中有不少用例，义为“金”。唐代非佛教文献中极少使用，目前仅见于李贺《秦宫》诗；而到宋代十分常用，主要用于绘画和染织，表示“金色”而非“彩色”的意思，与佛典中表示“金”这一事物的用法既一脉相承，又有所区别。宋以后至清的诗文中也还有不少用例，或为绘画染织方法，或形容风景如画，都是“金色”之义。但大致从清代起，已有说者（如清人王琦）不能准确理解“生色”而望文生训。以往的注解和研究中将“生色”解为“色泽鲜明”“彩色”等，都显得语义模糊，不够准确，也不能说清楚“生色”的得义之由。徐复先生认为“生色”本于《广韵·庚韵》中释为“金色”的“珄”，但并没有提出明确的依据，文献中也未见到“珄”的使用。本文对“生色”一词的考察，一方面不仅可以解决对李贺诗句的准确理解，对绘画染织史上的“罨画”“生色”等术语的理解也不无参考作用；另一方面也可看到，一个源自中古汉译佛典的词语在后代使用中的发展和变化。

附 注

① 据后文（24）（29）（31）所引，可知此处“生像”之“生”指金，“像”指银。

② 我们检索了电子版《四库全书》，发现（2）所引“宫中长庑相通曰永巷”也并不出自陈仁锡，而是出自元人陈应润《周易爻变易缊》卷5。《辞海》较早版本（中华书局，1948：906）注“生色”仅言“王琦注”，而晚近的版本（上海辞书出版社，2002：3227）则改为“王琦注引陈仁锡曰”，这可能是受《汉语大词典》或徐复先生研究的影响。

③ 排除《汉语大词典》所列义项一“谓表现于外表”的用例。

④ 李贺的思想深受《楞伽经》影响，见陈允吉（1981）。另外从李贺的诗歌中也可以看出他不仅经常接触佛教、对佛经很熟悉，而且常常以佛语入诗。如《赠陈商》“《楞伽》堆案前，《楚辞》系肘后”，《春归昌谷》“听讲依大树，观书临曲诏”，表明他既研读佛经，也参与佛教的俗讲活动；又如《马诗二十三首》之十九“萧寺驮经马，元从竺国来；空知有善相，不解走章台”，《送沈亚之歌》“短策齐裁如梵夹”，《秦王饮酒》“羲和敲日玻璃声，劫灰飞尽古今平”中“寺”“驮经”“善相”“梵夹”“劫灰”等，都是佛教用语，详见阮堂明（1996）。

⑤ 主要包括上海人民出版社和迪志文化出版有限公司出版的“文渊阁四库全书电子版”、中华电子佛典协会制作的“CBETA电子佛典集成”（2016版）以及笔者本人收集整理的“朱氏语料库”。

⑥ 本文引用佛典均依“CBETA电子佛典集成”（2016），“22/311a”指《大正新修大藏经》第22册，第311页，a、b、c分别指上中下栏；后文（29）“R68/82a-b”指台湾新文丰出版公司印行的《卍续藏经》第68册第82页，a、b分别指上下栏。

⑦ 原书“天”后缺一字。

⑧ 此词以金的产地“阎浮河”代指金，类似于汉语中以“蓝田”代指蓝田所产之玉，但（30）仅给出了该词后半截nada（河）的音译形式。

⑨ （30）的“阿路也”当同（31）作“阿路巴”，形近而误。“路巴”对应“rūpya”，“阿”疑是发r音时增添的一个元音a。

⑩ 据Pulleyblank（1991：265、85），在唐宋时期（Late Middle Chinese）“惹”的拟音为*ria，“多”的拟音为*ta，而且佛教梵文中j和半元音y常常相混（Edgerton 1953：17；辛岛静志 1991），所以“惹多”的唐宋拟音与rajata十分接近。

⑪ 平川彰（Hirakawa 1997：835）为“生色”一词给出的对应梵文词即为jāta-rūpa。另，东晋佛陀跋陀罗译《摩诃僧祇律大比丘戒本》“若比丘，自手捉生色似色，若使人捉举染著者，尼萨耆波夜提；……若比丘种种贩卖生色似色，尼萨耆波夜提”（22/551c），其中“生色”所对应的梵文词正是jāta-rūpa，而“似色”所对应的梵文词是rajata（见Tatia 1976：17），感谢辛岛静志先生见告。

⑫ 将“银”称为“似色”，同将“金”称为“生色”一样，是僧众为了避免直呼“金”“银”而找的一个替代性说法，“似色”仅见于《摩诃僧祇律》及戒本（见前文例22及注11）和后世对此词的注疏。但为何将“银”称为“似色”，目前看来，从梵文词形相似的角度，是唯一有可能的解释。这种基于字形的文字游戏，在汉语中也有过类似的做法，如清代成都的道士端公将数字“九”称为“像丸”（清·傅崇矩《成都通览》“成都之各行人买卖通用言词”，巴蜀书社1987年，46页），明代杭州人将“丑”说成“怀五”（明·田汝成《西湖游览志余》卷25“委巷丛谈”，上海古籍出版社1999年，370页），都是依据字形上的相似。参见陈崎（2002：1425、701）。

⑬ 查今本《墨客挥犀》（中华书局2002年版，以明万历商濬《稗海》本为底本，清抄本为主要校本），未见此语。

⑭ 更准确地讲，可能到清初“生色”一词已经不太常用，方以智和吴景旭虽用“今之生色”来注罨画，但方以智例句都出自（34）所引高似孙《纬略》，而吴景旭是驳斥（37）所引杨慎的说法，可见方和吴的注语“今之生色”很可能是因袭前人。而且，如果“生色”在清初还很常用的话，王琦也就不必给李贺诗中的“生色”作注。但我们至少可以说宋至明“生色”都很常用，后文引（49）及注显示“生色”在明代文献中高频出现。

⑮ 这种“金碧山水”的画法，古人常常施于屏风上，以至于清代词人纳兰性德在词作中对此竟生出厌倦之情，这也从侧面说明李贺诗中“内屋深屏生色画”很可能即指围屏上这种金碧山水的画：“泪浥红笺第几行，唤人娇鸟怕开窗，那更闲过好时光；屏障厌看金碧画，罗衣不奈水沉香，遍翻眉谱只寻常。”（《纳兰词笺注》（修订本）卷1《浣溪沙》，张草纫笺注 2003：32）

⑯ 此处介绍“满月”之俗，全文如下：“至满月则生色及绷绣钱，贵富家金银犀玉为之，并果子，大展洗儿会。亲宾盛集，煎香汤于盆中，下果子彩钱葱蒜等，用数丈彩绕之，名曰‘围盆’。以钗子搅水，谓之‘搅盆’。观者各撒钱于水中，谓之‘添盆’。盆中枣子直立者，妇人争取食之，以为生男之征。浴儿毕，落胎发，遍谢坐客，抱牙儿入他人房，谓之‘移窠’。”文中“绷绣钱”暂无考，当即下文之“彩钱”的一种，故观者所撒之钱为“生色钱”及“绷绣钱”二种。此俗在唐宋间盛行，明·陈士元《俚言解》卷1“三朝满月”记载：“又生子一月，谓之满月。此风唐宋时最盛，亲友富豪者投赠犀钱玉果。”（长泽规矩也编《明清俗语辞书集成》第1册《俚言解》1989：8）所记满月投钱之俗亦同。

⑰ 下面记载也能证明“生色”并非“彩色、杂色”：“三年十二月分左藏库为左右藏各二库……明年仍废右藏，分为四库：曰钱，曰金银，曰丝绵，曰生色匹帛、杂色匹帛。”（宋·彭百川《太平治迹统类》卷28“太宗”，四库本）其中“生色”明显和“杂色”相对。

⑱ 相同文字又见于明建文、永乐间所修之《明太祖实录》（卷56，“中研院”历史语言研究所校印，1967年，1104页），《钦定续文献通考》当取自于此。

⑲ 少数形容“风景如画”的用例从字面似乎看不出“罨画”或“生色”与“金色”的直接关系，如（34）引秦韬玉诗“花明驿路胭脂暖，山入江亭罨画开”、周端臣《古断肠曲三十首》之六“梦破巫山生色屏，锦囊情薄歇余馨”（《全宋诗》卷2784，32967页），但是如果（1）这些例句中的“罨画”或“生色”解作与“金色”有关的意义完全可通，且（2）并没有证据表明它们已经有了别的意义，这样的情况下我们认为还是应该理解为本文证明的“金色”义。如秦韬玉诗可理解为“从江亭里看到的山景有如一幅展开的金碧辉煌的画作”，周端臣诗可理解为“好梦破灭在像金碧屏风一般的巫山那里”。

⑳ （58）《续通典》和（59）《宋会要辑稿》虽为清人编辑，但所记均为宋朝王室聘娶之礼品，文字近似，材料当有所本。

㉑ 前引（43）指出金碧山水“只宜朝暮及晴景”，因为这种画法要表现的就是阳光照耀下景致的金光灿烂，此处所引（53）a、d、f以及（60）所描绘的正是这种景致。

参考文献

白维国、江蓝生、汪维辉主编 （2015）《近代汉语词典》，上海教育出版社，上海。

北京大学古文献研究所编 （1991—1998）《全宋诗》，北京大学出版社，北京。

长泽规矩也编 （1989）《明清俗语辞书集成》第1册《俚言解》，上海古籍出版社，上海。

陈 崎 （2002）《中国秘密语大辞典》，汉语大词典出版社，上海。

陈允吉 （1981） 李贺与《楞伽经》，蒋孔阳编《中国古代美学艺术论文集》，245—271页，上海古籍出版社，上海。

陈治文 （1984/2013） 词语释义商兑，陈治文著《近现代汉语研究文存》，74—85页，社会科学文献出版社，北京。本文原载《中国语文》1984年第1期，58—61页，作者署名“乐东甫”，中国社会科学出版社，北京。

辞海编辑委员会 （2002）《辞海》（1999年版普及本），上海辞书出版社，上海。

广东、广西、湖南、河南辞源修订组、商务印书馆编辑部编 （1979）《辞源》（修订本），商务印书馆，北京。

汉语大词典编辑委员会 （1991）《汉语大词典》（第七卷），汉语大词典出版社，上海。
胡问依、王皓叟 （1986）《后村千家诗校注》，贵州人民出版社，贵阳。
江蓝生、曹广顺主编 （1997）《唐五代语言词典》，上海教育出版社，上海。
江苏师范学院《李贺歌诗选注》评注组 （1975）《李贺歌诗选注》（征求意见稿），无出版社。
梁晓红、徐时仪、陈五云 （2005）《佛经音义与汉语词汇研究》，商务印书馆，北京。
刘　衍 （1990）《李贺诗校笺证异》，湖南出版社，长沙。
钱仲联 （1984）《梦苕盦专著二种》之一《李贺年谱会笺》，中国社会科学出版社，北京。
阮堂明 （1996） 生命　痛苦　超越——李贺与佛、道，《文史知识》第12期，81—85页，中华书局，北京。
山东大学中文系古典文学教研室编 （1985）《中国古代文学作品选（下）》，山东教育出版社，济南。
上海辞书出版社文学鉴赏辞典编纂中心编 （2012）《元曲鉴赏辞典珍藏本（中）》，上海辞书出版社，上海。
沈从文 （2002）《中国古代服饰研究》，上海书店，上海。
童教英 （1991）《中国古代绘画简史》，复旦大学出版社，上海。
王继如 （2000） 厚积薄发 度人金针——读徐鸣谦师《语言文字学论稿》，赵宁乐、方向东编《朴学之光：语言文字学家徐复》，152—156页，南京大学出版社，南京。
王克俭主编 （1997）《李贺诗选》，海南国际新闻出版中心，海口。
王　锳 （2005）《诗词曲语辞例释》（二次增订本），中华书局，北京。
吴企明、尤振中 （1981）《李贺诗选析》，江苏人民出版社，南京。
吴企明编选 （2014）《李贺集》，凤凰出版社，南京。
郗政民 （1991）《古书未释词语荟释》，江西教育出版社，南昌。
辛岛静志 （1991） 法华经中的乘（yāna）与智慧（jñāna）——论大乘佛教中yāna概念的起源与发展，李铮、蒋忠新主编《季羡林教授八十华诞纪念论文集》（下），607—643页，江西人民出版社，南昌。
徐传武译注 （1992）《李贺诗集译注》，山东教育出版社，济南。
徐　复 （1992） 徐序，田忠侠著《辞源续考》，1—5页，黑龙江人民出版社，哈尔滨。
徐　复 （1994） 读书录疑，《古汉语研究》增刊，3—4、21页，古汉语研究杂志社，长沙。
徐　复 （1995） 唐人诗文偶笺，《徐复语言文字学论稿》，264—267页，江苏教育出版社，南京。
徐　复 （2007）《徐复语言文字学晚稿》，江苏教育出版社，南京。

徐时仪 （2005）《玄应〈众经音义〉研究》，中华书局，北京。
叶葱奇 （1959/2015）《李贺诗集疏注》，人民文学出版社，北京。
叶葱奇编订 （1959）《李贺诗集》，人民文学出版社，北京。
伊永文 （2006）《东京梦华录笺注》，中华书局，北京。
尹意点校 （2016）《洞天清录 外二种》，浙江人民美术出版社，杭州。
俞剑华 （1984）《中国绘画史》，上海书店，上海。
曾 良 （2001）《敦煌文献字义通释》，厦门大学出版社，厦门。
张草纫 （2003）《纳兰词笺注》（修订本），上海古籍出版社，上海。
张忠纲主编 （2000）《全唐诗大词典》，语文出版社，北京。
中文大辞典编纂委员会 （1990）《中文大辞典》（普及本第六卷），中国文化大学出版部，台北。
左洪涛 （2012）《高似孙〈纬略〉校注》，浙江大学出版社，杭州。
Edgerton, Franklin （1953） *Buddhist Hybrid Sanskrit Grammar and Dictionary, Volume 1: Grammar*. New Haven: Yale University Press.
Hirakawa, Akira （1997） *A Buddhist Chinese-Sanskrit Dictionary*. Tokyo: The Reiyukai.
Monier-Williams, M. （1899） *A Sanskrit-English Dictionary*. Oxford: Oxford University Press.
Pulleyblank, Edwin G. （1991） *Lexicon of Reconstructed Pronunciation in Early Middle Chinese, Late Middle Chinese, and Early Mandarin*. Vancouver: UBC Press.
Tatia, Nathmal （1976） *Prātimokṣasūtram of the Lokottaravādimahāsāṅghika school*, Tibetan Sanskrit Works Series 16. Patna: Kashi Prasad Jayaswal Research Institute.

On Explaining the Word *Shengse*（生色）in Lihe's Poem *Qin Gong*（《秦宫》）

ZHU Guanming

Abstract: This article discusses the exact meaning of the obscure word *shengse*（生色）in one of Lihe's poems, titled *Qin Gong*（秦宫）, and explores its origin and evolution. The word *shengse* is originally a calque of the Sanskrit word *jāta-rūpa* whose meaning is "gold" in the medieval Chinese Buddhist Vinayas, and is not yet common during the

Tang dynasty. Since the Song dynasty, *Shengse*, with a newly-obtained meaning “golden”, is often used in drawing, weaving and dyeing, as well as describing the scenery.

Keywords: *shengse*（生色）, gold, Chinese Buddhist Vinayas, calque, *yanhua*（罨画）

（100872 北京，中国人民大学文学院 zhuguanming@ruc.edu.cn）

汉语方言词“伢”的来源与演变*

倪志佳

提要 不少汉语方言称“孩子”为“伢”。“伢”的语源可能是“牙齿”之“牙”，也可能是孩子的学语声或啼哭声。它在先秦两汉的文献中已经偶有用例，通作“吾”“䵷”“雅”等。最晚到北宋，产生了指婴儿的“牙儿”一词，这是“伢”的直接来源。后来，“牙儿”的词义演变为“孩子”，“牙”本身也可指孩子。“牙”在近代文献中有多种写法，大约到了明末清初才写作“伢”。“牙儿”在北宋很可能是一个通语词，广泛分布于中原及长江中下游地区。靖康之难后，它一方面在中原地区逐渐消失，另一方面随着移民向南扩散。宋代以后，“牙儿”退出通语，主要用于长江中下游地区的方言，至今如此。本文的研究还印证了吕叔湘和罗杰瑞关于官话发展的设想，并表明方言词汇也存在历史层次，结合文献研究方言词汇有助于更加清晰地揭示汉语方言的演变过程。

关键词 汉语方言 孩子 伢 牙 牙儿

汉语方言中有不少称“孩子”为“伢”的，例如：武汉“（小）伢［（ɕiau42˦˨）ŋa˨˩˧］”、合肥“（小）伢子［（ɕiɔ24-33˨˦˧）ia55˥·tsə］”、长沙“细伢子［ɕi˦˥ ŋa13˩˧·tsɿ］”/“伢妹子［ŋa13˩˧ mei˨˩·tsɿ］”、南昌“细伢子［ɕi˦˥ ŋa35˧˥·tsɿ］”。①“伢”是一个俗字，出现得很晚（详见下文4.3）。它的语源是什么？在文献中的使用情况如何？古代文献与现代方言之间有着怎样的关系？目前研究得并不多。郑张尚芳（2008）讨论过“伢”的语源问题，但说得比较简单，结论也尚需斟酌。萧旭（2014）钩稽了大量与“伢”相关的古代语词，然而所论失于宽泛，容有商榷之处（二家观点详见下文第一节）。有鉴于此，本文将围绕上面提出的几个问题，对“伢”做一番全面和深入的考查。

收稿日期：2017-1-2；**定稿日期**：2017-10-30。

* 笔者在写作本文的过程中得到了胡敕瑞先生的指点，匿名审稿专家提出了非常重要的修改意见，谨此深致谢意。文中错误概由本人负责。

一 “伢”的语源

“伢”的语源是前人研究的关心所在，但各家观点不尽相同，约而言之可分为两类，下面分别辨析之。

1.1 “伢”源自表示“萌生”之义的“芽”。章太炎《新方言·释言》:“凡儿始生，即以训‘始’之义名之。……萌芽亦‘始’也，古衹作‘牙’。《后汉书·崔骃传》:‘甘罗童牙而报赵。’注:‘童牙，谓幼小也。’《管子·海王》篇:‘吾子食盐二升少半。’以‘吾’为之。‘芽’又变‘孲’，故《类篇》云:‘吴人呼赤子曰“孲子”。’今扬州、镇江、杭州通谓小儿为‘小孲’。”

今按:《说文解字·艸部》:“芽，萌芽也。”段玉裁《说文解字注》:“古多以‘牙’为‘芽’。”王筠《说文解字句读》:“此篆恐系后增。若是许君本收，则‘萌’‘芽’二字当转注，‘芽’下不当云‘萌芽也’。即‘萌’下亦当云‘艸木牙也’。惟‘牙’是借字，故以‘艸木’明之。米部:‘糵，牙米也。’竹部:‘管，物开地牙。’概不作‘芽’也。虽《月令》云‘安萌芽’，亦恐后人加‘艸’，他经不见此字。《汉书·金日磾传》:‘霍氏有事萌牙。’尚不作‘芽’，足以征之。……秦始言‘牙’，至汉尚无专字而借‘牙’。殆‘萌’说既改作‘芽’，人遂增‘芽’以冠其上耳。”《广雅·释诂一》:“芽，始也。”可见章氏所云“萌芽亦‘始’也，古衹作‘牙’”不误。但“萌芽”之“芽”并非只是早期字形作“牙”，而是来源于“牙”，即“牙”乃“芽”之本字，而非借字（王筠亦持借字说）。《说文解字·牙部》:“牙，牡齿也。象上下相错之形。”段注改“牡齿”作“壮齿”，云:“壮齿者，齿之大者也。统言之，皆偁齿、偁牙；析言之，则前当唇者偁齿，后在辅车者偁牙。牙较大于齿，非有牝牡也。”《左传·隐公五年》:“皮革、齿牙、骨角、毛羽，不登于器。”孔颖达疏:“颔上大齿谓之为牙。”可见，“牙”的本义是臼齿，今俗称“大牙”“槽牙”。[2]后泛指牙齿。《周礼·春官·典瑞》："牙璋以起军旅，以治兵守。"郑玄注引郑司农云："牙璋，瑑以为牙。牙齿，兵象，故以牙璋发兵。"由此再引申出"萌生"义。王力（1982：137）指出："婴孩初生无牙，生数月始出牙，故牙齿的'牙'引申为萌牙的'牙'。后人加艸为'芽'。"

理清了"芽"和"牙"的关系，我们认为："伢"所表示的"孩子"义不必由"芽"辗转引申，而可从"牙"直接发展出来——生齿是婴儿的一个重要生理现象，故"牙齿"之"牙"可以转指婴儿，语义进一步泛化则指孩子。"孩"在历史上也经历了类似的词义演变过程，可以辅证上述推测。《说文解字·口部》："咳，小儿笑也。孩，古文咳。"这是"孩"的本义。文献用例如《老子·二十章》："我独泊兮其未兆，如婴儿之未孩。"《孟子·尽心上》："孩提之童无不知爱其亲者。"赵岐注："孩提，二三岁之间在襁褓知孩笑、可提抱者也。"后转指婴儿，如《老子·四十九章》："圣人皆孩之。"王弼注："皆使和而无欲如婴儿也。"西晋·李密《陈情表》："生孩六月，慈父见背。"再泛指儿童，如唐·权德舆《早春南亭即事》："独有开怀处，孙孩戏目前。"唐·杜光庭《录异记》卷五："民家孩子数岁，忽遍身肿赤，皮肤炮破。"[③]总而言之，"伢"的语源当是"牙"，而非"芽"。

"牙"表"孩子"在先秦两汉的文献中多借用其他字形，如章氏所举的《管子》的"吾"字（详见下文2.1）。《后汉书》的"童牙"实际出自崔骃的《达旨》："唐且华颠以悟秦，甘罗童牙而报赵。"李贤注："童牙，谓幼小也。""幼小"乃笼统言之，更确切的理解应当是："童牙"与"华颠"对举，是一个名词；"童"与"牙"并列，都是表"孩子"的名词性语素，"童牙"整体也指孩子。《类篇》的"犽"也见于《集韵》，是"牙"的后起俗字（详见下文4.2）。

1.2 "伢"源于孩子的学语声或啼哭声，早期借"牙"等字表示，后来写作"犽""伢"。郑张尚芳（2008）认为："'牙'指孩子，如果不是由'芽'转义，就可能也像'娃'一样，是来于'牙牙学语’或啼声的以声命名。”今按：“牙”不当由“芽”转义，上文已辨之。至于后一说，则或可成立：其一，以语声或啼声转指孩子于理可通，“娃”就是一个例子（参见郑张先生的文章）。其二，“牙”，《广韵》平声麻韵“五加切”，古音属疑母鱼部，拟音作[ŋea]（郭锡良 2010：10），与孩子的语声或啼声相近。因此，“以声命名”在语音上也说得通。

萧旭（2014）首先考释了“婴儿”一词的语源，结论是：“‘婴儿’‘嫛婗’‘鷖弥’即是《楚辞》‘咿喔’的音转，俗作‘咿呀’‘咿啊’，亦是‘呀呀’的音转，是小儿所发的声音，故作小儿之称。”进而将“婴儿”之“儿”与“牙”联系起来：“‘婗’‘儿’古音读牙，指称小儿，俗字作‘犽’‘伢’。”今按：“婴儿”确有可能源于幼儿的声音，但“儿”古音属日母支部，与“牙”声、韵皆异；再以《诗经》而言，支、鱼无一例合押（据王力 1980）——因此，不当云“‘儿’古音读牙”，“儿”与“牙”既非同源，亦不通转。换言之，“牙”可能与“儿”一样也是拟声之词，但所据声音并不相同，“牙”“儿”之间不能泛言“音转”。

1.3 综上所述，第一种观点可称为“引申说”，“牙”是“伢”的语源，也是其本字；第二种观点可称为“拟声说”，“牙”不是“伢”的语源，而只是其借字。目前看来，二说都言之成理，且不能互相反驳，我们暂且存而并观，日后如有新的发现，再做探讨。但为了叙述方便，下文先用“牙”来代指“伢”所表示的词（古音属疑母鱼部、义为“孩子”），且不管它事实上是本字还是借字。

二 先秦两汉文献用例

表“孩子”的“牙”在先秦两汉的文献中不太多见，且除了《达旨》写作“牙”字，其余均借用他字。举例如下：

2.1 吾 《管子·海王》：“终月，大男食盐五升少半，大女食盐三升少半，吾子食盐二升少半。……今吾非籍之诸君吾子，而有二国之籍者六千万。使君施令曰：‘吾将籍于诸君吾子。’则必嚣号。”《国蓄》：“中岁之谷，粜石十钱。大男食四石，月有四十之籍。大女食三石，月有三十之籍。吾子食二石，月有二十之籍。岁凶谷贵，籴石二十钱，则大男有八十之籍，大女有六十之籍，吾子有四十之籍。是人君非发号令收穑而户籍也。彼人君守其本委谨，而男女诸君吾子无不服籍者也。”两篇中的“吾子”，尹知章（一说房玄龄）皆注：“吾子，谓小男小女也。”

黎翔凤《管子校注》引清·陈奂云：“《地数》篇曰：‘凡食盐之数，婴儿二升少半。’则‘吾子’谓婴儿也。”今按，《地数》篇原文为：“凡食盐之数，一月，丈夫五升少半，妇人三升少半，婴儿二升少半。”与上引《海王》篇的第一句意思相同，可谓同书内的异文。可见，《海王》《国蓄》两篇中的“吾子”义同“婴儿”。又，从“吾子”与“大男”“大女”对举，“婴儿”与“丈夫”“妇人”对举来看，“吾子”和“婴儿”当指孩子（如尹注所云“小男小女”），而非今之所谓婴儿（初生幼儿）——先秦文献中的“婴儿”可泛指幼童，例证如下：《战国策·秦策一》：“今秦妇人婴儿皆言商君之法，莫言大王之法。”《韩非子·外储说左上》：“曾子之妻之市，其子随之而泣。……妻止之，曰：‘特与婴儿戏耳。’”《晏子春秋·内篇·杂上》：“景公睹婴儿有乞于途者。”

“吾子”何以能表“孩子”？清·周寿昌云：“此‘吾’字正，音作‘牙’。《汉书·地理志》：‘金城郡允吾县。’注：‘应劭曰：“音铅牙。”’《诗》：‘吁嗟乎驺虞。’《山海经》：‘林氏国有珍兽，尾长于身，名曰“驺吾”。’《墨子》：‘成王因先王之乐，命曰“驺吾”。’《新语》云：‘文王驺牙名囿。’《史记·东方朔传》：‘朔曰：“所谓驺牙者也。”’‘驺牙’即‘驺吾’。……《太玄经·勤·次三》曰：‘羁角之吾，其音呱呱。’则正与尹注‘小男小女’之说合，尤此篇确证。[④]”（《思益堂日札》卷八）俞樾《诸子平议》较周书稍晚出，卷六“吾子食盐二升少半”条和卷三十三“羁角之吾”条与周说相类，兹不赘引。

今按：“吾”古音属疑母鱼部，与“牙”同。“允吾”音“铅牙”，“驺吾”又作“驺牙”，亦可证二者音近。[⑤]故上引《管子》之“吾”实为“牙”之假借，“吾子”即“牙子”，义为“孩子”。《太玄》“羁角之吾”的“吾”也当读为“牙”，义同“吾子”。

又，《墨子·公孟》：“公孟子曰：‘三年之丧，学吾之慕父母。’子墨子曰：‘夫婴儿子之知，独慕父母而已。’”俞樾云：“‘吾’下脱‘子’字。《管子·海王》篇……此文公孟子曰：‘三年之丧，学吾子之慕父母。’故下子墨子曰：‘夫婴儿子之知，独慕父母而已。’‘婴儿子’即‘吾子’也。”（《诸子平议》卷十一）今按：俞说有理，“吾”下补“子”字于文意更通。即若本无“子”字，此处“吾”亦当读为“牙”，一如“羁角之吾”的“吾”。

又，刘向《列女传》卷一：“文伯退朝，朝敬姜，敬姜方绩。……敬姜叹曰：‘鲁其亡乎！使吾子备官而未之闻耶？’”萧旭（2014）云：“此为母责子语，‘吾子’必非敬词。‘吾子’犹今言伢儿，《国语·鲁语下》《慎子·外篇》‘吾子’作‘僮子’，可为确证。”今按：《列女传》“吾”字他本或作“童”“僮”，尤其是清·阮福摹刊南宋建安余氏《古列女传》本作“童”（参见刘晓东 1998：99），可见“吾”很可能为后人窜改之字。[⑥]退一步说，即使“吾”字不误，把“吾子”按常规理解为“我的儿子”于文意也可通。异文只可做旁证，而不能做确证。[⑦]因此，萧说未足信，此处的“吾子”当有别于《管子·海王》的“吾子”，“吾”读如字，不必通“牙”。

2.2 禦（蘌、蓹、籞、篽、语）《国语·吴语》：“吾用禦儿临之。”“明日徙舍，至于禦儿。”韦昭注：“禦儿，越北鄙，在今嘉兴。”《越语上》：“句践之地，南至于句无，北至于禦儿。”注：“今嘉兴禦（引者按，‘禦’一本作‘语’）儿乡是也。”《史记·东越列传》：“楼船将军率（引者按，‘率’当作‘卒’）钱塘辕终古斩徇北将军，为禦儿侯。”张守节《史记正义》：“‘禦’字今作‘语’。语儿乡在苏州嘉兴县南七十里，临官道也。”《建元以来侯者年表》

作“蘖儿”。《汉书·景武昭宣元成功臣表》作“蘌儿”。《闽粤传》作“语儿”，颜师古注：“‘语’字或作‘蘌’，或作‘禦’（引者按，‘禦’一本作‘籞’），其音同。”《越绝书》亦作“语儿”。《记吴地传》：“柴碎（引者按，‘碎’当作‘辟’）亭到语儿就李，吴侵以为战地。”《记地传》：“语儿乡，故越界，名曰‘就李’。吴疆越地，以为战地，至于柴辟亭。女阳亭者，句践入官于吴，夫人从，道产女此亭，养于李乡；句践胜吴，更名‘女阳’，更‘就李’为‘语儿乡’。”

萧旭（2014）云：“‘语儿’‘禦（蘌、蘖）儿’者，其地以句践夫人于道产女得名。宋·张尧同《嘉禾百咏》引《三朝国史》：‘有语儿亭，又名女儿亭，俗呼囡儿亭。’是‘语儿’即‘囡儿’，亦即‘孲儿’也。”今按：“禦（蘖、语等）”若非通“女”，则当读为“牙”，“禦儿”即“牙儿”，指孩子。理由如下：一、“禦儿”指孩子，合乎其得名之由（此点萧氏已言之）。二、“禦”“语”等字古音都属疑母鱼部，与“牙”相同。三、先秦两汉的文献中，“讶”有与“御”通用的例子，“迓”有与“御”“禦”通用的例子（详见张儒、刘毓庆 2002：387）。“讶”“迓”皆从“牙”得声，故“牙”也可与“禦”“蘖”等相通。萧氏谓“语儿”即“孲儿”，是其可取之处，但将“囡儿”也牵扯进来则恐不当，因为“囡儿”乃“女儿”的同义别称，不论音或义，都与“语儿”无关。

2.3　雅《论衡·自纪》：“以圣典而示小雅，以雅言而说丘野，不得所晓，无不逆者。”刘盼遂《论衡集解》注云：“‘小雅’之‘雅’，古祇作‘牙’，小儿之称也。《后汉书·崔骃传》云……今中国江淮之域，尚多呼小儿为‘小牙’者。《论衡》之‘小雅’，自系当时之习语矣。”胡敕瑞（2002：104）亦持此说，并认为“小雅”可能是方言词：“王充系会稽上虞人，故作品间用方言。”

今按：刘、胡二家说法可取。“牙”“雅”自古除了声调不同，声母、韵母都相同，具备通假的条件。先秦文献中亦可见二者相通的例子，如《尚书·君牙》：“穆王命君牙为周大司徒，作《君牙》。”陆德明《经典释文》:“君牙，或作‘君雅’。”《礼记·缁衣》作“君雅”。郑玄注:“雅,《书序》作‘牙’，假借字也。”又如《吕氏春秋·本味》:“钟子期死，伯牙破琴绝弦，终身不复鼓琴。”高诱注:“牙，名，或作‘雅’。”另外，从前文所举的例子来看,“牙”表“孩子”确有可能是方言用法:“吾子”见于《管子》，而“《管》书中齐之方言不少”(黎翔凤《管子校注·序论》);“羁角之吾”见于《太玄》，作者扬雄为蜀人;“欙儿”为越国地名——这一条尤可辅证《论衡》之“小雅”系越地方言。再者,“牙”(指孩子)少见于先秦两汉文献的事实或许也暗示着它并非出于通语，而是来自方言。

三 宋代的“牙儿”

东汉之后，直至宋以前，表“孩子”的“牙”基本只见于“童牙”一词，且用例很少，如《汉武帝内传》[⑧]:“挹景练仙骸，万劫方童牙。”北魏《元悌墓志》:“髟发行谣，童牙巷歌。”(毛远明 2014: 1025)又,《新五代史·唐本纪》:“(李)克用少骁勇，军中号曰‘李鵶儿’。”清·翟灏云:“‘鵶儿’是小儿之称，因其年甚少，故云。”(《通俗编》卷十八)今按:“鵶”是“鸦”的异体字。今本《玉篇·鸟部》:“鸦，於牙切，乌也。今作‘鵶’。”如翟灏所云，则“鵶”为“牙”之假借,“鵶儿”即“牙儿”，但“鵶”与“牙”读音有别(“鵶”为影母,“牙”为疑母)，且“鵶儿”如解作“牙儿”，与“年少”虽合，与“骁勇”却不相关，故“鵶”是否通“牙”恐需存疑。

到了宋代，出现了“牙儿”一词，文献中用例不少，罗列如下(大致按时间先后顺序排列):

(1)爹爹来密州，再岁得两子。牙儿秀且厚，郑郑已生齿。翁翁尚未见，既见想欢喜。(北宋·孔平仲《代小子广孙寄翁翁》[⑨])

(2)得书，知同诸新妇侍奉，不阙子职，牙儿长茂。(北

宋·黄庭坚《与声叔六侄书》）

（3）枢郎向前读书识好恶，贺娘牙儿计安？（北宋·郑刚中《北山集》卷二十九）

（4）凡孕妇入月，于初一日……并牙儿衣物、襉籍（引者按，“籍”当作“藉”）等，谓之“催生”。……至满月，……浴儿毕，落胎发，遍谢坐客，抱牙儿入他人房，谓之“移窠”。（北宋·孟元老《东京梦华录》卷五）

（5）凡生下一七至襁褓内及一岁皆谓之牙儿，二岁曰婴儿，三岁曰奶童，四岁曰奶腥，五岁曰孩儿，六岁曰小儿。（北宋·刘昉《幼幼新书》卷二引《惠眼观证》[10]）

（6）此候因母受胎时，……牙儿饮母热，血脉五脏未成就，故受风邪而得。（同上，卷五引《茅先生方》）

（7）天竺黄散子，……每服一钱，熟水调下。三岁孩儿可半钱，牙儿只一字。（同上，卷十九引《张氏家传》）[11]

（8）应山县外大龟山，……产一种鱼，形模与常异，名曰“牙儿鱼”。有四足，能登岸升木，作声咿嚘，全如婴孩。（南宋·洪迈《夷坚支志》景卷二）

（9）引就王丙乙位下，取自成男牙儿归宗，奉自成香火。……给付牙儿执照，并关乡司，起户招税。但牙儿年小，未能成立，……候牙儿年长，令却自主掌。（明·张四维《名公书判清明集》卷十南宋·翁甫《弟妇与伯成奸，且弃逐其男女，盗卖其田业》）

（10）周五十娘系因产下死牙儿，以致身死，尸首变动，不愿检验。（同上，卷十三南宋·翁甫《姊妄诉妹身死不明，而其夫愿免检验》）

（11）流气饮，……如牙儿（引者按，“牙儿”一本作“婴儿”）有患，只令乳母服之。（宋·太平惠民和剂局编《太平惠民和剂局方》卷七）

（12）麦煎散，……如初生牙儿感冒风冷，鼻塞身热，喷嚏

多啼，每一匙许，并用麦子煎汤下。[12]（同上，卷十）

根据例（4）、例（5）、例（7）、例（8）、例（10）、例（12）等，可以明显看出“牙儿”指的是出生不久的婴儿。此外，例（1）和例（2）是两个目前可以确定的、年代较早的“牙儿”的用例。作者孔平仲和黄庭坚年龄相仿，都生于11世纪中叶，即北宋中期。[13]由此，“牙儿”一词最晚出现的时间可以暂定在这一时期。

“牙儿”是否是先秦两汉文献中“吾子”“㜷儿”等词的“直系后裔”？从以下两个方面来看，这一点恐难成立：其一，它们相隔的时间太长，且中间缺乏文献例证。其二，“牙儿”只指婴儿，“吾子”等则可指孩子，“孩子”义当由“婴儿”义发展而来（参见前文1.1），反之则不合情理。不过即便如此，“牙儿”的得名之由与“吾子”等词应该是一样的——或与婴儿生齿有关，或是模拟婴儿的声音。总之，也许“吾子”等词和现代方言的“伢”关系尚远，但至少可以说“牙儿”是“伢”的直接来源。虽然“牙儿”在宋代只指婴儿，但由“婴儿”义发展出“孩子”义是比较容易的。[14]下一节通过其他近代文献，我们将看到“牙儿”或“牙”指孩子的用法。

四　其他近代文献用例

除了“牙儿”以外，宋代及之后的文献中，“牙”与“孩子”义相关的用例还有不少，只是不一定都写作“牙”字。下面按照不同的字形分别举例。

4.1　牙　指婴儿的“牙儿”在宋代以后的文献中很少出现，有限的用例主要见于医书，如元代曾世荣《活幼口议》、明代朱橚《普济方》、王肯堂《证治准绳》等。医书往往历代因袭，辗转相抄，不一定能反映语言发展的实际情况。上举诸书中的“牙儿”可能承自宋代医书，此处不再举例。如此，则指婴儿的“牙儿”很可能在宋代以后就从通语中消失了。但从另外一些材料来看，它还保存在方言当中，如道光《永州府志》卷五下："凡呼年幼曰'牙儿'，又曰'赖崽'。"此处"牙儿"已不再仅指婴儿，而泛指孩子。[15]

另外，"牙"在宋代的"牙儿"一词中还是修饰性成分，整个词指婴儿，到后来则可以做中心成分，本身就指孩子[16]，如民国《安徽通志稿·方言考稿》卷二："怀宁谓小儿为'小牙子'。……合肥或转音为'小霞子[17]'。"有时也指动物的幼崽，如《西游记》第八十六回："这厮从小儿也不知偷了人家多少猪牙子、羊羔儿吃了。""幼崽"义当由"孩子"义引申而来，可见"牙"指孩子的用法在方言中存在已久。

4.2　犽（孲、玡）"犽"最早见于《集韵》，平声麻韵牛加切："犽，吴人谓赤子曰'孲犽'。"它与"牙"音同义合，应当认为是"牙"的俗字。[18]"孲犽"一词在文献中有少数用例，如元·杨维桢《海乡竹枝歌》（其二）："孲犽（引者按，'孲犽'一本作'哑子'）三岁未识父，郎在海东何日归？""犽"也写作"孲"，如元·黄玠《忠奴李善歌》："孲孲虽小是奴主，簿书不敢欺豪铢。"杨维桢是诸暨人，黄玠是慈溪人[19]，他们说的应该都是吴语，在诗歌中偶用吴方言词自在情理之中。还有"孲""犽"两字颠倒作"犽孲"的，如清·范寅《越谚》卷中："犽孲，称生未百日之婴。《集韵》引吴谚，倒转说。"

除了"孲犽"，"犽"还有其他用法：一、"犽子"。最早见于《类篇》，子部："犽，居牙切[20]，吴人谓赤子曰'犽子'。"又，嘉庆《东台县志》卷十五："小儿谓之'犽子'。"二、"犽儿"。明·陈士元《俗用杂字》[21]："赤子曰'犽儿'。"明·张岱《陶庵梦忆》卷七《西湖香市》："凡䅽菽、簪珥、牙尺、剪刀，以至经典、木鱼、犽儿嬉具之类，无不集。"康熙《临晋县志》卷三（临晋今属山西临猗）："小儿曰'犽儿'。"三、"小犽"。民国《阜宁县新志》卷十五："小犽，即小孩，或曰'小蛙蛙''小宝宝'。北乡曰'小ㄐ犽'，邑读或如'瑕'[22]。"四、单用。明·张自烈《正字通·牙部》："犽，俗字。吴人谓赤子曰'犽'。今俗呼厮童通曰'犽'。亦作'牙'。"

明·李实《蜀语》:“小子曰‘犽’。”清·胡文英《吴下方言考》卷四:“犽，小儿也。……吴中呼儿曰‘犽’。”同治《萍乡县志》卷一:“童稚多呼为‘犽’。”

“犽”还有一个比较少见的字形“𤘍”。目前能查到的最早出处是陈士元的《古俗字略》，麻韵五加切:“牙，牙齿。𤘍，古。”清·吴任臣《字汇补·牙部》也收了这个字，并云“出《篇韵》”。按:《字汇补》所称的《篇韵》一般指金·韩道昭的《改并五音类聚四声篇海》和《改并五音集韵》（参见张涌泉 1999），今查二书，并无“𤘍”字，此说恐怕有误。张涌泉（2000: 579）指出:“此字当是‘犽’的讹俗字。……一些上下结构或左右结构形体相近的偏旁，俗书往往会发生类同的倾向。……‘𤘍’当也是这种字形内部偏旁类化的结果。”“𤘍”字未见有文献用例。

4.3　伢　现在通用的“伢”字出现得很晚，古代的字书、韵书均未收录。目前所能查到的比较可靠的用例始见于明末清初。晚明石文器《翠筠亭集》（顺治三年［1646］刻本）卷一《禁冬笋碑记》:“每以九月出笋，五六月先至放笋银，以七作十，伢家变扣其一。”但此处的“伢”不是指孩子，而是指介绍买卖的经纪人，旧作“牙”，如“牙人”“牙子”。稍后成书的韩世琦《抚吴疏草》（康熙五年［1666］刻本）中录有人名“潘三伢”（卷七）和“刘长伢”（卷二十五、三十一等）。这可能才是与“孩子”义相关的“伢”在文献中的较早用例——表“孩子”义的词在民间常被用作人名（特别是小名），“娃”“仔（崽）”等均有此现象。[23]“伢”的这种用法在清代早中期尚不多见，直到晚清才比较普遍，如陶澍《陶云汀先生奏疏》（道光十三年［1833］刻本）卷三十九有“庄宗伢”“庄裕伢”，胡林翼《胡文忠公遗集》（同治六年［1867］刻本）卷四十九有“（雷）一伢”。方志中的此类人名更常见，详见下文5.2小节。降至民国，直接表“孩子”的“牙”也开始写作“伢”（之前多作“犽”），如民国《钟祥县志》卷十二上:“伢，伢子，孩子也。”之后，“伢”逐渐取代“犽”等字形，成为现在最通行的写法。[24]

4.4 还有一类与“孲”相关的词。如“孲孲”，杨维桢《六宫戏婴图》：“百子图开翠屏底，戏弄孲孲（引者按，‘孲孲’一本作‘哑哑’）未生齿。”又“孲䙬”，元·吴莱《观孙太古〈周天二十八宿星君像图〉》：“岂其太白变，嬉戏类孲（引者按，‘孲’一本作‘孩’）䙬。”（今本《玉篇·子部》：“䙬，音缨，孩也。”）又“呕鸦”，南宋·陈造《送学生归赴秋试，因省别业三首》（其三）：“宁堪再揽减，又抱两呕鸦。”自注：“越人以婴儿为‘呕鸦’。”（“鸦”与“孲”同音，此处当为其假借字。）

按：“孲”最早见于《集韵》，平声麻韵於加切：“孲，孲犽，赤子。”可见，它是和“犽”连用的一个字，与之共同构成“孲犽”一词以指婴儿。至于其本身的意义，从上面的用例来看，很可能是婴儿所发的声音。“孲孲”“呕鸦”等即由此转指婴儿。这类词与4.1—4.3所举的“牙”类词是否属于同一类？这关系到如何看待指孩子的“牙”的语源：如果认为“牙”源于“牙齿”之“牙”，则“孲”与“牙”性质不同（读音本来也有差别），不能把“孲”类词归入“牙”类词当中；而如果认为“牙”源于孩子的语声或啼声，则“孲”与“牙”性质相同（既是拟声，读音相近即可），“孲”类词可以算作“牙”类词的一种。[25]既然目前“牙”的语源问题尚有争论，“孲”类词的性质也只能存而待议。

五 现代方言“伢”类词的分布及与古代文献的关系

5.1《汉语方言地图集·词汇卷》040图“小孩儿”（下文简称LACDL040）比较全面地展示了汉语方言表“孩子”义词的地理分布情况。根据该图以及我们所了解的其他一些材料[26]，“伢”类词集中分布在长江中下游地区（浙江除外），此外江西南部有一小片，其他陕西、山西、浙江、福建、广东、广西等省、自治区都只有个别点。从方言区的角度来说，“伢”类词主要用于湘语、赣语和江淮官话，部分客家话（赣南）和西南官话（湘、鄂两省），以及个别平话、闽语、吴语、晋语和中原官话。

5.2 再来看一下古代文献中与“孩子”相关的“牙”类词的地理分布情况。以材料比较丰富的宋代和晚清民国为例：

1. 宋代的“牙儿”。就第三节所引的用例而言：例（1）的作者孔平仲是临江新淦人（今属江西峡江）。例（2）的作者黄庭坚是洪州分宁人（今江西修水）。例（3）的作者郑刚中是婺州金华人（今浙江金华）。例（4）的作者孟元老籍贯不详，但他年少时即到汴梁（今河南开封），后在此生活二十余年。《东京梦华录》所记即为北宋末年汴梁的都市生活，多用当时的市语方言。例（6）的作者为“少室山无梦茅先生”，少室山在今河南登封。例（7）出自张徽猷家藏方，张氏是西蜀人。例（8）明确记为“应山县”（今湖北广水）。例（9）、例（10）的作者翁甫是建宁崇安人（今福建武夷山），所引材料出自他在浙江任职时判案的文书。[27]其他用例的地域信息不太明确。

由上可见，宋代的“牙儿”分布广阔，但主要集中于长江中下游一带。值得注意的是，例（4）和例（6）说明北宋的都城汴梁及其周边地区使用“牙儿”一词。汴梁话（或广而言之“中原方言”）在北宋无疑具有很高的权威，因此“牙儿”的通行范围应该比文献所显示的还要广，它很可能是当时通语中的一个词。

2. 晚清民国的“伢”。这一时期的方志中出现了大量带“伢”字的人名，由此可以推测相应的地点当用“伢”指孩子（参见上文4.3）。我们对爱如生《中国方志库》（初集、二集）进行了检索，总共发现以下县份有此现象：溧水、高淳、丹徒、句容、丹阳、金坛、武进、阳湖（今属武进）、溧阳、凤阳、建平（今郎溪）、广德、黄冈、黄安（今红安）、麻城、罗田、江夏、奉新、乐安、南丰、光泽、邵武、芷江、会同。

与宋代的“牙儿”相比，晚清民国的“伢”的分布区域变化不大，差别主要是浙江和中原（河南及周边）未见带“伢”字人名的地点，可能已不再用“牙（伢）”来指孩子。参照LACDL040，可以发现确实如此，这两个地区现在基本都已改用其他说法——浙江比较多样（“人”“农”“妹”等），中原则主要为“孩”。但也有少数地点仍说“牙（伢）”，如浙江的杭州、武义，陕西的韩城、合阳，山西的永济等。这些地点应当说是早期“牙”类词在浙江和中原广泛分布的遗迹。

从晚清民国到现代（现代的情况参见上文5.1），“伢”的分布范围基本不变。

5.3　综合前文所述，汉语方言中指孩子的“伢”在历史上的演变情况大致如下：“伢”的语源可能是“牙齿”之“牙”，也可能是孩子的语声或啼声。它在先秦两汉的文献中已经偶有用例，通作“吾”“禦”“雅”等。最晚到北宋，产生了指婴儿的“牙儿”一词，这是“伢”的直接来源。后来，“牙儿”的词义演变为“孩子”，“牙”本身也可指孩子。“牙”在近代文献中有“犽”“孲”“玡”等不同写法，大约到了明末清初才写作现在通用的“伢”。从地理分布来看，“牙儿”在北宋很可能是一个通语词，广泛用于中原及长江中下游地区。靖康之难后，宋室南渡，居民亦随之迁徙，遂将“牙儿”一词带到了更南的地方，比如浙江[28]和江西南部。宋代以后，“牙儿”退出通语，成为一个方言词，并由它发展出各种“牙（伢）”类词。“牙（伢）”的分布范围至今仍以长江中下游为主，但与宋代相比，浙江和中原已基本改用其他说法，只有少数地点保持不变。

六　余论

吕叔湘（1985：58）曾对官话方言的发展有如下设想：“现代的官话区方言，大体可以分成北方（黄河流域及东北）和南方（长江流域及西南）两系。我们或许可以假定在宋、元时代这两系已经有相当分别，北系方言用‘每’而南系方言用‘们’。北宋的时候，中原的方言还是属于南方系；现在的北方系官话的前身只是燕京一带的一个小区域的方言。到了金、元两代入据中原，人民大量迁徙，北方系官话才通行到大河南北，而南方系官话更向南引退。”罗杰瑞（Norman 1997/2004）进一步论证了上述观点，补充道：“华北的方言地图在10至13世纪之间曾经经历过巨大的变迁。一种新兴的官话方言在东北形成，然后往西、往南散播，把中原地带原有的老官话往南挤；而这种比较保守的官话还残存在山西的山区里，成为李荣先生所说的晋语。”“来自中原的古官话在淮南以及杭州落户扎根，大大地影响了江苏以及浙北的吴语。”

本文的研究完全支持吕、罗两位先生的观点。如前文所述，北宋的“牙儿”是当时通语中的一个词，换言之，也就是一个南方系官话的词。它原先的分布范围很广，后来因为北方系官话的排挤，失去了中原一带的地盘（被来自北方的“孩”取代），但在相对偏远的秦晋地区仍有所保存；又随着南方系官话的南移而向南扩散，杭州话即明显例证。可以说，“牙儿”一词为上述关于官话发展的设想提供了一条重要的词汇证据。

此外，现在研究方言语音，常常会分析历史层次，而本文的研究表明，方言词汇也有层次。就“伢”类词而言，我们基本可以确定，它们应当属于宋代南方官话层——这是综合考察历史文献与现代方言的结果。进一步说，如果类似的词研究得多了，汉语方言的历史层次及演变过程一定会被揭示得更加清楚。

附　注

① 据北京大学中国语言文学系语言学教研室（1995：272）。“·”表示后面的音节读轻声。

② 近来有学者重新考证了“牙”的本义，认为当是犬齿，参见张春玲、王永波（1987）与田树生（2002）。

③ 现代英语表“孩子”义的“child”一词最早也是指胎儿或婴儿，参见《Oxford English Dictionary》“child”的I.1.a义项：An unborn or newly born human being; a fetus, an infant.

④ 今查:《诗经》引文见《召南·驺虞》,“吁”字原作“于”。《山海经》引文见《海内北经》，原文为:“林氏国有珍兽，大若虎，五采毕具，尾长于身，名曰‘驺吾’，乘之日行千里。”《墨子》引文见《三辩》篇，今本作“驺虞”,《太平御览·乐部三》引作“驺吾”。《新语》引文不见于今本，疑误。《史记》原文为:“于是朔乃肯言，曰:‘所谓驺牙者也。’”《太玄》原文为:“羁角之吾，其泣呱呱，未得褪扶。”

⑤ “吾”“牙”通用的更多例子可参见张儒、刘毓庆（2002：385—386）。

⑥ 《列女传》中多“吾子”，意思大多是“我的儿子”，上引例句的同篇之中即有两处“吾子”表此义，后人或据此而改“童”为“吾”。

⑦ 《慎子》的内外篇本系明人慎懋赏所辑之伪书，不足为据（详见许富宏《慎子集校集注·前言》）。原本《慎子》（七篇本）并无文伯朝敬姜一事，故亦无“僮”字。又,《国语·鲁语下》的“僮”字韦昭注云:“僮，僮蒙不达也。”《晋语四》:“僮昏不可使谋。”注:“僮，无知。”《广雅·释诂三》:“僮，痴也。”可见,《国语》的“僮子”未必指未成年的男子（《说文解字·人部》:“僮，未冠也。”），也可解为“无知之人”。总之，无论是《慎子》还是《国语》，异文“僮子”都不能确证“‘吾子’犹今言伢儿”。

⑧ 《汉武帝内传》旧题东汉班固撰,《四库全书总目·子部·小说家类·异闻》已辨其伪，认为大概是魏晋间文士所为。

⑨ 此诗又见于北宋·郭祥正的《青山续集》卷三，但钱锺书（1958：95）已经指出:“郭祥正《青山集》续集里的诗篇差不多全是孔平仲的作品，后人张冠李戴，错编进去的。”又，诗中的“牙儿”当指前句“再岁得两子”中的小儿，而非牙齿，这一点对照下文可以看得更清楚:“广孙读书多，写字辄两纸。三三足精神，大安能步履。翁翁虽旧识，伎俩非昔比。”——可见，“翁翁尚未见”之前是分叙新生的两子（牙儿和郑郑),“翁翁虽旧识”之前是分叙稍长的孩童（广孙和三三）。

⑩ 此例的出处在明代陈履端刻本中作“圣惠”，即编成于北宋初年的《太平圣惠方》。文字上，陈本与此处所引亦有出入。按，今查《太平圣惠方》，并无上述文字。实际上，陈本是陈履端整理、删减宋本而得的节本，文字较之宋本简略，且有错讹之处，不足以据信。本文引自《幼幼新书》的例句均据人民卫生出版社1987年点校本。该本以日本宫内厅藏明人影宋抄本为底本，并参校他本，是目前最为可信的版本。（关于《幼幼新书》的版本情况，详见人卫本书末马继兴撰写的《校后记》。）

⑪ 例（5）—例（7）均为《幼幼新书》的引文，原书都已亡佚，书籍信息仅见于该书的第四十卷“论药叙方”。此卷的第十三篇“前代方书”、第十四篇“近世方书”、第十五篇“士大夫家藏”简述了全书所引用的主要医籍。从各篇的书目来看，第十三篇中的医籍出自宋代以前，第十四、十五两篇中的医籍编撰于宋代，时间在《幼幼新书》成书之前（南宋绍兴二十年，公元1150年）。例（5）—例（7）所出自的三书列于第十四和十五篇下，具体信息分别

为：“《惠眼观证》，宜黄戴师悯术，翰林医学梁逢尧撰。”“《茅先生方》，少室山无梦茅先生方。”（以上二书见于第十四篇。）“《张氏家传》，知抚州张徽猷家藏方。”（该书见于第十五篇。）

⑫ “麦煎散”，一本作“参煎散”，误。“牙儿”，一本作“孩儿”。“匙”，一本作“字”。

⑬ 孔平仲的生年，一说是庆历四年（1044，黄健保 1998），一说是庆历六年或七年（1046或1047，陈莲香 2005）。黄庭坚的生年是庆历五年（1045，郑永晓 1997：1）。

⑭ “伢”现在一般指孩子，但在少数方言中仍只指婴儿，如：陕西合阳“伢伢子”（邢向东等 2012：452，原书未标音）、江西于都“伢人子［ŋa$^{44-42}$˦˨ ȵiẽ^{44}˦ · tsɿ］”/“毛伢子［mɔ^{31}˧˩ ŋa^{44}˦ · tsɿ］”（谢留文 1998：50）。

⑮ 写作其他字形的“牙儿”的例子见下文4.2小节。

⑯ 宋代“牙儿”中的“儿”不宜看作词缀，而应视为中心成分，这一点从第三节例（5）中“牙儿”与“婴儿”“孩儿”“小儿”并列可以明显看出。下引“小牙子”“猪牙子”中的“子”则只能分析为词缀，不能再看作中心成分，这一点从“猪牙子”与“羊羔儿”对举可以明显看出。

⑰ “霞”是“小牙”的合音，人们说久了之后意识不到这一点，于是在它的前面再加“小”。

⑱ 第三节例（12）所记药方也见于《普济方》卷三百六十八，所不同者，“牙”改作“犽”。此亦可证“犽”为“牙”之俗字。

⑲ 杨维桢的籍贯据万历《绍兴府志》卷四十三，黄玠的籍贯据其所撰《弁山小隐吟录》的自序。

⑳ 现代方言中“伢”的读音都合于《集韵》的“牛加切”，未见合于“居牙切”的。

㉑ 《俗用杂字》多见于明·焦竑《俗书刊误》卷十一，故容易被误认为是焦竑所著，《汉语大词典》“犽儿”一词下就作“焦竑《俗书刊误·俗用杂字》”。实际上，焦竑在卷名“俗用杂字”下注有“归云集”三字，而《归云集》是陈士元的别集名，《俗用杂字》即见于《归云别集》卷二十五（附于《古俗字略》一书后，作卷七）。

㉒ “瑕”是“小犽”的合音，参见注⑰。

㉓ 晚明张国维《抚吴疏草·擒溧阳大盗疏》（崇祯刻本）中录有人名“朱兴牙”和“王小牙”，“牙”字尚不作“伢”，可见“伢”字确有可能发端于明清之际。

㉔ 4.1—4.3所引文献有的涉及具体地点，相应的现代方言对“孩子”的称呼分别是（同音替代字在右上角加“*”表示；形式不详的词缀用“—”表示）：永州，“小奶崽”/“小鬼螺蛳”/“小孩子”（张晓勤 2002：147）；怀宁，“小伢”（曹志耘 2008：040图）；合肥，“小霞*子”/“（小）伢子”（北京大学中国语言文学系语言学教研室 1995：272）；东台，“小伢—”（曹志耘 2008：

040图）；杭州（张岱《西湖香市》所记的“犽儿”当是杭州方言词），“小伢儿”（鲍士杰 1998：121）；临猗，“小孩儿”（邢向东等 2012：452）；阜宁，“伢子”（江苏省地方志编纂委员会 1998：400，从标音来看，当作“霞*子”）；萍乡，“伢妹子”（魏钢强 1990：100）；钟祥，“小娃子”/“小伢子”（张义 2016：127）。可见，除了永州和临猗，其他地点今仍用“牙（犽、伢）”来指孩子（与临猗相邻的永济今仍说“小伢儿”，见邢向东等［2012：452］）。

㉕　如果取第一种说法，则“㹮犽”的构造是“儿声＋婴儿”；如果取第二种说法，则“㹮”“犽”都表儿声，两者连用转指婴儿。

㉖　LACDL040中用“伢”指孩子的方言点具体见文后附录。除此之外，以下地点实际也说“伢”：江苏溧水、高淳、镇江、溧阳、宜兴、江阴（以上据《江苏语言资源资料汇编》编委会 2015：427—432）、金坛（据孟济元 1993：761）、句容（据周芸 2007：105），山西永济，陕西韩城、合阳（以上据邢向东等 2012：452）。下文对“伢”类词分布情况的说明是涵括了上述补充的地点的。

㉗　上述各位作者的籍贯或生活经历，分别依据以下资料判定：孔平仲，黄宏（2005）；黄庭坚，《宋史·黄庭坚传》；郑刚中，《宋史·郑刚中传》；孟元老，《梦华录序》；茅先生，《幼幼新书》卷四十；张徽猷，汪藻《祭张徽猷文》；翁甫，陈智超（1987）。

㉘　根据《集韵》和《类篇》，北宋的吴语中本来就有指婴儿的“㹮犽”“犽子”等词，但从历史和词形来看，现代杭州话的“小伢儿”显然是北宋中原方言的“牙儿”的后代（很可能直接就来自汴梁话），而非“㹮犽”或“犽子”的遗存。武义也用“伢”，具体说法是“细伢鬼儿［ɕia˥ uɑ^{53}˦ kuen˦］”（曹志耘、秋谷裕幸 2016：471）——它是源于北宋的吴语抑或中原方言，目前还不能十分确定。

附录　汉语方言“伢”类词的分布地点

说明：（1）一省、自治区之内的地点按音序排列。（2）如果一地有两个方言点，后加括号注明其方言属性。（3）LACDL040之外、补充的地点下加单横线表示。

江苏：宝应　东台　高淳　江阴　金坛　靖江（官）靖江（吴）句容　溧水　溧阳　南通　如东　如皋　泰兴　扬中　宜兴　镇江

安徽：安庆　巢湖　东至　广德　合肥　和县　怀宁　郎溪　宁国　潜山　青阳　宿松　太湖　桐城　望江　芜湖市　无为　宣城　岳西　枞阳

江西：安远　崇仁　崇义　大余　定南　东乡　分宜　抚州　赣县　广昌　贵溪　湖口　吉安县　金溪　九江县　黎川　龙南　芦溪　南昌市　南城　南康　萍乡　鄱阳　全南　瑞昌　上栗　上犹　万载　武宁　新建　新余　信丰　星子　修水　弋阳　鹰潭　永新　永修　樟树　资溪

湖北：赤壁　崇阳　大冶　鄂州　广水　鹤峰　红安　洪湖　黄梅　黄石

嘉鱼 监利 蕲春 潜江 石首 武汉 武穴 咸宁 阳新 宜都 英山 应城 钟祥

湖南：安乡 保靖 常德 长沙市 长沙县 辰溪（湘）凤凰 古丈 汉寿 衡阳县 花垣 华容 吉首 醴陵 临澧 临湘 浏阳 龙山 泸溪（湘）汨罗 南县 平江 邵东 邵阳市 桃江 桃源 望城 湘潭县 湘阴 新晃 新宁 新邵 益阳 永顺 沅陵 岳阳市 岳阳县 张家界 株洲

陕西：韩城 合阳 神木 镇安

山西：永济

浙江：杭州 武义

福建：古田

广东：南雄

广西：临桂 三江

参考文献

鲍士杰 （1998）《杭州方言词典》，江苏教育出版社，南京。

北京大学中国语言文学系语言学教研室 （1995）《汉语方言词汇（第二版）》，语文出版社，北京。

曹志耘 （2008）《汉语方言地图集（词汇卷）》，商务印书馆，北京。

曹志耘、秋谷裕幸 （2016）《吴语婺州方言研究》，商务印书馆，北京。

陈莲香 （2005） 江西“临江三孔”生卒年考，《新余高专学报》第3期，29—30页。

陈智超 （1987） 宋史研究的珍贵史料——明刻本《名公书判清明集》介绍，张四维（明）辑，《名公书判清明集》，645—686页，中华书局，北京。

郭锡良 （2010）《汉字古音手册（增订本）》，商务印书馆，北京。

汉语大词典编辑委员会、汉语大词典编纂处 （2001）《汉语大词典》，汉语大词典出版社，上海。

汉语大字典编辑委员会 （2010）《汉语大字典（第二版）》，崇文书局，武汉；四川辞书出版社，成都。

胡敕瑞 （2002）《〈论衡〉与东汉佛典词语比较研究》，巴蜀书社，成都。

黄 宏 （2005） 北宋“三孔”籍贯新考，《东南大学学报》（哲学社会科学版）第6期，64—66页。

黄健保 （1998） 关于“三孔”，《新余高专学报》第1期，10—13页。

江苏省地方志编纂委员会 （1998）《江苏省志·方言志》，南京大学出版社，南京。

《江苏语言资源资料汇编》编委会 （2015）《江苏语言资源资料汇编·词汇卷（上）》，凤凰出版社，南京。

吕叔湘 （1985）《近代汉语指代词》，学林出版社，上海。

罗杰瑞 （Jerry Norman 1997/2004） Some Thoughts on the Early Development

of Mandarin，余霭芹、远藤光晓编,《桥本万太郎纪念 中国语学论集》，21—28页，内山书店，东京。译文见梅祖麟译，关于官话方言早期发展的一些想法,《方言》第4期，295—300页。
毛远明 （2014）《汉魏六朝碑刻异体字典》，中华书局，北京。
孟济元 （1993）《金坛县志》，江苏人民出版社，南京。
钱锺书 （1958）《宋诗选注》，人民文学出版社，北京。
田树生 （2002） 辨“齿、牙”,《殷都学刊》第1期，99—101页。
王 力 （1980）《诗经韵读》，上海古籍出版社，上海。
王 力 （1982）《同源字典》，商务印书馆，北京。
魏钢强 （1990）《萍乡方言志》，语文出版社，北京。
萧 旭 （2014）“婴儿”语源考，萧旭著,《群书校补（续）》，2065—2084页，花木兰文化出版社，新北。
谢留文 （1998）《于都方言词典》，江苏教育出版社，南京。
邢向东、王临惠、张维佳、李小平 （2012）《秦晋两省沿河方言比较研究》，商务印书馆，北京。
张春玲、王永波 （1987）“齿”“牙”考辨,《宁夏大学学报》（社会科学版）第1期，38—40页。
张儒、刘毓庆 （2002）《汉字通用声素研究》，山西古籍出版社，太原。
张晓勤 （2002）《永州方言研究》，广西民族出版社，南宁。
张 义 （2016）《钟祥方言研究》，华中师范大学出版社，武汉。
张涌泉 （1999） 论吴任臣的《字汇补》,《中国文字研究》第一辑，371—387页，广西教育出版社，南宁。
张涌泉 （2000）《汉语俗字丛考》，中华书局，北京。
郑永晓 （1997）《黄庭坚年谱新编》，社会科学文献出版社，北京。
郑张尚芳 （2008） 汉语方言表“孩子”义的七个词根的语源,《语文研究》第1期，32—34页。
周 芸 （2007）《句容方言研究》，广西大学硕士学位论文。
Oxford English Dictionary http://www.oed.com/

引书目录

《安徽通志稿》，安徽通志馆（民国）纂修，民国二十三年铅印本。
《北山文集》，郑刚中（北宋），中华书局，北京，1985。
《弁山小隐吟录》，黄玠（元），《文渊阁四库全书》第1205册，1—56页，台湾商务印书馆，台北，1986。
《翠筠亭集》，石文器（明），顺治三年刻本。
《大广益会玉篇》，顾野王（梁）著，陈彭年等（北宋）修，中华书局，北京，1987。

《东京梦华录笺注》，孟元老（北宋）著，伊永文笺注，中华书局，北京，2006。
《东台县志》，周右（清）修，蔡复午（清）纂，嘉庆二十二年刻本。
《浮溪集》，汪藻（北宋），中华书局，北京，1985。
《抚吴疏草》，韩世琦（清），康熙五年刻本。
《抚吴疏草》，张国维（明），崇祯刻本。
《阜宁县新志》，焦忠祖（民国）修，庞友兰（民国）纂，民国二十三年铅印本。
《改并五音类聚四声篇海》，韩道昭（金），《续修四库全书》第229册，245—530页，上海古籍出版社，上海，1996。
《古俗字略》（附《俗用杂字》），陈士元（明），《续修四库全书》第238册，1—166页，上海古籍出版社，上海，1996。
《管子校注》，黎翔凤著，梁运华整理，中华书局，北京，2004。
《广雅疏证》，王念孙（清）著，钟宇讯点校，中华书局，北京，1983。
《广韵校本》，陈彭年等（北宋）编，周祖谟校，中华书局，北京，2004。
《国语集解（修订本）》，徐元诰著，王树民、沈长云校，中华书局，北京，2002。
《韩非子集解》，王先慎（清）著，钟哲点校，中华书局，北京，1998。
《汉书》，班固（东汉），中华书局，北京，1962。
《汉武帝内传》，（旧题）班固（东汉）著，钱熙祚（清）校，中华书局，北京，1985。
《后汉书》，范晔（南朝宋），中华书局，北京，1965。
《胡文忠公遗集》，胡林翼（清），同治六年刻本。
《黄庭坚全集》，黄庭坚（北宋）著，刘琳等点校，四川大学出版社，成都，2001。
《活幼口议》，曾世荣（元），中医古籍出版社，北京，1985。
《集韵》，丁度等（北宋）编，中华书局，北京，2005。
《江湖长翁集》，陈造（南宋），《文渊阁四库全书》第1166册，1—520页，台湾商务印书馆，台北，1986。
《校订五音集韵》，韩道昭（金）著，宁忌浮校订，中华书局，北京，1992。
《老子道德经注校释》，王弼（三国魏）注，楼宇烈校释，中华书局，北京，2008。
《类篇》，司马光等（北宋）编，中华书局，北京，1984。
《列女传》，刘向（西汉）著，刘晓东校点，辽宁教育出版社，沈阳，1998。
《临晋县志》，齐以治（清）修，王恭先（清）纂，康熙二十五年刻本。
《录异记》，杜光庭（唐）著，罗争鸣辑校，《杜光庭记传十种辑校》，1—138页，中华书局，北京，2013。
《吕氏春秋集释》，许维遹著，梁运华整理，中华书局，北京，2009。
《论衡集解》，王充（东汉）著，刘盼遂集解，古籍出版社，北京，1957。
《名公书判清明集》，张四维（明）辑，中国社会科学院历史研究所宋辽金元史研究室点校，中华书局，北京，1987。
《墨子校注》，吴毓江著，孙启治点校，中华书局，北京，1993。
《萍乡县志》，锡荣（清）修，王明璠（清）纂，同治十一年刻本。
《普济方》，朱橚等（明）编，上海古籍出版社，上海，1991。
《青山续集》，郭祥正（北宋），《文渊阁四库全书》第1116册，757—856页，台湾商务印书馆，台北，1986。
《清江三孔集》，孔文仲、孔武仲、孔平仲（北宋）著，孙永选校点，齐鲁书社，济南，2002。
《权德舆诗文集》，权德舆（唐）著，郭广伟校点，上海古籍出版社，上海，2008。
《山海经校注》，袁珂，上海古籍出版社，上海，1980。
《绍兴府志》，萧良干（明）修，张元忭（明）纂，万历十五年刻本。
《慎子集校集注》，许富宏，中华书局，北京，2013。
《十三经注疏》，阮元（清）校刻，中华书局，北京，2009。
《史记》，司马迁（西汉），中华书局，北京，2014。
《蜀语校注》，李实（明）著，黄仁寿等校注，巴蜀书社，成都，1990。
《说文解字》，许慎（东汉）著，徐铉（北宋）校定，中华书局，北京，1963。
《说文解字句读》，王筠（清），中华书局，北京，1988。
《说文解字注》，段玉裁（清），上海古籍出版社，上海，1988。
《思益堂日札》，周寿昌（清）著，许逸民点校，中华书局，北京，1987。
《四库全书总目》，永瑢等（清），中华书局，北京，1965。
《宋史》，脱脱等（元），中华书局，北京，1977。
《俗书刊误》，焦竑（明），《文渊阁四库全书》第228册，539—586页，台湾商务印书馆，台北，1986。
《太平圣惠方》，王怀隐等（北宋）编，人民卫生出版社，北京，1958。
《太平御览》，李昉等（北宋）编，中华书局，北京，1960。
《太玄集注》，扬雄（西汉）著，司马光（北宋）集注，刘韶军点校，中华书局，北京，1998。
《陶庵梦忆》，张岱（明）著，马兴荣点校，中华书局，北京，2007。
《陶云汀先生奏疏》，陶澍（清），道光十三年刻本。
《通俗编》，翟灏（清）著，颜春峰点校，中华书局，北京，2013。
《文选》，萧统（梁）编，中华书局，北京，1977。
《吴莱集》，吴莱（元）著，张文澍校点，吉林文史出版社，长春，2010。
《吴下方言考校议》，胡文英（清）著，徐复校议，凤凰出版社，南京，2012。
《西游记》，吴承恩（明），人民文学出版社，北京，2010。
《新方言》，章太炎（民国），民国八年浙江图书馆刻本。
《新五代史》，欧阳修（北宋），中华书局，北京，1974。
《新语校注》，陆贾（西汉）著，王利器校注，中华书局，北京，1986。

《晏子春秋集释》，吴则虞，中华书局，北京，1962。
《杨维桢诗集》，杨维桢（元）著，邹志方点校，浙江古籍出版社，杭州，1994。
《夷坚志》，洪迈（南宋）著，何卓点校，中华书局，北京，1981。
《永州府志》，吕思湛（清）修，宗绩辰（清）纂，道光八年刻本。
《幼幼新书》，刘昉（北宋）著，陈履端（明）编订，中医古籍出版社，北京，1981。
《幼幼新书》，刘昉（北宋）著，《幼幼新书》点校组点校，人民卫生出版社，北京，1987。
《越绝书校释》，李步嘉，中华书局，北京，2013。
《越谚》，范寅（清），上海文艺出版社，上海，1987。
《增广太平惠民和剂局方》，太平惠民和剂局（宋）编，中华书局，北京，1985。
《战国策集注汇考》，诸祖耿，江苏古籍出版社，南京，1985。
《正字通》，张自烈（明），中国工人出版社，北京，1996。
《证治准绳》，王肯堂（明），上海古籍出版社，上海，1991。
《钟祥县志》，赵鹏飞（民国）修，李权（民国）纂，民国二十六年铅印本。
《诸子平议》，俞樾（清），中华书局，北京，1954。
《字汇补》，吴任臣（清），上海辞书出版社，上海，1991。

The Origin and Development of *Ya*（伢）in Chinese Dialects

NI Zhijia

Abstract: A child is called *ya*（伢）in many Chinese dialects. Its etymology is ether *ya*（牙, tooth）or babble. *Ya* was occasionally used as *wu*（吾）, *yu*（禦）and *ya*（雅）in pre-Qin and Han dynasties. By Song dynasty, there appeared a word *ya'er*（牙儿）meaning “infant” . It should be the direct origin of *ya*. Afterwards the meaning of *ya'er* changed into “child” that *ya* itself could denote as well. “伢” , the current character of *ya*, emerged in the late Ming dynasty and finally replaced other characters. In the Northern Song dynasty, *ya'er* probably belonged to the common language, widely distributed in central

China as well as the middle-lower Yangtze area. Then as a result of the Jingkang Incident, it diffused to the south, while in Northern China it almost disappeared. After the Song dynasty, *ya'er* was no longer used in the common language but preserved in dialects of the middle-lower Yangtze area. Moreover, this paper supports the assumption on the development of Mandarin proposed by Shuxiang Lv and Jerry Norman and indicates that there are historical strata in vocabularies of dialects. Consequently, it is helpful for our understanding the development of Chinese dialects to study dialect words with reference of historical materials .

Keywords: Chinese dialects, child, *ya*（伢）, *ya*（牙）, *ya'er*（牙儿）

（100871　北京，北京大学中文系　rgnzhj@163.com）

“仆倒”义动词语义演变的系统性考察*

陈祝琴

提要 词汇语义的演变具有系统性，同一概念场词汇的语义演变具有倾向性共性。本文以“仆倒”义动词为例，综合考察先秦至唐代语料，系统描写不同历史时期该概念场词汇成员的变化，以“概念要素分析法”为工具，从组合与义域的变化，揭示该语义场中词汇语义演变的系统性、演变共性和差异，从认知和语用上解释语义演变中的相关问题。

关键词 “仆倒” 义动词 语义演变 系统性 演变共性

〇 引言

从20世纪80年代以来，关于汉语词义历时演变的研究成果丰硕，产生了许多与传统词义引申不同的新理论和新提法，如“词义渗透”（孙雍长 1985）、“同步引申”（许嘉璐 1987）、“相因生义”（蒋绍愚 1989/1993）、“横向联系”（董为光 1991）、“类同引申”（江蓝生 1993/2000）、“聚合类推”（李宗江 1999：14—20）、“组合同化”（张博 1999）等。张博（1999）将导源于组合关系的词义衍生归纳为“组合同化”，由聚合关系影响和制约而发生的词义衍生归纳为“聚合同化”。宋亚云（2005）认为“聚合同化”源于王念孙的“同义相因”；聚合同化和组合同化都受益于索绪尔的聚合关系与组合关系的思想。以往的研究，尤其是着眼于“聚合同化”方面的词义

收稿日期：2017-4-8；**定稿日期**：2018-10-13。

* 本文系安徽省高校优秀青年骨干人才国外访学项目“汉语动词语义演变的多视角研究”和国家社科基金一般项目“词汇类型学视角的汉语姿态类动词语义演变研究”的阶段性成果。写作过程中得到张联荣先生的悉心指导，匿名审稿专家三次审稿均提出许多宝贵的修改意见。在此，对张联荣先生和匿名审稿专家深表谢忱！文中错漏，责在作者。

衍生研究，对探索词义演变的系统性有很好的借鉴作用。近年来，蒋绍愚（2006、2007、2015：173—247）的相关研究，尤其是蒋绍愚（2006）以“投”为例，以点带面，对于词义演变的系统性考察具有指导意义。本文在已有研究的基础上，以“仆倒”义动词为例，从“仆倒”概念场词汇的整体变化探索词汇语义演变的系统性和倾向性演变共性。

“仆倒”义动词是表达从站立姿态（standing）向躺倒状态（lying）的一组动词，属于姿态类动词（posture words）[①]中的动态小类。现代汉语普通话中有一个“仆倒义”典型成员“倒”以及“X倒”类复合词，如摔倒、跌倒、滑倒、瘫倒等。现代汉语方言中情况比较复杂，闽语中保留了多个古语词，如“跋、踣、蹎”；使用范围较广的有“跶”（江淮官话、西南官话、湘语、粤语）、“蹾”（晋语、吴语、粤语）等（参看许宝华、宫田一郎 1999）。在汉语史上，其成员在不同时期的数量有别，具体语义也有不同。已有的研究或着重对词语的考释，如对“（死而不）僵”的考释（朱耀宽 1986；郭加健 2002；李小华 2009）；或着重对该词汇场成员的历时或共时描写（谭代龙 2008：71—83；徐磊 2010；陈祝琴、裴凤娟 2015）；此外，部分辞书对该类词做了泛时辨析，如《古辞辨》《王力古汉语字典》等。这些研究为我们进一步的考察提供了参考，本文细致描写不同历史时期“仆倒”义动词的语义变化，讨论语义演变的系统性和共性以及演变机制等，不涉及现代汉语方言词的来源。

文章首先介绍概念要素分析法和义域的内涵；其次，运用“概念要素分析法”和义域变化等分段描写“仆倒”义动词的语义演变情况；再次，解释讨论“仆倒”义动词语义演变中的相关问题；最后，总结。

1 概念要素分析法和义域

本节主要参考蒋绍愚（2006、2007）关于概念要素分析法和蒋绍愚（1991）关于义域的论述。蒋绍愚（2006）指出考察词汇系统的历史演变要从局部做起，局部的研究有两种做法：一是以词为出发点，考察其义位的分合与分布的变化，如蒋绍愚（2006）；二是以概念域（conceptual domain）为出发点，选择若干重要的较高的概念域，考察其成员及分布的历史变化。并进一步指出，对于词汇系统历史演变的研究来说，后者更为可取。本文即采取后一种做法，选取"仆倒"这一概念域，运用"概念要素分析法"，考察该概念域中各成员从先秦到唐代的语义演变情况，以期揭示词汇语义演变的系统性及倾向性共性。

什么是"概念要素分析法"？蒋绍愚（2007）说到"词是表达概念的，所以，某个概念的概念要素，就是这个相应的词的词义要素，这些要素构成这个词的词义结构；这个词就处在这个概念域的多维网络中的由这些概念要素交会而成的交会点上。比如，现代汉语的'夯'，其词义结构是由'[动作：打击]+[对象：物]+[工具：重物]+[方式：连续向下]+[力度：强]+[目的：使结实]'几个要素组成的。这种用'概念要素'来分析词义结构的方法，我们称之为'概念要素分析法'。"之所以叫作"概念要素分析法"是因为这些要素不是从词义分析得出的，而是把词放在某个概念域的多维网络的背景上，借助对与之相应的概念构成要素所分析而得出的（蒋绍愚 2007注③）。"仆倒"概念的构成要素有以下几个:[主体]+[动作]+[方式]+[原因]+[结果]+[状态]。[2]其中[主体：人/物]+[动作：仆倒]+[结果：着地]是基本要素。在这个概念场中，词所对应的概念要素不同显示了词在语义上的细微差异，这些细微差异影响了语义演变的方向和结果。

概念要素分析法只是一个分析工具，是静态的；概念要素在词义结构中的外延变化，主要表现为词的义域（semantic domain）的变化和义位（sememe）的增减，这是动态的。所谓义域是指一个词或义位在语义场中所占的区域（蒋绍愚 1991），更准确地说是指该词的全部公认的表达功能和它所关联过的所有对象群体。[③]例如，“偃”和“仆”，前者指“向后仰倒”，后者指“向前仆倒”，它们的语义差别主要是义域的不同。又如“偃”，最初动作的主体是［人］，后扩展到［物］，这是义域的变化；功能上“偃”最初做谓语，后来可以做定语，这也是义域的变化。义位的变化比较棘手，什么时候义位出现了分化或合并，一个词产生新的用法，是看作该词义域的变化，还是看成新的义位，也不好确定。我们的做法是：首先考虑义域的变化，特别重视在组合关系中观察词义的变化，因为“一个要素在句段中只是由于它跟前一个或后一个，或前后两个要素相对立才取得它的价值”（索绪尔 1980：171）。其次考虑使用的频率。两相结合，通过“义域”变化及使用情况确定义位是否发生了改变。义域的变化有两个维度：其一是组合成分中同类成员的增减或扩大到他类成员；其二是组合搭配中功能的变化。因此，在分析中注重句段组合关系的分析，通过显性语法功能揭示隐性的词义（蒋绍愚 2007；谭代龙 2015）。

我们将“仆倒”义动词分为先秦、两汉、魏晋—唐初三个时段描写[④]，系统观察词汇语义的演变，描写中充分注意组合成分和义域的变化；在描写的基础上对语义演变的机制进行探讨，以期证明该类动词语义演变的系统性和倾向性共性。有些动词的“仆倒”义是后起的，本文只追溯来源，重点讨论与“仆倒”义相关的演变。

2 “仆倒”义动词的语义演变

“仆倒”动作是人类日常生活中最常见的动作之一，其最核心的常用词从先秦到现代，至少经历了三个阶段，两次更替：从先秦的“颠、斃”到两汉的“仆、僵”，再到魏晋以后的“倒”。该类词中“仆倒”语义的发展有三个方向：1）“仆倒”义消失，如“颠、斃”；2）“仆倒”义作为词素融到复合词中，如“偃、僵”；3）继续使用，如“倒”。本节分段描写各词语义的变化。

2.1 先秦时期“仆倒”义动词及其语义发展

从古代训诂材料和《说文解字》的释语看，先秦“仆倒”义动词的成员有：颠（蹎）、疐（蹎）、跲、偃、獘（斃）、僨、蹶（蹷）、踣（仆）、僵、跌，等等，因为它们拥有共同的语义要素“[动作：仆倒]”，因而聚合为一个语义场。

表1 《说文》及古注释义所反映的先秦“仆倒”类动词成员

词目	释义（说文、毛传）
獘	顿仆也
仆	顿也
僵	偃也
偃	僵也
僨	僵也
踣	僵也
趞	僵也
蹶	僵也
跲	踬也
踬	跲也
蹎	跋也
跋	蹎也
跌	踢也
踢	跌也
颠	仆也（毛传）

从文献上看，“颠（蹎）、疐”见于春秋以前，“偃、斃（獘）、僨、踣、蹶”见于春秋战国，“僵、仆、跌”见于战国末，“跋”在特定语境中临时具有“绊倒”的意义，“踢”出现的时间不明。从词义构成中凸显的语义要素看可以分为四组：1）“颠”凸显仆倒的方式和结果；2）“疐/踬、跲、跌”，凸显“仆倒”的原因；3）“斃、僨、蹶”，凸显“仆倒”的结果；4）“偃、踣/仆、僵”凸显仆倒的方向。

2.1.1 颠

“颠”的“仆倒”义最早见于《诗经》：

（1）人亦有言：颠沛之揭，枝叶未有害，本实先拨。（《诗经·大雅·荡》）

毛传："颠，仆也。""颠沛"在先秦文献中经常连用，"沛"多释作"跋"。《荀子》中始见有"蹎"字，据杨倞注，"颠"是"蹎"的借字。《说文》还收录了另一个异体趚。"颠"的"仆倒"义是从"坠落"义引申而来的。甲骨文中有表"坠落"义的"颠"，隶定为"阤"。（唐兰 1936；陈剑 2002；谢明文 2014；蒋玉斌 2015）如：

（2）甲午王往逐兕，小臣由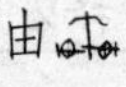（表"折轴"），马硪，甹王，子央亦阤（颠）。（合 10405 正）（引自蒋玉斌 2015）

"阤"的甲骨文异体较多，如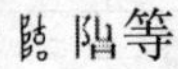等；在使用上，多与表示疾病、灾难的"参"类字相通（谢明文 2014；蒋玉斌 2015）。"阤"是"颠坠落"的初文，传世文献中表"坠落""仆倒"的"颠"是"阤"的同音假借字，而"蹎、趚"当是"仆倒"义的后起形声字。⑤

"颠"在春秋战国时期，成为"仆倒"义动词的核心成员。如：

（3）猛逐之，顾而无继，伪颠。虎曰："尽客气也。"（《左传·定公8年》）

"颠"的最初语义结构为：[主体：人]＋[动作：仆倒]＋[方式：从高处]＋[结果：着地]，着重强调方式和结果。

组合搭配上，动作主体由"人或有生物"扩展到"抽象物"，如：

（4）臣闻之："国将亡，本必先颠，而后枝叶从之。"（《左传·闵公元年》）

"本"是指"国之本"，为抽象物，义域扩大，语义上由具体的"仆倒"义隐喻引申出"败亡"义。

组合功能上新增了定语用法，如：

（5）若颠木之有由蘖，天其永我命于兹新邑，绍复先王之大业，底绥四方。（《今文尚书·盘庚上》）

当[结果]以静态的方式保持，就会在语境中得到凸显，用以表达横躺的状态，相应地该词就增加了[状态：横躺]的语义要素，这是其语义上的细微变化。

表2 与“仆倒”义相关的“颠”在先秦的使用情况

文献 语义	尚书	诗经	逸周书	十翼	论语	左传	国语	墨子	孟子	庄子	韩非子	吕氏春秋	合计
坠落	3			1		1							5
仆倒	1	2	2		2	2					1	2	12
败亡						1	1	1	1	1			5
合计	4	2	2	1	2	4	1	1	1	1	1	2	22

（上表中各语义的归纳与组合成分相关联，如“颠”的“败亡”义，与主体变化有关，当主体是“国家政权”等抽象物时，就是“败亡”。下同）

2.1.2 疐/踬、跆、跌

本组词都强调“仆倒”的原因，“跌”是“失足仆倒”，只出现1次，暂不讨论；“疐/踬、跆”是“绊倒”。疐，《说文》“碍不行也。”按段注疐、踬只是字形的不同；踬、跆在《说文》中互训，又《尔雅·释言》：“疐，跆也。”因此，“疐/踬、跆”都是表示“绊倒”。

“疐”只见于《诗经》2次，如：

（6）狼跋其胡，载疐其尾。……狼疐其尾，载跋其胡。（《诗经·豳风·狼跋》）

鲁诗作“疐”、齐诗作“躓”、韩诗作“踬”。据《诗三家义集疏》，据毛传、段注，“跋”“疐”互文，在诗中均表示“绊倒”。

组合搭配上，踬、跆的主要格式为“人/动物+踬/跆”，如：

（7）颗见老人结草以亢杜回。杜回踬而颠，故获之。（《左传·宣公15年》）

（8）北方有兽，名曰蹷，鼠前而兔后，趋则跆，走则颠，常为蛩蛩距虚取甘草以与之。（《吕氏春秋·慎大览》）

前例“踬”凸显原因，因此与强调结果的“颠”连用，而后例“跆”强调动作的结果，因此与“颠”对文。

到战国后期，“跲”由“绊倒”隐喻为“言语不畅”，如：

（9）言前定则不跲，事前定则不困，行前定则不疚，道前定则不穷。（《礼记·中庸》）

可见，“疐/踬、跲”最初的语义结构为：[主体：人或动物]+[原因：受绊]+[动作：仆倒]；当主体变成抽象物时，“跲”产生了新的语用义，从后期的文献看，“踬”具有相同的语义演变。

表3 “疐/踬、跲”在春秋战国时期的使用情况

	文献 语义	诗经	左传	韩非子	吕览	战国策	礼记	合计
疐/踬	绊倒	2	1	2		2		7
跲	绊倒				1			1
	言语不畅						1	1
合计		2	1	2	1	2	1	9

2.1.3 斃（獘）、偾、蹶

本组词在语义上强调“仆倒”的结果，因此放在一起讨论。

“斃”，按《说文》“獘”是正体，“斃”为或体，许慎用“顿仆”释义，似乎有[方式]要素，但从文献看，并不表示仆倒的方向。

在组合搭配上，可用于“人/动物＋斃＋（于＋处所）”，如：

（10）射其左，越于车下。射其右，斃于车中。（《左传·成公2年》）

在早期文献中，“斃”一般先是叙述原因，后陈述“仆倒”的动作和结果。因此，“斃”的语义结构是：[主体：人/动物]+[动作：仆倒]+[结果：着地]。从而转喻引申为“死亡”义，如：

（11）幽王八年而桓公为司徒，九年而王室始骚，十一年而斃。（《国语·郑语》）

（12）木自獘，柛。立死，椔。獘者翳。（《尔雅·释木》）

例（12）的“自獘”与“立死”对文，“獘”义为“倒地枯死”，是表示结果的“死亡”义，主体已不限于动物。[⑥]当主体扩展到地位、政权等抽象事物时，即隐喻为“倒台、败亡”义，如：

（13）夫差先自败也已，焉能败人？子修德以待吴，吴将毙矣。（《国语·楚语下》）

“偾”最常见的组合也是“人/物＋偾＋（于＋处所）”。如：

（14）庚戌，郑伯之车偾于济。（《左传·隐公3年》）

与“毙”不同的是，“偾”最初的动作主体可以是无生物，因此它的语义结构为：[主体：人/物]＋[动作：仆倒]＋[结果：着地]。

到战国后期，“偾”可用于使动，使动用法固化后，便产生了及物用法。组合格式变为：人＋偾＋对象物。义为“使某物倒地”。如：

（15）（吴起）曰：“明日有人能偾南门之外表者，仕长大夫。”……有一人曰：“试往偾表，不得赏而已，何伤？”往偾表，来谒吴起。（《吕氏春秋·似顺论》）

当“偾”后接抽象事物做宾语，义域有了变化，语义结构也相应起了变化，义为“使某对象败亡”，如：

（16）此谓一言偾事，一人定国。（《礼记·大学》）

（17）射至于司马，使子路执弓矢出延射，曰：“贲军之将，亡国之大夫，与为人后者，不入，其余皆入。”（《礼记·射义》）（“贲”假借为“偾”）

蹶，字亦作蹷，“仆倒”义“蹶”读音为居月切，组合格式：人/物＋蹶。如：

（18）臣之所恐者，独恐臣死之后，天下见臣尽忠而身蹶也。是以杜口裹足，莫肯即秦耳。（《战国策·秦策三》）

因此，语义结构为：[主体：人]＋[动作：仆倒]＋[结果：倒地]。当主体是国家、地位等抽象物时，便隐喻引申为“败亡”：

（19）故田野荒而仓廪实，百姓虚而府库满，夫是之谓国蹷。（《荀子·富国》）

亦用作使动，如：

（20）武城人塞其前，断其后之木而弗殊，邾师过之，乃推

而蹷之，遂取郲师，获鉏、弱、地。(《左传·昭公23年》)

“蹶”，李善注《文选·六代论》“死而不僵”引《鲁连子》为“至死不蹶”，鲁仲连为齐人，其活动区域在齐晋旧地，我们猜测“蹶”很有可能是齐晋方言词。限于文献，未能展开讨论，但至少说明这些词在先秦肯定有地域上的差别。⑦从用例数量上看，“蹶”比“毙、偾”都要少，因此，推测它是方言词的可能性更大一些。

表4 “毙、偾、蹶”在春秋战国时期的使用情况

		孙子	左传	国语	墨子	庄子	孟子	荀子	战国策	吕览	礼记*	合计
毙	仆倒		5		1					1	4	11
	死亡		3	5		1				1	1	11
	败亡		15	5								20
合计			23	10	1	1				2	5	42
偾	仆倒		4			1				4		9
	败亡			1						1	3	5
合计			4	1		1				5	3	14
蹶	仆倒		2				1		1	1		5
	败亡	1				1		4		1		7
合计		1	2			1	1	4	1	2		12

（带*的文献仅作为参考，没有做平行统计，下同）

2.1.4 偃、僵、踣（趏、仆）

“偃”“踣（仆）”，按《说文》段注“偃”为“仰倒”，“踣（仆）”为“前倒”，两者都强调方向。清儒区别统言和析言，统言“偃、踣（仆）”，皆为一般“仆倒”，没有方式的区别。

“偃”最早见于《诗经》，是一个状态动词，指“（人）仰躺”（徐磊 2010：9），动作性不强，如：

（21）或息偃在床，或不已于行。(《诗经·小雅·北山》)

作为“仆倒”义动词，组合格式为：人＋偃，如：

（22）阳州人出，颜高夺人弱弓，籍丘子鉏击之，与一人俱毙。偃，且射子鉏，中颊，殪。(《左传·定公8年》)

其语义结构为:[主体:人]+[方式:后仰]+[动作:仆倒]+[结果:倒地]+[状态:仰躺]。当动作主体从人扩大到物时,“状态”的成分凸显,多指“倒伏”,用于“木、禾、草”等,如:

(23)秋,大熟,未获,天大雷电以风,禾尽偃,大木斯拔……王出郊,天乃雨。反风,禾则尽起。(《尚书·金縢》)[⑧]

可用于使动,如:

(24)周军饬垒,乃令董褐请事,曰:“两君偃兵接好,日中为期……”(《国语·吴语》)

“偃兵”是使“兵器”等无生物“倒伏”,从而有了“停止、停息”的意思,“偃兵”喻指停止战争。当“兵”转指为“军事、战事”等抽象物时,“止息、停息”义就明显了,义域也发生了变化。如:

(25)百姓咸服,偃兵兴德,夷厥险阻,以毁其服,四方畏服,奄有天下,武之定也。(《逸周书·武称解》)[⑨]

“僵”是“却偃”(《说文》段注),即“往后倒”。仅见于战国末期8例,其中1例“僵仆”连用。组合格式为“人+僵”[⑩]:

(26)后二日,夫至,妻使妾奉卮酒进之。妾知其药酒也,进之则杀主父,言之则逐主母,乃阳僵弃酒。(《战国策·燕策一》)

“僵”的语义结构为:[主体:人]+[方式:向后]+[动作:仆倒]+[结果:着地]。“僵”是个新兴的动词,在使用上还不够广泛。

“踣”,《说文》段注:“对文则偃与仆别,散文则通也。走部趦同。”“趦”未见文献用例,“仆”见于战国后期,或许更晚,将在下节讨论;“踣”见于战国中期,用例也很少。从组合上看,最初指“人/有生物+仆倒”,如:

(27)譬如捕鹿,晋人角之,诸戎掎之,与晋踣之。(《左传·襄公14年》)

“踣”的语义结构是：[主体：人/有生物]+[方式：向前]+[动作：仆倒]+[结果：着地]。“踣”作为一般仆倒义动词，强调结果，多用作使动，当“仆倒”的对象是“国家”等抽象事物，就隐喻引申为“败亡”义，如：

（28）或间兹命，司慎、司盟，名山、名川，群神、群祀，先王、先公，七姓十二国之祖，明神殛之，俾失其民，队命亡氏，踣其国家。（《左传·襄公11年》）

“踣”的另一个释义为“陈尸”：

（29）凡杀人者，踣诸市，肆之三日。（《周礼·秋官·掌戮》）

孙诒让《周礼正义》说“人斃而尸僵，故曰踣也”。可见“陈尸”义亦与“仆倒”义相关。

表5 “偃、僵、踣”在先秦时期的使用情况

		尚书	诗经	逸周书	孙子	论语	左传	国语	墨子	庄子	荀子	韩非子	吕氏春秋	战国策	周礼*	合计
偃	仰倒		2		1		1		2				1	1		8
	倒伏	2				1										3
	停息			1				1		1	1	1	14			19
合计		2	2	1	1	1	1	1	2	1	1	1	15	1		30
僵	仆倒												4	4		8
踣	仆倒						1			1			2			4
	败亡						1	1								2
	陈尸							1							1	2
合计							2	2		1			2		1	8

2.1.5 小结

表6 先秦时期的“仆倒”义动词的使用情况

颠	疐/踬	跲	斃	偾	蹶	偃	踣	僵
12	2/5	1	11	9	5	11	4	8

从上表可以看出这一期“仆倒”义动词的核心成员是“颠、偃、斃”，一般成员有“踬（疐）、偾、蹶”，“踣、跲”是边缘成

员。其中,“颠、疐”出现得较早,“僵”出现得最晚。在语义演变和功能上，有以下特点:1)颠的“仆倒”义凸显结果或状态，可做定语;2)踬(疐)、跲都凸显原因，句法功能简单;3)斃、偾、蹶、踣都凸显仆倒动作的结果，因而引申出“死亡”或“败亡”义;4)“偃”凸显“仆倒”状态，没有“败亡”义,“僵”出现较晚，语义和功能都很单一。

2.2 两汉时期“仆倒”义动词及其语义发展

两汉时期“仆倒”义动词新增加了“顿、倒、躃”,“踬、偃、僵、仆、跌”继续使用,“僵、仆”成为核心成员,“颠、斃、蹶、偾、跲”则退出了“仆倒”语义场。随着词汇复音化的加强，连用的两字组明显词化。“躃”只见于东汉佛经，用例有限，下节讨论。

“颠”有三个义项“坠落”“倒转”“仆倒”，均作为构词语素见于“颠+X”的格式中[11]，东汉以后的语料体现得更为明显，如:

(30)鼠复曰……言讫，颠蹶而死。(《搜神记》卷18)

“斃”至东汉只有“死亡”义，分别见于《汉书》7例、《论衡》3例，如:

(31)燕简公杀其臣庄子义而不辜，简公将入于桓门，庄子义起于道左，执彤杖而捶之，斃于车下。(《论衡·死伪》)

说明“斃”到东汉就已退出了“仆倒”语义场。

“偾”在两汉时期见于《史记》《汉书》各1例，均为抽象的“败亡”义，如:

(32)今仆有三罪于陛下，而欲求活于世，此伍子胥所以偾于吴也。(《史记·韩王信卢绾列传》)

它的语义没有新的变化，逐渐成了文言词。

“蹶”仅见于西汉2例，且文献性质较杂，如:

(33)一噎之故，绝谷不食;一蹶之故，却足不行。(《说苑·谈丛》)

东汉以后，它们都退出了“仆倒”语义场。

2.2.1　踬/蹪

"踬"在西汉几乎看不到，但在《淮南子》中有一个楚方言词"蹪（隤）"，用于"人+蹪"格式，如：

（34）万人之蹪，愈于一人之隧。（《淮南子·说山训》）

（35）先者隤陷，则后者以谋。（《淮南子·原道训》）

高诱注："楚人谓踬为蹪。"王念孙认为"蹪与隤通"。可见"蹪/隤"是楚地的方言词，其他文献未见。到东汉，"踬"可用于"无生物+踬"的格式，如：

（36）严毕升车，出宫趣城，城门自闭，车马俱踬，王甚惊怖。（《中本起经》卷上）

同时，"踬"引申为"受挫折、不顺利"，但只是临时用法，如：

（37）长倩懊懊，觌霍不举，遇宣乃拔，傅元作辅，不图不虑，见踬石、许。（《汉书·叙传》）

表7　"踬、蹪、隤"的单用情况

	淮南子	汉书	东汉译经	合计
踬		1	1	2
蹪	5			5
隤	1			1
合计	6	1	1	8

从先秦到两汉，"踬"都是低频词，两汉时期仅《论衡》1例复合词"踬仆"表"仆倒"。从扩展的文献看，两汉时期"踬"主要在文人仿古文中使用，因此不能作为立论依据。[12]

2.2.2　顿

"顿"的本义是"以首叩地"，正如段玉裁所言："以首叩地谓之顿首，引申为前覆之辞"，这是基于相似性的隐喻引申。"仆倒"义是"顿"的新增义位，西汉仅见2例。组合格式为：人/物+顿+（于+处所），如：

（38）夫楩柟豫章……仆于嵬崔之山，顿于窅冥之溪，树蒙茏蔓延而无间，石崔嵬崭岩而不开。（《新语·资质》）

因此，“顿”的语义结构：[主体：人/物]+[方式：向前]+[动作：仆倒]+[结果：着地]。

到东汉，“顿”只出现在“顿仆”“顿僵”“顿躃”的组合中，如：

(39)始遵初除，乘藩车入闾巷，过寡妇左阿君，置酒歌讴，遵起舞跳梁，顿仆坐上，暮因留宿，为侍婢扶卧。(《汉书·游侠传》)

(40)三月癸未，大风自西摇祖宗寝庙，扬裂帷席，折拔树木，顿僵车辇，毁坏槛屋，灾及宗庙，足为寒心！(《汉书·外戚传》)

(41)王告难陁：“汝与调达，二人相扑。”难陁受教即扑，调达顿躃闷绝，以水灌之，有顷乃苏。(《修行本起经》卷上)

其他组合多为隐喻用法，意义相对抽象。从用例上看，“顿”显然不是“仆倒”义的核心成员。

表8 “顿”的复合词使用情况

	新语	汉书	论衡	修行本起经	合计
顿仆/仆顿	2	1	1仆顿		4
顿僵		1			1
顿躃				1	1
合计	2	2	1	1	6

2.2.3 偃

两汉时期“偃”主要用于“倒伏”的状态。如：

(42)士横道而偃，四支不掩，非士之过，有土之羞也。(《说苑·谈丛》)

(43)墙之立，不若其偃也，又况不为墙乎！(《淮南子·精神训》)

其状态义凸显，还表现在增加了定语用法，如：

(44)成王觉悟，执书泣过，天乃反风，偃禾复起。(《论衡·感类》)

“止息”是“偃”的核心义位，“偃”始终不强调[结果]，因此没有发展出“败亡”义。

表9　西汉时期“偃”的使用情况

	史记	淮南子	说苑	汉书	论衡	合计
倒伏		1	1		6	8
停息	4	9	1	1		15
合计	4	10	2	1	6	23

2.2.4　仆、僵

“仆”为“向前倒地”,《说文》以“顿”释之，泛指一般的“仆倒”，首见于《战国策》中的“僵仆”连用。至西汉，主要格式为:“人+仆+（于+处所）”，如：

（45）至春，竖奉剑从王之厕，王去，竖后，王令人召之，即仆于厕，呕血死。(《史记·扁鹊仓公列传》)

语义结构为:［主体：人］+［方式：向前］+［动作：仆倒］+［结果：着地］。又扩展到“物”，如：

（46）夫楩柟豫章……立则为大山众木之宗，仆则为万世之用。(《新语·资质》)

用于使动，如：

（47）穰苴则仆表决漏，入，行军勒兵，申明约束。(《史记·司马穰苴列传》)

出现“仆+地”组合，如：

（48）交戟之卫士欲止不内，樊哙侧其盾以撞，卫士仆地，哙遂入。(《史记·项羽本纪》)

到东汉，用作定语修饰语，如：

（49）孝昭帝时，冠石立于泰山，仆柳起于上林。(《汉书·楚元王传》)

两汉时期,“仆”是“仆倒”义常用词。又隐喻为“败亡、死亡”义，如：

（50）壤子王梁、代，益以淮阳。卒仆济北，囚弟于雍者，岂非象新垣平等哉!(《汉书·贾邹枚路传》)

应劭注：“济北王兴居反，见诛。”

“僵”是两汉时期“仆倒”义的常用词，组合上扩大到：“物+僵”，义域有所增大，如：

（51）楩柟豫章……转于百仞之壑，惕然而独僵，当斯之时，不如道傍之枯杨。（《新语·资质》）

可做定语，与“仆”同步，凸显仆倒的状态，如：

（52）孝昭时，有泰山卧石自立，上林僵柳复起，大星如月西行，众星随之，此为特异。（《汉书·楚元王传》）

出现了“僵地”：

（53）哀帝建平三年，零陵有树僵地，围丈六尺，长十丈七尺。（《汉书·五行志中之下》）

表10 两汉时期“仆、僵”的使用情况

		史记	淮南子	说苑	新语	汉书	论衡	合计
仆	仆倒	3		2	4	10	4	23
	败亡	1				2		3
合计		4		2	4	12	4	26
僵	仆倒	4	1		1	11	1	18

2.2.5 跌、踢、蹉

跌、踢、蹉，三词都是“失足跌倒”义，《说文》“跌”“踢”互训，无“蹉”；《方言》“跌，蹶也”，《玉篇》“跌，仆也”。“踢”不见于文献，“蹉”不单用。主要讨论“跌”。

从组合上看，“跌”前一般不用定指的人做主语，如：

（54）故若睇而抚，若跌而据。（《淮南子·缪称训》）

其语义结构：［主体：人（不定指）］+［原因：失足］+［动作：仆倒］+［结果：着地］。

到东汉，可用于非生物，义域增大，如：

（55）如旁邪倚之，则竿末旁跌，不得扣栋，是为去地过三丈也。（《论衡·说日》）

“跌”的本义是“失足跌倒”，故隐喻为“受挫”义，如：

（56）夫以人之死争胜，跌而不振，则悔之亡及也。(《汉书·袁盎晁错传》)

表11 两汉时期“跌”的使用情况

	淮南子	汉书	新语	合计
跌倒	1	2	1	4
受挫	1差跌	1		2
合计	2	3	1	6

“跌”最早见于《荀子》，仅1例“蹎跌”。王力（1982：469）指出“蹎、跌”同源，均可表示动作结果；两者的主要区别在于“蹎”的主体是整个躯体，而“跌”的主体是“足”，偏指“仆倒”的原因（谭代龙 2008：74）。

“蹉”之“跌倒”义，文献中未见，多见于“蹉跌”，或写作“差跌”，间有“跮蹉”“蹉蹶”等。“跌”“蹉”均有“失误”义。按:《说文·肉部》:“胅，骨差也。从肉失声，读与跌同。”段玉裁注:“谓骨节差忒不相值，故胅出也。”所谓“骨差”，即骨节相错凸出，骨头的位置发生移动。又《说文·足部》“踒，足跌也。从足委声。”段注:“跌，当为胅字之误也。肉部曰:‘胅，骨差也。’踒者，骨委屈失其常，故曰胅，亦曰差跌。”因此“跌”与“胅”多通用，其“失误”义显然来自于“骨差”义。又“蹉”在西汉也有“失误”义，如扬雄《并州牧箴》“宗周罔职，日月爽蹉”（王力等 2000：1371）。“蹉”不见于《说文》，该字形应该是从“跌”的形旁类推而来的。因此这个“失误”义当与“仆倒”义无涉。

2.2.6 倒

“倒”,《说文新附》“仆也”，是新兴的“仆倒”义成员，孙玉文（2015：282—284）指出“倒”之“仆倒”义是从“颠倒”义引申而来，均为上声都晧切,《经典释文》的音注也能反映这点。

两汉时期“仆倒”义“倒”出现的语境很受限，专指“射箭使人或有生物倒地”，如：

(57)箭不苟害，解脰陷脑；弓不虚发，应声而倒。(《史记·司马相如列传》)

《史记》有"应声而倒""应弦而倒""应手而倒"共3例,《汉书》4例抄录《史记》。"倒"的语义结构是:[主体：人/有生物]+[动作：仆倒]+[结果：倒地]。

到东汉仅《太平经》中有1例"倾倒"组合，用于无生名词，如：

(58)正营之人，不敢自远，倾倒枕席。(《太平经》卷110·大功益年书出岁月戒)

东汉佛经中只用"颠倒"义，没有"仆倒"义。可见"倒"到东汉都不是"仆倒"义常用词。

表12 "倒"在两汉时期单用情况

	史记	汉书	十报法经	道地经	合计
颠倒			10不惑不倒	2	12
仆倒	3	4			7

2.2.7 小结

从使用频率上看,"仆、僵"在东汉时期上升为核心动词，新增词"顿、跌、倒"只是一般成员。这一时期的主要变化:1)"颠、斃、偾、蹶"退出该语义场,"斃"只表示"死亡"义,"颠"只是构词语素,"偾、蹶"则完全退出。2)"踬"的语义泛化，演变出"受挫"义;"跌"因凸显原因和结果，引申出"受挫"义;"顿"极少单用，用作复合词的前项，强调"仆倒"的方式和结果。3)"偃"仍指状态,"止息"是其核心义。4)"仆、僵"是"仆倒"义常用词，义域较宽;"倒"的义域最窄，还只是新兴的"仆倒"义动词。

2.3 魏晋—唐初的"仆倒"义动词

魏晋至唐初的"仆倒"义动词的变化最大,"踬、顿、偃"几乎不单用，能单用的只有"仆、僵、跌、倒","倒"以绝对优势取代了"仆、僵"的常用词地位，佛教文献中新增了一个"躃"。佛经中出现大量的“V仆倒＋地”结构，只有“倒地、躃地”是佛经常用的，其他的“偃地、獘地、踣地、顿地”极少使用。

2.3.1 踬、顿

与“抽象名词”组合，“踬”隐喻为“困顿”义，如：

（59）荐社污宅，古之制也，而乃尽哀于逆臣之家，加恩于饕餮之室，为政之道，于斯踬矣。（《三国志·魏书·武帝纪》裴松之注引孙盛语）

因而常与“困”“顿”等词组合，如：

（60）益州先主以命世英才，兴兵朔野，困踬冀、徐之郊，制命绍、布之手，太祖拯而济之，与隆大好。（《三国志·魏书·王毌丘诸葛邓钟传》）

《王力古汉语字典》列有“文辞晦涩”一义，如：

（61）若专用比兴，患在意深，意深则词踬。（《诗品·序》）

“踬”表示动作性“仆倒”义，只见于双音词“顿踬”，如：

（62）母益懊恼，迷惑失志。顿踬水中，堕所怀胎。（《经律异相》卷38）

可见“踬”在本期已退出了“仆倒”语义场，只作为构词语素保留在部分复合词中。

“顿”在本期已退出“仆倒”语义场，不单用，个别复合词有表动作性“仆倒”义，如：

（63）士卒伤病，流曳道路，或顿仆坑壑，或见略获，存记忿痛，大小呼嗟。（《三国志·吴书·诸葛滕二孙濮阳传》）

2.3.2 偃

本期“止息”义仍是“偃”的核心义位，单用动作性的“仆倒”义仅见1例，如：

（64）（卓）诱降北地反者数百人，于坐中先断其舌，或斩手足，或凿眼，或镬煮之，未死，偃转杯案间，会者皆战栗，亡失匕箸，而卓饮食自若。（《三国志·魏书·董二袁刘传》）

在佛经中有“前倒”和“却偃”对举，可见“偃”之“仆倒”义也成了构词语素，如：

（65）意欲起行，起则前倒，坐则却偃。（《出曜经》卷7）

用作定语的“偃”，义域增大，出现“偃盖”“偃房”等专有名词，如：

（66）去户外十余丈有石柱，柱上有偃盖石，高度径可一丈许，望见蜜芝从石户上堕入偃盖中，良久，辄有一滴，有似雨后屋之余漏，时时一落耳。（《抱朴子内篇·仙药》）

总之，“偃”已退出“仆倒”语义场，仅作为构词语素保留在复合词中。

2.3.3 仆、僵

“仆”表动作性“仆倒”，单用只有8例（其中“仆地”5例），如：

（67）客曰：“不负子也。”于是尸乃仆。（《搜神记》卷11）

其他均为“X仆”复合词，只用作复合词的后项，出现在“颠仆”“僵仆”“顿仆”“倒仆”4个词中。可以肯定地说，“仆”在南北朝以后退出“仆倒”语义场，只作为构词语素存在。

本期“僵”从“仆倒”义演变为“僵直、僵硬”义，如：

（68）即自刎，两手捧头及剑奉之，立僵。……于是尸乃仆。（《搜神记》卷11）

“仆倒”义“僵”在魏晋以后极少单用，仅《搜神记》1例抄录《汉书》。动作性“仆倒”义见于“僵仆”组合，如：

（69）隆僵仆无知，犬彷徨涕泣，走还舟，复反草中。（《搜神记》卷20）

其他复音词“僵毙”“僵尸”，已经不是“仆倒”义了。从文献看，“僵”及其所组成的复合词主要见于史书中，可以说“僵”在本期也退出了“仆倒”语义场，而转至“僵硬”语义场。

2.3.4 跌

“跌”之“仆倒”义只见于南北朝以后的佛经，均为“脚跌”，共10例。如：

（70）仙人山中，有一辟支佛，值雨脚跌，即破瓦钵。（《杂

宝藏经》卷9）

在中土文献中仅见1例“跌荡”，表示“站立不稳”。如：

（71）宾客左右，皆跌荡不得住。（《世说新语·雅量》）

“跌”虽然在我们调查的语料中使用频率不高，但从其他佛经语料看，已经是“跌倒”义的专用词，统一于“脚跌＋（倒地）”的格式，谭代龙（2008：74）认为这是“跌倒”组合的来源，可备一说。

2.3.5 躃

梅膺祚《字汇》：“跛者一足废，躃者两足俱废。”“躃”，亦作“躄”，本为名词，因其“两脚残废”，故而转喻引申为“仆倒、摔倒”。动词用法在中土文献中未见用例，集中于佛经。基本格式为：人/有生物＋躃＋（地），如：

（72）王时惊怖，从床而堕，若大树躄。（《经律异相》卷26）

（73）象适人去远，其痛难忍，躃地大呼，奄忽而死。（《六度集经》卷4）

用作使动，如：

（74）父王有一白象，威猛武势，躃六十象。（《六度集经》卷2）

其语义结构为：[主体：人/有生物]＋[动作：仆倒]＋[结果：着地]。

表13 “仆倒”义“躃”的使用情况

	三国译经	两晋译经	南北朝译经	隋唐译经	大唐西域记	合计
躃	12躃地8	16躃地16	37躃地30	18躃地15	3躃地3	86

“躃地”的组合最多，与“倒地”同义，同时，还有复合词“顿躃”“躃倒”“躃绝”。从后世文献看，“躃”之“仆倒”义只见于佛经，唐以后传世文献中没有用例，可见“躃”是佛经中的特有词。

2.3.6 倒

“倒”在魏晋以后是最典型的“仆倒”义动词，在《三国志》中依然用于“应弦/手/声而倒”中，东晋以后，义域明显增大。用于“人/有生物＋倒”的格式：

（75）须臾如厕，便倒气绝。（《搜神记》卷10）

扩展到"无生物＋倒"格式：

（76）而彼七根多罗之树，虽复被斫，其树不倒。……是时色界，净居诸天，即便化作大猛威风，吹彼树倒。（《佛本行集经》卷13）

又用作动作动词的补语，如：

（77）不畏殃咎，无慈悲心。远离真谛，摧倒法幢。（《阿育王传》卷7）

"倒地"组合在佛经中大量出现：

（78）牛产三日，以绳绞牛项、胫，令遍身脉胀，倒地即缚，以手痛挼乳核令破，以脚二七遍蹴乳房，然后解放。（《齐民要术·养羊》）

表14 "倒"的使用情况

	三国志	搜神记	世说新语 含注	齐民要术 不含注	三国译经	两晋译经	南北朝译经	隋唐译经	合计
倒	4	2	7 绝倒1	1 倒地	2 倒地1	21 倒地14	14 倒地4	81 倒地41	132

"倒"在魏晋时期完全取代了其他诸词，成为"仆倒"义最核心的动词，且语义明确，一直沿用到现代汉语中。

2.3.7 小结

本时期"倒、跌"上升为仆倒义常用词，其他诸词均沦落为边缘成员。"偃"主要用作表示状态的词素义；"踬、顿、僵、仆"退出该语义场，只在复合词中出现，"僵"转入"僵硬"语义场，其他词逐渐成为文言词[13]；"躃"只在佛经文献中出现。

佛经中出现大量的"$V_{仆倒}$＋地"结构，如：

（79）龙作毒雾，猴众都病，无不仆地。（《六度集经》卷5）

（80）当为女身，端正无比；使有见者，迷惑偃地。（《经律异相》卷23）

（81）如是四方，争竞藏窜。或覆其面，踣地而眠。（《佛本

行集经》卷29）

（82）城内诸人、大臣辅相、宫中婇女，一时号哭，声振城郭，从座麰地。(《根本说一切有部毗奈耶破僧事》卷16)

在非佛经文献中，上述“偃地、踣地、仆地、麰地”诸词，基本不用。这些词既可能是前期用法的遗留，如“踣/仆地”；也可能是受到大量的“倒地、躃地”等组合类推形成的，从使用的范围看，后者的可能性更大。

3 与“仆倒”义动词语义演变相关的问题

功能语言学家普遍认为语言的变化是基于“用法”的变化（Bybee 2006），词汇语义的演变也是基于“使用法”（usage）的演变，使用中的词义具有不同的层次。Traugott & Dasher（2002：16—19）将词的意义分为三个层次：1）编码意义（coded meanings）；2）语句型意义（utterance-type meanings）；3）语句例意义（utterance-token meanings）。我们分别记作CM、TP、TK。语义变化是从话语中出现的语句例意义开始的，随着使用频率的增加，语句例意义在某个言语群体中会固化为语句型意义，一旦规约化，就成为该词的编码意义，编码意义相当于一个义位。从“例意义”的出现到“编码意义”的定型，需要两方面的条件：首先是语义与功能相匹配；其次是使用的频率，只有相对高频使用的“例意义”才有机会上升到型意义和词汇意义。从演变的方式看，有语义演变链（chain of semantic change）即$M_0>M_1>M_2>M_3$和多重语义演变（poly-semantic change）即$M_0>M_1$、$M_0>M_2$、$M_0>M_3$两种方式。词汇语义演变是个渐变的过程，新旧义之间会形成一个连续统，常常会伴随新义与旧义共存阶段，即：$M_0>M_0/M_1>M_1$。（Hopper & Traugott 2003：49；Traugott & Dasher 2002：11—12）同时，我们尽量将语义演变的原因规定为语言内部因素，在内部能够找到演变的制约因素的情况下，尽量不考虑外部因素。因此，我们特别重视"仆倒"义动词的初期语义结构，这种语义构成对词义的发展变化有着强烈的制约作用。我们认为任何一个创新用法，都与词语本身的语义要素相关。[14]新产生的意义具有不同的层次，根据具有引申关系的语义用例统计，我们设定同一个词的不同语义层次：在规定语料内，用例35%以下的定为TK，36%—50%的定为TP，50%以上定为CM。[15]如从表2看，"颠"的"败亡"义只有5例，占相关语义用例的22.7%，因此"颠"的"败亡"义是TK。从表4看"獘、偾、蹶"，"獘"的"败亡"义有20例，占相关语义的47.6%，是TP；"偾"的"败亡"义有5例，占两个相关语义的35.7%，也是TK；"蹶"的"败亡"义7例，占相关语义的58.3%，定作CM。从表10看，"仆"的"败亡"义只有3例，占相关语义的11.5%，是典型的TK。

基于以上认识，下面讨论与"仆倒"义动词语义演变的相关问题。

3.1 隐喻与语义演变

隐喻是基于相似性，从一个概念理解和经验另一个相似概念的过程，（Lakoff & Johnson 1980：5）即从一个概念域直接投射到另一个概念域。仆倒义动词的语义演变具有相同的隐喻机制。上文说到义域的变化内容之一是组合对象的变化，"仆倒"义动词义域中的对象主要是指动作主体。仆倒动作的主体最初都是指人或有生物，然后扩展到无生物或抽象事物。如"颠、獘、偾、蹶、仆"等词的主体都从人或具体物扩展为"政权、地位"等抽象事物，从而产生"'仆倒'义 > '败亡'义"的演变。这个过程是从"人或物倒地"直接投射到"政权、国家的倒台"隐喻而来的。又如"踬、跲"从位移中的"绊倒受阻"到"言语/言辞的受阻"，是从人的位移受阻投射到人的说话受阻，也是义域的变化，从而"跲"在战国有"言语不畅"义，"踬"在魏晋有"文意晦涩"义，具有高度的平行性。义域发生相同变化，语义即产生一致的演变，体现了语义演变的系统性和演变共性。

3.2 转喻与语义演变

转喻是基于相关性，用一事物指称另一事物的思维过程（Lakoff & Johnson 1980：35；Traugott & Dasher 2002：78）。转喻的关键是两个事物之间在概念上具有邻接性和统一性，因此，作为一种认知过程，转喻也可能涉及跨域投射（Boguslaw Bierwiaczonek 2013）。在词汇语义演变的过程中，新义位的产生，转喻的作用更为关键。如"斃"，有生物的"倒地"，最先引起联想（association）的是"死亡"，这种联想就是转喻。如：

（83）公祭之地，地坟。与犬，犬斃。与小臣，小臣亦斃。（《左传·僖公4年》）

而转喻过程中最容易看到新旧义共存的状态。如上例中"斃"，联系语境：骊姬在公子申生进献的祭肉里下毒，其结果是"犬"与"小臣"俱"死亡"，但直接表现的情形是"倒地"，因而可以有两解。随着用例的增加，这个转喻的过程在春秋战国时期就完成了。到西汉，"斃"已经退出了"仆倒"语义场，只保留了"死亡"义。

再如"僵"。李小华（2009）指出"僵硬"义的"僵"最早见于《搜神记》，但是，李文没有解释"僵硬"义的直接来源，我们认为"僵硬"义也是从"死亡"义发展而来的，如：

（84）管仲扜弓射公子小白，中钩。鲍叔御，令小白僵。管子以为小白死，告公子纠曰："安之。公子小白已死矣。"鲍叔因疾驱先入，故公子小白得以为君。鲍叔之智应射而令公子小白僵也，其智若镞矢也。（《吕氏春秋·开春论·贵卒》）

上例最能解释从"仆倒"向"死亡"的语用推理过程，是典型的转喻机制在起作用，从"小白僵"，推论到"小白死"，而"死亡"后身体僵硬是最直接的表现，于是"僵硬"义就产生了，如：

（85）忉利天欲戏颇类庐时，形体便僵，如人沐浴已后，身体皆滑。（《大楼炭经·高善士品》）

可见"僵"之"死亡"义只是一个过渡，其语义演变路径：仆倒 > 死亡 > 僵硬。同理，"僵尸"组合也经历这样的过程：倒卧的尸体 > 死尸 > 僵硬的尸体。"僵"在晋代退出了"仆倒"语义场，而成为"僵硬"义的核心成员。

当然，这里将隐喻和转喻分开，只是论述的方便，而实际的语义演变中两者会经常同时起作用，如"偃"的语义演变。

3.3 词的语义结构与语义演变

词的语义演变与其最初的语义结构相关：相关的语义要素导致语义演变的倾向性共性；而凸显不同的语义要素，会导致各词的语义演变又不尽相同，这些都是内部因素的作用。上文我们提到语义发展的前提之一是语义与功能相匹配，什么样的语义基础会与什么样的新功能相匹配，这是互动的关系，或者说语义变化与组合变化之间是互为条件的。"仆倒"义动词的一般组合格式是"主体 + $V_{仆倒}$"，但是有两种组合功能上的变化：一是用作使动，二是用作定语。用作使动的"仆倒"义动词有"偃、偾、蹶、踣、仆"，其语义基础多是凸显[结果：倒地/败亡]：当使动对象是具体事物时为"仆倒"义，如"偃、偾、仆"；当使动对象是抽象事物时为"败亡"义，如"偾、蹶、踣"。使动用法一旦惯常化，就发展为及物动词，如"偾、偃"。用作定语的"仆倒"义动词有"偃、颠、仆、僵"，它们的语义基础是凸显[状态：躺倒]。状态与结果关系密切，当[结果]保持不变，就是[状态]，因此"仆倒"义动词做定语，一般用于具体事物，而不用于抽象事物，如"颠木、偃禾、仆柳、僵柳"等。这种组合功能上的变动，也是义域变化的一个方面，从而体现为词义演变的系统性和倾向性共性。

但是，每个词在具体使用中语义有所侧重，语义演变的过程也有所不同。如"偃"，始终凸显的是状态语义，即使用作使动，也偏指"使某物具有倒伏的状态"，如：

（86）有以用兵丧其国者，欲偃天下之兵，悖。（《吕氏春

秋·孟秋纪·荡兵》）

还可以用于较为抽象的事物：

（87）是故圣人内修其本，而不外饰其末，保其精神，偃其智故。(《淮南子·原道训》)

当频率上经常与表示“战争、兵事”的词组合时，便产生新的义位“停息”：

（88）张仪欲以秦、韩与魏之势伐齐、荆，而惠施欲以齐、荆偃兵。(《韩非子·内储说上》)

“偃”的语义演变路径：仰躺 > 仰倒/倒伏 > 止息。这个过程在战国末即已完成。到了两汉，“偃”的状态义继续保留，在功能上用作定语，见2.2.3所论，到魏晋以后，“偃”的状态义尤为突出，于是产生了一批“偃X”格式的复合词，如“偃月、偃盖、偃房”等，其中隐喻和转喻都起了重要作用。

再如“僵”，王凤阳（2011：823）指出“僵”指“躺倒之后，一般动弹不得”。因此才可以用于“僵尸”组合，后来演变出“僵硬”义，这些都与词的最初语义结构相关。

3.4 “仆倒”义动词语义演变情况

根据上文分析，我们对各词语义演变中的用例折算，得出下面演变详情表。

表15 “仆倒”义动词语义演变详情

时段 / 词目	春秋以前 春秋战国 战国末	西汉 东汉	魏晋—唐初
颠	坠落 $_{CM}$ > 仆倒 $_{CM}$ > 败亡 $_{TK}$	→词素化（退出）	
疐/踬	绊倒 $_{CM}$ > 绊倒 $_{CM}$ >	受挫 $_{TK}$ > 困顿 $_{TP}$	→词素化：困顿 文辞晦涩 $_{TK}$ →退出
跲	绊倒 $_{CM}$ > 言语不畅 $_{TK}$	→退出	
毙	仆倒 $_{CM}$ > 死亡 $_{TP}$ > 败亡 $_{TP}$	→死亡 $_{CM}$	
偾	仆倒 $_{CM}$ > 使仆倒 $_{TK}$ > 败亡 $_{TK}$	→退出	
蹶	仆倒 $_{CM}$ > 使仆倒 $_{TK}$ > 败亡 $_{CM}$	→退出	
偃	仰躺 $_{CM}$ > 仰倒/倒伏 $_{CM}$ > 止息 $_{CM}$	止息 $_{CM}$；倒伏 $_{TP}$	→词素化：上仰

（续表）

时段 词目	春秋以前　春秋战国　战国末	西汉　　东汉	魏晋—唐初
踣	仆倒$_{CM}$　　>败亡$_{TK}$；陈尸$_{TK}$	→退出	
仆	仆倒$_{CM}$>	败亡$_{TK}$	→退出
僵	仆倒$_{CM}$>	死亡$_{TP}$>	僵直、僵硬$_{CM}$
顿	以首叩地$_{CM}$>	仆倒$_{TP}$	→退出
跌	失足跌倒$_{CM}$	>受挫$_{TK}$	→词素化：跌跤
倒	颠倒、翻倒$_{CM}$>	仆倒$_{CM}$	→核心成员
躃	两脚残废$_{CM}$>	仆倒$_{TP}$	→倒地$_{CM}$（仅见佛经）

4　总结

1. 本文梳理了先秦至唐初“仆倒”概念场词汇的系统演变，具体变化为：

1）先秦时期：“颠、偃、毙”为核心成员，“踬（疐）、偾、蹶、踣”为一般成员，“僵、仆、跌”在战国晚期才出现。

2）两汉时期：“僵、仆”上升为核心成员，“颠、毙、蹶、偾、踣”退出该语义场，“偃、踬、跌”只有零星使用，“倒、顿”进入本语义场。

3）魏晋—唐初：“倒、跌”上升为核心成员，“躃”只在佛经中使用，“偃、踬、顿、仆、僵”退出该语义场。

2. “仆倒”义动词语义演变的系统性和演变共性：

1）语义要素在语义演变中起到一定的制约作用：凸显［动作+结果］的“颠、毙、偾、蹶、踣”等在隐喻机制的作用下，一律演变出“败亡”义；凸显［原因］的“踬、跲、跌”或隐喻引申为“言语不畅/文辞受阻”义或为“受挫”义；凸显［状态］的“偃”始终没有发展出“死亡、败亡”义，而转喻为“止息”义，始终不脱离其［状态］语义；凸显［结果］的“毙、僵”同样转喻为“死亡”义。

2）从组合功能上看：所有成员都是遵循从“有生名词+

V仆倒”到“无生名词＋V仆倒”的扩展路径；具有［动作＋结果］义的词可以用作使动，如“偃、偾、蹶、踣、仆”，部分演变出及物动词，如“偾、偃”；具有［状态＋结果］义的词基本可以用作定语，如“颠、偃、仆、僵”等。

总之，无论是语义要素的增减，还是组合分布的变化，“仆倒”类动词的语义演变都体现了较为严整的系统性和倾向性演变共性。语义的演变都是基于语用法的演变，演变的主要机制是认知上的隐喻和转喻。

附　注

① John Newman（2002）将“sitting（坐）”“standing（站）”“lying（躺）”以及与之意义相近的词都归为posture verbs（姿态动词），以区别于具体肢体部位动作动词。本文所指的姿态类动词，与Newman内涵一致，我们将姿态动词限定为人体/躯体姿态变化的动词，初步分为动态和静态两类：动态类包括兴起类、仆倒类、屈展类、旋转类；静态类包括伫立类、依凭类、蹲坐类、伏卧类、蜷曲类。

② 概念要素是根据同一语义场成员在概念网络上的不同切分而分析得到的，虽然研究者各自的判断、切分不同，但一个完整的动作概念所涉及的几个基本要素是明晰的。我们将仆倒概念分为6个要素，是基于如下考虑的：［主体］［动作］［结果］是仆倒概念的基本要素；［方式］［原因］［状态］是附加要素。我们起初考虑5个，是将［状态］放在［结果］里，但是随着研究的深入，具有［状态］要素的词，具有不同的句法表现与发展方向；我们也一度从［方式］要素里分出［方向］来，但考虑到仆倒动作的方式主要是方向上的，因此仍然将两者合在一起。我们认为，不同的概念，具体的构成要素当然有所区别，但对于相近范畴而言，构成要素基本是明晰的，［主体］［动作］［结果］［方式］［方向］［原因］［状态］基本可以作为动作概念的组成要素。

③ 这个观点是匿名审稿人指出的，感谢审稿人提供《义域的两仪》一文，但我们暂时没有找到该文的出处，仅在这里说明致谢。

④ 一般将西汉作为上古汉语的后期，从我们调查的语料看，就“仆倒”义动词而言，西汉只是一个过渡期，先秦的“仆倒”义动词系统在西汉即发生了变化，至东汉趋于稳定，因此将两汉放在一起考察。关于语料的选择，先秦语料：《今文尚书》《诗经》《逸周书》《易经》《十翼》《论语》《左传》《国语》《墨子》《孟子》《庄子》《荀子》《韩非子》《吕氏春秋》《战国策》。西汉语料：《史记》《新语》《淮南子》《说苑》；东汉语料：《论衡》《汉书》《太平经》；东汉译经有安世高译《道地经》《十报法经》，支娄迦谶译《般舟三昧经》《道行

般若经》，竺大力共康孟祥译《修行本起经》，昙果共康孟祥译《中本起经》。魏晋至唐初语料:《三国志（含注）》《抱朴子内篇》《世说新语（不含注）》《齐民要术（不含注）》《搜神记》《颜氏家训》《周氏冥通记》。译经:（三国）《六度集经》《菩萨本缘经》;（两晋）《生经》《正法华经》《阿育王传》《摩诃僧祇律》;（南北朝）《菩萨善戒经》《百喻经》《悲华经》《出曜经》《妙法莲华经》《贤愚经》《经律异相》《杂宝藏经》;（隋）《佛本行起经》。唐:《大唐西域记》、义净译经。

⑤ 我们认为“仆倒”义“颠”源于“坠落”义。“坠落”和“仆倒”分属两个不同的概念域，但两个概念域之间有一定的相关性。“坠落”是指物体从高处向下落到低处，有路径、方向、过程和结果。从结果上看，“坠落”与“仆倒”在认知上有相通之处，当从相对低矮的位置“坠落”就与“仆倒”相类了。从甲骨文中“颠”的用例看，有些是指从车上坠落，如上文引例。再从《左传》用例看，如果是从相对较高的位置发生“颠”，则是“坠落”义，如：

颍考叔取郑伯之旗蝥弧以先登，子都自下射之，颠。（《左传·隐公11年》）

杜预注:“颠坠而死”。而如果是从较低的位置发生“颠”，则是“仆倒”义，如：

及辅氏之役，颗见老人结草以亢杜回。杜回踬而颠，故获之。（《左传·宣公15年》）

但是本例解释为“坠落”，亦未尝不可。可见，“颠”的语义存在新旧义共存，这种演变是基于转喻的演变。

⑥ 郭璞注“獘，踣”，这与“踣”的“陈尸”义相当，后文“獘者，翳”，“翳”，徐朝华（1987：291）解作通“殪”，“死”义。《诗经·大雅·皇矣》“其菑其翳”，毛传“木立死曰菑，自毙为翳”，《韩诗》“翳”作“殪”，可见“獘者，翳”是对前文“獘”的进一步解释。所以这里的“獘”作“死”义是合适的。

⑦ 《吕氏春秋·慎大览》说“蹶”为北方兽名，命名理据是其行动特征（见例8）；但《说文》“蟨”，“一曰西方有兽，前足短，与蛩蛩距虚比，其名曰蟨”。蹶、蟨同源，刘钧杰（1999：155）认为“蹶是倒。蟨是传说中一种前足短后足长的兽，行走易倒”。一说北方、一说西方，难有确论。《方言》说“跌，蹷也”，郭璞注“偃地也，江东言路”；钱绎《方言笺疏》“跌、蹷、路，并语之转耳”。又王力（1982：469）说“颠、跌”同源，是“摔跟头的结果”。又，汪启明（1998）也没有记录到“蹶”。因此，我们还没有办法厘清它们在先秦时期具体的使用区域。三审专家提出历时研究的同时应关注不同时代的方言差异，无疑是正确的，但由于文献的限制，我们尚无法展开，期待以后更多的关注方言史。在此深表谢忱！

⑧ 关于《尚书·金縢》，顾颉刚、刘起釪、裘锡圭等先生都认为不是《周书》原件，不可作为西周的语料，当从。参看张玉金（2004：6）。

⑨ 据黄怀信（1992：95），此篇当为春秋早期的作品。

⑩　据李小华（2009）的调查，仅在《战国策》《吕氏春秋》《素问》《灵枢》《吴子》《鹖冠子》中发现13例“僵”，且都表示“仆倒”义，“僵仆”“僵尸”已经开始连用，与别的词连用则没有发现。但是从严格的语料筛查看，只有《吕氏春秋》《战国策》可以确定为西汉以前的语料，其他均不可靠。

⑪　两汉时期“颠＋X”格式的具体使用情况

	淮南子	说苑	新语	汉书	论衡	东汉译经	合计
颠蹶	1						1
颠越	1						1
颠顿	1						1
颠倒		2	1	1	2	4	10
颠沛				2	3		5
颠覆				2		1	3
颠坠				1			1
颠仆				2 踬仆1			2
合计	3	2	1	8	5	5	24

“颠倒”“颠沛”“颠覆”“颠仆”的使用频率相对高一些，词汇化的程度较高，基本都是比喻义。到东汉，佛经中只有1例“颠覆”，其他均为“颠倒”，没有“仆倒”义的组合。这说明东汉时期“颠”已经退出了“仆倒”语义场。

⑫　从扩大的语料调查看，单用在《全汉文》中有2次，《焦氏易林》中高达15次；准复合词在《抱朴子外篇》有“颠踬”“蹶踬”各1例，都是隐喻引申为“受挫”义，《全汉文》有“跻踬”，《全后汉文》有“踬顿/顿踬”“踬覆”“赴踬”，而在《焦氏易林》中则出现了“蹉踬”“跛踬”“踬颠/颠踬”“踬顿/顿踬”“踬僵”“踬跌”等。《焦氏易林》向来以“古雅玄妙”著称，又用四言《诗经》体，故其词汇的历史层次较多，而《全汉文》《全后汉文》多为文人作品，所用词汇较为古典，都不能反映当时的口语。

⑬　李小华（2009）认为“僵”在南北朝以后“仆倒”义与“僵硬”义并行，我们认为，“僵”的“仆倒”义主要保留在仿古文献中，从该文的统计看，口语性相对较强的《朱子语类》《梦溪笔谈》中只用“僵硬”义，而没有“仆倒”义，并且，他所说的“仆倒”义包括大量的复合词中的“僵”，本文则尽量将词素义与单用分开，这样便于语义比较。

⑭　近年关于语义演变的讨论比较多，本文主要参照Sweetser（1990/2002：16—22）；Traugott & Dasher（2002：24—40）；贝罗贝、李明（2008）；蒋绍愚（2006、2007、2015：173—247）；吴福祥、张定（2016）等。

⑮　这个频率规定只是一个权宜之计，因为有些词本身出现的频率就极低，或词义出现的年代有差别等，但这种统计具有一定的可操作性。

参考文献

贝罗贝、李明 （2008） 语义演变理论与语义演变和句法演变，载沈阳、冯胜利编《当代语言学理论与汉语研究》，商务印书馆，北京。

陈 剑 （2002） 释厍，载《追寻中华古代文明的踪迹——李学勤先生学术活动五十周年纪念文集》，复旦大学出版社，上海。

陈祝琴、裴凤娟 （2015）《说文》“释语”所见东汉“仆倒”类常用词，《安庆师范学院学报》第2期，73—77页。

董为光 （1991） 词义引申中的“横向联系”，《语言研究》第2期，79—87页。

郭加健 （2002） “百足之虫，死而不僵”辨析，《广州大学学报》第9期，65—66页。

黄怀信 （1992）《〈逸周书〉源流考辨》，西北大学出版社，西安。

江蓝生 （1993） 相关词语的类同引申，载游顺钊主编《语汇丛刊·汉语十论》，巴黎；又载《近代汉语探源》，309—319页，商务印书馆，2000年，北京。

蒋绍愚 （1989） 论词的“相因生义”，载《语言文字学术论文集——庆祝王力先生学术活动五十周年》，546—560页，知识出版社，北京；又载《蒋绍愚自选集》，1—18页，大象出版社，1993年，郑州。

蒋绍愚 （1991） 关于“义域”，《纪念王力先生九十诞辰文集》，436—446页，济南：山东教育出版社；又载《蒋绍愚自选集》，91—100页，大象出版社，1993年，郑州。

蒋绍愚 （2006） 汉语词义和词汇系统的历史演变初探——以“投”为例，《北京大学学报》第4期，84—105页；又载《汉语词汇语法史论文续集》，58—105页，商务印书馆，2012年，北京。

蒋绍愚 （2007） 打击义动词的词义分析，《中国语文》第5期，387—401页；又载《汉语词汇语法史论文续集》，26—57页，商务印书馆，2012年，北京。

蒋绍愚 （2012）《汉语词汇语法史论文续集》，商务印书馆，北京。

蒋绍愚 （2015）《汉语历史词汇学概要》，商务印书馆，北京。

蒋玉斌 （2015） 释殷墟花东卜辞的“颠”，《考古与文物》第3期，107—110页。

李小华 （2009） “僵”之“仆倒”义和“僵硬”义演变更替及相关问题，《古汉语研究》第2期，75—80页。

李宗江 （1999）《汉语常用词演变研究》，汉语大词典出版社，上海。

刘钧杰 （1999）《同源字典补》，商务印书馆，北京。

宋亚云 （2005） 古汉语词义衍生途径新说综论，《语言研究》第1期，122—126页。

孙雍长 （1985） 古汉语的词义渗透，《中国语文》第3期，207—213页。

孙玉文 （2015）《汉语变调构词考辨》，商务印书馆，北京。

索绪尔著，高名凯译 （1980）《普通语言学教程》，商务印书馆，北京。
谭代龙 （2008）《义净译经身体运动概念场词汇系统及其演变研究》，语文出版社，北京。
谭代龙 （2015） 古汉语词的描写与词义的认定——以〈南海内法寄归传〉的“开”为例，《汉语史学报》第15辑，205—212页。
唐 兰 （1936） 怀铅随笔・释叱，《考古社刊》（五），148页。
汪启明 （1998）《先秦两汉齐语研究》，巴蜀书社，巴蜀。
王凤阳 （2011）《古辞辨》（增订本），中华书局，北京。
王 力 （1982）《同源字典》，商务印书馆，北京。
王 力等 （2000）《王力古汉语字典》，中华书局，北京。
吴福祥、张定 （2016）“吴福祥研究员访谈”，《今日语言学》微刊，2016-12-26。
谢明文 （2014） 释“颠”字，《古文字研究》第30辑，493—498页，中华书局，北京。
徐朝华 （1987）《尔雅今注》，南开大学出版社，天津。
徐 磊 （2010）《汉语“跌倒”类常用词历史演变的描写与解释》，华中师范大学硕士学位论文。
许宝华、宫田一郎 （1999）《汉语方言大词典》，中华书局，北京。
许嘉璐 （1987） 论同步引申，《中国语文》第1期，50—57页。
张 博 （1999） 组合同化：词义衍生的一种机制，《中国语文》第2期，129—136页。
张玉金 （2004）《西周汉语语法研究》，商务印书馆，北京。
朱耀宽 （1986） 释“百足之虫，死而不僵”，《红楼梦学刊》第3辑，97—98页。
Boguslaw, Bierwiaczonek （2013） *Metonymy in Language, Thought and Brain*. Equinox Publishing.
Bybee, Joan （2006） From Usage to Grammar: the Mind's Response to Repetition, *Language* 82.711-733.
George, Lakoff and Mark Johnson （1980/2003） *Metaphors We Live by*. London: The University of Chicago Press.
Hopper, Paul & Traugott Elizabeth （2003） *Grammaticalization*, 2nd edition. Cambridge: Cambridge University Press.
Newman, John （2002） *The Linguistics of Sitting, Standing, and Lying*. Amsterdam: John Benjamins Publishing Company.
Sweetser, Eve （1990/2002） *From Etymology to Pragmatics: Metaphorical and Cultural Aspects of Semantic Structure.* Cambridge: Cambridge University Press. 北京：北京大学出版社。
Traugott, Elizabeth Closs & Richard B. Dasher （2002） *Regularity in Semantic Change*. Cambridge: Cambridge University Press.

A Systematic Study of the Semantic Evolution of the Chinese Verbs Meaning “Fall Down（仆倒）”

CHEN Zhuqin

Abstract: The evolution of lexical semantics is systematic, and the semantic evolution of vocabulary in the same concept field tends to be of commonalities. With the Chinese verbs meaning “fall down（仆倒）” as the research target, this paper offers a systematic description of the evolution of the vocabulary members of the concept field in different historical stages according to the data from the pre-Qin Dynasty to the Tang Dynasty. Meanwhile, this research also tries to conclude the features of lexical semantic evolution in terms of systematicness, commonalities and differences from the changes of combination and semantic domain under “conceptual elements analysis method”. Furthermore, some related issues in semantic evolution are also explained from the perspectives of cognition and pragmatics.

Key words: verbs meaning “fall down”, semantic evolution, systematic, evolution commonalities

（100048 北京，首都师范大学文学院；
246013 安庆，安庆师范大学文学院 chzhq8376@126.com）

从百度指数看新词语的热度变化*

宋作艳

摘要 本文尝试借助百度指数来考察新词语的热度变化，以此间接考察新词语的生命力。对2006年年度新词语的个案分析显示，这种方法是可行的，百度指数可以显示新词语的热度变化和生命轨迹。研究发现，新词语的百度搜索指数线主要有凸起型、下降型和上升型三种；类推产生的系列新词语的热度既有差别，也有一定的相关性；新词语的热度主要受新词语所指事物的受关注度和词语之间的竞争关系影响，反映了语言与社会之间的共变关系。

关键词 百度指数 新词语 热度 历时变化 共变

〇 引言

新词语研究是当前汉语研究的热点问题，研究主要集中在新词语特点与产生机制的探究、新词语词典的编纂、面向中文信息处理的新词语识别与自动释义，以及新词语的规范与预测等方面。总的来说，以共时研究居多。相比之下，历时角度的动态研究较少。实际上，学者们早已经注意到，新词语存在新陈代谢，生命力强弱不同，只有小部分新词语能存活下来，很多新词语只是昙花一现，在某一时期比较活跃，之后就隐退了（参见王铁琨 1999；郭伏良 2001；贺国伟 2003）。换言之，所有的新词语都有一条“历时变化曲线”，或者说“走势图”（张普 2003），这就是其生命轨迹。但是

收稿日期：2016-11-17；**定稿日期**：2018-1-3。

* 本文为北京市社会科学基金项目成果（项目编号：15WYC065。项目负责人：宋作艳。项目名称：汉语新词语的存现与隐退研究）。初稿曾在词汇学国际学术会议暨第十一届全国汉语词汇学学术研讨会（北京大学，2016）上报告过，承蒙郭锐、余桂林等先生指教，谨此致谢！

由于语料库和技术手段的限制，相关的实证研究很少，下面两个研究特别值得一提。刘长征（2011：72）基于动态报纸语料库系统考察了新词语的生命力，并提出了生命力值的计算公式，根据生命力值的变化绘制了部分新词语的走势图。王维敏（2014）利用报纸语料，对2006年和2007年年度新词语在2008年之后五年间的存现与隐退情况进行了统计分析。

影响新词语生命力的因素很多，比如使用频次、使用范围、持续时间等，分别反映新词语的热度（活跃度）、广度和可持续性，其中与使用频次相关的热度最能直观反映新词语的生命力。百度搜索指数反映了用户对相关词语所指事物的关注度，实际上也就反映了词语的热度，一定程度上反映了词语的生命力。本文拟利用这一指数来考察新词语的热度变化，以期能间接考察新词语的生命力变化。下文先简单介绍百度指数，然后通过2016年年度新词语的个案分析来展示百度指数在新词语热度变化和生命轨迹研究中的应用，之后比较不同新词语之间的热度差异，最后探讨影响新词语热度的因素。

一　百度指数简介

百度指数[①]是以百度海量网民行为数据为基础的数据分享平台，旨在研究关键词的搜索趋势、洞察网民需求变化、监测媒体舆情趋势、定位数字消费者特征，还可以从行业的角度分析市场特点。百度指数分为搜索指数和媒体指数，分别反映用户关注度和媒体关注度。搜索指数以网民在百度的搜索量为数据基础，以关键词为统计对象，科学分析并计算出各个关键词在百度网页搜索中搜索频次的加权和。根据搜索来源的不同，搜索指数分为PC搜索指数（基于电脑搜索数据，始于2006年）和移动搜索指数（基于手机搜索数据，始于2011年），二者也可以合并为整体搜索指数。媒体指数是各大互联网媒体报道的新闻中与关键词相关的被百度新闻频道收录的数量，采用新闻标题包含关键词的统计标准，实际上就是反映语用量的使用频次。语用量是主宰新词语生命的主导力量（宗守云 2006），文本中的使用频次反映了语用量，搜索频次同样反映了语用量[②]，而且更直观地反映了人们对某个关键词所指事物、事件或现象的关注度。百度搜索指数线反映了关键词的搜索趋势变化，而搜索趋势变化反映了人们对某个关键词的关注热度的变化。如果关键词是新词语的话，在某种程度上百度搜索指数线实际上就是新词语的热度变化曲线，也就是新词语的生命线，大致记录了新词语的生命轨迹（或者说活跃度变化轨迹），包括新词语产生的大致时间及其之后的走势。例如，从图1的整体搜索指数变化趋势图可以看到，“高富帅”出现在2011年，2012年间最活跃，指数达到峰值。“白富美”紧随其后，出现在2012年，而且二者的走势基本平行。二者分别收录在《2011汉语新词语》（侯敏、杨尔弘 2012）和《2012汉语新词语》（侯敏、邹煜 2013）中，与百度指数显示的出现时间是一致的。百度搜索指数与百度媒体指数的走势有一定平行性，这说明搜索指数与使用频次一样，能反映新词语的热度，可以用来观察新词语的生命力。相比之下，媒体指数线通常都右移，说明搜索指数更能及时反映新词语的动态，而媒体指数相对滞后。本研究基于百度搜索指数，下文均简称百度指数，下文的指数线均默认指百度搜索指数线。

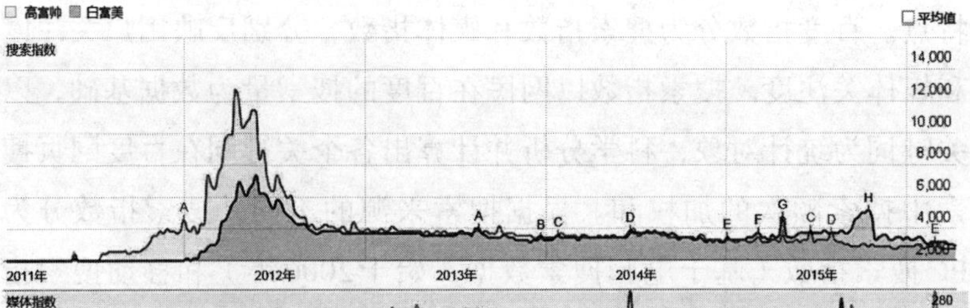

图1　“高富帅”与“白富美”的整体搜索指数与媒体搜索指数

二 2006年年度新词语的热度变化与生命轨迹

2.1 2006年年度新词语在百度指数中的收录情况

我们选择《2006汉语新词语》(周荐 2007)中的新词语来穷尽考察其百度指数。之所以选择这一年的新词语，是因为PC搜索指数是从2006年6月开始的，到2016年初接近10年，便于观察较长时间段内百度指数线的走势，而且可以跟之前的研究进行对比，检验百度指数的有效性。2006年年度新词语是采用“先手工后机器”的抽取方式，先从报纸和网络上人工查找新词语，通过研讨交流确定备选词条，再通过国家语言资源动态流通语料库进行跨年度语料的回查与验证来确定的。

虽然百度指数的具体收录标准不清楚，但可以肯定的是，只有搜索指数达到一定标准的词语才会收录。2006年年度新词语共171个，其中53个[3]被百度指数收录，可以查到搜索指数。也就是说10年间，大概有31%的新词语还保持足够的活跃度，生命力较旺盛。王维敏(2014)考察了2006年年度新词语五年间(2008—2012)在报纸数据库(含14家报纸)中的出现情况，将五年内未出现的称为隐退新词语，有复现频次的称为未完全隐退新词语，连续五年均出现的称为存现新词语。考察结果显示，五年间2006年年度新词语中的存现新词语有48个，占28.1%。百度指数收录的53个新词语与之重合的有34个，占存现新词语的71%，这说明百度指数可以较好地反映新词语的生命力。百度指数收录的新词语与王维敏(2014)确定的存现词语之所以有差异，主要是因为观察时间窗口不同、语料来源不同。虽然这些新词语都在2006年出现，有些却一直到2012年之后才广受关注，如“众包”从2013年开始才出现搜索指数(见图2)，受到关注，被百度指数收录，类似的还有“EMBA、丁宠家庭、卡神、赖校族”等。而王维敏的统计数据限于2008—2012五年之间，可能这些词语当时还不够活跃。这说明，观察新词语的活跃度，5年的时间跨度恐怕是不够的。百度指数独收的另外一部分新词语都是网络用语，可能尚未进入稍显正式的报纸，如“奔奔族、擒人节、抱抱装”。百度指数未收入而王维敏计入存现新词语的有15个：草根网民、车奴、倒扁、福利腐败、寒促、禁电、考霸、裸考、M型社会、拼卡、三失、熟年、她经济、文化低保、捂盘惜售。其中，“倒扁”随着2008年台湾大选的结束而逐渐淡出。四字的“福利腐败、M型社会、文化低保、捂盘惜售”等具有一定的书面色彩和专业性。

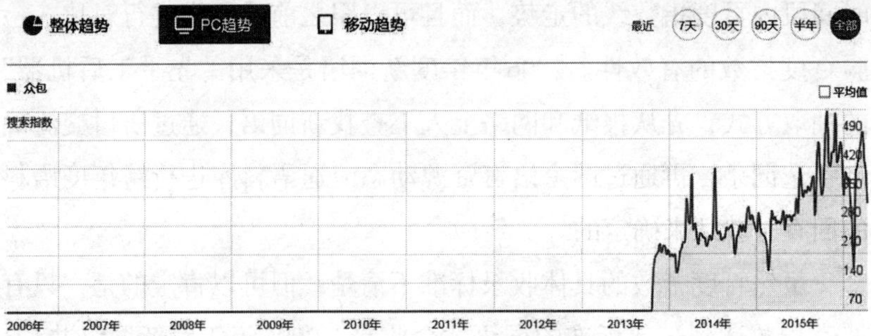

图2　“众包”的PC搜索指数

百度指数收录的2006年年度新词语近95%是二—四音节词语，其中双音节词语占了近一半（46.30%）。这些词语的收录率（百度收录词语数/总词语数）随着音节数量的增加而降低，双音节词语有近一半被收录，三音节词语有三分之一强，四音节以上的词语收录率非常低。这说明二—四音节词语是汉语词汇的主流，活跃度较高。

表1　2006年年度新词语在百度指数中的收录情况

音节数	词语数/占比	收录词语数/占比	收录率
1	1/0.58%	1/1.85%	100.00%
2	54/31.58%	25/46.29%	46.30%
3	54/31.58%	18/33.33%	33.33%
4	44/25.73%	8/14.81%	18.18%
5	13/7.60%	1/1.85%	7.69%
6	3/1.75%	0	0
7	1/0.58%	0	0

（续表）

音节数	词语数/占比	收录词语数/占比	收录率
字母词	1/0.58%	1/100.00%	1.85%
合计	171/100%	54/100%	30.99%

2.2　2006年年度新词语的百度指数线特点

要看百度搜索指数线的变化趋势，严谨的做法应该是看综合PC指数和移动指数的整体指数。但整体指数和移动指数始于2011年，无法显示2006年年度新词语出现最初五年的情况，因此我们以始于2006年的PC指数为主，参考移动指数和整体指数[④]。通过对比，我们发现，绝大多数词语的PC指数走势与整体指数走势还是一致的，只是波动幅度有差异。个别不一致的情况我们会叠加PC指数和移动指数做出整体趋势的判断，并加以说明。

2006年年度新词语十年间的百度搜索指数线主要有三种：凸起型、下降型和上升型。其中前两种最多，各占到了近一半。

1）凸起型。百度搜索指数线呈连续的“山”形波动，说明这些词语间断地成为关注热点，持续活跃，如图3中的“群租”。这一类多是“语文词语”，使用范围较广、使用频率较高，表义多为概指。有些词保持高位震荡，如“交强险”（见图4）、“剩女”（见图9）。收入《现代汉语词典》（第6版）的5个新词语（晒客、交强险、秒杀、博文[⑤]、群租）的指数线大都属于这一类。个别词语的指数还只有一个峰值，呈现为“⊥”形，如“作弊克、红衫军”等。

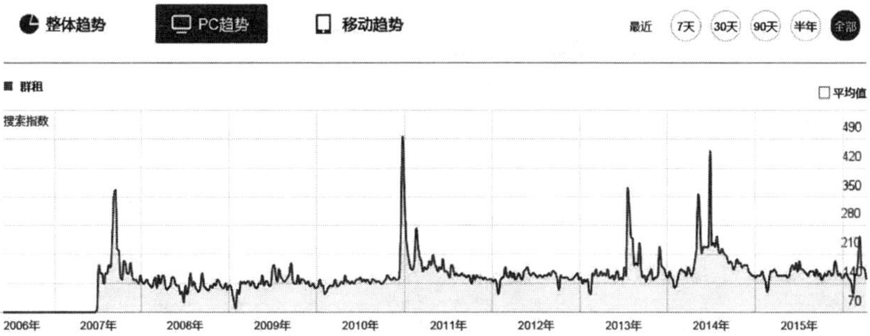

图3　“群租”的PC搜索指数

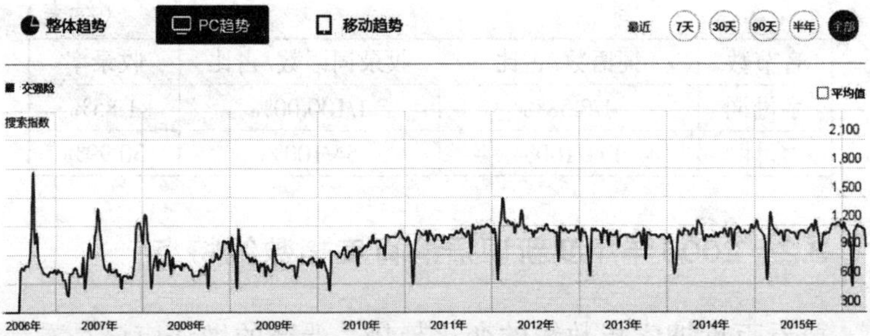

图4 “交强险”的PC搜索指数

“三支一扶”（指大学生在毕业后到农村基层从事支农、支教、支医和扶贫工作）的指数线呈规律性波动，每年年中都会出现一个高峰（见图5），是因为这个计划每年6月份左右开始组织实施。“黄金周”“小长假”这样的新词语也有周期性峰值：2008年之前，“黄金周”每年有两个峰值，分别出现在五一劳动节和十一国庆节附近，之后每年只有一个峰值，因为五一黄金周在2008年取消了。这充分印证了Bright（1964）提出的“语言和社会结构的共变”理论：作为社会现象的语言会随着社会生活的变化而变化。可以说，新词语是社会变化的显微镜、记录仪，记录社会生活变迁的点点滴滴。

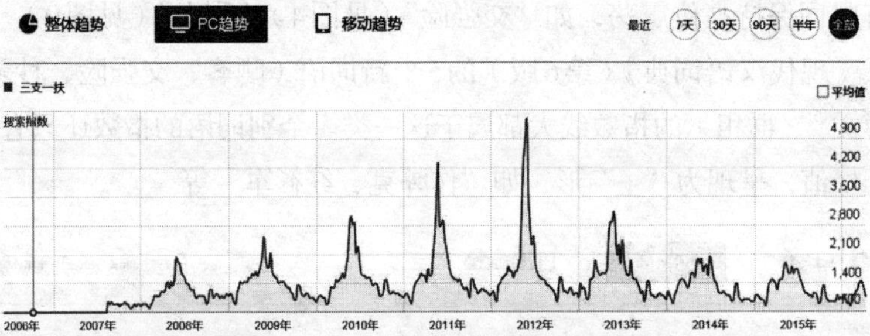

图5 “三支一扶”的PC搜索指数

2）下降型。搜索指数迅速蹿高后陡降，呈下降趋势。这些词语多是带有专名性质的百科词语，多为专指和特指，与当年的重大事件和社会热点有关，如“八荣八耻（见图6）、国六条、红楼选秀”。也有少量语文词，如“节奴”。

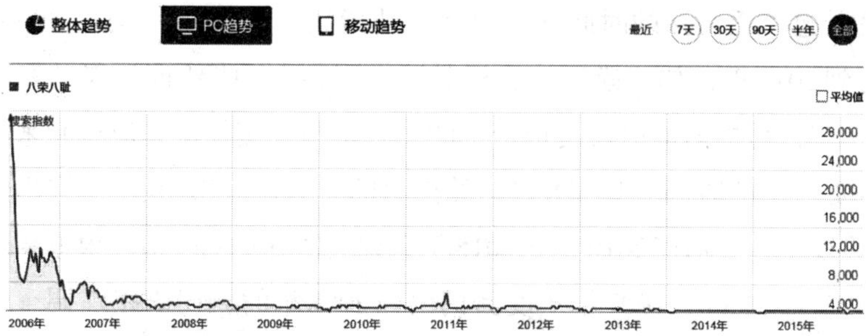

图6 “八荣八耻”的PC搜索指数

3）上升型。下降型往往是陡降，而上升型往往是缓升。只有“丁宠家庭”（见图7）和“众包”的指数线（见图2）呈现为单边上升趋势。这两个词语是2006年产生的，但直到2013年才开始逐渐受到广泛关注。从这里可以看出，考察新词语的活跃度和稳定性，10年的时间跨度可能也不够，观察时间窗口还要加大。需要说明的是，这两个词的整体趋势虽然也是上升，但没有PC搜索指数上升幅度这么大，是比较平缓的，说明移动搜索指数的影响比较大。

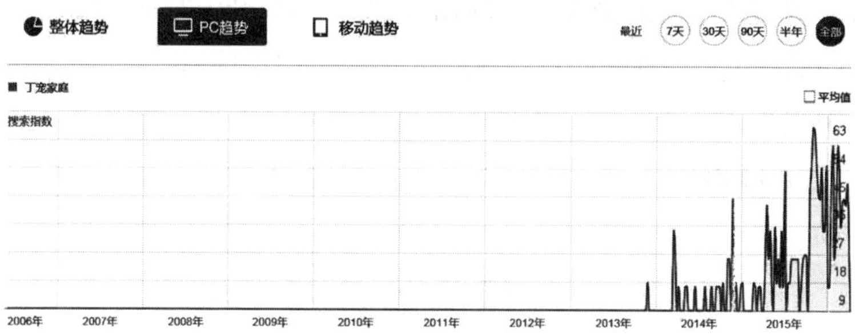

图7 “丁宠家庭”的PC搜索指数

观察新词语的指数曲线，我们发现几个有意思的现象。一是新词语受关注的时间相对滞后，尤其是语文词。虽然都是2006年左右产生的新词语，但被搜索尤其是高频搜索的时间不一定在当年，说明不一定马上受到关注。如“博文”在2006年是高频词（刘长征 2011：46），但2008年搜索指数才直线上升。2006年年度新词语引起广泛关注的时间非常分散，其指数峰值10年间均有，最晚的到2015年，如“赖校族、裸替”。这说明有些新词语是“概念先行”，是根据词语模类推产生的，真正与现实挂钩并流行起来还需要一定的时间。如“X奴”类推出的“节奴”、“X族”类推出的“赖校族”分别在2010年和2015年受到关注并达到峰值。根据粗略的统计，2006、2007年年度新词语在2008年的新词语跟踪调查语料中有近30%没有出现，成为隐退词语（刘长征 2011：46）。事实上，一两年之内隐退的新词语三五年甚至更多年后可能会成为热点词，新词语的动态监测时间不能太短。二是新词语一旦开始受到关注，大都会直线上升，迅速到达一个峰值，但持续时间都不会太长，通常1到3个月就会陡降。之所以如此，原因之一是新词语往往与热点事件相关，热得快，冷得也快。另外一个可能的原因是人们“喜新厌旧”的心理，只有三分钟热度，新词语一出现就追捧，但很快又会追捧更新的词语。另外，最高峰值通常出现在受关注后的前3年，差不多一半的词语都在被关注的当年搜索指数迅速达到最高峰值，尤其是与政策相关的词语或专名，如“交强险、八荣八耻、国六条、熊猫烧香”。之后的再度突然蹿升（尤其是突然出现奇高的峰值）往往是受特定热点事件影响，如“断背”一词在2011年突然出现一个峰值，查阅相关搜索语料后发现，是受“何炅断背”事件影响。

三　新词语的热度比较

新词语往往是按照一个词语模（参见李宇明 1999）类推批量产生，形成一个词群（欧阳骏鹏 1998），同一个词群中不同成员的热度不同，生命力强度也就不同。2006年出现了7个“X奴”：房奴、节奴、白奴、车奴、墓奴、证奴、垄奴。只有前三个进入了搜索指数，而且“白奴”很多显示的并非“白领奴隶”的新词义。“房奴”产生最早，而且指数线一直在“节奴”的指数线之上（见图8）。

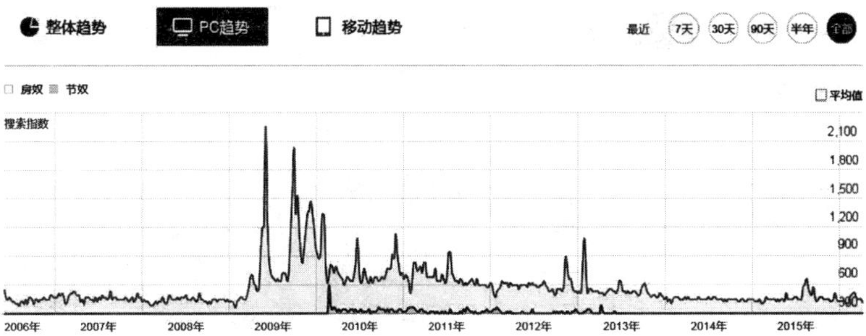

图8 “房奴”与“节奴”的PC搜索指数对比

词语模“X族”非常能产，2006年生成了15个新词语：奔奔族、吊瓶族、飞鱼族、合吃族、急婚族、啃椅族、赖校族、乐活族、慢活族、陪拼族、捧车族、试药族、网络晒衣族、洋漂族、装嫩族。只有“奔奔族、赖校族、乐活族”3个词被收入百度指数。“X客”只有6个（换客、掘客、拼客、晒客、威客、印客），却全部进入了百度搜索指数。这说明，有些词语模虽然很能产，很开放，但不少成员可能是类推产生的，甚至是过度类推，概念先行，活性不够。与特定事件相关的“X门”有4个成员：电话门、监控门、解说门、骷髅门。除了“骷髅门”，也都进入了百度指数。“X门”生成的新词语都与特定的热点事件相关，作为个体事件可能不会被长期关注，但类似的事件可能会再次发生，因此可能会间歇性地被激活。如“解说门”除了最早的黄健翔解说门，后来又出了唐蒙和刘越解说门、周亮解说门等。

相对类推产生的新词语活跃程度有差别，但发展趋势呈现出一定的平行性。平行性显示词义相对的相关词语之间存在共变关系，差异性则说明其不对称性。如图1中的“高富帅”和“白富美”。再比如，“剩女”与“剩男”几乎同时受到关注，而且二者的指数线呈一定的共变关系，但“剩女”的指数线一直远远高于“剩男”的指数线（见图9），说明“剩女”问题更受社会关注。“孔雀女”的指数线也略高于“孔雀男”。不过“宅男”“凤凰男”的指数线却在“宅女”“凤凰女”之上。

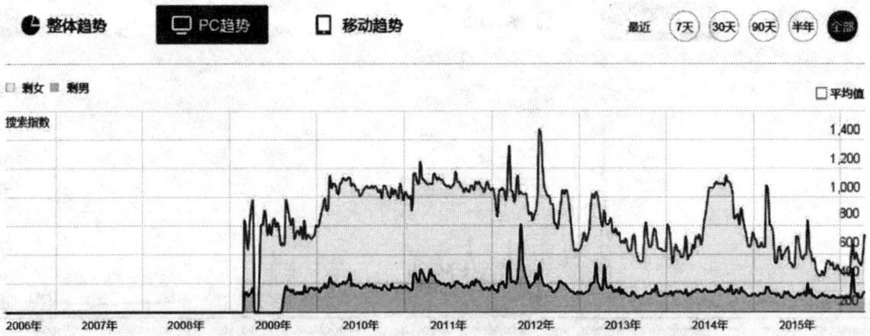

图9 “剩女”与“剩男”的PC搜索指数对比

四 影响新词语热度的因素

影响新词语热度的因素主要有两个，一是社会的发展变化，具体表现为新词语所指事物的受关注度，这是根本原因。语言和社会都是变数，二者相互影响，存在共变关系（Bright 1964）。新事物的出现会催生新词语，新事物的消亡往往伴随着新词语的隐退，新事物的受关注度则影响新词语的生命力。“三支一扶”“黄金周”“小长假”等指数峰值周期性出现，特定事件影响新词语搜索指数都说明了这一点。

二是语言系统内部的因素，即词语之间的竞争。一方面，同义词之间存在竞争关系，新词语可能会与原有词语竞争，如“欺骗”与“忽悠”的竞争非常激烈，处于胶着状态，“忽悠”因其口语化、网络化和流行性在搜索指数上略占优势（见图10）。“互联网”和“因特网”是同义词，前者是Internet的意译，后者是音译加意译，二者形成竞争关系。从图11可以看出，“互联网”一直占据上风，而且呈上升趋势，“因特网”则逐渐呈下降趋势，二者指数线的剪刀口越来越大。

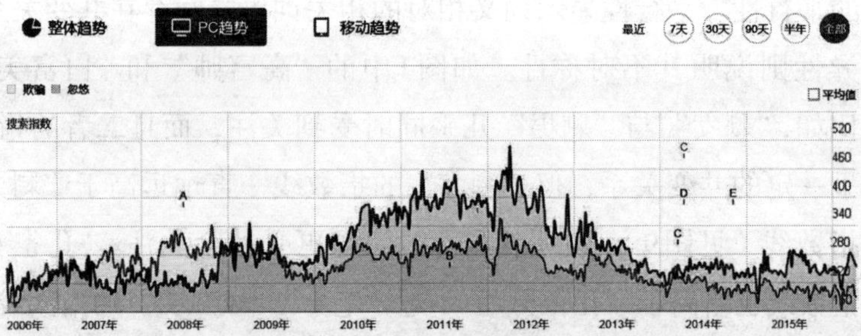

图10 “欺骗”与“忽悠”的PC搜索指数对比

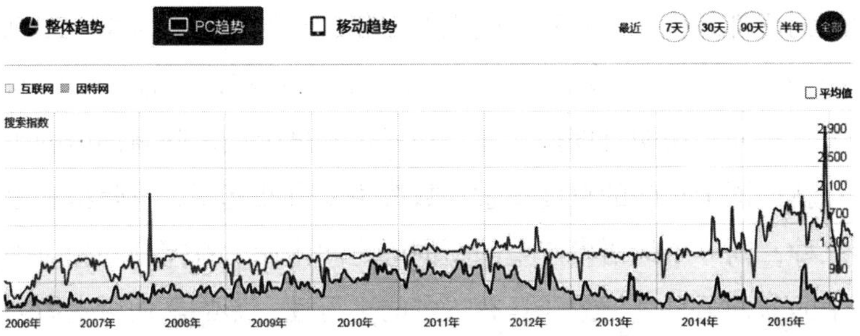

图11 “互联网”与“因特网”的PC搜索指数对比

有些新词语是因为同类事物的替代而形成竞争，搜索指数因此呈现此消彼长的关系，两条指数线通常出现交叉。比如“微博”的出现导致“博客”的搜索指数降低，二者的指数线在2010年出现交叉，呈现为剪刀型。类似地，“微信”与“短信”也呈现为这种关系。同类事物之间的竞争映射为词语之间的竞争关系，这也体现了社会与语言的共变性。

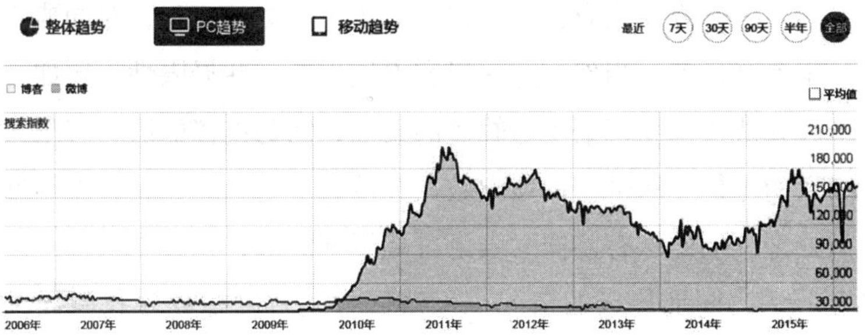

图12 “博客”与“微博”的PC搜索指数对比

五 结语

随着研究的深入，新词语必然从共时的静态视角走向历时的动态视角，但历时语料库的缺乏使动态研究难以进行。鉴于此，本文提出了一种新的方法，借助百度指数来观察新词语的生命轨迹。通过一些具体的实例，本文展示了百度指数在考察新词语生命力方面的应用，证实了这一方法是行之有效的。研究发现，百度指数收录的新词语都是生命力相对比较强的，年度新词语的收录率与报纸语料中新词语的存现率基本一致，都在30%左右，而且涉及的新词语大多相同，说明百度搜索指数在一定程度上能反映新词语的生命力；新词语十年间的百度搜索指数线主要有凸起型、下降型和上升型三种；同一个词语模产生的新词语之间生命力有差别，相对类推产生的新词语，其指数线具有一定的平行性；影响新词语生命力强弱的因素主要有两个，一是新词语所指事物的受关注度，二是词语之间的竞争。

新词语的生命轨迹与社会的变化轨迹呈共变关系。如果说百度指数像行车记录仪，记录新词语的生命轨迹，那么，新词语的变化就像一面镜子，反射了社会的变化。新词语的出现与隐退背后是新事物、新概念的产生与消失，新词语生命轨迹的变化背后是社会脉搏的变化。尤其是那些周期性的变化，直观反映了语言与社会之间的共变性。

本文的研究结果有助于探讨新词语生命力的变化，对词典收词有一定参考价值。当然，这一研究方法也有一些局限性。比如，百度指数只能给出新词语生命轨迹的素描，因为链接的语料有限，一些细致的分析无法进行；搜索数据并没有进行分词、分义项等方面的预处理，因此，有些搜索结果可能不够准确，尤其是单音节词和双音节词，同形异义的情况也无法区分。百度指数为我们提供了一种简单方便的方法来观察新词语的生命力，但这种观察是粗略的、间接的，考察词语的生命力最直接、最严谨的做法还是要用语料库。

附　注

① 详细介绍参见http://index.baidu.com/Helper/?tpl＝help&word＝%B-B%BB%BF%CD#wmean。

② 新词语的搜索指数可能也反映了人们对这些词语的不熟悉程度，尤其是在新词语刚出现时。因为不熟悉，所以有搜索需求，随着熟悉度的增加，搜索次数可能会降低。事实上不少词确实如此，搜索指数呈下降趋势（参见

2.2）。但是也有不少词的搜索指数并未下降，而是持续在高位震荡，还有些词的搜索指数在出现后几年内才达到峰值。搜索中确实可以看到直接询问新词语意思的，比如“高富帅是什么意思”，但更多的是搜索相关问题，比如“高富帅图片”“高富帅征婚”“高富帅的电视剧”等。相关问题搜索反映的是人们对新词语所指事物的关注度，与对词语的熟悉度无关，所以搜索指数不会因熟悉度的增加而持续走低，这也是为什么我们说搜索指数实际上也是某种意义上的使用频次，是语用量。新词语刚出现时在文本中的使用频次往往也是迅速升高，之后会走低，也是因为陌生感。我们认为，不熟悉度是影响搜索指数的因素之一，但不熟悉不见得就会去搜索，一旦开始搜索就说明开始关注，而且更多的搜索不是关注新词语的意思，而是新词语所指事物及其相关信息。因此，搜索指数能反映新词语的热度，进而反映其生命力，搜索指数与媒体指数的平行性更好地说明了这一点。

③ “空调”“晒”“世宗”三个词是旧词新义，如“空调”指“国家对房地产市场等的诸多调整政策均因受到种种明暗抵制而未能贯彻落实”。百度搜索无法区分同形异义，所以搜索指数既包含了新义，也包含了旧义。

④ 考察2011年之后产生的新词语就不存在这个问题，可以直接看整体趋势。

⑤ “晒客”和“博文”从PC指数看呈现出下降趋势，但从整体指数看，还是连续的“山”形波动。

参考文献

郭伏良 （2001）《新中国成立以来汉语词汇发展变化研究》，河北大学出版社，河北。

贺国伟 （2003）《汉语词语的产生与定型》，上海辞书出版社，上海。

侯敏、杨尔弘主编 （2012）《2011汉语新词语》，商务印书馆，北京。

侯敏、邹煜主编 （2013）《2012汉语新词语》，商务印书馆，北京。

李宇明 （1999） 词语模，邢福义主编《汉语法特点面面观》，北京语言文化大学出版社，北京，146—157页。

刘长征 （2011）《基于动态流通语料库的新词语监测研究》，世界图书出版公司，北京。

欧阳骏鹏 （1998） 新词语中的词群现象，《语文建设》第9期，43—44页。

王铁琨 （1999） 从某些新词语的“隐退”想到的，《语文建设》第5期，33—34页。

王维敏（2014）《年度新词语隐退的个案分析——以2006年和2007年年度新词语为研究对象》，华东师范大学硕士学位论文，上海。

张 普 （2003） 关于汉语语料库的建设与发展问题的思考，徐波等主编《中文信息处理若干重要问题》，科学出版社，北京，166—183页。

周　荐主编（2007）《2006汉语新词语》，商务印书馆，北京。
宗守云（2006）新词语研究的社会文化视角，《现代语文》第3期，10—12页。
Bright, William（1964）*Proceedings of the UCLA Sociolinguistics Conference*. The Hague: Mouton.

Trends of New Word's Hotness Based on Baidu Index

SONG Zuoyan

Abstract: This paper investigates the hotness of new words based on Baidu Index, by which one can determine the vitality of these words. A case study on new words in 2006 demonstrates the applicability of this approach, which shows that Baidu Index can reflect the changing paths of new words. The index of these words exhibits three types of diachronic activity curves: hump, descending slope, and ascending slope. It has found that there are differences and correlations concerning the hotness between the new words generated by the same word formation. Moreover, the vitality of new words is found to be related to the attention to new things and the competition between words, which thus shows the covariance between language and society.

Keywords: Baidu Index, new words, hotness, diachronic shift, covariance

（100875　北京，北京师范大学文学院　meszy@163.com）

Agentivity, Control and Semantic Structure in Russian Causatives*

Valentina Apresjan

Abstracts: The paper examines the correlation between the degree of agentivity in Russian causatives and their semantic structure. It supports the view that the distinction between agentivity vs. non-agentivity in causatives is an important feature with various ramifications, as demonstrated in Comrie (1976), Talmy (2000). It also motivates the role of the "control" feature in the event structure of the causatives.

Keywords: causative, intentional, control, negation, scope, presupposition, assertion

0 Introduction

Causatives have three arguments: Causer, Causee and Action or Change of state. According to Velázquez-Castillo (2002), causation implies realization of an event: cf. *John kicked the ice but nothing happened* vs. **John melted the ice but nothing happened.* However, if that indeed was always the case, all negated causatives would all imply non-realization of an event; but negated causatives are not all interpreted in the same way. Negated causatives may display different pragmatic inferences and information structure which suggests that their semantics is more complicated. Consider the following two

收稿日期：2017-2-6；**定稿日期**：2018-10-17。

* This reasearch was supported by the grant of the Russian Foundation for Basic Research 19-012-00291A "Preparation of the fourth issue of the Active Dictionary of Russian Language".

Russian examples:

(1) *Ona* ‖ *ne* *otkryla* *emu* *dver'*

She. NOM not open. PST. FEM he. DAT door. ACC

She (Topic) ‖ didn't open the door to him (Focus)

'She chose not to open to door to him'

(2) *Vzlomshchik* ‖ *ne* ‖ *otkryl* *sejf*

Burglar. NOM not open. PST. MASC safe. ACC

The burglar (Topic) ‖ didn't (Focus) ‖ open the safe (Topic)

'The burglar attempted to open the safe, but was unable to open it'

While the first example negates the very attempt to perform an action, the second negates only the Result, which suggests two different semantic and information structures for these sentences. What, then, is the difference? Dixon (2000) treatise on causatives distinguishes between two semantic prototypes of causatives which usually have two different means of expression: intentional causatives (frequently lexical or with compact morphological expression) and accidental causatives (less compact morphological expression or periphrastic means). In intentional causatives, the Causer achieves the Result intentionally, naturally, with no effort, through direct action, or with no control of the Causee: *She brushed his hair*. In accidental causatives, the Causer achieves the Result accidentally, with effort, acts indirectly, or Causee has some degree of control: *She made him brush his hair; The wind broke the window*.

The most important distinction is in the amount of control which the Causer has over the outcome. The two phrases with the Russian causative *otkryt'* 'to open' differ with respect to control, which is manifested in the interpretation of the causative with negation. The first phrase, 'She didn't open the door to him' implies full control of the Causer over the outcome because the action requires no effort besides turning the door handle; thus, the only condition which is needed to achieve the Result is the intention of the Causer.

Thus, the negation of this phrase is naturally interpreted as the negation of the very **attempt** to open the door. However, the situation with the burglar and the safe is different: the Causer (the burglar) does not have full control over the Result; besides the intention, the Causer needs to put considerable effort into that enterprise: he may have to guess the security code, pick the picklock or use a bar to open the safe. Therefore, the phrase 'The burglar didn't open the door' is naturally interpreted as a failed attempt— he tried everything (**attempt** is not negated), but unsuccessfully (negation of Result).

Thus, Velázquez-Castillo (2002) stipulation that causation implies realization of an event does not always hold: it is true for causatives that imply control over the outcome, and not true for causatives that lack Causer's control over the Result. The degree of control depends on the types of the Causing Situation—in this case, on the actions that the Causer has to perform in order to achieve the intended Result. The more difficult these actions are, the less control the Causer has. Below we consider Russian data that substantiates and illustrates this hypothesis. Another factor to take into account in a language like Russian is aspect. Even for predicates that involve control, while perfective aspect forms do imply realization of an event, imperfective aspect forms frequently do not; consider:

(3) *Ona* *ego* *rasserdila*

She. NOM he. ACC make-angry. PERF. PST. FEM

'She him anger-PERF' = 'She made him angry' – Result achieved; it is unclear, whether intentionally or unintentionally

(4) *Ona* *ego* *serdila*

'She. NOM he. ACC anger. IMPERF. PST. FEM' =

'She was making him angry' – Result unintentionally achieved

'She was trying to make him angry' – intentional attempt with uncertain Result

(5) *Ona ego serdila, no ne rasserdila*

'She. NOM he. ACC anger. IMPERF. PST. FEM but not makeangry. PERF. PST. FEM'

'She him anger-IMPERF but not anger-PERF'

'She was trying to make him angry but didn't make him angry' – intentional attempt with no Result

In other words, in Russian, Aspect is related to control. Because the main meaning of the Russian perfective aspect is resultative, and control involves achieving the desired result, in certain semantic classes of verbs, perfective forms imply control. In order to receive the interpretation of intentionally achieved result, or control, the verb has to belong to the class of agentive intentional telic predicates; e. g. *est'* 'to eat' and *sjest'* 'to eat up' (control), *pisat'* 'to write' and *napisat'* 'to write up' (control), etc.

Apart from the issue of control, Perfective on the whole is pragmatically more conducive to narrow scope readings with negation because it implies a single specific event, compare:

(6) *On ne obradoval ee svad'boj*

He. NOM not gladden. PERF. PST. MASC she. ACC marriage. INSTR

'He not gladden-PERF her with his marriage'

'He didn't make her happy with his marriage' [= 'He married but it didn't make her happy', narrow scope of negation]

(7) *On ne raduet ee xoroshimi ocenkami*

He. NOM not gladden. IMPERF. PST. MASC she. ACC good. ISTR. PL. grade. INSTR. PL

'He not gladden-IMPERF her with good grades'

'He doesn't make her happy with good grades' [= 'He doesn't get good grades and therefore she is not happy', wide scope of negation]

1 Russian causatives: semantics and negation scope

Russian causatives differ with respect to their interaction with negation, which can affect either both elements in their event structure—'Causing Situation' and 'Caused Situation' (wide scope) or only the second element— 'Caused Situation' (narrow scope). Consider the following examples: phrase (8) is more likely to be interpreted with wide scope negation, and, thus, implies no attempt to achieve the Result, while phrase (9) is more likely to be interpreted with narrow scope negation and, thus, refers to an unsuccessful attempt to achieve the Result.

(8) *On ne voshel v vagon metro*

He. NOM not enter. PERF. PST. MASC in carriage metro

'He didn't enter the subway car' = [He made no attempt to enter the subway car]

(9) *On ne vtisnulsja v vagon metro*

He. NOM not squeeze. PERF. PST. MASC in carriage metro

'He didn't squeeze into the subway car' = [He tried to get inside the subway car, but didn't manage to elbow himself in]

Generally, Russian non-agentive causatives admit narrow scope negation, whereas agentive causatives favor wide scope negation. Consider (10) with a non-agentive causative and narrow scope and (11) with an agentive causative and wide scope of negation:

(10) *K sozhaleniju, dozhd' ne pogasil pozhar*

Unfortunately rain. NOM not put-out fire. ACC

'Unfortunately, the rain did not extinguish the fire', but not * 'There was no rain'

(11) *K sozhaleniju, on ne pogasil svet*

Unfortunately he. NOM not put-out light. ACC

'Unfortunately, he did not turn off the light', but not * 'He tried to, but failed to turn off the light'

This tendency is explained by the status of the component 'Causing Situation' in the semantic structures of the causatives. If it is in the assertion, it gets negated; if it is in the presupposition, it projects. However, why is 'Causing Situation' usually asserted in agentive causatives, but presupposed in non-agentive causatives?

The hypothesis is that the status of this component in causatives is contingent upon the degree of control that the agent exercises over the 'Caused Situation': the more control, the more likely the causing event will be asserted.

2 Physical vs. emotional causation

This hypothesis is sustained by the data from Russian emotional and physical causatives.

In physical causatives that imply a change in the physical state ('to boil', 'to clean', 'to brush', 'to put away', 'to unscrew', etc.) the 'Causing Situation' is usually in the assertion and gets negated: *On ne poshtukaturil steny* 'He didn't stucco the walls'.

In emotional causatives that imply a change in the emotional state ('to gladden', 'to sadden', 'to irritate', 'to scare', 'to offend', etc.), the 'Causing Situation' is usually in the presupposition and does not get negated: *On ne obidel ee svoimi slovami* 'He has not offended her by his words'.

Generally, physical causation allows greater control over the outcome than emotional causation: cf. Hamlet's famous phrase "Do you think I am easier to be played on than a pipe?" This happens because physical causation is prototypically agentive and intentional and involves actual handling of the object which facilitates control. Physical causation involves fairly algorithmic actions, performed in a specific manner with a specific instrument and easily yields breakdown into step-by-step guides, as, for example, in cooking recipes or technical instructions:

(12) *Unscrew the damaged screw with a rubber band.*

(13) *Stir the dough with a spatula.*

(14) *Carve the ham with a sharp knife.*

Emotional causation, on the other hand, is prototypically non-agentive *(The situation bothers me)*. Even when the Causer is an agent, the Result is frequently produced unintentionally, which is rarely the case for physical causation: cf. *I didn't mean to offend you* vs. the impossibility **I didn't mean to cut the paper into equal-sized hexagons.* In emotional causation, there is no actual contact between the Causer and the Causee; and there exist few transparent mechanisms of achieving desired emotional effects; consider the following pragmatically awkward utterances:

(15) ??*First delight your girlfriend with a well-worded compliment and then proceed to your marriage proposal.*

(16) ??*Touch your principal with a teary excuse in order not to be suspended from school.*

Albeit emotional manipulation does exist, its tactics and outcome are far from being transparent or easily reproduced.

On the lexical level, this disparity in control levels is reflected in the fact that many emotional states do not even possess a corresponding morphological emotional causative: cf. the Russian *bojat'sja* 'to be afraid', but no **bojat'* 'to cause to be afraid'. The idea of causation can only be expressed by periphrastic means: *zastavit' bojat'sja* 'to make one to be afraid'. In Dixon's terms Dixon (2000), emotional causatives in Russian mostly belong to the *accidental* causative prototype, with low control of the outcome and, syntactically, with frequent absence of simple morphological means of expression.

Interestingly, the individual ability of lexical items with emotive meaning to form morphological causatives seems to be language-specific. Thus, the Russian reflexive change-of-state verb *vljubit'sja* 'to fall in love with smb.' does have a corresponding morphological causative *vljubit'* 'to make one fall in love with smb.', albeit the latter is very rare compared to the former (167 hits vs. 4641 hits in the Russian National Corpus). At the same time, in English, the idiom *to fall in love with smb.* does not have corresponding simple morphological means of expressing the idea of causation (*to make one fall in love with smb.*).

On the other hand, English can express causation when talking about disgust: *You disgust me* (causative) vs. *I am disgusted.* In Russian, disgust has no causative expression by simple morphological means (though it does not have simple verbal expression for the emotional state itself, either): *Ty vyzyvaesh u menja otvrashchenije* 'You cause in me disgust' vs. *Ja ispytyvaju otvrashchenije* 'I feel disgust'.

The asymmetry between physical and emotional causation is mirrored by grammatical usage in Russian: for physical causatives, corpus frequencies of imperative forms—the main test for control—is about seven per cent from the total number of usages (as in *Nalej vodu v stakan* 'Pour some water into the glass') and only about 0. 5 per cent in emotional causatives (as in *Udivi menja* 'Surprise me').

Generally, imperative forms are not only considerably rarer with emotional causatives, they also, as a rule, do not receive proper imperative interpretations; instead, they are flavored with different kinds of modality.

First of all, unlike other Russian verbs, in which affirmative imperatives outnumber negative imperatives (prohibitives) approximately ten to one, in emotional causatives prohibitive forms constitute more than a half of the total number of imperatives.

Although emotional prohibitives can receive their regular interpretation with verbs of 'anger' and 'sadness' spectrum, as in *Ne zli ego* 'Do not piss him off' (meaning 'do not do things that cause him to be pissed off') or *Ne ogorchaj ee* 'Do not upset her' (meaning 'do not do things that cause her to be upset'), with 'fear' verbs they express modality, as in *Ne bojsja* 'Don't be afraid' (meaning 'I think you ought not to be afraid'), *Ne volnujsja* 'Don't worry' (meaning 'I think you ought not to worry').

Affirmative forms are also usually interpreted as recommendations or requests, not as true imperatives: *Radyj roditelej* 'Make your parents happy' ; *Udivi menja* 'Surprise me' . This is pragmatically explained by the fact that it is difficult for a person to control whether (s)he is producing a certain emotional effect, significantly more so than with physical impact.

The existence of a correlation between the degree of control implied by the causative and the status of 'the causing event' component in its semantic structure is confirmed by the data from Russian emotional causatives, which generally prefer non-agentive usage and presuppose, not assert, the causing event. Consider:

(17) *Menja vozmushchaet* *vseobshchee ravnodushie*

I. ACC make-indignant. 3. IMPERF. PRS. general indifference

'General indifference makes me indignant' = [Everybody is indifferent; I am indignant]

Even such seemingly agentive contexts as (18) and (19) where Stimulus is a person rather than a situation fall under this tendency because, unlike physical causatives, emotional causatives rarely imply that the Stimulus is acting consciously and intentionally to cause the emotion.

(18) *Ivan ne obidel ee svojej prjamotoj*

John not offend.PERF.PST.MASC. she. ACC her. INSTR directness. INSTR

'John hasn't offended her with his straightforwardness' = [John was straightforward, but she was not offended]; it is pragmatically unlikely that John AIMED at offending her

(19) *Ty rasstraivaesh menja svoim legkomysliem*

You. NOM upset.2.IMPERF.PRS.I.ACC self. NEUT. INSTR levity. INSTR

'You upset me with your thoughtlessness' = [You are thoughtless; I am upset]; it is pragmatically unlikely that the addressee AIMS at upsetting the speaker

However, certain emotional causatives, mostly denoting the causation of fear, anger and amusement are agentive and involve intentionality and control over the outcome. Those emotional causatives allow wide scope reading:

(20) *On menja bol'she ne pugaet po nocham*

He. NOM I. ACC more not scare. 3. IMPERF. PRS at night. PL. INSTR

'He doesn't scare me anymore at night' = [doesn't MAKE ATTEMPTS to scare me at nights anymore]'

(21) *On* *bol'she ne zlit* *uchitel'nicu na*

He. NOM more not madden. 3. IMPERF. PRS teacher. ACC at

urokax

lesson. PL. LOC

'He doesn't anger the teacher during classes anymore' = [doesn't MAKE ATTEMPTS to anger the teacher during classes anymore]'

(22) *On* *bol'she ne veselit* *svoix*

He. NOM more not amuse. 3. IMPERF. PRS self. PL. ACC

odnoklassnikov

classmate. PL. ACC

'He doesn't amuse his classmates anymore' = [doesn't MAKE ATTEMPTS to amuse his classmates anymore]'

3 Hierarchy of control in emotional causatives

Overall, among more than three dozen major Russian emotional causatives that can in principle be used with human subjects as Stimuli, the distribution of agentivity, intentionality and controllability is as demonstrated in the following hierarchy (ordered from the least degree of control to the highest degree of control):

(a) One verb licenses mainly stative interpretation (*strašit'* 'to cause dread'):

(23) *On* *strashit* *menja*

He. NOM cause-dread. 3. IMPERF. PRS I. ACC

'He causes me to dread'

(24) ??*On* *strashit* *menja svoej*

He. NOM cause-dread. 3. IMPERF. PRS I. ACC self. FEM.

zhestokostju

INSTR cruelty. INSTR

'He causes me to dread with his cruelty'

It denotes only non-intentional, accidental causation, entirely uncontrolled by the Stimulus. It cannot be used in the imperative form.

(b)Twelve verbs license mainly non-intentional interpretations (*vozmuščat'* 'to cause indignation', *vosxiščat'* 'to delight', *potrjasat', ošelomljat* 'to stagger one's mind', *šokirovat'* 'to shock', *izumljat', porazhat'* 'to amaze', *trogat', umiljat'* 'to move, to cause tenderness, to endear', *užasat'* 'to horrify', *pečalit'* 'to cause sorrow', *raz'jarit'* 'to infuriate'):

as in

(25) *On vozmushchaet menja svoej*

He. NOM make-indignant. 3. IMPERF. PRS. I. ACC self. FEM.

naglostju

INSTR impudence. INSTR

'He makes me indignant with his impudence'

(26) *On vosxishchaet menja svoej igroj*

He. NOM delight. 3. IMPERF. PRS I. ACC self. FEM. INSTR play.

na fortepiano

INSTR on piano. LOC

'He entrances me with his piano performance'

(27) *Rebenok umiljaet vsex svoej*

Child. NOM move. 3. IMPERF. PRS all. ACC self. FEM. INSTR

nevinnostju

innocence. INSTR

'The child moves everybody with her innocence'.

They mostly denote only non-intentional, accidental causation, entirely uncontrolled by the Stimulus. Only some of them can occasionally be used with imperatives: *Izumi nas* 'astonish us' or prohibitive *Ne shokiruj ee* 'Don't shock her'. Interestingly, the verb *umiljat'* 'to move, to endear' does not have any imperative usages—possibly, because it denotes the feeling usually caused by little children, kittens, cubs or other loveable little creatures who cannot manipulate the experiencer and control the emotional outcome. However, this verb has developed a slang noun *milota* 'cuteness' which refers to all potentially cute and endearing objects. Google search for *milota* returns pictures of fluffy kittens and mini-pigs, bunnies, puppies, etc. which supposedly cause the feeling denoted by the verb.

The common semantic property of verbs in this class is that they nearly all denote fairly strong emotions. This property influences the degree of control in this group; it is apparently more difficult to cause strong emotions than emotions of average strength.

(c)Nineteen verbs (*radovat'* 'to make happy', *ogorčat', rasstraivat'* 'to upset', *razocharovyvat'* 'to disappoint', *udivljat'* 'to surprise', *serdit'* 'to anger', *besit'* 'to enrage', *razdrazhat'* 'to irritate', *obizhat'* 'to hurt one's feelings', *zadevat'* 'to hurt one's feelings', *ujazvljat'* 'to gall', *veselit'* 'to cheer up', *trevozhit'* 'to alarm, to cause anxiety', *bespokoit', volnovat'* 'to worry', *smushchat'* 'to embarrass', *konfusit'* 'to embarass', *vdoxnovljat', vooduzhevljat'* 'to inspire') license both intentional and non-intentional interpretations, but only have a few intentional readings in actual usage in the Russian National Corpus, with the rest non-intentional or non-agentive. Consider non-intentional (28) vs. intentional (29):

(28) *On serdit roditelej neposlushaniem*

He. NOM anger. 3. IMPERF. PRS parent. PL. ACC insubordination. INSTR

'He angers his parents with his naughtiness'

(29) *Nein – narochno serdila ego*

No deliberately anger. 3. IMPERF. PST. FEM he. ACC

Ket chuzhimi slovami i smejalas'

Kate foreign. PL. INSTR word. PL. INSTR and laugh. 3. IMPERF. PST. FEM. REFL

'Nein – Kate deliberately angered him with foreign words and laughed' (V. Shukshin)

Interestingly, seemingly close verbs may find themselves in different classes: *raz'jarit'*-PERF 'to infuriate' belongs to the class of mostly unintentional, uncontrolled predicates; it does not even have the corresponding form of non-perfective aspect that might be used to express the meaning of attempt to cause the emotional state: **On menja jaril, no ne raz'jaril* 'He tried to infuriate me but failed'. On the other hand, the verb *besit'* 'to enrage, to madden' which also expresses the causation of a strong type of anger belongs to the class of predicates that can be intentional and even controlled:

(30) *Maman... chtob besit' ix, narochno*

Mother. NOM in-order enrage they. ACC deliberately

pishet k nim o novyx

write. 3. IMPERF. PRS to they. DAT about new. PL. INSTR

modax [intention]

fashion. PL. INSTR

'Mother... in order to enrage them, intentionally writes them about new fashions' (F. V. Bulgarin)

(31) *Emu udalos' menja vzbesit'* [result]

He. DAT succeed. 3. PERF. PST. NEUT I. ACC enrage

'He succeeded in enraging me'

(d) Four verbs license both controlled and uncontrolled, intentional and non-intentional interpretations (*zlit'* 'to piss off', *pugat'* 'to scare', *veselit'* 'to cheer', *uspokaivat'* 'to calm'), with uncontrolled and unintentional interpretations prevailing; Consider unintentional, intentional and controlled readings in (32), (33) and (34), respectively:

(32) *Ja vas nevol'no ispugal, mister Vandergud?*

I. NOM you. ACC unintentionally scare. PERF. PST. MASC mister. NOM Wondergood. NOM

'I unintentionally scared you, Mr Wondergood?' (L. Andreev)

(33) *Zachem ty sobaku pugaesh?*

What-for you. NOM dog. ACC scare. 2. IMPERF. PRS

'What are scaring the dog for?' (D. Karalis)

(34) *Tvoja zhena loshadej narochno ispugala*

Your. NOM. FEM wife. NOM horse. PL. ACC intentionally scare. PERF. PST. FEM

'Your wife has purposely scared the horses' (S. Semenov)

(e) Three verbs, which are impossible with non-human subjects, always denote intentional causation, frequently with controlled outcome (*zapugivat'* 'to frighten intentionally', *razvlekat'* 'to amuse, to entertain', and *stydit'* 'to shame'). Thus, it is possible to say *Menja zapugivajut konkurenty* 'My rivals are trying to intimidate me', but not **Sobaka menja zapugivaet* 'The dog tries to intimidate me'; *Mama menja stydila za vranje* 'Mom shamed me for a lie', but not **Menja stydit eta situacija* 'This situation shames me'.

Non-human subject usages are somewhat better for *razvlekat'* but they are mostly outdated; thus, *On razvlekal devushek shutkami* 'He entertained girls with jokes' is typical, and *Ego shutki razvlekali devushek* 'His jokes entertained the girls' is unusual.

Zapugivat' denotes the greatest degree of control among those three verbs; consider intentional reading 'unsuccessful attempt' in (35) and controlled reading 'successful attempt' in (36):

(35) *Menja minut 20 ugovarivali prijti*

I. ACC minute. PL. GEN 20 convince. IMPERF. PST. PL come

snova, zapugivaja vozmozhnymi neprijatnostjami

again intimidate. CONV possible. INSTR trouble. INSTR

'They tried to convince me to come again, trying to intimidate with various troubles' (M. Xutornoj)

(36) *Okazalos', chto nichego strashnogo s*

Turn-out. PERF. PST. NEUT that nothing scary. GEN with

nim

he. INSTR

ne proizoshlo, no vrachi ego

not happen. PERF. PST. NEUT but doctor. PL. NOM he. ACC

uzhe zapugali,

already scare. PERF. PST. PL

zakormili tabletkami, pridumali

stuff. PERF. PST. PL pill. PL. INSTR invent. PERF. PST. PL

zabolevanija, kotoryx u nego net

disease. PL. ACC that. INSTR to he. GEN not

'It turned out that there hadn't been any real problem with him, hut doctors had already intimidated him, stuffed him with pills, invented diseases he didn't have' (V. Krasnova)

4 Hierarchy of control vs. scope of negation

As corpus data show, the above hierarchy of control in Russian emotional causatives, as manifested in their ability to be used in the imperative, corresponds to the frequency of their wide scope reading of negation: the more control, the more possibility of a wide scope reading and thus of the asserted status of the 'Causing Situation' component. Below is the table which illustrates this correlation: potentially agentive (and therefore, potentially controlled) negative usages are analyzed with respect to their interpretation and the scope of negation.

Table 1. Control, negation scope, semantic structure

Verb	Scope of negation in potentially agentive negative usages	Semantic structure	Control and intentionality
Strashit' 'to cause fear'	n/a—no such usages	Causing Situation is presupposed	No control
Vozmuščat' 'to cause indignation', *vosxiščat'* 'to delight' etc. (12 verbs)	Narrow scope	Causing Situation is presupposed	No control, very infrequent intentionality
Radovat' 'to make happy', *ogorčat'*, *rasstraivat'* 'to upset' etc. (19 verbs)	Narrow scope, singular instances of wide scope in some of the verbs	Causing Situation is presupposed but becomes asserted in occasional usages	Occasionally intentional, singular instances of control
Zlit' 'to piss off', *pugat'* 'to scare', *veselit'* 'to cheer', *uspokaivat'* 'to calm'	Narrow scope, one or several instances of wide scope in each of the verbs	Causing Situation is presupposed but can float to assertion	About one per cent of the usages is intentional; several instances of control in each of the verbs
Zapugivat' 'to frighten intentionally' and *razvlekat'* 'to amuse, to entertain', *stydit'* 'to shame'	Wide scope	Causing Situation is asserted	Only intentional usages, multiple instances of control

The logic is as follows: the greater is the agent's control over the Result, the closer are the causal relations between the components 'Causing Situation' and the 'Caused Situation': no Result means no Causing Situation. Thus, those two components belong to the same level of semantic structure — assertion. The lower is the agent's control over the Result, the weaker are these relations: thus, the absence of the Result does not mean the absence of the Causing Situation.

Thus, these two components belong to different levels of semantic representation — presupposition ('Causing Situation') and assertion ('Caused Situation'). In controlled causatives the component 'Causing Situation' is "closer to the surface". In the non-controlled causatives the component 'Causing Situation' is more deeply imbedded in the semantic structure. Causatives that form the middle of the control spectrum, display a "floating" semantic structure: the component 'Causing Situation' can be either in the assertion or in the presupposition, depending on the contextual conditions: cf. the following ambiguous phrase which can be interpreted with either wide or narrow scope negation:

(37) *Petya bol'she ne raduet mamu*

Peter. NOM more not make-happy. 3. IMPERF. PRS Mom. ACC

svoimi uspexami

self. PL. INSTR success. PL. INSTR

'Peter does not make his Mom happy with his successes anymore' =

a. Peter has no successes anymore and therefore his Mom is not happy [wide scope of negation]

b. Peter has successes, but they do not make his Mom happy anymore [narrow scope of negation]

As mentioned above, emotional causatives even when used with human subjects are more frequently non-agentive, non-intentional and uncontrollable and thus more often presuppose the Causing Situation.

By contrast, physical causatives used with human subjects are primarily agentive, intentional and controllable, and thus license wide scope interpretations, with the following exception:

(1) verbs that allow unintentional reading (Talmy's "author

causation"), such as *to drop* or its Russian equivalent *ronjat'* 'to drop' ;

(2) verbs implying strong effort, or conatives, such as *to squeeze in* or its Russian equivalents *vtisnut'sja* 'to squeeze oneself in' or *vtisnut'* 'to squeeze smth. in' .

Conatives imply less control over the outcome than regular physical causatives since they involve overcoming obstacles, thus lowering chances of success; "author causation" implies no control at all. This affects the interpretation of these verbs with negation: unintentional causatives only admit and conatives generally favor narrow scope (same as non-agentive causatives). Consider intentional interpretation and wide scope negation in (38) and unintentional interpretation and narrow scope negation in (39) (cf. McCawley (1972)):

(38) *On čut' ne razbil emu golovu*

He. NOM almost not break. PERF. PST. MASC he. DAT head. ACC

'He nearly broke his head' = 'He nearly [did something that would have caused breaking his head]'

(39) *On čut' ne razbil kuvšin*

He. NOM almost not break. PERF. PST. MASC he. DAT jar. ACC

'He nearly broke a jar' = 'Something happened that nearly [caused breaking the jar]'

The contrast in control and scopes between regular physical causatives and conatives is illustrated by two Russian synonyms meaning *podvinut'* 'to move' and *sdvinut'* 'to move with effort' , where the second pragmatically implies weaker control because of the effort involved (which is reflected in its lower frequencies in the imperative form):

(40) *On tak i ne podvinul stol*

He. NOM so and not move. PERF. PST. MASC table. ACC

'He didn't [try to move the table]' – strong control, wide scope

(41) *On tak i ne sdvinul stol*

He. NOM so and not budge. PERF. PST. MASC table. ACC

'He tried, but he wasn't [able to budge the table]' – weak control, narrow scope

Thus, negation interpretation in causatives is contingent upon their semantic representations, which are, in turn, influenced by the degree of the agent's control over the outcome.

The correlation between degree of control and semantic structure is an example of how pragmatic factors can affect semantics: in some cases, to the point of lexicalization (causatives with fixed semantic structures); in some cases, on the level of a given interpretation (causatives with floating semantic structures).

5 Conclusion

To conclude, our research confirms the view that the distinction between agentivity vs. non-agentivity in causatives is an important feature with various ramifications, and motivates the role of the 'control' feature in the event structure of the causatives.

We demonstrated that Russian causatives differ with respect to their interaction with negation, which can affect either both elements in their event structure — 'causing situation' and 'caused situation' (wide scope) or only the second element — 'causing situation' (narrow scope). Generally, Russian non-agentive causatives admit narrow scope negation, whereas agentive causatives favor wide scope negation, which is explained by the status of the component 'causing situation' in the semantic structures of the causatives. If it is in the assertion, it gets negated; if it is in the presupposition, it projects. This happens because the status of the component 'causing situation' in causatives is contingent upon the degree of control that the agent exercises over the 'caused situation' : the more control, the more likely the causing event will be asserted. The data from Russian emotional causatives, which are largely non-agentive and presuppose the causing event, supports this view. At the same time, certain emotional causatives, mostly denoting the causation of fear, anger and amusement are agentive and involve intentionality and control over the outcome. They allow wide scope reading, as in

(42) *On menja bol'še ne pugaet*

He I. ACC more not scare. 3SG

'He doesn't scare me anymore' = [doesn't make attempts to scare me anymore]'

As corpus data show, the hierarchy of control in Russian emotional causatives, as manifested in their ability to be used in the imperative, corresponds to the frequency of their wide scope reading: the more control, the more possibility of a wide scope reading and thus of the asserted status of the 'causing situation' component. The logic is as follows: the greater is the agent's control over the result, the closer are the causal relations between the components 'causing situation' and the 'caused situation' : no result means no causing situation. Thus, those two components belong to the same level of semantic structure — assertion. The lower is the agent's control over the result, the weaker are these relations: thus, the absence of the result does not mean the absence of the causing situation. Thus, these two components belong to different levels of semantic representation—presupposition ('causing situation') and assertion ('caused situation').

References

Comrie, B. (1976) The Syntax of Causative Constructions: Cross-language

Similarities and Divergencies. In Shibatani Masayoshi (eds.) *Syntax and Semantics*. Vol. 5. New York: Academic Press.

Dixon, R. M. W. （2000） A Typology of Causatives: Form, Syntax and Meaning. In R. M. W. Dixon & Alexandra Y. Aikhenvald (eds.) *Changing Valency: Case Studies in Transitivity*, 30-83. New York: Cambridge University Press.

McCawley J. D. （1972） *Syntactic and Logical Arguments for Semantic Structures*. Mimeograph, Reproduced by Indiana University Linguistics Club.

Talmy, L. （2000） *Toward a Cognitive Semantics*. Vol. 2: *Typology and Process in Concept Structuring*. Cambridge: MIT Press.

Velázquez-Castillo, M. （2002） Guarani Causative Constructions. In Shibatani Masayoshi (eds.) *The Grammar of Causation and Interpersonal Manipulation*, 507-534. Amsterdam/Philadelphia: John Benjamins.

(101000 Moscow, National Research University "Higher School of Economics", Faculty of Humanities, School of Linguistics (professor),
vapresyan@hse. ru;
119019 Moscow, Vinogradov Russian Language Institute, Sector for Theoretical Semantics (leading researcher))

生成词库理论和名词语义的结构描述与概念解释*

李强　袁毓林

提要　名词在词类范畴和语法系统中占据重要的地位，对于名词的词义描写和刻画具有重要的理论意义和应用价值。本文在降级述谓结构和物性结构理论的基础上，对汉语复合名词，主要是动名复合词和名名复合词的语义结构进行研究。文章用降级述谓结构为复合名词的语义描写提供跟传统的“种差＋属”相对应的基础构架，用复合名词的物性角色来锚定降级述谓结构中的支撑性动词。此外，文章还从名词的物性角色和语义类型的角度对名词的词典释义进行检视，发现一些复合名词和合成类名词的词典释义存在不准确性和不完备性。

关键词　降级述谓结构　物性角色　名名复合词　动名复合词　语义类型

一　引言

在所有的词类范畴中，名词出现最早、数量最多、使用最广，在人类的语言系统中占据非常重要的地位。它一方面是人类命名能力的表现（Kripke 1980），同时也是人类范畴化能力的象征，启动了人类的语言表达。逻辑学家W. V. O. 奎因（W. V. O. Quine 1960）曾设想了这样一个场景来印证他所说的“归纳法的耻辱”（the scandal of induction）：一位语言学家正在研究一个新发现的

收稿日期：2016-11-29；**定稿日期**：2018-9-14。**通讯作者**：李强。

* 本文得到教育部人文社会科学研究青年基金项目“汉语名词概念语义构造和语法结构实现的互动研究”（18YJC740037）、国家语委汉语辞书研究中心课题“汉语复合名词概念语义构造和词典释义模式研究”（CSZX-YB-201802）、“上海市高校青年教师培养资助计划”和教育部人文社会科学重点研究基地重大研究项目“汉语意合语法框架下的词汇语义知识表示及其计算系统研究”的资助；《语言学论丛》编辑部及审稿专家提出了非常宝贵的修改意见，谨此一并致谢。

部落，突然一只兔子飞奔而过，一位土著人大声喊道："Gavagai!"这个"gavagai"是什么意思？从逻辑上看，它可以有"兔子""飞奔""飞奔的兔子"等多种可能性；但逻辑上如此多的可能性并不能妨碍我们把"gavagai"理解为"兔子"的趋向性，即使我们并不知道土著人口中的"gavagai"是什么意思。很显然，要自然地排除逻辑上同样成立的其他可能选项，这是无法通过归纳程序做到的，以至于Pinker（1994/2015）认为这种能把物体和运动区分开来，并把单词和概念自动关联起来的能力是"心智天生的"。我们优先定势地把"gavagai"理解为事物"兔子"，而非动作"飞奔"，这足以显示在我们对于世界的认知体系中，事物这一概念范畴是最为基本的，进而也就有了为事物命名的必要性。因为一个事物有了名称，这个名称就能够让群体在短时间内拥有一个共同关注的对象，而这为群体的协调行为（比如狩猎、守卫领地）带来了巨大的帮助；换言之，名词的出现在激活人类语言表达的同时，对于群体的生存和繁衍也具有重要的意义。

名词指称事物的个体和种类，其概念意义体现了人们对于事物的认知水平。正是因为它既表征我们对于事物的命名能力，也反映我们对于事物的分类认知；所以，对于名词概念语义的精确分析和恰当解读具有重要的价值。本文结合生成词库理论对名词的语义进行分析，在降级述谓结构和物性角色的基础上着重探讨动名复合名词、名名复合名词的语义结构描述；并以此观照有关词典对于该类复合名词的释义，说明其中存在不准确性；同时，在物性角色和语义类型的基础上着力考察合成类名词的概念义面层级问题，并以此审视词典对于该类复杂名词的释义，说明其中存在不完备性。我们在实践中深切地感受到生成词库理论可以为名词的词义描述和概念剖析提供一个富有洞察力的观察窗口。

二　生成词库理论中的物性角色

生成词库理论（Generative Lexicon Theory，GLT）创立于20

世纪90年代，被誉为“当代语义学中最精细的形式化分析范式”（Geeraerts 2010：147），近年来在词汇语义学的相关研究中得到了较大的关注。该理论的主要目标是要解释词语在动态语境（dynamic context）下的创造性用法和特点，即当一个词语进入特定的语言环境中，其句法和语义特征可能会存在多种变异（variation）形式；如何说明这些变异形式的产生根源就成了生成词库理论所要着力探求解决的问题。在生成词库理论的实质内涵中，具有一种对词项本身的意义和概念的孜孜不倦的追求精神，因为它认为要想解释词语的动态性语义的生成，就必须依赖于我们对于词项所指事物的概念化认知和识解。这种精神气质的哲学渊源可以追溯到古希腊时期柏拉图、亚里士多德等先哲们关于“本体论”（ontology）的讨论，他们讨论世界的概念范畴和事物的本质问题，因为他们相信要认识人类自身，就必须要从认识周围的世界开始。

生成词库理论正是脱胎于古希腊时期的这种哲学思想，更具体地说是受到了亚里士多德形而上学思想的深刻影响。以“天赋说”为代表的关于知识获得的理性主义从柏拉图时期就已经开始了，但作为学生的亚里士多德却对“天赋说”抱有怀疑的态度。相对于“天赋说”，他认为感觉经验能提供给人们最基本的关于事物的认识和知识，它是知识的来源。因此，亚氏提出了关于事物面相和本质的“四因”说（Aristotle’s four causes of knowledge）：形式因、质料因、目的因和动力因。简而言之，“形式因”说明某物是什么；“质料因”说明某物由什么构成；“目的因”说明某物的目的性；“动力因”说明某物如何形成。亚氏相信，我们的知识正是来源于对于事物的上述经验性认识。

正是受到“四因说”的启发，生成词库论创始人Pustejovsky提出了词库知识中的物性结构。它是一种词汇语义表达手段，用以描写词汇所指对象由什么构成、指向什么、怎样产生以及有什么用途或功能。具体来说，物性结构主要包括四个层面的语义知识，归结为四种物性角色（qualia role），它们分别是（Pustejovsky 1991，

1995）：

形式角色（formal role）：描写对象在更大的认知域内区别于其他对象的属性，包括方位、大小、形状、维度和颜色等；

构成角色（constitutive role）：描写一个物体与其组成部分之间的关系，包括材料、重量、部分与组成成分等；也指物体在一个更大的范围内构成或组成其他物体；

施成角色（agentive role）：描写对象怎样形成或产生的，如创造、因果关系等；

功用角色（telic role）：描写对象的用途和功能。

可见，物性结构是一种关于事物产生来源、外在形式、内部构成和功能用途的知识学说和描述体系，能够帮助我们全方位、多维度地了解和认识事物。

结合汉语的实际表达，袁毓林（2013，2014）对大规模真实文本中的名词跟动词、形容词、名词、量词、介词和方位词等相关词类的搭配关系和选择限制进行调查后，对物性角色框架进行了更深一步的扩展，将物性角色的总数增加至10个。除了上面的四个物性角色外，其余六个分别是：单位、评价、材料、行为、处置、定位。它们的定义分别如下：

单位角色（unit role）：名词所指事物的计量单位，也即跟名词相应的量词；

评价角色（evaluation role）：对名词所指事物的主观评价、情感色彩；

材料角色（material role）：创造名词所指的事物所用的材料；

行为角色（action role）：名词所指的事物的惯常性的动作、行为、活动；

处置角色（handle role）：人或其他事物对名词所指的事物的惯常性的动作、行为、影响；

定位角色（orientation role）[①]：人或其他事物跟名词所指的处所、时间或事件等在空间、时间方面的位置、方向关系，也即跟名词相关的处所介词和方位词。

有了上述十种物性角色作为理论构件，就可以在本体知识（ontology）平面上对名词所指的事物及其概念结构有更加全面的认识，启发我们寻找事物和与该事物相联系的动作、状态等之间的默认的、天然的联系，帮助我们更加清楚地掌握名词和动词、形容词等在语义上的选择搭配限制（李强、袁毓林 2015）。

三 降级述谓结构、物性角色与复合名词的语义结构描述

复合名词是复合词中能产性比较强的格式，一直是语言本体研究领域，包括词汇学和语义学，以及语言应用领域，包括词典编纂和自然语言处理研究的重要内容。复合名词内部复杂的语义结构、语义模式和语义解释等方面是研究的重点，而从物性角色的角度考察复合名词的语义问题则是一个新的研究方向。

在生成词库理论的框架下，Johnston & Busa（1999）较早地讨论了英语和意大利语中的复合名词。他们认为，在传统词汇语义学理论的框架下，复合名词一直以来都是难以分析的一类范畴，并且对自然语言处理提出了很大的挑战。借助于物性角色中的施成角色、功用角色和构成角色，他们指出英语中“lemon juice”“bread knife”和“glass door”等复合名词的中心名词和修饰名词之间存在物性角色关系（柠檬[榨成]$_{A}$果汁、[切]$_{T}$面包的刀、[玻璃]$_{C}$门）；并且以意大利语作为参照指出，意大利语在表达这些不同的语义关系时通常要借助于特定的修饰词（da、di和α）。借鉴该文对于复合名词语义结构的描写方法，Song & Qiu（2013）以及宋作艳等（2015）对汉语中的复合名词进行了语义标注，同时建立了词库，并在此基础上进行复合名词的构词和语义分析。Wang & Huang（2011）考察了修饰语义关系类事件名词中修饰语和中心语之间的物性角色关系。Wang & Huang（2012）在生成词库所提出

的组合机制的背景下，通过对“N1 + 人造类事件名词”的分析说明了NN复合词中N1和N2的组合机制。

在上述研究成果的基础上，本文将降级述谓结构的描写方法和物性角色的描写方法结合起来，主要对汉语动名复合名词和名名复合名词的语义结构进行描写。我们认为：降级述谓结构可以为复合名词建立一个论元结构式的语义解释框架，而物性角色可以锚定该解释框架中的支撑性动词。降级述谓结构和物性角色在对复合名词进行精确化语义描写的同时，也能够对复合名词的语义描写加以简化。

3.1 降级述谓结构

降级述谓结构（downgraded predication structure）这一概念最早由Leech（1987：204）提出，意在标明一个述谓结构包含在另外一个述谓结构之中的语言现象。因为，从理论上看，内嵌的述谓结构在语义等级体系中处于较低的位置。为了说明这种现象，Leech列举了下面这个句子：

（1）A man who was wearing a wig entered the room.

画线部分“who was wearing a wig”的语义功能其实就是对“man”进行修饰限定，跟“a tall man”中的“tall”一样。可是就其内部结构来说，“who was wearing a wig”跟单词“tall”是不一样的，因为它本身是个述谓结构（即［man. WEAR. wig］）。也就是说，相对于整个句子这个大的述谓结构来说，从句法层级看“who was wearing a wig”是内嵌的，从语义等级看它是起修饰作用的辅助成分，因而是降级的。进而，Leech将这一概念拓展到单词的定义当中，并指出许多名词的定义内有这样一个述谓结构式的描述。比如，butcher（屠夫）的定义是“a man who sells meat”（一个卖肉的人）；cyclist（骑车人）的定义是“a person who rides a bicycle”（一个骑自行车的人）。

为了更好地说明意义复杂的名词的语义结构，袁毓林（1992）

对“降级述谓结构”这一概念进行了扩展和推广，用以对二价名词的语义进行了刻画，并且说明了二价名词与其从属名词之间的支配关系。比如，“意见”有两个义项：(a)对事情的一定的看法或想法，(b)(对人、对事)认为不对而不满意的想法；可以合并简写为：“某人对某事的看法”。“意见”的语义结构就可以表达为：

意见：看法〈某人 对 某事〉

同样地，二价名词“立场、戒心、感想、兴趣”的语义结构也可以类似地表示为：

立场：态度〈某人 对 某事〉

戒心：警惕心〈某人 对 某事〉

感想：思想反应〈某人 对 某事〉

兴趣：喜好的情绪〈某人 对 某事〉

“看法、态度”等一类语义成分可以用符号N来代表，〈某人 对 某事〉一类降级述谓结构可以用公式〈a P b〉来代表。这样，包含降级述谓结构的二价名词的语义结构就可以表示为：N〈a P b〉。

从上述讨论中不难发现，降级述谓结构对那些语义定义中包含动作性成分的名词特别有解释力。从语义结构上看，它将名词的语义概念以分析型的论元结构方式呈现出来，一方面使名词语义中隐含的信息内容得以显式地浮现，另一方面又说明了降级述谓结构中相关论元成分对于相关句法结构成立的重要性[②]；从语义解释上看，它将名词的语义概念以一种更为形式化和朴素简洁的方式表现出来，能够对名词的语义进行精细化的补充和完善，尤其是将语义概念中的关键性动词成分离析出来，从而为诠释名词的语义概念提供条件。[③]

针对本文所讨论的动名复合词和名名复合词，降级述谓结构的描写方法同样有效；并且，现在有了物性角色的理论体系，降级述谓结构中的动词可以根据其中的名词性论元成分给予准确的锁定和咬合。这样一来，名词的语义概念就能得到准确和简洁的描写。

值得注意的是，近年来这种利用动词进行释义的方法得到了不少学者的倡导和关注。比如，王萌等（2010）认为复合名词短语的语义解释就是要恢复修饰语和中心语之间隐含的语义关系，并采用动态的策略提出了“基于动词的短语释义”的方法来自动获取复合名词短语的释义短语。魏雪、袁毓林（2014）以物性角色中的施成角色和功用角色作为释义动词探索出一种基于规则的汉语名名组合的自动释义方法。

可见，利用降级述谓结构和物性角色对复合名词的语义进行描写，应当具有一定的可行性。

3.2 动名偏正式复合词的语义结构描述

谭景春（2010）认为动名偏正结构的语义关系是相对简单的，中心语一般是修饰语的施事或受事。但是，如果从物性角色的角度看，我们会发现动名偏正复合词结构的语义关系其实还是比较复杂的。苏宝荣、马英新（2014）对动名偏正式复合词的结构义的类型进行了归纳；Song & Qiu（2013）从物性角色的角度考察了包含动词性语素的复合名词。在对上述文献所归纳的动名复合词加以整理的基础上，我们主要从语素的形式类序列和复合词的结构类型两个维度来进行考察。从语素的形式类序列这个维度看，动名偏正式复合词可以分为两种：“动素＋名素”和“名素＋动素”。前者包括“蒸锅、雕花、剪纸、猎人”等，后者包括“石刻、木雕”等。从复合词的结构类型这个维度看，动名偏正式复合词可以分为“向心型”和“离心型”两种：前者一般都是自指性的词语，复合词的整体所指和其中一个语素的所指相一致，如“蒸锅”是一种“锅”；“雕花”是一种“花”；“猎人”是一类“人”；“婚事”是一类“事”等。后者通常都是转指性的词语，复合词的整体所指和其中任一语素的所指都不相同，如“管家”转指“专门管理家务的人”，不同于“管”，也不同于“家”；“石刻”转指一种艺术品，不同于“石”，也不同于“刻”。

接下来，我们首先来看向心型的“动素＋名素”类复合名词。

这又可以分为两种情况：动素和名素之间有直接的论元角色关系，动素和名素之间没有直接的论元角色关系。

（一）动素和名素之间有直接的论元角色关系

根据动素相对于名素的物性角色，可以分为4种类型：

（1）动［功用角色］+名［工具］=> 动-名［工具］

蒸锅：锅〈它 用来 蒸 食物〉——用来蒸食物的锅

烤箱：箱形电器〈它 用来 烤 食物〉——用来烤食物的箱形电器

救护车：汽车〈它 用来 救护 病人〉——用来救护病人的汽车

在这种类型中，中心语名素一般表示工具，动素是名素的功用角色。以“蒸锅”为例，从中心语素“锅”看动素“蒸”，其物性角色为功用；反过来，从动素“蒸”看名素“锅”，其论元角色为工具。“烤箱”“救护车”亦是同样的情况。降级述谓结构体现了这种语义层级：在述谓结构中，中心语名素靠“用”引出，并以“它”复指；谓词是名素的功用角色，此外还包括谓词的受事宾语；述谓结构反映了动素与名素之间的论元角色关系。可见，虽然复合词语义的结构支撑性成分是动素，但复合词的结构类型强制将整个组合的语义解读纳入偏正式的轨道；中心语名素的意义类型上升为整个组合的语义类型，即“工具”。这类复合名词的语义可以简单地解释成“用来v+n’的n”。其中，v代表动素，n代表名素，n’代表降级述谓结构中谓词的受事。下文若无特别说明，符号含义同此。

（2）动［施成角色］+名［结果］=> 动-名［结果］

雕花：花纹〈某人 雕刻（而形成）它〉——通过雕刻而形成的花纹

画像：人像〈某人 绘画（而形成）它〉——通过绘画而形成的人像

作文：文章〈某人 写作（而形成）它〉——通过写作而形成的文章

在这种类型中，动素是中心语名素的施成角色，名素是动素所指动作行为的结果。以“雕花”为例，从中心语素“花”看动素“雕”，其物性角色为施成；反过来，从动素“雕”看名素“花”，其论元角色为结果。“画像”“作文”亦是同样的情况。在降级述谓结构中，中心语名素用“它”复指，并做谓词的结果宾语，谓词是名素的施成角色。中心语名素的意义类型上升为整个组合的语义类型，即“结果”。这类复合名词的语义可以简单地解释为“通过v这种方式而产生/形成的n”。

（3）动［行为角色］＋名［施事］=＞ 动-名［施事］

猎人：人〈他 以 猎杀 禽兽 为业〉——以猎杀禽兽为业的人

歌女：女子〈她（在舞厅、酒吧等娱乐场所）以 唱歌 为业〉——（在舞厅、酒吧等娱乐场所）以唱歌为业的女子

屠户：人家〈他们 以 宰杀 牲畜 为业〉——以宰杀牲畜为业的人家

在这种类型中，动素是中心语名素的行为角色，并且代表名素所指对象的惯常性行为，名素是动素所指动作行为的施事。以“猎人”为例，从中心语素“人”看动素“猎”，其物性角色为行为；反过来，从动素“猎”看名素“人”，其论元角色为施事。“歌女”“屠户”亦是同样的情况。在降级述谓结构中，中心语名素用“他、她、他们”复指，并充当施事，“以……为业”中的动词是名素的行为角色。中心语名素的意义类型上升为整个组合的语义类型，即“施事”。这类复合名词的语义可以简单地解释成“以v为业的人”。其中，v代表中心语名素的行为角色。

可资比较的是，“歌女”突显“以唱歌作为职业”这个意义；但是，复合名词“歌手”更加突显“擅长唱歌”这个意义。因此，其意义可以用降级述谓结构表示成：

歌手：人〈他/她 擅长 唱歌〉——擅长唱歌的人

（4）动［处置角色］＋名［受事］=＞ 动-名［受事］

阉人：人〈他 被某人 阉割〉——被（某人）阉割的人

围城：城市〈它 被某些人 包围〉——被（某些人）包围的城市

弃儿：小孩儿〈他/她 被父母 遗弃〉——被（父母）遗弃的小孩儿

在这种类型中，动素是名素的处置角色，名素表示动素所指动作行为的处置对象。以“阉人”为例，从中心语素“人”看动素“阉”，其物性角色为处置；反过来，从动素“阉”看名素“人”，其论元角色为受事。“围城”“弃儿”亦是同样的情况。在降级述谓结构中，中心语名素以“它、他、她”复指，并做主语，谓词是名素的处置角色。中心语名素的意义类型上升为整个组合的语义类型，即“受事”。这类复合名词的语义可以简单地解释成“被v的n”。

（二）动素和名素之间没有直接的论元角色关系

虽然动素和名素之间没有直接的论元角色关系，但是名素的降级述谓结构中所隐含的高层次谓词可以把它们关联起来。根据高层次谓词所表示的意义，可以分为2种类型：

（1）动［后果］+名［条件］=> 动-名［条件］

成因：原因〈它 导致（事物或事态）形成〉——导致（事物或事态）形成的原因

争端：事由〈它 引起 争执〉——引起争执的事由

败因：原因〈它 造成（事态）失败〉——造成（事态）失败的原因

在这种类型中，动素所指称的事件或状态与名素的所指之间构成因果关系，名素表示产生动素所指称事件或状态的条件。以“成因”为例，从中心语素“因”看动素“成”，动素表示后果；反过来，从动素“成”看名素“因”，名素表示条件。“争端”“败因”亦是同样的情况。在降级述谓结构中，中心语名素以“它”复指做主语，动素做宾语指称事件或状态，谓词是名素的功用角色或者是动素所指称事件或状态的施成角色，可以实现为“导致、引起、造成”等一类动词。中心语名素的意义类型上升为整个组合的语义类型，即“条件”。这类复合名词的语义可以简单地解释为“引起/导致/造成v的n”。

有了这种语义解释模板，“笑柄”的意义可以用降级述谓结构解释如下④：

笑柄：不当的言行〈它 引起别人注意，并且容易被人抓住 作为取笑的资料〉——引起别人注意、并且容易被人抓住和作为取笑的资料的不当言行

（2）动［内容］+名［容器］=＞ 动—名［容器］

婚事：事情〈它 关于/有关 结婚〉——关于/有关结婚的事情

考纪：纪律〈它 关于/有关 考试〉——关于/有关考试的纪律

防务：事务〈它 关于/有关 防卫〉——关于/有关防卫的事务

在这种类型中，动素是名素所关涉的具体内容，名素可以被看作是容器，用来容纳动素所表示的相关内容，它们之间是一种同位（apposition）关系。⑤以“婚事”为例，从中心语素“事”看动素“婚”，动素表示内容；反过来，从动素“婚”看名素“事”，名素表示容器。“考纪”“防务”亦是同样的情况。降级述谓结构中，中心语名素以“它”复指做主语，动素做宾语表示内容，谓词是名素的功用角色或者是动素所指称事件或状态的处置角色，可以实现为“关于、有关”等一类动词。中心语名素的意义类型上升为整个组合的语义类型，即“容器”。这类复合名词的语义可以简单地解释为“关于/有关v的n”。

现在，我们来看离心型的动名复合名词。从语素的形式类序列看，包括“动素+名素”和“名素+动素”两种类型；从转指的对象看，包括转指施事和转指结果两种情况。

（一）转指施事

（1）动［处置角色］+名［受事］=＞ 动-名［施事］

管家：职业人员〈（人们）雇用他 管理 家务〉——雇用来管理家务的职业人员

刹车：汽车零部件〈（人们）用它 制动 车辆〉——用来制动车辆的汽车零部件

垫肩：服装辅料〈（人们）用它 垫 肩膀〉——用来垫肩膀的服装辅料

在这种类型中，名素是动素所指动作行为的受事对象，动作性的“动＋名”转指名词性的“动-名”施事，表示名词性“动-名”这一施事角色的功用。以“管家”为例，从动素“管”看名素“家”，名素表示受事；反过来，从名素“家”看动素“管”，动素表示处置。动作性的“管家”转指“管家”这类人，反映的是“管家”这类人的功用；再以该功用转喻这类人的职（业功）能。“刹车”“垫肩”亦是同样的情况。降级述谓结构中，动素或与动素义相近的动词做谓语，名素或与名素义相近的名词做宾语。这类复合名词的语义可以简单地解释成“用来v+n的一类人或一种物品”。

（二）转指结果

（2）动［处置角色］＋名［受事］＝＞ 动-名［结果］

剪纸：作品〈某人 用纸 剪（成/出来）它〉——用纸剪成/出来的作品

烤肉：食物〈某人 用生肉 烤（成/出来）它〉——用生肉烤成/出来的食物

烧饼：食物〈某人 用发面饼 烧（或烤）（成/出来）它〉——用发面饼烧或烤成/出来的食物

在这种类型中，名素是动素所指动作行为的受事对象，动作性的“动＋名”转指名词性的“动-名”结果，表示名词性“动-名”这一结果的施成。以“剪纸”为例，从动素“剪”看名素“纸”，名素表示受事；反过来，从名素“纸”看动素“剪”，动素表示处置。动作性的“剪纸”转指“剪纸”这类事物，反映的是“剪纸”这类事物的施成行为；再以该施成行为转喻其所造成的结果。“烤肉”“烧饼”亦是同样的情况。在降级述谓结构中，动素做谓语，名素靠“用”引出做受事。这类复合名词的语义可以简单地解释成

“通过将v这种处置方式作用于n而产生的一种物品”。

（3）名［受事/处所/材料］+动［处置角色］=> 名-动［结果］

石刻：艺术品〈某人 用石头 雕刻（成/出来）它〉——用石头雕刻成/出来的艺术品

文字图画〈某人 在石头上 雕刻（成/出来）它〉——在石头上雕刻成/出来的文字图画

木雕：工艺品〈某人 用木头 雕刻（成/出来）它〉——用木头雕刻成/出来的工艺品

泥塑：工艺品〈某人 用黏土 捏塑（成/出来）它〉——用黏土捏塑成/出来的工艺品

在这种类型中，名素是动素所指动作行为的受事对象，动作性的“动+名”转指名词性的“名-动”结果，表示名词性“名-动”这一结果的施成。以“石刻”为例，从动素“刻”看名素“石”，名素表示受事；反过来，从名素“石”看动素“刻”，动素表示处置。动作性的“刻石”反映的是“石刻”这类事物的施成行为；该施成行为带来结果“石刻”。“木雕”“泥塑”亦是同样的情况。降级述谓结构中，动素做谓语，名素靠“用”引出做受事、处所或材料等论元角色。这类复合名词的语义可以简单地解释成“通过v-n这种方式产生nv这种物品”。

3.3　名名偏正式复合词的语义结构描述

吕叔湘（1984：43）曾指出：“名·名结构有两个类型，两名之间或是领属关系，或是修饰关系。当然，同一类型之内，语义关系还可以是多种多样……”。谭景春（2010）则进一步说明：与形名和动名偏正结构相比，“名名偏正结构中隐含着一个谓词性词语，两个名词之间的语义关系是隐性的。而加上表示语义关系的词语后，语义关系就会由隐性的变成显性的。这样看来，名名偏正结构是一种紧缩形式，其中可以隐含着谓词性词语，整体意义除了修饰和被修饰之外，不是名词和名词词汇意义的简单相加”。由此可见，名名偏正式复合词的内部语义结构是比较复杂的，可以通过降级述谓结构和物性角色来加以描写。

在对相关文献中所涉及的名名偏正式复合词的整理归纳的基础上，我们从语素名$_2$的角度看语素名$_1$跟它的物性角色关系，将偏正式“名$_1$+名$_2$”组合分为两种情况⑥：

（一）名$_1$是名$_2$的某种物性角色

这种名名复合词的名$_1$和名$_2$之间有直接的物性角色关系。可以从中心语素名$_2$出发，确定名$_1$的物性角色；并且，可以根据修饰语素名$_1$充当的物性角色，结合名$_1$本身的语义特征，把这种复合词分为6种类型：

（1）名$_1$［形式角色］+名$_2$［物体］=> 名-名［物体］

彩纸：纸〈其颜色 为/呈现（出）彩色〉——其颜色为/呈现出彩色的纸

鹅卵石：石头〈其大小 像 鹅蛋〉——其大小像鹅蛋的石头

在这种类型中，充当形式角色的名$_1$呈现出中心语素名$_2$在形状、颜色、大小等维度方面的属性特征。降级述谓结构中出现的联系动词由名$_1$和名$_2$之间“物体-形式角色”这种语义关系所规定和隐含，可以实现为“为、呈现、像”等。这类复合名词的语义可以简单地解释成“为/呈现出/像n_1的n_2”。其中，n_1代表名$_1$语素，n_2代表名$_2$语素。下文若无特别说明，符号含义同此。

（2）名$_1$［材料角色］+名$_2$［物品］=> 名-名［物品］

纸盒：盒子〈它（用）纸 制作（而形成）〉——（用）纸制作而成的盒子

石碑：碑〈它（用）石头 雕刻（而形成）〉——（用）石头雕刻而成的碑

木桌：桌子〈它（用）木头 打（出来）〉——（用）木头打出来的桌子

在这种类型中，充当材料角色的名$_1$呈现出中心语素名$_2$在构成材料方面的属性特征。降级述谓结构中出现的制作动词由“物品-材料角色”这种语义关系所规定和隐含，同时也是中心语素名$_2$的施成角色。这类复合名词的语义可以简单地解释为“用n_1 V_2［施成］的n_2”。其中，“V_2［施成］”表示这个谓词是施成角色，通常是制作动词。

（3）名$_1$［材料角色-具体物质］+名$_2$［形状/功能-抽象物质］=> 名-名［具体物质］

雪花：雪〈其形状 像 花〉——其形状像花的雪

纸巾：纸片〈其功能 像 手巾（或手绢）〉——其功能像手巾（或手绢）的纸片

麦浪：麦子〈（被风吹动，）其（起伏的）样子 像 波浪〉——其（起伏的）样子像波浪的麦子

在这种类型中，修饰语素名$_1$表示构成名名复合词所指事物的材料和具体物质，中心语素名$_2$表示名名复合词所指事物的形状、大小或功能等抽象物质（即属性）。[⑦]以“雪花”为例，它的意义是“空中飘下来的形状像花的雪”。由于雪花通常是六角形的，因而像一朵朵六瓣的小白花。在复合词“雪花”中，“花（儿）”的意思是“形状像花朵的东西”（比如，“灯花儿、火花”）；[⑧]“花”规定了“雪”的形状，而“雪”则提供构成像“花”这样的抽象物质的材料。“纸巾”“麦浪”亦是同样的情况。降级述谓结构中出现的“像”等联系动词，由名$_1$和名$_2$之间“具体物质-形状/功能”这种语义关系所规定和隐含。这类复合名词的语义可以简单地解释成“其形状/功能/样子像n_2的n_1”。

有了这种语义解释模板，所谓的伪修饰关系合成词“木马、竹马、泥人、陶猪、瓷娃娃”等，[⑨]其意义就可以用降级述谓结构解释如下：

木马：木头做成的雕像/儿童游戏器具/运动器械〈其形状 像 马〉——用木头做成的形状像马的雕像/儿童游戏器具/运动器械

竹马：竹竿〈在儿童心目中，其功能 像 马；所以 儿童 把它

放在胯下 当马来骑〉——用竹竿做成的功能像马的儿童游戏用的道具，即儿童游戏时把它放在胯下当马骑的竹竿

（4）名$_1$［形式角色-抽象物质］+名$_2$［形状-具体物质］=>名-名［具体物质］

花卷儿：卷子（食品）〈其形状 像 花〉——其形状像花的卷子（食品）

金银卷儿：（白面裹玉米面做成的）花卷儿〈其颜色 像 金和银（的混合）〉——其颜色像金和银（的混合）的花卷儿

在这种类型中，语素名$_1$是表示形式的抽象物质，中心语素名$_2$是带有形状的具体物质。以“花卷儿”为例，它的意义是“形状像花的卷子（食品）”，因此，“花”就是“卷”的形式角色，而“卷”则是一种带有螺旋状的食物。“金银卷儿”亦是同样的情况。降级述谓结构中出现的“像”等联系动词，由名$_1$和名$_2$之间“形式角色-具体物质”这种语义关系所规定和隐含。这类复合名词的语义可以简单地解释成“形状/颜色像n_1的n_2”。

（5）名$_1$［构成角色］+名$_2$［事物/人］=> 名-名［事物/人］

肉包：包子〈其馅儿 用 肉 做（成）〉——馅儿用肉做成的包子

字纸：废纸〈其上面 有 字〉——上面有字的废纸

毒蛇：蛇〈它 有 毒〉——有毒的蛇

特长生：学生〈他/她 有 特长〉——有特长的学生

文化人：人〈他/她 有 文化〉——有文化的人

在这种类型中，语素名$_1$是中心语素名$_2$所指人或事物的构成部分。降级述谓结构中的谓词“用……做成、是、有”等谓词，由名$_1$和名$_2$之间“事物/人-构成角色”这种语义关系所规定和隐含。这类复合名词的语义可以简单地解释成“（其n_3）有/是n_1的n_2”，或者“其n_3用n_1做成的n_2”。其中，n_3往往是n_2的一个不可让渡的组成部分。

（6）名$_1$［整体/领有者］+名$_2$［构成角色/被领有者-事

物］=> 名-名［事物］

家产：财产〈家庭 拥有 它〉/〈它 属于 家庭〉——家庭（拥有）的财产/（属于）家庭的财产

国企：企业〈国家 拥有 它〉/〈它 属于 国家〉——国家（拥有）的企业/（属于）国家的企业

象牙：牙〈大象 拥有 它〉/〈它 属于 大象〉——大象（拥有）的牙/（属于）大象的牙

在这种类型中，从中心语素名$_2$看语素名$_1$，名$_1$是名$_2$的整体/领有者；反过来，从语素名$_1$看中心语素名$_2$，名$_2$是名$_1$的构成部分/被领有者，名$_2$是名$_1$的广义构成角色。降级述谓结构中的动词可以是主动意义的“拥有”或被动意义的“属于”，它们由“整体-构成角色”“领有者-被领有者”这种语义关系所规定和隐含。这类复合名词的语义可以简单地解释为“n_1（拥有）的n_2”，或者“（属于）n_1的n_2”。

（二）名$_1$和名$_2$之间没有直接的物性角色关系

虽然名$_1$和名$_2$之间没有直接的物性角色关系，但是名$_1$是名$_2$的某种物性角色（V_2）的论元角色。这样，可以从中心语素名$_2$出发，确定其可以支配名$_1$的某种物性角色（V_2）；再确定它（V_2）跟名$_1$的论元角色关系，从而全面揭示这种复合词的语义结构。下面，根据修饰语素名$_2$的物性角色及其跟名$_1$的论元角色关系，把这种复合词分为6种类型：

（1）（V［功用角色］+）名$_1$［受事/结果］+名$_2$［事物］=> 名$_1$-名$_2$［事物］

纸厂：工厂〈它（用以）生产 纸张〉——（用以）生产纸张的工厂

信纸：纸〈它（用来）写 信〉——（用来）写信的纸

花瓶：瓶子〈它（用来）插 花〉——（用来）插花的瓶子

牙刷：刷子〈它（用来）刷 牙〉——（用来）刷牙的刷子

锅盖：盖子〈它（用来）盖 锅〉——（用来）盖锅的盖子

手铐：戒具〈它（用来）铐 手〉——（用来）铐手的戒具

在这种类型中，名$_1$语素之前隐含了中心语素名$_2$的功用角色，比如，“厂”的功用角色是“生产”，“纸”的功用角色是“写”，“瓶子”的功用角色是“插”，“刷（子）”的功用角色是“刷”，“盖（子）”的功用角色是“盖”，“（手）铐”的功用角色是“铐”。名$_1$表示该功用角色所指动作行为的受事或结果。降级述谓结构中“（用以）生产”等谓词由名$_2$的功用角色所规定和隐含。这类复合名词的语义可以简单地解释成“（用以/用来）V_2 n_1的n_2”（V_2表示名$_2$的功用角色）。

（2）名$_1$[与事]＋（V[功用角色]＋）名$_2$[事物]＝＞ 名$_1$-名$_2$[事物]

警服：服装〈它 专供 警察 穿〉——专供警察穿的服装

儿歌：歌曲〈它 适合 儿童 唱〉——适合儿童唱的歌曲

老板椅：椅子〈它 适合 老板 坐〉——适合老板坐的椅子

在这种类型中，名$_1$和名$_2$之间隐含了中心语素名$_2$的功用角色。比如，“服装”的功用角色是“穿”，“歌曲”的功用角色是“唱”，“椅子”的功用角色是“坐”。名$_1$表示该功用角色所指动作行为的与事。降级述谓结构中“专供……穿”等谓词由名$_2$的功用角色所规定和隐含。这类复合名词的语义可以简单地解释为“专供（适合）n_1 V_2的n_2”（V_2表示名$_2$的功用角色）。

（3）（名$_ø$[与事]＋）名$_1$[时间]＋（V[功用角色]＋）名$_2$[事物]＝＞ 名$_1$-名$_2$[事物]

夏装：服装〈它 适合（人们）在夏天 穿〉——适合人们在夏天穿的服装

晚饭：饭菜〈它 专门供人们在晚上进餐时 吃〉[⑩]——专门供人们在晚上进餐时吃的饭菜

早茶：茶点〈它 专门供人们在早上进餐时 吃〉——专门供人们在早上进餐时吃的茶点

在这种类型中，名$_1$和名$_2$之间隐含了中心语素名$_2$的功用角色，比如，“（服）装”的功用角色是“穿”，“饭”的功用角色是“吃”，“茶（点）”的功用角色是“吃”。此外，名$_1$语素之前还隐含了功用角色所指动作行为的与事。降级述谓结构中“适合……穿”等谓词由名$_2$的功用角色所规定和隐含。这类复合名词的语义可以简单地解释为“专供（适合）n_3 在n_1 V_2的n_2”（n_3表示与事，V_2表示名$_2$的功用角色）。

（4）（V［功用角色］+）名$_1$［系事］+ 名$_2$［物质-信息］=> 名$_1$-名$_2$［物质-信息］

兵书：书〈它 关于/有关/讨论/指导 兵法〉——关于/有关/讨论/指导兵法的书

婚姻法：法律〈它 关于/有关/规范 婚姻〉——关于/有关/规范婚姻的法律

鬼故事：故事〈它 关于/有关/讲述 鬼〉——关于/有关/讲述鬼的故事

在这种类型中，名$_1$之前隐含了中心语素名$_2$的功用角色，比如，“书”的功用角色是“关于/有关/讨论/指导”，“法”的功用角色是“关于/有关/规范”，“故事”的功用角色是“关于/有关/讲述”。名$_1$语素表示功用角色所指动作行为的系事，中心语素名$_2$表示“物质-信息”这种复合型意义。降级述谓结构中的谓词由名$_2$的功用角色所规定和隐含。这类复合名词的语义可以简单地解释为“V_2［功用］n_1的n_2”。其中，V_2［功用］代表名$_2$的功用角色。

（5）名$_1$［施事/工具］+（V［施成角色］+）名$_2$［事物-结果］=> 名$_1$-名$_2$［事物］

宣纸：纸〈宣城 生产 它〉——宣城生产的纸张

蜂蜜：甜液〈蜜蜂 酿造 它〉——蜜蜂酿造的甜液

毛笔字：字体〈某人（用）毛笔 写（成/出来）它〉——用毛笔写成/出来的字体

在这种类型中，名$_1$和名$_2$之间隐含中心语素名$_2$的施成角色，比如，“纸”的施成角色是“生产”，“蜜”的施成角色是“酿造”，“字”的施成角色是“写”。名$_1$表示该功用角色所指动作行为的施事或工具，名$_2$表示该功用角色所指动作行为的结果。降级述谓结构中的谓词由名$_2$的施成角色所规定和隐含。这类复合名词的语义可以简单地解释成“（用）n_1 V_2［施成］的n_2”。其中，V_2［施成］代表名$_2$的施成角色。

（6）（V［功用角色/处置角色/施成角色］+）名$_1$［处所］+（V［功用角色］+）名$_2$［人/事物-施事/受事/结果］=> 名$_1$-名$_2$［人/事物］

陆军：军队〈它（专门）在陆地（上）作战〉——在陆地上作战的军队

宫女：女子〈她（专门）在宫殿（里）供役使〉——在宫殿里供役使的女子

海岸炮：火炮〈它（被）设置/放置 在海岸或岛屿（上）〉——（被）设置/放置在海岸或岛屿上的火炮

手表：表〈它（被）戴在 手（上）〉——（被）戴在手上的表

腰包：包〈它（被）挂在 腰（间）〉——（被）挂在腰间的包

黑板报：报〈它（被）写在 黑板（上）〉——（被）写在黑板上的报

在这种类型中，名$_1$之前隐含中心语素名$_2$的功用、处置或施成角色，或者名$_1$和名$_2$之间隐含中心语素名$_2$的功用角色。比如，“军（队）”的功用角色是“作战”，“（宫）女”的功用角色是“供役使”，“火炮”的处置角色是“设置、放置”，“表”的功用角色是“戴”，“包”的功用角色是“挂”，“报”的施成角色是“写”。名$_1$表示该功用角色所指动作行为发生的处所，名$_2$表示该功用角色所指动作行为的施事、受事或结果。降级述谓结构中的谓词由名$_2$的功用、处置或施成角色所规定和隐含。这类复合名词的语义可以简单地解释为“（V_2#）在n_1上/里/间（V_2#）的n_2”。其中，V_2#代表名$_2$的功用、处置或施成角色。

至此，我们对汉语动名复合名词和名名复合名词的主要语义结构类型做了总结和归纳。这些复合名词的语义概念解释中大都含有动作性成分，因此可以采用降级述谓结构的描写方法对其意义进行刻画。在动名复合词中，名词性语素落实为降级述谓结构中的论元性成分，物性角色为降级述谓结构谓词的具体实现提供了条件。其中，有的复合词中的动词性语素可以充当名词性语素的物性角色，进而落实为降级述谓结构中的动词（如“蒸锅、雕花、木雕、猎人、围城”），而有的复合词中的动词性语素则充当降级述谓结构中的论元性成分，指称具体的事件或状态（如“争端、婚事”），这类复合词在其概念解释中需要补充动词性语素所指称事件或状态的物性角色。在名名复合词中，名词性语素可以实现为降级述谓结构中的论元性成分，而物性角色和不同类型的语义关系则为降级述谓结构中谓词的具体落实提供了可供预测的实现方法。其中，有的复合词中的名词性语素可以充当另外一个名词性语素的物性角色（如“纸巾、木桌、肉包、家产、毒蛇”），而有的复合词在其概念解释中需要补充其中一个名词性语素的物性角色（如“纸厂、警服、宣纸、兵书、陆军、手表”）。从降级述谓结构和物性角色的角度可以对复合名词所表达的主要语义信息和内容进行概括和解释。

可见，利用降级述谓结构和物性角色来描写复合名词的意义，跟传统词汇学上利用经典的“种差＋属”式词义描写方法在精神上是相通的。如果说“种差＋属”式描述方式揭示了复合名词意义的代数结构，那么“降级述谓结构＋物性角色”的描述方式则揭示了复合名词意义的几何结构。这两种词义描写方式互相补充，相得益彰。此外，需要交代一点的是，上述对复合词语的释义部分是基于一般大众对XY复合词的语义所进行的理解，而不是语言学家进行的纯理论层面的分析。我们采用“XP的Y”这种较为简化的模式对词语进行释义，这种释义手段本身还存在可以讨论的余地，本文这里不对此深究。[11]

四 从物性角色和语义类型看名词词典释义的准确性和完备性

词典释义的准确性和完备性是词典编纂的灵魂所在，同时也是评判一部词典好坏的重要标准和尺度。拉迪斯拉夫·兹古斯塔（1983：21）曾指出："词义是词典编纂者所关注的中心问题。因为词典编纂者所有的裁夺，几乎都与在词典中如何处理意义有直接、间接的关系。"作为我国辞书编纂的代表和典范，《现代汉语词典》（以下简称《现汉》）历经了七个版本的修订和改进，无论是从收字、收词，还是从释义、配例等方面来看，都有着极为精细的讲究和考量，每个版本在前一版本的基础上都有很大的提升。本节内容将从物性角色和语义类型的角度对《现汉》的释义方面略做讨论，为词典在其释义的准确性和完备性方面提供一些思考和研究的方向。

4.1 从物性角色看名词词典释义的准确性

苏宝荣、马英新（2014）从复合词结构义的隐含与呈现的角度对动名复合词的词典释义做过比较详细的研究。其实，以本文所涉及的物性角色知识为切入点，他们所指出的词典结构义的释义缺失问题可以归结为：对动名复合词中动词性语素是名词性语素的什么物性角色这一点把握不准确。这里，我们列举几例加以说明（以下词语均选自苏、马 2014）：

（1）坐垫

《现汉》的释义为"放在椅子、凳子上的垫子"。但这个释义无意之中扩大了"坐垫"的所指对象，不能将其所指对象准确地表达出来。比如，"茶杯垫""地垫"如果放在椅子上和凳子上，按照这条释义，逻辑上它们就应该归入"坐垫"，但很显然这并不正确。"坐垫"专门指用来供人坐的垫子，而不是用来供人放茶杯的垫子或者地垫。也就是说，"坐"是"垫"的功用角色，该角色把"坐垫”的所指对象限定为“供人坐的”那一类。然而《现汉》的释义却没能将由构词语素“坐”显性地编码的功用角色揭示出来，以至于如果严格地细究释义内容就可能会出现问题。因此，从释义的充分性和准确性角度来说，“坐垫”的释义可以进一步完善为“放在椅子、凳子上【供人坐】的垫子”。

（2）摹本

《现汉》的释义是“临摹或翻刻的书画本”。但这个释义本身是有歧义的，因为它有两种理解方式：既可以表达“供人临摹或翻刻的书画本”的意义，也可以表达“临摹或翻刻成的书画本”的意义；前者的理解中动词性语素“摹”是“本”的功用角色，后者的理解中动词性语素“摹”是“本”的施成角色。苏宝荣、马英新（2014）已经指出，从《应用汉语词典》《当代汉语词典》等几部辞书的释义来看，“摹本”表达“照着原样临摹或翻刻的书画”。因此可以发现，《现汉》对于这个词的释义是不完善的，从释义的准确性角度看，“摹本”的释义中应该将“摹”的施成角色突显出来，可进一步完善为“临摹或翻刻【成/出来】的书画本”。

（3）浴室

《现汉》的释义是“有洗澡设备的房间”。与上面“坐垫”的情况类似，这个释义扩大了“浴室”的外延。如果一个房间，它不是浴室，但是存放了一些洗澡设备，那么这个房间是否应该称为“浴室”？很显然，从逻辑上看，并不是有洗澡设备的房间就是“浴室”，能称为“浴室”的房间应该有一个重要的功能，即可以供人们洗澡。在“浴室”这个词语中，动词性语素“浴”就是“室”的功用角色。因此，《现汉》的释义将“浴室”的构成角色“洗澡设备”很好地表达出来了，但却隐含了功用这一重要的角色，致使释义内容表达得不准确。因此，“浴室”的释义可以进一步完善成“有洗澡设备的【供人们洗澡用的】房间”。

（4）教材

《现汉》的释义是“有关讲授内容的材料，如书籍、讲义、图片、讲授提纲等”。该释义主要突出了“材料”的构成角色，即在内容分类上是有关讲授内容的；而“材料”的功用角色“教学/讲课/授课”则没有在释义中十分明确地表达出来。因此，从释义的准确性来看，“教材”的释义可以考虑将功用角色“教学/讲课/授课”纳入其中，完善为“【供教学、讲课或授课用的】材料，如书籍、讲义、图片、讲授提纲等”。

（5）译作

《现汉》的释义是“翻译的作品”。和上面的“摹本”类似，这个释义也是存在歧义的，一种理解是“翻译而成的作品”，一种理解是“被翻译的作品”；前者的释义表明“翻译”是“作品”的施成角色，后者的释义表明“翻译”是“作品”的处置角色。同样地，苏宝荣、马英新（2014）指出《当代汉语词典》将其释义为“翻译而成的作品”，并参照《现汉》对于同类词“译文、译本、译音、译名”的释义，认为将“翻译”理解为“作品”的产生方式是正确的。可见，《现汉》的释义并没有正确地区分“作品”的施成角色和处置角色，因而导致该释义存在歧义。因此，从释义的准确性角度看，“译作”的释义应该将“翻译”的施成角色属性加以突出，可进一步完善成“翻译【而成】的作品”。

以上我们从物性角色的角度探讨了名词词典释义中存在的一些不够准确的地方，尤其是针对动名复合词来说，正确判定其中的动词性语素是名词性语素的什么物性角色，这对于复合词的词典释义具有非常重要的作用。

4.2 从物性角色和语义类型看名词词典释义的完备性

在具体论述名词词典释义的完备性之前，我们需要简单地介绍一下生成词库理论中另外一个重要的概念，即名词的语义类型。从名词自身的语义属性看，Pustejovsky（2001，2006，2011）认为名词按照其所代表的意义内容可以划分到三类不同的范畴之中：自然类、人造类和合成类。[12] 自然类（natural type）事物具有较多的自然属性，不涉及人的参与和创造，与物性结构中的形式角色和构成角色相关，如“石头、兔子、水、树、天空、鸟”等。人造类（artifactual type）事物含有人的意志，具有较为明显的功能和用途属性，并且可以指明它是怎么被创造出来的，与物性结构中的施成角色和功用角色相关[13]，如“椅子、桌子、板凳、啤酒、刀”等。合成类（complex type）事物，又称“点对象”（dot object）[14]，即两种本体范畴相异的对象融合于一个事物之上，如“书、报纸、杂志、音乐会、唱片”等。

这种关于事物是自然类还是人造类的区分，其实早在18世纪的神学家培里（William Paley，1743—1805）那里就已经有所提及。培里在他的《自然神学》中就以一个著名的段落开头：

> 我走在荒野上，要是给石头绊了一跤，要是有人问我那块石头怎么会在那里，我也许可以回答："它一直都在那里！"即使我知道它不是，这个答案也不容易被证明是荒谬的。但是，要是我在地上发现了一个钟表，要是有人问我那个钟表怎么会在那里，我就不能以同样的答案回复了，"据我所知，它一直都在那儿。"

他接着说明钟表的齿轮与发条制造得如何精确，以及那些零件之间的关系多么复杂。

> 这个钟表必然有个制造者；在某时某地必然有个匠人或一群匠人，为了某个目的——我们发现那个目的的确达成了——把它做出来；制造者知道怎么制造钟表，并设计了它的用途。

可见，事物的自然属性和人造属性对于我们的概念化认识的确会造成一定的区别性影响。[15]对于事物的这种分类也非常符合人们的经验和直觉。而最近的心理学和生物学证据揭示了人类可能真的存在一种与生俱来的、能够将动植物等自然物和人造物区分开来的基本直觉（Pinker 1994/2015：443—445）。

其实，相对于自然类和人造类事物而言，更有意思的是合成类事物，它为名词在不同语境下实现为不同的意义提供了一种解释方案。比如，我们常说“尽信书不如无书”，前后两个“书”的语义角色就很不一样，前一个“书”指书中的知识内容，而后一个“书”指由纸张构成的、有一定重量和厚度、作为具体物质的书。再比如，名词“讲座”是事件和信息的合成类，既可以指讲座这个事件本身，因此我们可以说“这个讲座持续了两个小时”；也可以代表讲座所传递的内容信息，因此可以说“这场讲座非常精彩”。

从名词的语义类型这个角度看词典的相关释义就会发现，词典对于相关名词的释义存在不完备性。具体来说，汉语中的“事件-物质”合成类词，如“象棋、早饭、雨、雪、冰雹”；“物质-信息”合成类词，如“唱片、书、屏幕”；还有“事件-信息”合成类词，包括“演讲、调查、分析”等，都可以分化出两个不同的义项，而目前词典对于这类词的释义只收录了其中一个义项，却忽视了另外一个。对此更为详细的论述可参看李强、袁毓林（2016），此处不再赘述。

义项的增加和分立可以在形式上寻找到相应的理据。利用物性角色这一分布式的描写体系，分别对词语的物质义义项和信息内容义义项做物性角色的描写，然后进行对比发现：上述词语的两个义项在物性角色上所选择搭配的词语具有较为显著的分布差异。这里以“书”在真实文本中的搭配词语为例加以说明，其义项的物性角色描写见下表1（转引自李强、袁毓林 2016）。

表1 “书”的不同义位的物性角色对比

物性角色	①物质义	②信息义
构成角色	由纸装订在一起的，可供阅读的材料，一般包括封面、内页、封底；根据包装可以分为：精装书、平装书、硬壳书、软壳书；根据颜色可以分为白皮书、黑皮书、蓝皮书、红皮书等；根据包装的新旧可以分为新书、旧书；根据装订样式可以分为卷轴书、册叶书、经折装书、蝴蝶装书、包背装书、线装书。	内容上一般包含有出版说明、前言、目录、正文、索引；根据内容可以分为：政治书、历史书、地理书、化学书、图画书、物理书、数学书、文学书等；根据内容的新旧或出版时间可以分为新书、旧书、老书、古书。

（续表）

物性角色	①物质义	②信息义
单位角色	本、套、卷、叠、车、册、摞、页、捆	部、种、类
材料角色	帛、纸草、牛皮、竹简	纸质、电子
评价角色	大量、厚厚、多、少、大、小、薄薄、旧、破、完整、精美、重、轻	专业、非专业、黄色、宝、流芳百世、好看、权威性、翔实、完整、流传广、臭名昭著、健康、不健康、有分量、有价值
施成角色	制作、印制	写、著、出、编纂、撰写、编、成、汇编成
功用角色	砸人、垫桌子	看、读、参考
行为角色	腐烂	披露、记载、记录、提出
处置角色	拿、扔、借、带上、烧、捧、咬烂、撕、收到、寄送、藏、偷、买、翻、找、整理、挖掘、焚	教、说、念、相信、抵制、翻译、整理、掌握
定位角色	前、后、下、里、中、内、外、上	里、中、内、外、上

除了少量词语重合之外[16]，两个义位的“书”在物性角色上所选择搭配的词语差异还是相当明显的，因此有必要分化出“书”作为内容信息义的义项以解释上述组合分布上的差异。[17]

五 总结

本文主要讨论动名复合名词和名名复合名词的词义描述问题。具体来说，这些复合名词的概念解释中都包含动作性成分，因而可以通过降级述谓结构对它们的词义进行描写。复合名词中的名词性语素可以实现为降级述谓结构中的论元性成分，而物性角色则为降级述谓结构中的谓词，即复合词词义概念中的动作性成分提供了预测和限定的手段。在物性角色和降级述谓结构的基础上可以对复合名词的词义进行较为简洁和准确的刻画和描写。此外，还可以从生成词库论中的物性角色和语义类型的视角对名词的词典释义进行检视。因为对动词性语素是名词性语素何种物性角色这一点把握不正确，词典对动名复合名词的释义存在不准确性；因为对合成类词的多层义面这一点区分不明确，词典对这类名词的释义存在不完备性。总体来看，生成词库论的相关主张和内容在名词尤其是复合名词的词义描写，以及名词的词典释义等方面具有一定的理论意义和应用价值。

附 注

① 说明:(i) 起讫标定，只针对可以直接做处所介词的宾语的名词，它们通常表示时间或处所;(ii) 方位标定，涉及所有可以带方位词的名词。

② 袁毓林（1992）指出，二价名词在语句中有配价的要求，表现为支配性名词要求在语义上受其支配的从属名词与之共现（occurrence），如“这件事老张有意见”“这种事我不发生兴趣”。“意见”“兴趣”都是二价名词，要求降级述谓结构中的两个论元性配项成分与之共现；如果其中的一个配项不出现，那么这种词语组合的语义就不完整，如“? 老张有意见”“? 我不发生兴趣”。

③ 匿名审稿专家向笔者提出，最近的知识本体研究更强调endurant/perdurant（恒久/趋变）的区分。前者是恒久性的概念，不需要指涉时间，不随时间流逝而变化；后者是趋变的概念，需要指涉时间，随着时间流逝会发生变化，这也是名动之间更重要的概念区分，详见Huang（2015，2016）。具体到本文所讨论的复合名词的释义问题，我们则希望能用降级述谓结构这种动态性的释义方法对名词所指称的静态性的事物对象做一个更加清晰透明的语义解释和陈述。

④ 根据殷艳冬（2016）的考察，“笑柄”一词是从“谈柄”发展演变而来的，其中的“柄”不再指“器物的把儿”，而是经过转喻表示一种特定的“材料、资料”义。“笑柄”一词内涵了这样一种语义逻辑关系：以“谈话的资料”（柄）作为条件，引起了谈话双方“笑”这种结果。

⑤ 类似地，英语中有“the order to fight”“give up the hope to see her”之类的表达形式；其中，“to fight”是“order”的具体内容，“to see her”是“hope”的具体内容，它们之间就是一种同位关系（order＝ to fight; hope＝ to see her）。参考吕叔湘（2005）第147页。

⑥ 符淮青（2006：100—102）将名词释义中所反映的种差分为十二类，其中部分类型与我们所归纳的语义结构模式相似。具体内容请参考原文。

⑦ 关于这种复合词的结构与意义的不一致性，详见袁毓林（1988）。

⑧ 释义和举例参考《现代汉语词典》第7版，第1490页。

⑨ 常规的（canonical）修饰关系复合词，其意义基本上是修饰语和中心语两者意义的交集（intersection）；比如，"白马"是白色的东西的集合和马的集合的交集，即它既是白色的，又是一种马。但是，伪修饰关系（pseudo-modification）复合词，其意义不是修饰语和中心语两者意义的交集；比如，"木马"不是木头的东西的集合和马的集合的交集，它虽然是木头的，但不是一种马。

⑩ "晚饭"还有一个表事件的义项："晚上进餐的行为"，其降级述谓结构可以表示成：进餐行为〈它 在晚上 进行〉。

⑪ 感谢审稿专家提出这个问题让笔者对此进一步思考。

⑫ "合成类"也可以被称之为"复杂类"。

⑬ Pustejovsky（2001）称之为functional types，Pustejovsky（2006）中改称为artifactual types。

⑭ 之所以称为"点对象"（dot object），是因为在生成词库理论的体系下，习惯上用加点的办法来连接两种本体范畴相异的对象，如"书"可以表示成（纸张·内容信息）。

⑮ 上述这部分内容改编自Dawkins（2014：6）。

⑯ 处置角色中的"整理"，既适用于"书"的物质义义项，如"把那些堆得乱七八糟的书整理一下"；也适用于信息义义项，如"把这本书（的内容）整理一下"。定位角色中的"里、中、外、上"同样既可以说明"书"的物质义义项，如"书里（中）夹着纸条儿/一张硬皮纸套在书外/书上写着字"；也可以说明信息义义项，如"书里（中）描绘出一个个性鲜明的人物形象/知识在书内，理解在书外/书上记载了那段惊心动魄的往事"。

⑰ 匿名审稿专家向笔者提出，有的学者，如Ahrens *et al.*（1998），黄居仁等（2010）认为汉语中这种词项多义问题可以通过在义项下分设不同义面（semantic facet）的做法实现。比如，"杂志"表示出版品的义项下面可以再设立"刊物，尤指内容部分"和"纸张"两个不同的义面。这也是一种可行的办法和思路。本文建议新增义项，主要是为了和《现汉》对于某些词的释义进行参照。具体应该新增义项，还是义项下分设义面，这个问题还可以深入研究。感谢审稿专家提出这一点促发笔者进一步思考。

参考文献

符淮青　（2006）《词义的分析和描写》，外语教学与研究出版社，北京。

黄居仁等　（2010）　中文词汇网络：跨语言知识处理基础架构的设计理念与实践，《中文信息学报》第2期，14—23页。

〔捷〕拉迪斯拉夫·兹古斯塔（Ladislav Zgusta）主编　（1983）《词典学概论》，林书武等译，商务印书馆，北京。

李强、袁毓林　（2015）　从生成词库理论看汉语名词的词典释义和词义辨析——兼谈动词、形容词的概念表示和词义解释，提交“汉语辞书研究中心第四届汉语辞书高层论坛”文章，鲁东大学。
李强、袁毓林 （2016） 从生成词库论看名词的词典释义，《辞书研究》第4期，12—26页。
吕叔湘 （1984）《语文杂记》，上海教育出版社，上海。
吕叔湘 （2005）《中国人学英语》，中国社会科学出版社，北京。
宋作艳、赵青青、亢世勇 （2015） 汉语复合名词语义信息标注词库：基于生成词库理论，《中文信息学报》第3期，27—43页。
苏宝荣、马英新 （2014） 复合词的结构义与语文辞书释义——以“动+名”偏正式双音复合词为例，《辞书研究》第5期，1—8页。
谭景春 （2010） 名名偏正结构的语义关系及其在词典释义中的作用，《中国语文》第4期，342—355页。
王萌、黄居仁、俞士汶、李斌 （2010） 基于动词的汉语复合名词短语释义研究，《中文信息学报》第6期，3—10页。
魏雪、袁毓林 （2014） 基于规则的汉语名名组合的自动释义研究，《中文信息学报》第3期，1—10页。
殷艳冬 （2016） “话柄”“笑柄”的成词理据及其文化探析，《辞书研究》第1期，78—82页。
袁毓林 （1988） 论句法的强制性——从一类N1N2名词的句法语义分析展开，《汉语学习》第1期；收入1998《袁毓林自选集》，广西师范大学出版社，第10—17页。
袁毓林 （1992） 现代汉语名词的配价研究，《中国社会科学》第3期，205—223页。
袁毓林 （2013） 基于生成词库论和论元结构理论的语义知识体系研究，《中文信息学报》第6期，23—30页。
袁毓林 （2014） 汉语名词物性结构的描写体系和运用案例，《当代语言学》第1期，31—48页。
中国社会科学院语言研究所词典编辑室编 （2016）《现代汉语词典》（第7版），商务印书馆，北京。
Ahrens, Kathleen, Chang Li-li, Chen Ke-jian, Huang Chu-Ren （1998） Meaning Representation and Meaning Instantiation for Chinese Nominals. *Computational Linguistics and Chinese Language Processing*, 3（1）: 45-60.
Dawkins, Richard （1996） *The Blind Watchmaker*. Penguin Books Ltd.（中译本《盲眼钟表匠》，王道还译，2014，中信出版社。）
Geeraerts, Dirk （2010） *Theories of Lexical Semantics*. New York: Oxford University Press.
Huang, Chu-Ren （2015） Notes on Chinese Grammar and Ontology: The Endurant/Perdurant Dichotomy and Mandarin DM Compounds. *Lingua Sinica*,

1（1）: 1-22.

Huang, Chu-Ren （2016） Endurant vs Perdurant: Ontological Motivation for Language Variations. *PACLIC 30 Proceedings*, 15-25.

Johnston, Michael, Busa Federica （1999） Qualia Structure and the Compositional Interpretation of Compounds. In E. Viegas (ed.) *Breadth and Depth of Semantic Lexicons*, 167-187. Dodrecht: Kluwer Academic.

Kripke, S. A. （1972） Naming and Necessity. In *Semantics of Natural Language*, 253-355. Netherlands: Springer. (Also published by Blackwell, 1980)

Leech, Geoffrey （1974/1981） *Semantics*. Penguin, Harmondsworth.（中译本《语义学》，李瑞华等译，上海外语教育出版社，1987年。）

Pinker, Steven （1994） *The Language Instinct: How the Mind Creates Language*. New York: Harper Perennial.（中译本《语言本能：人类语言进化的奥秘》，欧阳明亮译，浙江人民出版社，2015年。）

Pustejovsky, James （1991） The Generative Lexicon. *Computational Linguistics*, 17（4）: 409-441.

Pustejovsky, James （1995） *The Generative Lexicon*. Cambridge: MIT Press.

Pustejovsky, James （2001） Type Construction and the Logic of Concepts, In P. Bouillon and F. Busa (eds.) *The Language of Word Meaning*, 91-123. Cambridge: Cambridge University Press.

Pustejovsky, James （2006） Type Theory and Lexical Decomposition. *Journal of Cognitive Science* 6: 39-76.

Pustejovsky, James （2011） Coercion in a General Theory of Argument Selection. *Linguistics* 49（6）: 1401-1431.

Quine, W. V. O. （1960） *Word and Object*. Cambridge, Mass: NIT Press.

Song, Zuo-Yan, Qiu Li-kun （2013） Qualia Relations in Chinese Nominal Compounds Containing Vebal Elements. *International Journal of Knowledge and Language Processing* 4（1）:1-15.

Wang, Shan, Huang Chu-Ren （2011） Compound Event Nouns of the "Modifier-head" Type in Mandarin Chinese. In *Papers of the 25th Pacific Asia Conference on Language, Information and Computation*, 511-518.

Wang, Shan, Huang Chu-Ren, Xu Hong-Zhi （2012） Compositionality of NN Compounds: A Case Study on [N1+Artifactual-Type Event Nouns]. In *Papers of the 26th Pacific Asia Conference on Language, Information and Computation*, 70-79.

The Structural Description and Conceptual Interpretation of Nouns' Meaning from the Perspective of Generative Lexicon Theory

LI Qiang, YUAN Yulin

Abstract: The noun is an important lexical category in the grammar system, so the description of its semantic composition is of great theoretical significance and applicable values. On the basis of the downgraded predication structure and the qualia structure, this paper studies the semantic structure of Chinese compound words, focusing on the verb-noun compounds and noun-noun compounds. The downgraded predication provides a basic framework for the semantic description of compound nouns, which corresponds to the traditional "differentia + genus", and the qualia role of nouns provides a predictable way for the pivot verbs in the framework. In addition, the dictionary semantic definition of nouns can be inspected in terms of their qualia roles and semantic types. It is shown that there are inaccuracy and incompleteness in the semantic definition of some compound and complex nouns in existing dictionaries.

Keywords: downgraded predication, qualia role, noun-noun compounds, verb-noun compounds, semantic type

（李强：200444　上海，上海大学文学院　leeqiang2222@163.com；
袁毓林：100871　北京，北京大学中文系/中国语言学研究中心/
计算语言学教育部重点实验室
yuanyl@pku.edu.cn）

重庆方言的语缀“之”及语缀的分类问题

董思聪　黄居仁

提要　重庆方言的“之”可以用于谓词性成分之前，表示极高程度、强烈情感和夸张意味。以往研究均据其语义表达，将它处理为程度副词。但是，经过比较分析发现，它与程度副词在语音、句法、语用等方面均存在本质性的差异，实为一种作用于句法层面的黏着成分——语缀。它的来源是古汉语主谓之间的“之”。在分类方面，“之”应属于Zwicky（1977）系统中的黏着词，或者具备Klavans（1982）系统中的首-前-前语缀参数值。Zwicky的分类系统存在一定问题，其后续发展也间接给汉语语缀研究带来了一些困难。相比之下，Klavans的分类系统也许是一个更优的选择，而且可能为未来汉语语缀的类型学研究提供重要的工具。

关键词　重庆方言　之　语缀　分类　黏着词

一　“之”的基本句法表现

在重庆方言[①]中，“之[tsɿ55]”可以用在谓词性成分之前，表示极高程度，带有非常强烈的感情色彩和夸张意味。它与谓词性成分组成的结构在句中可以充当谓语、宾语、定语、状语、补语，也可以单独成句。其分布情况大致如下（参看张一舟等 2001：90—92）：

（一）用于形容词之前。如：

（1）他老汉儿之大方地给了他五百块钱！（他爸极其大方地给了他五百块钱！）

收稿日期：2018-1-29；**定稿时期**：2018-5-7。**通讯作者**：董思聪。

（2）他耍了个皮肤之白的女朋友！（他谈了个皮肤极其白的女朋友！）

（3）心里面觉得之难受！（心里面觉得极其难受！）

（二）用于动词或动词短语之前。其中动词短语包括述宾短语（含助动词带宾语的短语）、带“得”的述补短语。如：

（4）学校之重视你提的意见！（学校极其重视你提的意见！）

（5）他屋头之有钱！（他家里极其有钱！）

（6）熬了一个通宵，现在之想睡！（熬了一个通宵，现在极其想睡！）

（7）他们两口子之合得来！（他们两口子极其合得来！）

（三）用于某些四字短语之前。如：

（8）他对第一名之心服口服！（他对第一名极其心服口服！）

（9）新来的老师长得之眉清目秀！（新来的老师长得极其眉清目秀！）

（10）之提心吊胆哦！（极其提心吊胆啊！）

能与“之”组合的形容词、动词短语及四字短语存在若干限制条件，在这里我们可以借鉴程度副词所修饰成分受到的限制。李泉（1996：374）认为程度副词表示事物性质的程度，只修饰性质形容词、心理动词或某些动宾结构。刁晏斌（2007）指出受到程度副词修饰的一般动词，需要满足非动作性、性状义和程度义三个条件，即不表示有外在肢体活动的动作行为，能表示性质状态，在程度上有可伸缩性。这些限制条件与我们对“之”后谓词性成分的考察情况大体相一致：性质形容词可以出现，但状态词不可以；动词或述宾短语多是表示心理活动、态度或评价的；述补短语只能是带可能补语和状态补语的；四字短语也限于表示心理活动、态度、评价或描述性状的成分。此外，也有一些通常程度副词不能修饰的谓词性成分可以出现在“之”后面，如可以说“他之跑得远！”“牛肉面之卖得贵！”，但不能把这里的“之”替换为“很、非常”等程度副词。②

二 "之"为语缀

在四川多处方言中，均存在与本文研究对象性质用法相同的"之"[③]。张一舟等（2001）认为"之"为成都方言中的程度副词，并细致描写了其分布特征、句法表现，以及"之"与程度副词"很"的差别。该著作为之后的相关研究确定了核心观点，也提供了描写的基础框架，影响较大。鲁科颖（2007）以整个四川地区的西南官话为研究对象，也是将"之"处理为程度副词，并进行了较细致的描写和比较。此外，杨绍林（2005）、陈巧玲（2011）、陈燕（2012）分别描写了彭州方言、绵阳方言和西昌方言的"之"，同样是将其看作程度副词。

以往研究者的描写清晰地展示出了"之"表程度的基本面貌，而一些比较研究更揭示出"之"在表示程度时的一些细微特点。然而，我们对"之"的表现进行了更深一步的挖掘，发现它与程度副词之间存在着许多方面的差异。这些差异主要牵涉了副词的句法词法行为，足以使我们对"之"的副词性质予以重新界定。

（一）"之"不能重读或拖长。表示程度高的程度副词在修饰谓词性成分时，可以重读或拖长副词，以进一步强调程度之高。但是重庆方言的"之"却不能够负载重音，也不允许使用拖长的语音手段。如果需要采用这样的手段强调程度，只能重读或拖长"之"后面的谓词性成分。

（二）"之"不能重复，缺乏重叠形式。汉语口语中程度副词通常可以用重复若干次的方式来强调高程度，如"太太太太好了！""非常非常开心！"，但是"之"不能进行重复。

（三）"之"具有黏着性。"之"必须紧附在表示高程度的谓词性成分之上，绝对不能单说。程度副词和表示高程度的成分之间往往还可以加入其他成分，如"非常地厉害""十分之厉害"等等。甚至一些程度副词在某些情况下也可以构成独词句，比如在回答对某事物喜爱程度的询问时，口语中可以使用“非常。/相当。”等形式。

（四）“之”是严格的定位成分。它只能紧贴于谓词性成分之前，但有个别程度副词的位置却比较灵活：例如可出现在谓词性成分前后，如“很好/好得很”“极好/好极了”；或程度副词之间可以前后互调，如三个口语常用的程度副词其六种可能的排列组合在语料中均能发现：“超级非常无敌/非常超级无敌/非常无敌超级/无敌非常超级/无敌超级非常/超级无敌非常”。

（五）“之”在对等条件下不能进行合并删略。“十分开心”和“之开心”不能合并删略成“*十分、之开心”④，但是“非常开心”“十分开心”和“超级开心”却可以变为“非常、十分、超级开心”；此外，“之开心、之感动”不能删略成“*之开心、感动”，可是程度副词能够进行这一句法操作，如“特别开心、特别感动→特别开心、感动”。

（六）“之”具有终止扩展性。一个由“之”和谓词性成分组成的结构，不能再在“之”前面添加其他成分，但是一些程度副词却可以再扩展，添加其他程度副词，如“有点儿太大了”“稍微有点儿痛”⑤。

（七）无法用指代程度的“恁个这么”替换“之”，不能用询问程度的特指问句对“之”进行提问，相应地也不能用“之”带谓词性成分的结构回答对程度的询问，如例（11）。这亦表明“之”和程度副词存在差别。

（11）——当空姐的女娃儿有好漂亮嘛？（当空姐的女孩儿有多漂亮啊？）

——非常漂亮。/特别漂亮。/*之漂亮。

（八）“之”与其后的谓词性成分不能分离开发生移位。在口语中，说话人出于强调重要信息等原因，经常会将某些成分移动位置（Huang and Shi 2016：45）。如例（12）所示，a句的“很漂亮”和“漂亮”都可以前置，但b句只能是“之漂亮”一起前置，而不能由“漂亮”脱离“之”单独前置。

（12）a. 她很漂亮 / 很漂亮，她 / 漂亮，她很

b. 她之漂亮 / 之漂亮，她 / *漂亮，她之

（九）“之”与谓词性成分组成的结构不能否定。我们无法像对程度副词那样，在“之”前面添加“不”“不是”或“并非”来对整个结构进行否定。当然，“之”后面的谓词性成分可以包含否定性成分“不”或者“没得”，如“之不懂事”“之没得脑壳极其没脑子”。但这并非对整个结构的否定，“之”所表示的高程度及强烈情感依然是肯定性的。

（十）“之”不能用于疑问句。如例（13）所示，在是非问句（13a）、特指问句（13b-d）、选择问句（13e）、正反问句（13f-h）等各种疑问句中，“之”都不能使用。[⑥]

（13）a. *他之喜欢那只狗儿喽？

b. *哪个之喜欢那只狗儿？

c. *他之喜欢哪只狗儿？

d. *他之喜欢啥子？

e. *他之喜欢狗儿还是猫儿？

f. *他之喜不喜欢那只狗儿？

g. *他之不之喜欢那只狗儿？

h. *他是不是之喜欢那只狗儿？

（十一）“之”在使用时，总是带有语用上的强烈感情色彩和夸张意味，并非仅仅表示语义上程度等级的不同。这也是“之”与程度副词所不同的地方。

鉴于以上种种差别，我们认为重庆方言的“之”不具备副词的语法词法特性，并非程度副词。“之”甚至不是词，而是语缀（clitic）。语缀是一种国内语法学界研究较少[⑦]，但却广泛存在于人类语言中的语法现象。语缀又译作“附缀”“附加语”“附着词”“附着成分”“词组尾”等[⑧]，是句法意义下的概念，指具有独立词的句法特点，而语音上需要依附于另一个词或短语的黏着成分，它作用于短语或句子层面，并非词内语素；汉语学界研究

较多的则是词缀（affix），它是形态意义下的概念，指以屈折和派生等手段参与形态变化或构词的黏着成分。前者有如英语I'm here中的'm，John and Michael's house中的's，汉语的句末语气词、焦点标记词“是”等；后者则有英语的复数后缀-s，汉语中构成名词的“性”、构成动词的“化”、构成形容词的“气”等（参看Huang1985，刘丹青2008，徐杰2012，董思聪2014）。

Zwicky（1985）曾提出了区分语缀和词的一套详细的测试方法，前文对“之”与程度副词对比讨论的结果，不仅符合Zwicky测试准则中对语缀的判断，而且还揭示出了“之”和程度副词之间的其他差异，能够毫无疑问地将二者区分开来。[⑨]重庆方言的“之”与所附着的对象结合十分紧密，与程度副词有着本质的不同，而它们仅仅是在表示程度高这个功能上具有一定相似性而已。重庆方言的“之”就是一个前附于谓词性成分，表示极高程度、强烈情感和夸张意味的语缀。同样，以往研究者所讨论的四川若干方言中表示高程度的“之”都是具有相同性质的语缀。当然，“之＋AP/VP”也可能是一个构式，作为一个词库中的形义结合体，独立于其组成成分语缀“之”和“AP/VP”。[⑩]该结构与古汉语的一个感叹句式密切相关。

三 “之”的由来

张一舟等（2001：96）指出，成都方言的“NP之AP/VP”格式与古汉语中具有同样构成的格式性质完全不同，前者是自由的、能独立成句而且允许NP省略，后者是黏着的、不能独立成句且NP必须出现，而造成此差别的根本原因在于两个“之”的性质不同：成都方言的“之”是程度副词，而古汉语的“之”只是取消主谓结构独立性的助词。然而，语言事实表明，古汉语的“NP之AP/VP”同样可以独立成句，而且NP也并非绝对不可省略。与张一舟等学者的观点相反，我们认为重庆方言以及四川多处方言的语缀“之”

与古汉语主谓间的“之”非但不是性质不同，而且关系十分紧密，前者正是源于独立使用时的后者。

首先，我们考察一下“NP之AP/VP”结构独立成句的现象。王力（1980: 397）提到在感叹句里面，描写性的谓语会移到主语之前，如例（14）中的“久矣哉”便移到了做主语的“由之行诈”之前；但是有时候，句子并无描写性的成分，“之”字似乎是多余的，其实也是因为要表示感叹，如例（15）。洪波（2008）指出“NP之AP/VP”结构在感叹或者强调的语境中可以独立使用，以强调或者突出具体语境中一个交际双方都很明确知道的事件或者状态。沈家煊、完权（2009）认为“之”在很大程度上还具有指示词的性质，其作用是提高指别度，这跟“之”字的原初性质和功能吻合，也便于说明“NP之AP/VP”结构单独成句和负载感叹语气，如例（16）和例（17）。梁银峰（2010）认为古汉语中独立成句的“NP之AP/VP”结构表示强调或夸张语气，具有明显的修辞色彩，而其之所以具有强调功能，则是由于“之”曾为指示代词，具有指示意义。

（14）久矣哉，由之行诈也！（《论语·子罕》）

（15）宰我出。子曰：“予之不仁也！”（《论语·阳货》）

（16）子不我思，岂无他人？狂童之狂也且！（《诗经·郑风·褰裳》）

（17）胜闻之，曰：“令尹之狂也！得死乃非我！”（《左传·哀公十六年》）

从上述研究可见，“NP之AP/VP”结构独立成句的用法不仅存在，而且与表示感叹、强调等功能关系密切。例（15）—例（17）所感叹、强调的，正是“不仁”和“狂”的程度之高。很明显，古汉语中“之”的这一用法在句法结构、语义表达和语用功能等方面，都和重庆方言的语缀“之”极其相似。

其次，古汉语“NP之AP/VP”中的NP也存在省略的用例。在引自洪波（2010）的例（18）中，“之非牛也”便是承上省略了“羊牛”[⑪]。根据洪波（2010）的观点，指示代词“之”是前置的，由其演变而来的主谓间的“之”和定中间的“之”，都是前置的。例（19）—例（21）中不同年代的文言文用例都反映出，定中结构里面“之”前的修饰语同样可以发生类似的合并删略。重庆方言的语缀“之”在前置性方面也与古汉语的“之”一脉相承。

（18）羊与牛唯异，羊有齿，牛无齿。而羊牛之非羊也，之非牛也，未可。是不俱有，而或类焉。（《公孙龙子·通变论》）

（19）尔其海之状也，之相也，则穷区没渚，万里藏岸，控会河、济，朝总江、汉。（《南齐书》）

（20）光膺四星，翼映三杰之才也，之士也。（《唐代墓志汇编续集》）

（21）以今日各省人民之程度，之人才，之心术，其果能负新学之责任否耶？（《张文襄公事略》）

关于先秦汉语里的“NP之AP/VP”结构及其中“之”的性质和功能，已有大量研究成果[12]。对于诸多不同的观点，我们不拟展开讨论。因为无论是将“之”看作指示代词，看作取消句子独立性或转换结构性质的助词，还是将其视为语缀，都不影响“NP之AP/VP”结构在独立成句时和重庆方言的语缀“之”在各层面所体现出的显而易见的密切关系。针对不同的观点，我们需要做的仅仅是调整历时层面的解释方案，即要么是发生语法化演变，要么是继承古代用法。

将重庆方言的语缀“之”处理为来源于古汉语独立使用时的“NP之AP/VP”结构，除了可以解释为什么重庆方言中的“之”是严格的前置性定位成分，还可以帮助说明语缀“之”为什么不能重复、具有终止扩展性、不能接受否定、不能用于疑问句，因为古代汉语的“NP之AP/VP”结构在独立成句时，其中的“之”便具有上述语法表现。此外，建立起这样的古今联系，也有利于我们确定“之”就是本文所讨论的重庆方言语缀的本字。否则，将该语素写作“之”却否认它和古汉语“之”的关联，难免会引人质疑到底是分析有误还是另有其字。

四 语缀的分类问题

在明晰了重庆方言语缀“之”的功能性质和历时来源之后，我们却发现“之”似乎难以归进大部分汉语语缀研究著作的分类系统。因此，我们认为有必要对语缀的分类问题再进行一个明确的讨论，毕竟分类框架有时会影响到对语缀的定性和鉴别。如果某成分无法归入已有的语缀类别系统，那么有可能就会被研究者排除在语缀范畴之外。对于目前仍属起步阶段的汉语语缀研究来说，厘清此类基础性的问题尤为重要。

4.1 Zwicky（1977）的三分系统

Zwicky（1977）区分了三类不同的语缀：特殊语缀（special clitic）、简单语缀（simple clitic）和黏着词（bound word）。特殊语缀指的是作为重读自由形式变体的非重读黏着形式。它们与重读自由形式有着相同的认知意义，音系组成相似，而且有着特殊的句法表现。比如法语中，分别对应重读自由形式moi和lui的语缀me“我，宾格”和le“他，宾格”，不能负载重音，而且只能出现在动词之前，尽管法语陈述句的语序是SVO。简单语缀指的是由非重读时的自由语素经语音弱化变成的语音上依附于相邻词的形式，其出现常与语体相关，比如英语I'd object中的'd就是would的弱化形式。黏着词指具有相当的句法自由度的非重读黏着语素，它们常在语义上跟一个结构相关，而在语音上只附于该结构的一个词，且通常处在该词的边缘位置，甚至位于屈折词缀之外，比如英语the woman I interviewed's arguments中的所有格语素'S。我们可以发现，这三类语缀之间的划分标准实际上涉及语音、句法两个层面，三者依靠两个特征的不同取值组合而形成差异。参考Spencer and Luís（2012：43），我们可以将三者的关系表述如表1。

表1 Zwicky（1977）三类语缀之间的关系

	重读完整形式	独立句法表现
简单语缀	+	−
特殊语缀	+	+
黏着词	−	+

按照这样的划分标准，重庆方言的语缀“之”应该归入黏着词。事实上，绝大多数的汉语语缀，如句末语气词等，在Zwicky的系统中都应属于黏着词。然而，我们发现在Zwicky（1977）之后的语缀研究中，几乎很难再见到黏着词的踪影。提及分类的时候通常只是将语缀一分为二，即特殊语缀和简单语缀，甚至Zwicky本人随后的著作如Zwicky and Pullum（1983）以及Zwicky（1985）也不再将黏着词单独作为一类。究其原因，在于有学者认为黏着词和特殊语缀的差别仅仅是有没有对应的完整形式，而有时候一个语缀与其相应的完整形式可能存在较大差异而难以识别，而且是否具有完整形式对说明一个语缀在使用位置上的限制也没有什么帮助（Spencer and Luís 2012：43—44）。不过，我们认为这并不足以成为取消黏着词独立类别的原因。首先，与完整形式差异较大的语缀，和没有相应完整形式的语缀并不互斥，二者完全可以同时存在；其次，特殊语缀和黏着词的区别，除了二者是否存在相应的完整形式，还在于它们有不同的句法表现，比如罗曼语族的代词语缀紧附谓语动词或者功能性成分，并与动词之后的论元位置具有一致关系，而英语的所有格语缀's只是附着在一个成分整体之上标示领属关系，对其紧邻成分并没有选择性限制；最后，至少在汉语中，绝大部分的语缀都是黏着词，而未见类似印欧语中典型特殊语缀的情况。退一步说，即便要坚持简单语缀和特殊语缀两分的方案，也应该明确指出存在一类曾经独立但后来被归入特殊语缀的黏着词，否则可能会给研究带来一些负面的影响。

如前所述，汉语缺乏典型的特殊语缀，加之黏着词被废弃，因此一些学者在认定语缀现象时，简单语缀的一些特点就成为了比较重要的判定标准。刘丹青（2008：550）指出认定语缀时应该参照“句法从严；语音从宽”的原则，句法上应该重点确认那些涉及语序改变（如法语的代词语缀）、结构错配（mismatch，如I'm）以及有明显语音脱落（如am>m，has>s之类）的现象为语缀，没有出现上述现象的可优先分析为虚词或词缀。张斌（2013）等学者在对语缀的鉴别问题上也是遵循刘所提出的基本原则。然而，刘指明的三条句法标准中，结构错配指语音和句法的不匹配，涉及语音现象，而语音脱落更是纯粹的语音问题。刘欲强调句法标准而无法排除语音层面的因素，我们认为根本原因就在于这两条标准是根据简单语缀的典型表现所拟定的，而简单语缀却是一种不涉及特殊句法表现的语音现象。除此之外，论及汉语语缀的学者大多将语气词看作语缀，刘（2008：5）也认定其具有语缀的性质[13]。可是，语气词不涉及语序改变，没有结构错配，也不存在明显的语音脱落，这无疑给他所提出的原则造成了难题。我们认为，只需要给予黏着词在语缀系统中应有的地位，并将语缀现象离析出句法和语音两个层面，以上问题便可以得到理想的解决[14]。

4.2 Klavans（1982）的参数系统

Zwicky（1977）的三分系统作为语缀的经典研究，影响很大，但也存在若干问题。Zwicky（1977：6）自己便曾指出，简单语缀和特殊语缀之间的界限有时并不清楚。Klavans（1982：29—35）更是列举出了该分类理论存在的诸多问题，比如无法很好地描写历时演变，Zwicky关于历史上存在从简单语缀到特殊语缀的变化以及特殊语缀可以反映语序演变的提法均有问题；一些相似的语缀被归入不同类别的做法不合理，无法刻画出某些语缀之间的相似之处；Zwicky认为特殊语缀有特殊句法表现，并以此与简单语缀相区别，然而这些“特殊的表现”可能并非句法问题；此外，还存在一些在分类上两可的现象。有鉴于此，我们认为完全有理由考虑另一种描写力和解释力或许更强的分类方案。

Klavans（1982）提出可以用一套由三个二元参数构成的分类系统来描写语缀：第一个参数（P1）是首/尾（Initial/Final），指的是语缀附着（cliticization）在其作用域中发生的位置是第一个还是最后一个结构或词；第二个参数（P2）是前/后（Before/After），指的是语缀位于P1所确定位置的前面还是后面；第三个参数（P3）是前语缀/后语缀（Proclitic/Enclitic），指的是语音连接（phonological liaison）发生的位置，即语缀在语音上是向后附着还是向前附着[15]。这样一来，三个参数便可提供八种可能的语缀，而Klavans（1982：75）也为每一种语缀举出了语言实例。以英语的所有格语缀’s为例。在短语the king of England’s hat中，’s附于这个表达领属义短语的第一个直接成分the king of England，因此P1＝首；’s位于该结构的后面，因此P2＝后；在语音上’s是向前附着的，因此P3＝后语缀。在此框架内，重庆方言的语缀“之”与其后谓词性成分共同表达高程度，所以相应的参数为首（P1）、前（P2）、前语缀（P3）。

Klavans（1982：81）提到，正是语缀既像词、又像词缀，既有语音特点、又有句法特点的二元性，让研究者们充满兴趣。而她的这套分类系统不仅可以更系统、更广泛地刻画语缀现象，而且对于语缀在句法和语音上的表现也有较好的解释效果。三个参数中，前两个是句法的，第三个是语音的。将两个层面分开处理，自然会允许出现这样的情形：语缀在句法上依从的对象，和在语音上附着的对象，可能不一致。比如英语句子Mike’s a boy中，语缀’s对应的参数分别为首（P1）、前（P2）、后语缀（P3），也即它在句法上向后靠，在语音上却向前靠。而且，这种错配不仅出现在Zwicky（1977）系统里面的简单语缀中。Huang（1987）认为名词短语中的“的”（如“沈三白的太太/白的房子/昨天来的人/太空梭爆炸的事”）是标记名词短语中心语的语缀，具有尾（P1）、前（P2）、后语缀（P3）的参数值，也即它在句法上附着于名词短语最后的成分——中心语——的前面，但是在语音上并不向后依附中心语，而是向前附着[16]。可见，在这一分类框架下，语缀的句法表现和语音表现没有混为一谈却又都得到了统一的解释。一个囊括全面、层次清晰的方案，无疑可以为进一步的研究提供更好的基础。另外，汉语语气词（particle）的词法词性地位在语言学理论中尚无定论，采用语缀理论可以提供一个新视角。Huang（1985）与Shiu（1989）利用语缀理论，把汉语疑问语气词“吗”“呢”等分析为依附在整个句子上的语缀，对应的参数分别为尾（P1）、后（P2）、后语缀（P3）。Huang（1988/1991）使用同一套理论分析了闽南语的疑问词“敢”（如“伊敢有来？他/她来过吗？”），认为“敢”也是语缀，对应的参数分别为首（P1）、后（P2）、前语缀（P3）。文献中也有相当多对吴语类似“敢”的疑问词用法的记载与讨论。本文提出了重庆方言“之”为语缀的分析，已有研究中（如刘丹青2008，董思聪2014）对官话各方言、闽语、粤语和吴语等汉语方言也都有涉及语缀的描述分析。从这个角度来看，Klavans（1982）的参数系统也许可以为汉语语缀的类型学研究提供重要的工具。

五　结论

重庆方言及四川多处方言中表示高程度的“之”，并非如前人学者所认为的那样，只是一个具有方言特色的程度副词。经过对比测试，我们可以发现它在语音、语法以及语用上都有着与程度副词截然不同的表现。这种种差异的存在，正是由于“之”的本质实为语缀。古代汉语的语料还表明，该语缀应该来源于古汉语主谓间的“之”。

在分类上，语缀“之”理应被归入黏着词，然而黏着词这一类别在现今的研究著作中却遭到废弃。这一做法不仅本身值得商榷，而且还间接导致目前对汉语语缀的界定出现了一些难题。要完善这一现状，我们应该如前文所述，在Zwicky（1977）的分类系统下，给予黏着词应有的重视，并厘清语缀的句法部分和语音部分。当然，我们也可以采用另一套也许更具说服力的分类体系，即Klavans（1982）的系统。

附　注

① 本文的重庆方言主要指重庆市所辖渝中区、大渡口区、江北区、南岸区、沙坪坝区、九龙坡区六个主城行政区。本文第一作者为重庆主城区人，本文的重庆方言例句多数是第一作者以内省的方式自造，有疑问处均向其他重庆主城区人验证过。

② 感谢评审专家指出，一般程度副词不能修饰“跑得远”之类具有定量特征的成分，但“之”后的AP/VP作为感叹焦点，允许具有一定的定量成分。

③ 如非特别指明，本文所述重庆方言的“之”均为表示高程度及强烈情感的“之”，而非古汉语遗留的代词（如“操～过急”）或定中间的结构助词（如“光荣～家”）。

④ 重庆话中存在“十分之开心”“非常之安逸”等结构，不过我们认为这并非合并删略而来，其中的“之”只是常见于汉语的状中结构之间的成分，类似于普通话的“非常之厉害”，粤语的“极之不满”。一方面，没有证据显示普通话、粤语存在或存在过“之＋AP/VP”格式；另一方面，在重庆话的语感中，“非常之安逸”的重音更倾向于落在“非常”上，如果“安逸”重读会觉得不自然，这也与“之安逸”有异。更重要的是，“之安逸”一定带有强烈情感和夸张意味，但“非常之安逸”未必如此。

⑤ 这里的两个例子不可以理解为合并删略。因为“有点儿大”和“太大”相互矛盾，以及“稍微痛”不能说。

⑥ 重庆话的“之”可以用在从句之中。如果从句没有疑问范畴，那么“之”也能够出现在内嵌于疑问句的从句里。如：

［他之喜欢的］那只狗儿死了唛？（他极其喜欢的那只狗死了吗？）

［他之喜欢那只狗儿的］事情着别个晓得了唛？（他极其喜欢那只狗的事情被别人知道了吗？）

哪个晓得［他之喜欢那只狗儿］嘛？（谁知道他极其喜欢那只狗啊？）

⑦ 境外学界对汉语语缀的研究，早在20世纪80年代便已开始，如Huang（1985，1987，1988/1991）关于共同语和台湾闽南语中语缀的探讨。

⑧ 我们之所以不采用其他译名，是因为“语缀”更能准确地体现出这一语言现象的特点，也可以很巧妙地展示出它与“词缀”的异同：二者都是“缀”，都具有黏着性；“语缀”作用于语法层面，“词缀”作用于词汇层面；“语缀”附着在句子、短语或词上，“词缀”附着在词根或词干上；“语缀”可标示短语、句子等语法成分的类别，“词缀”可标示词汇成分的类别。相比之下，另一较常见的译法“附缀”更像是“语缀”和“词缀”的上位概念，只体现出

"附着"这一语缀、词缀的共性特点，以致张斌（2013：8）还需要区分广义和狭义的附缀，并说明广义的附缀是包括词缀的。本文提及的研究著作如果采用其他译法，我们不再另做说明，而一律统称"语缀"。

⑨　前文第1、3、4、5、6、7、8点差异是Zwicky（1985）测试标准中的适用项目。其余可以进一步说明"之"并非程度副词的几点差异，与"之＋AP/VP"所具有的感叹功能及表达的极性程度有关，相关差异还包括"之"不能用于陈述语体，不能用在条件句的前件等。感谢评审专家指出这一点。评审专家还指出另一个相关的解释："之＋AP/VP"结构发生了语用学上的钝化，演化为只表示较高程度而非极性程度的格式，因此可以用于内嵌的从句，以及表示主观大量需要再加上其他极性副词。本文没有采用这个说法，除了不应该掠美外，更因为我们目前关心的语言现象，有部分似乎不能直接经由钝化的概念解释：第一，它用于从句中时，依然不能否定，不能用于条件句前件，如"*他买了本不是之安逸的书""*他一天到黑都在教我如果价钱之便宜，质量就肯定不好的道理"；第二，如果认为发生钝化，不再表极性程度，则前述由于表感叹和极性程度的诸多使用限制似乎会出现解释上的困难；第三，正如我们在注释④中所说，"非常之AP/VP"等结构可能并非由"之＋AP/VP"前加程度副词而来。

⑩　感谢评审专家提供"之＋AP/VP"为构式的分析视角。这个分析视角牵涉到整套不同的理论假设与论证，超过本文的范围，值得另以专文探讨。不过我们需要明确的一点是，构式语法的创新虽然是在引入复杂结构单位，但其本质上还是一个词汇的语法。在该语法体系中，构式可以被允许作为一个词汇单位储存于词库中，于是也可以受到形态词汇规则（morpholexical rule）的支配。比如英语的构式The Xer the Yer，可以实现为"the higher, the better""the richer, the worse"等表达，其中形态词汇规则与整个结构同时发生作用，将比较级词缀添加在结构中的形容词上时，遇到不规则形式如better、worse，依旧可以进行相应变换，而不只是拘限于表面的-er构形。这类构词律与结构条件必须同时满足的现象，其他纯粹词汇为本或结构为本的理论不好解释，正是构式最重要的典型之一。所以，如果要证明"之＋AP/VP"是一个构式，目前重叠构词律不能使用等现象还不能算是重要论据，还需要我们挖掘出更加确凿的证据深入讨论。

⑪　该句另有版本写作"而牛之非羊也，羊之非牛也，未可"。

⑫　关于该问题的诸种观点，沈家煊、完权（2009）已有详细的总结，可参阅。

⑬　刘采用的措辞"具有附缀（clitic）的性质"具体意思不太明确。可能是作者将其处理为语缀，也可能是作者根据"语音从宽"的原则指出其语音上具有语缀属性但并不把它归入语缀范畴。

⑭　例如董思聪（2014）将语缀分为语音的语缀（广义的语缀）和句法的语缀（狭义的语缀）。前者指在语音层面发生语缀附着（cliticization）的成

分，包括简单语缀、特殊语缀和黏着词；后者则仅仅指具有独立句法表现的语缀，只包括特殊语缀和黏着词。

⑮ Klavans在博士学位论文的版本中给出了五项参数，再版时删去了两项。根据Huang（1988/1991）的介绍，Klavans之后又将三项参数分别改名为直接支配（Immediate Dominance）、线性前置（Linear Precedence）和连接（Liaison），从而与广义短语结构语法（GPSG）有了更多的契合。

⑯ 这样分析比起通常把“的”处理为语音、句法上均向前依附的做法有若干解释力上的优势，可参看Huang（1987：66—73）及黄居仁、李逸薇（2013）。

参考文献

陈巧玲 （2011） 四川绵阳方言的程度副词，《青春岁月》第6期，58—59页。

陈 燕 （2012） 四川西昌方言的程度表达形式，《语文研究》第3期，59—61页。

刁晏斌 （2007） 试论“程度副词＋一般动词”形式，《世界汉语教学》第1期，62—71页。

董思聪 （2014）《汉语语缀：理论问题与个案研究》，澳门大学博士学位论文。

洪 波 （2008） 周秦汉语“之s”的可及性及相关问题，《中国语文》第4期，304—316页。

洪 波 （2010） 周秦汉语“之s”可及性问题再研究，《语言研究》第1期，21—29页。

黄居仁、李逸薇 （2013） 关于“的”的功能一致性研究，沈阳主编《走向当代前沿科学的现代汉语语法研究》，129—135页，商务印书馆，北京。

李 泉 （1996） 副词和副词的再分类，胡明扬主编《词类问题考察》，364—390页，北京语言学院出版社，北京。

梁银峰 （2010） 古汉语［主语＋之＋谓语］s的修辞色彩及其成因，《当代修辞学》第3期，57—63页。

刘丹青编著 （2008）《语法调查研究手册》，上海教育出版社，上海。

鲁科颖 （2007）《四川方言程度副词研究》，四川大学硕士学位论文。

沈家煊、完权 （2009） 也谈“之字结构”和“之”字的功能，《语言研究》第2期，1—12页。

王 力 （1980）《汉语史稿》，中华书局，北京。

徐 杰 （2012） 词缀少但语缀多——汉语语法特点的重新概括，《华中师范大学学报》（人文社会科学版）第2期，113—118页。

杨绍林 （2005） 四川彭州方言副词研究，《西华大学学报》（哲学社会科学版）第2期，22—26页。

詹卫东、郭锐、谌贻荣 （2003） 北京大学中国语言学研究中心CCL语料库（规模：7亿字；时间：公元前11世纪—当代），网址：http://ccl.pku.edu.cn:8080/ccl_corpus，查询时间：2018年1月23日。
张 斌 （2013）《现代汉语附缀研究》，上海师范大学博士学位论文。
张一舟、张清源、邓英树 （2001）《成都方言语法研究》，巴蜀书社，成都。
Huang, Chu-Ren（黄居仁）（1985） Chinese Sentential Clitics and Theories of Cliticization. Presented at the 1985 Linguistic Society of America Annual Meeting, Dec. 27-30, Seattle.
Huang, Chu-Ren （1987） *Mandarin Chinese NP de: A Comparative Study of Current Grammatical Theories*. Doctoral dissertation. Cornell University.
Huang, Chu-Ren （1988） Towards a Morphosyntactic Account of Taiwanese Question particle *kam*. *Bulletin of the Institute of History and Philology* 59（2）: 425-447. [Actual publication date 1991]
Huang, Chu-Ren, and Dingxu Shi（石定栩）（2016） *A Reference Grammar of Chinese*. Cambridge: Cambridge University Press.
Klavans, Judith L. （1982） *Some Problems in a Theory of Clitics*. Doctoral dissertation. University College London. [Reproduced by the Indiana University Linguistics Club.]
Shiu, Yu-Ling Una（许玉玲）（1989） *Mandarin Sentential Particles and Particle Questions*. Master's thesis. Tsing Hua University（Taiwan）.
Spencer, Andrew, and Ana R. Luís （2012） *Clictics: An Introduction*. New York: Cambridge University Press.
Zwicky, Arnold M. （1977） *On Clitics*. Bloomington: Indiana University Linguistics Club.
Zwicky, Arnold M. （1985） Clitics and Particles. *Language* 61（2）: 283-305.
Zwicky, Arnold M., and Geoffrey K. Pullum （1983） Cliticization vs. Inflection: English *n't*. *Language* 59（3）: 502-513.

Clitic *Zhi*（之）in Chongqing Dialect and the Classification of Clitics

DONG Sicong HUANG Chu-Ren

Abstract: *Zhi*（之）in Chongqing dialect can be used before predicative constituents, to indicate an extremely high degree, and express very strong emotions and a sense of exaggeration. Previous researches regarded it as an adverb of degree. However, multiple phonological, syntactic and pragmatic tests revealed that it should be treated as a clitic, which is a bound morpheme functioning in syntax.This clitic is developed from the *zhi* in the subject-predicate structure in Archaic Chinese. *Zhi* should be classfied as a bound word in the typology of Zwicky（1977）, and should have the parameters as Initial-Before-Proclitic in the typology of Klavans（1982）. There are several problems with Zwicky's typology, whose subsequent development has indirectly caused some troubles to the studies on Chinese clitics. In comparison, Klavans' typology might be a better choice and may offer a good tool for future typological studies of clitics in Sinitic languages.

Keywords: Chongqing dialect, *zhi*（之）, clitic, typology, bound word

（董思聪：100871　北京，北京大学-香港理工大学汉语语言学研究中心
szechungtung@gmail.com；
黄居仁：香港，香港理工大学中文及双语学系 /
100871　北京，北京大学中国语言学研究中心
churen.huang@polyu.edu.hk）

隐性否定副词“白”的功能扩散、语义识解及其演变机制*

曾静涵　袁毓林

提要　本文以“白”为例，考察汉语中具有隐性否定特征的副词的语义和语用功能，并从逻辑语义、原型范畴等角度探究“白”不同语义及词性的演变机制。文章首先提出现代汉语中的“白”具有多种词性和语义，并选取含有不同词性的“白”的典范清代白话文著作作为封闭语料，列举、分析其不同词性及复杂语义。其次，在说明“白”具有隐性否定语义的基础上，考察“白”的隐性否定语义带来的语用功能及该功能的扩散情况和识解策略。最后，探讨副词“白”在各个历史层面的语义演变情况，并对演变机制进行分析。

关键词　副词“白”　隐性否定　语用功能　语义识解　演变机制

1　“白”在汉语中的多义现象

现代汉语中的“白”作为副词使用时有几个截然不同的意义。例如：

（1）可昆仑卫士不这么看，“白吃苦，守摊子，熬岁月，算什么英雄？”他们响亮地提出：“苦得有价值，苦得有作为，苦中建功业。”（1993年人民日报①）

（2）尤其是首长们，本来工资就高，又白吃白喝白拿，再弄个双份儿，这哪像为老百姓当家作主的样子？（1998年人民日报）

收稿日期：2017-11-17；**定稿日期**：2018-10-16。**通讯作者**：曾静涵。

* 本课题得到教育部人文社会科学重点研究基地重大研究项目“汉语意合语法框架下的词汇语义知识表示及其计算系统研究”（18JJD740003）和国家重点基础研究计划（973计划）项目“语言认知的神经机制”（2014CB340502）的资助；同时承蒙《语言学论丛》编辑部和审稿专家提出宝贵的修改意见，谨此一并致以最诚挚的谢意。

（3）熹宗气得两手乱颤地说：“这满朝的文武，难道都是白吃皇粮的么？你们领了俸禄，不感到羞愧吗？……”（努尔哈赤）

例（1）中，“白吃苦”指“吃了苦没有效果”，对于发出“白”所修饰的述谓结构的主体来说，完成该述谓结构所代表的事件之后却没有收到相应的结果，这是副词“白”的第一个“义面”（semantic facet）②：没有效果、徒然。例（2）中，主语不称职的首长借职务之便，不花费金钱吃、喝、拿，对于发出“白”所修饰的述谓结构的主体来说，完成该述谓结构所代表的事件没有付出相应的代价，“白”的意义为：无代价。例（3）中，说话人吃了皇粮就应该为皇帝分忧，领了俸禄没有回报就是“白吃”，对于发出“白”所修饰的述谓结构的主体来说，经历了该述谓结构所代表的事件却没有完成相应的报偿，“白”的意义为：无报偿。例（2）和例（3）的两个“白”都表示获益却没有付出，可以归结为“白”的另一个义面：无代价、无报偿。袁毓林（2014）把“白”的两个意义做了精简，当“白”是“没有效果、徒然”义时，可以简称为“白给、白搭”；当“白”是“无代价、无报偿”义时，可以简称为“白得、白捡”。

副词“白”的有趣之处正在于此，同一个形式表示的两个意义刚好相对。更加有趣的是，在近代汉语中，副词“白”具有更多的意义。曾静涵、袁毓林（2017a）讨论“白”在近代的使用情况后发现，明清时期的副词“白”的语义极其复杂，达到顶峰。③不仅包含现代汉语副词“白”的两个相对的意义，还有很多其他意义。例如：

（4）迎春道：“我们又不大会诗，白起个号作什么！”（红楼梦·第37回）

（5）正是，姑娘却不可叫我白花钱。（儿女英雄传·第24回）

（6）他们白听白吃，已经便宜了，还让他们点呢！（红楼梦·第22回）

（7）白来逛逛呢便罢；若有甚说的，只管告诉二奶奶。（红楼梦·第6回）

（8）我读书一场，未搏春官一第，为终身之憾，屏障上落款，只写得诰授中宪大夫；这“赐进士出身”五个字白不得写。（歧路灯·第77回）

（9）就是仪门首那堆子雪，我分付了小厮两遍，贼奴才，白不肯抬，只当还滑倒了。（金瓶梅·第21回）

（10）我就是这样耗着，等着神佛爷可怜我，自然也有个出头的日子，就是着急也白不中用。（红楼复梦·第23回）

例（4）中“白”的意义为“平白无故地”，表示“白”所修饰的事件“起个号”平白无故发生、没有缘由。例（5）中“白”的意义为“没有效果、徒然”，例（6）中“白”的意义为“无代价、无报偿”，与现代汉语中的“白”相同。例（7）中“白”的意义为“随意地”，表示“白”所修饰的事件没有目的。例（8）中“白”的意义为“一直、总”，表示“白”所修饰的事件在一段时间没并未发生变化。例（9）中“白”的意义为“竟然、居然”，表示“白”所修饰的事件结果超出说话人预期。例（10）中“白”的意义为“绝对地”，表示“白”所修饰的事件在说话人意料之中毫无例外。那么，同一个形式为什么会有如此多的语义，这样纷繁复杂的语义在语用和功能上能带来什么样的表达效果？近代汉语中“白”的纷繁复杂的意义到现代汉语中数量锐减，其原因又是什么？这些都是本文想进一步探讨的问题。

2 副词“白”的功能扩散——以封闭语料《红楼梦》为例

副词“白”的使用在清代达到顶峰，不仅产生出许多新词义，同时还保留了以往时期出现的意义。除了“白”的副词形式之外，名词“白”和形容词“白”在清代的使用也非常丰富。甚至在同一个封闭的语料中，“白”的功能急剧扩张，语义纷繁复杂，令人眼花缭乱。因此，我们首先以清代小说《红楼梦》为例，来说明这种纷繁复杂的使用情况。[4]

2.1 《红楼梦》中的名词“白”和形容词“白”

我们在《红楼梦》中搜索到带有“白”的语句共566句，其中名词和形容词“白”承袭了先前时期的所有用法。《红楼梦》中的名词“白”主要有三种意义，我们先列举如下：

第一，“白”为颜色名词，表示白颜色。《红楼梦》中共8例。例如：

（11）不想守备家听了此信，也不管青红皂白，便来作践辱骂，说一个女孩儿许几家，偏不许退定礼，就打官司告状起来。（红楼梦·第15回）

第二，“白”为一般的指称事物的名词，表示空无一物、空白，《红楼梦》中仅1例。例如：

（12）然后众人都是一色官窑脱胎填白盖碗。（红楼梦·第41回）

第三，“白”为属性名词，表示事物具有白颜色这样的属性，在《红楼梦》中仅1例。例如：

（13）宝玉便把脸凑在他脖项上，闻那香油气，不住用手摩挲，其白腻不在袭人之下，便猴上身去涎皮笑道：“好姐姐，把你嘴上的胭脂赏我吃了罢。”（红楼梦·第24回）

《红楼梦》中的形容词“白”共411例，主要有四种语义：

第一，“白”表示白颜色的，这类“白”共126例。《红楼梦》中的形容词“白”既可以充当谓语，也可以充当定语修饰名词。例如：

（14）李纨道：“方才我来时，看见他们抬进两盆白海棠来，倒是好花。”（红楼梦·第37回）

第二，“白”表示明亮的，与“暗”相对，由于过于明亮使得肉眼看起来与白颜色类似，因此也与“黑暗”的“黑”相对。这类“白”在《红楼梦》中共20例。例如：

（15）倒还是宝玉恐袭人受委屈，说道：“青天白日怕什么。”

（红楼梦·第108回）[⑤]

第三，“白”表示不添加外物的或无其他属性的，与“空白”相近。这类“白”比较抽象，现代汉语中主要保留在“白粥、白饭”等词中，表示不添加其他食材或不用其他方式烹饪出的米粥和米饭。《红楼梦》中这类“白”共10例，主要有“白衣、白卷、白话、白水、白车、白饭”等。例如：

（16）天子听了，忙下额外恩旨曰：“贾敬虽白衣无功于国，念彼祖父之功，追赐五品之职。”（红楼梦·第63回）

第四，“白”表示清白的或没有杂质的。这类“白”在《红楼梦》中并不单独使用，而是与其他语素构成合成词，主要有“清白、洁白”等。[⑥]《红楼梦》中这类“白”共5例。例如：

（17）不然，就是他和琴妹妹也有了什么不对的地方儿，所以设下这个毒法儿，要把我拉在浑水里，弄一个不清不白的名儿，也未可知。（红楼梦·第90回）

第五，在其他形式中出现的“白”。这里的“白”主要作为语素参与了合成词词汇语义的构建。其中，具有“清楚、明白”意义的“白”有1例，例如：

（18）说着，把四个戒指放下，说道：“袭人姐姐一个，鸳鸯姐姐一个，金钏儿姐姐一个，平儿姐姐一个：这倒是四个人的，难道小子们也记得这们清白？”（红楼梦·第31回）

表示明亮的“白白”，有1例，例如：

（19）凤姐又悄悄的道：“大天白白，人来人往，你就在这里也不方便。”（红楼梦·第12回）

表示“平白无故、没有缘由”的“白”有2例，分别为“平白”和“白白”。例如：

（20）平儿听了，笑道：“这样说，你竟是个平白无辜之人，拿你来顶缸。”（红楼梦·第61回）

（21）贾政道：“虽无刁钻刻薄的，却没有德行才情。白白的衣租食税，那里当得起？”（红楼梦·第92回）

“白XX”形式有6例，形容一片白色的状态，比如“白漫漫、白汪汪、白花花、白茫茫”等。例如：

（22）贾政还欲前走，只见白茫茫一片旷野，并无一人。（红楼梦·第120回）

2.2 《红楼梦》中的副词“白”

清代副词“白”使用非常丰富，较之前代意义数量有所增加，多达十个，而这些意义在《红楼梦》中都有所体现。

第一，“白”表示没有效果、徒然地，这一意义与现代汉语中依旧使用的“白搭”义已经没有差别。这类“白”在《红楼梦》中的副词“白”里数量最多，共84例。例如：

（23）可是说的，“侯门深似海”，我是个什么东西，他家人又不认得我，我去了也是白去的。（红楼梦·第6回）

第二，“白”表示无代价、无报偿地，这一意义与现代汉语中的“白得”义相同，但是在《红楼梦》中数量不多，仅3例。例如：

（24）他们在这里白听白吃，已经便宜了，还让他们点呢！（红楼梦·第22回）

（25）你不过是亲戚的情分，白住了这里，一应大小事情，又不沾他们一文半个，要走就走了。（红楼梦·第45回）

（26）何三道：“我的哥哥，他家的金银虽多，你我去白要一二钱他们给咱们吗！”（红楼梦·第111回）

第三，“白”表示一直地、无变化地，指“白”所修饰的事件在一段时间内没有变化，有4例。例如：

（27）成日家我说叫你们查查，都归拢在一处，你们白不听，就随手混撂。（红楼梦·第77回）

例（27）中，“白不听”指主语“你们”一直都不听从命令，“不听”的状态在一段时间内没有变化，“白”表示无变化地，与“总”相近。

第四，“白”表示特意，指“白”所修饰的事件的主体在完成事件时具有特定目的，在《红楼梦》中有2例，全部列举出来。例如：

（28）王夫人道："也没甚话，白问问他这会子疼的怎么样。"（红楼梦·第34回）

（29）平儿见这样子，倒不敢再问，便又陪笑道："不是这么说。怕三爷要拿了去吓他们，所以白问问瞧见了没有，好叫他们找。"（红楼梦·第94回）

第五，"白"表示随意地，这类意义与表示特定目的的"白"相对，表示事件主体在完成"白"修饰的VP时不带任何目的。在《红楼梦》中共10例。例如：

（30）贾母睁眼笑道："我不困，白闭闭眼养神。"（红楼梦·第76回）

第六，"白"表示平白无故、没有缘由地，这类"白"在《红楼梦》中共16例。例如：

（31）迎春道："我们又不大会诗，白起个号作什么！"（红楼梦·第37回）

第七，"白"表示不凭借其他方式地，这一意义与表示"不添加外物"的形容词"白"语义近似，《红楼梦》中共3例。例如：

（32）袭人笑道："怎么人到了老来，就是混说白道的，叫人听着又生气，又好笑。"（红楼梦·第82回）

（33）谁知半夜里一叠连声的嚷起心疼来，嘴里胡说白道，只说好像刀子割了去的似的。（红楼梦·第83回）

（34）全仿李龙眠白描笔意，上有"门寒图"三字，用八分书写着。（红楼梦·第89回）

第八，"白"表示意料之外地，与"居然、竟然"相近，指"白"所修饰事件的结果超出说话人预料。这类"白"在《红楼梦》中仅1例。例如：

（35）奶奶又说他必肯的，我就烦了人走过去试一试，谁知白讨了没趣。（红楼梦·第72回）

第九，"白"表示意料之中地，与"绝对、绝"相近。这类

“白”与表示意料之外的“白”语义相对，在《红楼梦》中仅1例，表示说话人对“白”所修饰事件的结果在说话人的预料之中没有例外。例如：

（36）我且养病要紧；便是好了，我也作个好好先生，得乐且乐，得笑且笑，一概是非都凭他们去罢。所以我只答应着知道了，白不在我心上。（红楼梦·第74回）

第十，“白”表示未达到更高的量级，与“只、仅、只不过”相近。“白”所修饰的事件类型可以根据程度的轻重分为不同量级，而实际上该事件仅在较低的量级上，没有达到更高量级。这类“白”在《红楼梦》中共9例。例如：

（37）宝玉听了有理，便唤了一个老嬷嬷吩咐道：“你回大奶奶去，就说晴雯白冻着了些，不是什么大病。”（红楼梦·第51回）

例（37）中，晴雯生病可以根据病情程度不同分出不同量级的事件：着凉、大病、不治之症、病逝，但实际情况是仅为量级较低的可能，没有达到更高量级。

3 隐性否定副词“白”的语义特征及其识解策略

通过对“白”的各种用法和意义的梳理，我们发现，虽然“白”的意义各不相同，但首先能在副词“白”的语义中发现共通的特征——［＋否定］：“平白无故”指没有原因，“无变化”指没有改变，“没有效果、徒然”指没有应有的结果，“无代价、无报偿”指没有应有的付出，“未达更高量级”指没有达到应有的量级，等等。并且，近代和现代汉语中的副词“白”都隐含着这种否定性的特征，这是“白”所有意义的核心概念基础。

那么，这种［＋否定］是一种什么样的否定呢？语言中常见的否定方式是在句子中加入表示否定的符号。例如：

（38）a. I will eat the apple.（我会吃了这个苹果的。）

b. I will not eat the apple .（我不会吃这个苹果的。）

（39）a. Ich Kenne ihn.（我认识他。）

b. Ich Kenne ihn nicht.（我不认识他。）

（40）a. 我去买菜。

b. 我不去买菜。

例（38）b—例（40）b分别是英语、德语和汉语中常见的否定形式：英语和汉语主要的否定方式是在主要动词前插入否定词not、"不、没"等，德语中对动词进行否定则一般在句尾加入否定标记nicht。Not、"不、没"、nicht等都是表示否定语义的显性否定标记，然而，有些句子中没有明显的否定形式或标记，仍具有否定性的语义。例如：

（41）a. 他否认做错了事。→b. 他不承认做错了事。

（41'）a. 他没否认做错了事。↛b. 他不承认做错了事。

（42）a. 防止洪灾。→b. 使洪灾不发生。

（42'）a. 不防止洪灾。↛b. 使洪灾不发生。⑦

例（41a）中没有显性的否定词和否定形式，但是却有一个［＋否定］语义嵌在谓语动词"否认"之中:（41a）的谓语VP（否认）可以直接衍推（entail）一个显性的否定式¬V' P（41b的谓语"不承认"），二者能构成蕴涵关系（implication）。如果在"否认"前加入显性否定词，则原有的否定性语义被否定词抵消，则不能衍推出具有否定语义的句子。例（42）中的"防止"的意思是"使……不发生"，在"防止"前加入否定词进行否定，则原本的否定性语义也不复存在。"否认、防止"等词所含有的否定性语义都是隐性的。袁毓林（2012）将这类否定称为隐性否定（implicit negation），即语言中能够衍推出显性的否定形式、并与之构成蕴涵关系的结构或成分所具有的语义。

不仅动词（如"否认、防止"等）可以衍推否定句，副词"白"也可以。这表现在"白VP"能衍推一个显性的否定式，并与之构成蕴涵关系。例如：

（43）他只好赶紧乘出租车往几十公里外的验车场赶，谁知别的规矩也改了，他又白跑一趟。（2000年人民日报）（白：无效果、徒然）

白跑一趟→跑一趟却没有结果

（44）挂名不工作白拿薪水叫做拿干薪。（现代汉语倒序词典）（白：无报偿）

白拿薪水→拿薪水不干活

（45）没几天，那帮恶人又上门来了，依旧是白吃白喝。（白：无代价）

白吃白喝→不付钱就吃喝

例（43）—例（45）中的“白”都可以衍推出具有显性否定词的句子：例（43）中“白跑一趟”可以推出事件的实际情况是跑一趟之后却没有得到应有的效果，“白”的意义为“无效果、徒然地”，否定事件的结果。例（44）中“白拿薪水”可以衍推出事件的实际情况是拿了薪水却不干活，“白”的意义为“无报偿地”，否定事件的结果。例（45）中“白吃白喝”可以衍推出事件的实际情况为没有先付钱就吃喝，“白”的意义为“无代价地”，否定事件的前提。

因此，“白”也具有隐性否定语义，我们将其称为隐性否定副词。⑧但是，与“否认、防止”等隐性否定动词以及“不、没”等否定副词不同的是，“白”否定的对象既不是它的谓词性宾语，也不是它修饰的谓语VP。袁毓林（2014）指出“白”不否定命题的语义预设，而只否定语用预设。进一步来说，这种语用预设就是VP应该具有的前提或结果，它是命题VP得以成立的合适性条件（felicity conditions）。当命题的语义被否定后，命题的真值发生变化，构成语义否定，而当命题的合适性条件被否定后，命题原本的真值（truth conditions）不变，构成的是语用否定。例如：

（46）他吃饭了。

（47）他没吃饭。

（48）他白吃了一顿饭，一分钱没花。

（49）他白吃了一顿饭，一点力气都没有。

例（47）中否定词"没"否定了例（46）中的命题"吃饭"，因此命题的真值条件发生改变，在例（46）中，命题"他吃饭"为真，而在例（47）中，"他吃饭"为假，例（47）是语义否定。例（48）和例（49）中"白"不否定命题"吃饭"，命题的真值条件不变，"他吃饭"为真。被否定的对象是"吃饭"得以成立的合适性条件：前提（应该先花钱再吃饭）或结果（吃了饭应该有力气）。因此，例（48）和例（49）中的"白"属于语用否定。

杨荣祥（2007）通过研究明清时期汉语的副词"白"，把"白"的基本意义概括为"动作行为的实施是没有根据和理由或没有条件限制的"，就提到了"白"意义中的否定性特征。[⑨]我们要补充的是，"白"所具有的［＋否定］语义特征是一种隐性的蕴涵关系，与真正具有否定义的否定副词不同，因此有时"白"的否定义是冗余的，例如：

（50）a. 上帝并不是为了让我们变为害虫，白耗费粮食而给我们粮食的。（经济学说史）

→b. 上帝并不是为了让我们变为害虫，耗费粮食而给我们粮食的。

例（50a）中的"白"可以省略，"白耗费粮食"既不表示"耗费了粮食却没有效果"，也不表示"没付出代价就耗费粮食"，"耗费"本身就具有"消耗后没有效果"的语义，表示没有效果、徒然意义的"白"在句子中是冗余的。这时"白"的隐性否定义则实现为一种道义范畴，说话人表达"白耗费粮食"的意图是说明"不应该耗费粮食"，表达的表明说话人的认识世界对现实行为的主观评价。

那么，"白"的这种隐性的否定语义具有怎样的语用功能和表达效果呢？张谊生（1994，1999，2003）、刘烨（2011）在讨论副词“白”的功能时，都提到“白”能够表示一种主观性。我们同意这样的观点，由于副词“白”隐性否定语义能对VP表示的事件的前提或结果进行否定，并进一步将否定辖域扩展至全句，因此在语用上能带来一定的主观性语气。我们要加以补充的是，这种主观性具体表现在：如果现实情况偏离说话人认识世界中的主观预期，那么说话人倾向于使用“白”来表达这类反预期的主观情感态度。“预期”是人脑的一种主观意识活动，那么必然与人类在语言交际中表现出的主观性相关。它表示说话人与听话人的认识世界中的共有知识，是一种社会规约和集体信念。因此，“预期”也是一种可以被隐性否定副词否定的语用预设，这种预期被否定后，实际情况偏离说话人和听话人常规的预料与共有认知，形成反预期表达。

“白”由于具有隐性否定语义，因而使得它具有表达反预期的功能，表示句子命题陈述的实际情况否定了说话人预先的主观预期。[10]具体表现在，“白”修饰的动词性结构VP的前提或结果与说话人的主观预期发生偏离。比如，当“白”具有“没有效果、徒然”义时，VP的结果（无效果）偏离了说话人的预期；“白”具有“无代价、无报偿”义时，VP的前提（无代价）或结果（无报偿）偏离了说话人的预期。

对隐性否定副词的反预期性的识解直接影响了听话人对说话人言者意图的理解。通过在语料库中搜索自然语言例证，从说话人的角度出发进行分析，我们发现副词“白”在现代汉语中虽然只有两种意义，但是“白”的反预期识解过程并不与语义意义对应。例如：我们寻找说话人的主观性和主观预期，发现通过“白”可以表现出的预期有五种之多。我们列举如下。

第一，“白”表示说话人预期VP有效果，表示说话人的主观预期是：能够从VP陈述的事件中获益，即期待VP所产生的结果。如果实际情况没有达到说话人或主语主观期望的效果或没有获益，则偏离说话人预期，这时“白”表示“没有效果、徒然”，形成反预期义。例如：

（51）按日本法律，单是强盗杀人罪不会判处死刑，现在被抓再被判刑，这十几年不是白跑了吗？（1997年作家文摘）

（52）“谁来华沙，不到古城，真是白来了。”当我跳上四轮旅游马车，准备周游这座建于13—14世纪之交的、被联合国列入“零”级文物的华沙古城时，马车夫说了这句自编的俏皮话。（1995年人民日报）

例（51）中说话人的预期是：跑（越狱）就应该永远获得自由，但如果实际情况是“被抓再被判刑”，跑掉后却没有效果，则偏离了说话人的预期。例（52）中说话人的预期是，来华沙就一定要去一次古城，“来华沙”这一事件应有的效果是去了古城，如果实际情况是没有去，则偏离说话人的预期。

第二，“白”表示说话人预期不应该VP，表示说话人的主观预期是：本不应该做VP所陈述的事件或VP陈述的事件是说话人所不希望发生的。如果实际情况是VP陈述的事件发生了，那么说话人的预期则没有效果了，因此偏离预期，这时“白”识解为“没有效果、徒然”。

（53）微粒放声大笑：“你早说不就得了？害得我们白费了这么多口水！”（量子物理史话）

（54）拉拉所受的那些训斥，可以说90%是白挨的，既没有经济效益也没有精神效益。（杜拉拉升职记）

例（53）中“白”的意义同样为“没有效果、徒然”，但是说话人的预期却与例（51）和例（52）不同：说话人的主观预期是本不应该费那么多口水，而不是“费了口舌应该有效果或使自己获益”，而实际情况（费了这么多口水）偏离了说话人的预期。例（54）中说话人的预期是有九成的训斥是本不应该挨的，而实际情况是主语拉拉受了很多本不该有的训斥，与说话人的预期发生偏离。

第三，“白”表示说话人不预期VP有效果，它表示说话人不期待VP陈述的事件有效果或有收益。与上两类不同的是，这类“白”

所表示的预期偏离功能是说话人站在听话人的视角而言表达的，体现的不是说话人的主观性，而是交互主观性（inter-subjectivity），它带来的反预期效果是来自交际对象的。从听话人的视角来看，实现VP就应该付出相应的代价给说话人，而实际情况是说话人或“白VP”的主语并不要求听话人付出相应的代价。因此，对说话人来说付出了劳动而没有收获效果，“白”的意义是“没有效果、徒然”；对听话人来说获得了VP的劳动却没有付出代价，偏离了听话人的预期，表达反预期性。例如：

（55）马伯乐的父亲一看，他这人很忠实，就让他到家里来当一个打杂的，扫扫院子之类。一天白给他三顿饭吃。（萧红·马伯乐）

（56）他们用不着钱，想要什么，一句话，鸡鸭鱼肉、彩电冰箱全白给。（孙力、余小惠·都市风流）

例（55）和例（56）中说话人的预期是：并不期待VP陈述的事件“给饭吃”“给鸡鸭鱼肉、彩电冰箱”会有相应的结果或回报，对说话人来说，给予之后没有结果，这偏离了交际双方“受了恩惠应该报答”的主观预期。

第四，“白”表示说话人预期VP有代价，它表示说话人的主观预期是：实现VP陈述的事件（一般是获益）的前提是要先付出代价或努力。但实际情况是“白VP”的主语并没有付出应付的代价或努力，偏离说话人事先的预期，因此这时“白”识解为“无代价”，具有反预期效果。例如：

（57）为避免有的人以为这是不劳而得、白拿钱，心里过意不去，（他们）还尽量给安排一些力所能及、象征性的工作。（1994年作家文摘）

（58）甫志高看出他多少有点担心：一天到晚白看书，会不会遭到店员的白眼？（红岩）

例（57）中“白拿钱”的意思是“不劳而得”，不付出就拿钱，说话人的主观预期是，拿钱的前提是先要付出劳动，如果实际上是不劳而得，则与说话人的主观认识相偏离，因此具有反预期效果。例（58）中，按照常规认识，去书店买了书才可以看，而实际情况是主语不买书只免费看书，与说话人的主观认识不符，偏离预期。

第五，“白”表示说话人预期VP应该有报偿，表示说话人的主观预期是：主语认为实现VP陈述的事件（一般是获益）之后应该对对方有所回报或补偿。但实际情况是“白VP”的主语获益后并没有回馈应有的报偿，偏离说话人事先的预期，这时“白”识解为“无报偿”。例如：

（59）现在屠先生叫我来商量，我不出主意呢，人家要骂我白拿钱偷懒，我出了主意呢，人家又要说我存私心，同谁过不去。（茅盾·子夜）

（60）他们不收女捕头，白收我二两银子的报名费。（武林外传）

例（59）和例（60）中，“白拿钱”“白收报名费”表示主语拿钱、收钱之后没有给予对方应有的回馈（干活、接收报名人），“白”表示“无报偿地”。说话人的言者意图，与言谈双方的共有认识一致：由于获得利益之后本应该给予对方回报或补偿，而实际情况并没有给予应有的回馈，因此说话人认为实现“白”所修饰的VP后应该有报偿。同时，现实情况与言者意图和言者的主观预期发生偏离，形成反预期效果。

值得注意的是，“白”所表现出的反预期效果，都是由其自身具有的隐性否定带来的，一旦句子中含有其他显性否定词或者具有否定语义的成分，两个否定语义相互叠加，则变成“负负得正”，原本的语义和预期都会发生反转。例如：

（61）罗盘大方地说：“我们不白使用你们，会给你们酬劳。”（1994年作家文摘）

（62）叫拿破仑谢完了马先生，她还是觉得不好意思白收下那个小壶，转了转眼珠儿，又说：“马先生，咱们对换好不好？我真爱这个小壶儿，我要你的壶，你拿我的瓶去卖。”（老舍·二马）

例（61）中说话人的主观认识是，使用了别人的东西就应该向对方给予酬劳作为报偿，但由于“白”前具有否定词“不”，表明说话人主观上对听说双方所认为的共有认识加以否定，因此实际情况是给予了听话人酬劳，并未与预期发生偏离。例（62）中说话人认为收下别人的东西就应该有所回赠，但由于“白”前出现“不好意思”，表明说话人主观认为不应该做某事，与下文中的交换壶、瓶相呼应，反而与预期相吻合。

4 反预期的逻辑识解机制：以乐观原则为核心的假言推理

隐性否定副词“白”有五种反预期类型，但主要都与它的语义相关。同时，根据“白”所修饰的动词类型与言者意图的匹配，我们可以把“白”的反预期类型进行归并：第一，说话人认为VP本应该有效果，实际情况偏离预期，进而失望，这时隐性否定副词所修饰的动词语义具有积极或者中性色彩，具有［-消极］［-享用］特征[11]，比如：跑、说、来、问、画、唱、买、度、排（队）、上（班）、长（年长）、等、参加、猜、高兴、兴奋、欢喜，等等。第二，说话人认为VP本应该有代价或有报偿，实际情况偏离预期，进而庆幸，这时“白”所修饰的动词的感情色彩主要为积极或者中性，语义特征可以描述为［-消极］［+享用/获得］，如：吃、吸、尝、喝、看、听、穿、戴、玩、用（享用）、使用、拿、得、收、取、借（借入）、租（租到）、赚、赢、获，等等。第三，说话人认为VP本不应该发生，进而认为不应该VP，被修饰的动词的语义特征可以描写为［+消极］［+消耗/失去］，如：费、浪费、受、忙、丢、弃、赔、断、流失、耗、输、罚、费劲、折腾、忙乎、忙活、耽误、糟蹋、折腾、断送、操心、流失、失去，等等。

因此，在“白”修饰具有消极意义的动词时，人们的意图多数倾向于“不应该做某事”，而修饰中性意义或积极意义的动词时人们的意图则主要倾向于认为"做某事本该有效果/代价"。我们首先可以从逻辑层面为这种意图的倾向性做出简单的解释：人们主观意图的形成过程是以乐观原则为前提的一种简单的假言推理——倾向于不希望不好的事情发生，同时倾向于希望好的事情发生。

假言推理（hypothetical inference）是逻辑学中的常见术语，是根据假言命题（hypothetical proposition）的逻辑性质进行的推导。假言命题是人们对于客观世界关于条件事件的思考，与实质蕴涵类似，其形式为"P→Q（如果P，那么Q）"。[12]那么，如果对假言命题的逻辑后件进行否定，那么则必然会否定逻辑式的前件，即：¬Q∧（P→Q）→¬P（如果P→Q，那么¬Q→¬P）。例如：

	如果P，那么Q；	如果早上下大雨，那么今天中午地上会湿；
	非Q	今天中午地上没有湿；
	所以，非P	所以，今天早上没有下大雨。

这种关于条件（假言）和结果的推断就是人们在识解事件时的预先共有认识，即预期：一种条件P会带来相应的结果Q。然而，现实的情况总是与人们事先认为的存在偏差，一旦现实情况的结果Q与预期的不符，则相应地也否定了人们理想中的条件P，P则变成了本不应该发生的事。因此，不同的"白VP"所形成的不同预期则可以用下面的语句进行解释：

白吃白喝：	如果P，那么Q；	如果吃、喝了东西，那么应该先付出代价；
	非Q	没付出什么代价；
	所以，非P	吃、喝是本不该发生的（"吃"对主语来说获益，获得了本不该获得的→庆幸）
白跑一趟：	如果P，那么Q；	如果跑了一趟，那么应该收到效果；

	非 Q	没有收到什么效果；
	所以，非 P	跑是本不该发生的（“跑”对主语来说付出了体力，付出了本不该付出的→失望）
白糟蹋水：	如果 P，那么 Q；	如果糟蹋了水，那么应该有结果；
	非 Q	没有收到什么效果；
	所以，非 P	是本不该糟蹋的（不应该糟蹋水）

那么，隐性否定副词的识解就变成了：遇到了好事（积极的），人们的预期首先是希望它有效果/内容/依据/目标/原因；遇到了坏事（消极的），人们的预期则是不希望它发生，这与人类心理的乐观原则有关。Boucher & Osgood（1969）通过一系列心理实验证明了一种乐观假设（The Pollyanna Hypothesis），发现人们总是希望看到生活中积极的、好的一面，而不希望消极的、坏的一面发生。虽然人们的理想是乐观的，但是现实总不遂人愿，一旦现实与理想的预期发生了偏离，人们则使用隐性否定副词表示自己对于不理想的现实的反预期心理：希望好的事情有结果，不希望不好的事情发生。

5 隐性否定副词“白”的语义演变机制

副词“白”的这种偏离预期的功能由其隐性否定语义带来，下面我们想解决的问题是，带来这种功能的否定性语义从何而来。语法化研究的成果向我们证明，多数虚词都由实词虚化而来。副词“白”也不例外。

潘峰（2004）对“白”的语源做了详尽的考察，主要有以下几种说法。第一，“白”与颜色有关。《说文·白部》：“白，西方色也，阴用事，物色白。从入合二。二，阴数。”这首先说明“白”指称一种颜色。第二，“白”表示去了壳的稻米。《说文·皀部》：

“皀，谷之馨香也。象嘉谷在裹中之行。”段注：“谓白也……连裹曰谷、曰粟。去裹曰米。米之馨香曰皀。”第三，“白”字义是日光。《说文通训定声》：“（白）字从日，上象日未出，初生微光。按日未出地平时，先露其光恒白，今苏俗语‘昧爽’曰东方发白，是也，字当从日丿，指事，训太阳之明也。”潘峰（2004）认为“白”即日光，日光的颜色也与“白色”有关：是物体反射不同波长的光之后呈现出的最明亮的颜色，其他语义都是由此引申出来的。第四，“白”训通“帛”。潘峰（2004）考察了《管子·轻重戊》：“其年，民被白布。”戴望校正：“白，帛假字。”由于帛是丝织品的总称，同时《说文·帛部》：“帛，增也。从巾，白声。凡帛之属皆从帛。”说明“白”所指称的颜色可以借由帛的颜色寻找，此外，《说文·糸部》可以从侧面反映出不同的帛的颜色：“缯，帛也。从糸，曾声”，“绿，帛青黄色也”，“缥，帛青白色”，“络，帛赤色也”……因此，潘峰（2004）认为“白”可以通过“帛”转指没有染过色的丝织品，“帛”是“白”的引申义。

潘峰（2004）对“白”的语源考察对我们考察“白”的意义有很大启发。从字形上看，“白”是“日”的顶上添加指事性标识符“丿”，意思是日出时候照射的光（因此太阳升起时候天空开始变亮，也可以说成“东方发白”）。从语义上看，无论是“西方色”、去壳的白米，还是“具有明亮的颜色的日光”、引申义“未着色的丝织品”，“白”的特征都同时指向了一点：一种难以描述的颜色。潘峰（2004）认为现今的“白”能够抽象出颜色词“白色”的意义，其基本条件也应该含有色彩“白”的含义。我们同意这样的说法，“白”是一种颜色，其颜色属性与日光相似，但我们却难以说明具体是哪一种颜色。因而可以引申出表示“尚且没有颜色的丝织品”的意义。《现代汉语词典（第6版）》对“白”的解释是“像霜或雪的颜色（跟“黑”相对）”，雪和霜本来是由于水汽凝结而形成的结晶体，本身并没有颜色，与“白”表示的意义相符。

因此，我们可以对“白”的意义做出如下的描述：在指称性用法的情况下，“白”是名词，指称一种颜色；有［+否定］特征，这种颜色的特点是没有特定的颜色，如雪和日光之色。

当名词“白”指称的对象由颜色转变为这种颜色所代表的属性时，则具有陈述功能，为形容词。名词“白”中的［+否定］特征保留到形容词“白”中，比如：

“白”表示明亮的，折射/反射出没有特定颜色的光。例如：

（63）白刃交于前，视死若生者，烈士之勇也。（庄子·秋水）

“白”表示清白的，没有杂质。例如：

（64）其木宜赤棠，见是土也，命之曰四施，四七二十八尺，而至于泉，呼音中商，其水白而甘，其民寿。（管子·地员）

“白”表示无其他属性的或不添加外物的。例如：

（65）白民之南，建木之下，日中无影，呼而无响，盖天地之中也。（吕氏春秋·有始）

发展到魏晋南北朝时期，形容词“白”也表示“不添加外物/无其他属性”，邱冰（2004）考察出副词“白”最早也出现在这一时期。而这时的“白”的核心语义也表示“不添加外物”，这一意义一直延续到唐代。例如：

（66）又南顿人张助者，耕白田。（抱朴子内篇·道意）

（67）斫取臆肉，去骨，奠如白煮之者。（齐民要术·炙法第八十）

（68）南中三门里东壁上，吴道玄白画地狱变，笔力劲怒，变状阴怪，睹之不觉毛戴。（酉阳杂俎续集·寺塔记）

例（66）中的“白”为形容词，“白田”指未经过耕种的田地；例（67）中“白煮”指不添加其他材料，用水清煮。例（68）中“白画”则指不用颜色和花哨的笔法画画，相当于今天的“白描”。

马思周（1990）认为表示“不外加东西”的“白”是对动词的一种限制，表示“纯、净、特意”，而潘峰（2004）认为它是“白”表示“未着色丝织品”语义的引申，由“未外加什么东西”引申出“不付代价（而获益）”和“付出代价（而无益）”。在我们的考察中，“不添加外物地”这一意义在宋代逐渐消失，接下来在北宋年间出现了保留到现代汉语的“没有效果、徒然”义的“白”，印证了潘峰指出的引申关系。另一个保留至今的意义“无代价、无报偿”出现在明代。例如：

（69）盖其抛死牛马，已是下民之苦，更不支得价钱，令人户白纳。（乞放行牛皮胶鳔）

（70）他不曾白吃了你东西，问你袪他怎的。（西游记）

例（69）中“白纳”表示“没有收益却徒然纳税”，“白”否定了VP“纳税”的前提。“没有效果、徒然”义同样保留了“白”词义中的隐性否定特征。例（70）的“白吃”表示“不付钱吃东西”或“只吃东西不干活”，“白”否定了VP“吃东西”的前提或结果。这一意义进一步承袭了副词“白”的隐性否定义，并且已经与现代汉语中的“白”没有差别了。

因此，“白”经历了“名词—形容词—副词”这一演变路径。下面，我们首先把“白”在这条路径上携带的所有语义列举如下：

名词“白”：没有特定颜色的颜色（上古时期本义）；像霜或雪的颜色（词典义）。

形容词“白”：白颜色的；明亮的；清白的；不添加外物的。

副词“白”：不凭借其他方式；平白无故；没有效果、徒然；无代价、无报偿；无目的（随意）；有特定目的（特意）；意料之外；意料之中；无变化（总）；未达更高量级。

发展到现代汉语中“白”的每一个词性中都仅有部分意义保留下来，而另一些意义使用的频率则逐渐降低：例如，名词“白”主要表示“像霜或雪的颜色”，形容词“白”主要表示“白颜色的”“明亮的”。[13]有一些意义干脆直接退出了历史舞台：例如，副词“白”仅表示“没有效果、徒然”“无代价、无报偿”。袁毓林（1995）提出词类是原型范畴，不同的词语在同一个词类范畴中作为范畴成员具有家族相似性特征，一些属于典型成员，一些属于非典型成员。既然词类是原型范畴，那么一个词在同一个词类范畴中的不同意义也应该具有家族相似性特征，一些意义是典型的，具备最多的范畴属性特征，而另一些是非典型的。此外，原型范畴理论还认为，同一个范畴内部的成员还能够根据内涵和外延划分出不同层级，上位层级包含下位层级，具体形成上位范畴、基本层次范畴和下位范畴，其中基本层次范畴是中间层，最符合人类的基本认知需要。根据以上研究，我们推测，导致“白”的一些意义在演变历程中消失的主要原因与范畴成员的典型性关系及范畴层级有关：第一，每一个意义都是所属词类范畴的成员之一，词类范畴中的典型成员在使用中得以保留，非典型成员遭到淘汰；第二，不同的意义作为词类范畴内部成员能够分成不同层级，基本层次范畴成员得以保留，而上位范畴成员和下位范畴成员遭到淘汰。

具体来说，“白”根据语义和句法分布能够分为名词、形容词和副词三个词类范畴，名词范畴包含两个成员，形容词范畴包含四个成员，副词范畴包含十一个成员。在名词范畴中，“霜或雪那样的颜色”这一意义是典型成员，典型性高于“没有特定颜色的颜色”。这是由于“像霜或雪的颜色”从正面表述“白颜色”的意义，并且带有参照系统（霜或雪），能使人直观具体地识解“白”指称的内容；而“没有特定颜色的颜色”指称的内容就相对模糊得多。因此前者具备了名词范畴更多的属性特征，成为典型成员，在认知上最容易被识解并得以保留。同理，在形容词范畴中，“白颜色的”表示“霜、雪或乳汁那样的颜色表示的属性”，它的陈述功能最直观具体，是形容词范畴中的典型成员，在演变和使用中得以保存下来。另一个意义“明亮的”，则是基于人在见到白色的物体时产生的感觉而形成的概念，这是一种隐于身体的认知经验，因而也更容易被识解。在副词范畴中，范畴成员不仅具有典型和非典型之分，还能够划分出概念层级。“不凭借其他方式”（没有其他方式）义处于上位范畴，能够包括其他的所有下位范畴意义：“平白无故”是没有原因，“没有效果、徒然”是没有结果，“无代价、无报偿”是没有前提，“无目的”是没有目的，“有特定目的”是没有其他目的，

“意料之外”是没有预料的结果，“意料之中”是没有例外情况，“无变化”是结果没有变化，“未达更高量级”是没有其他量级的结果。在这些成员之中，所有成员还能进一步划分层级，一部分是没有原因、前提、目的，一部分是没有结果，因此“没有效果、徒然”（没有应有的前提）和“无代价、无报偿”（没有应有的结果）又能够包含其他下位范畴成员。同时，与上位范畴的“不凭借其他方式”义相比，这二者属于基本层次范畴，它们比上位范畴“没有其他方式”更具体，又比下位范畴“不带任何目的”“意料之外”等意义更概括，符合人类最基本的认知需要。因此在语言交际中，处于基本层次范畴的意义“没有效果、徒然”和“无代价、无报偿”更容易被人识解和使用，在演变中被保留下来。而上位范畴意义由于过于抽象，下位范畴意义由于过于具体和繁复，逐渐在使用中被淘汰。

6 结语

本文从共时和历时两个角度对汉语中的隐性否定副词“白”的语义和功能进行了分析，并探讨了“白”的语义识解机制和演变机制。“白”有名词、形容词和副词几种词性，名词“白”指称没有特定颜色值的颜色副词，形容词“白”表示“白色的”“明亮的”“清白的”及“不添加外物的”，副词“白”在近代汉语中具有“平白无故”“无变化”“意料之外”“没有效果、徒然”和“无代价、无报偿”等十个意义。“白”的不同词性及不同语义都是它所具有的隐性否定语义发生扩散后的产物。隐性否定语义同时令“白”的否定功能和否定辖域也进一步扩散，与“不、没”等否定副词的语义否定不同，它否定事件的前提或结果，属于语用否定，并在语用上带来反预期的主观情感：说话人认为实际情况偏离了本不应该偏离的预期。“白”的反预期功能的识解与人们认识事物时秉承的乐观原则有关，人们往往希望好事发生，而坏事不发生。此外，副词“白”来源于上古汉语名词“白”，保留了本义中的［+否定］特征进而形成了隐性否定语义，并历经“名词—形容词—副词”这一路径演变而来。在演变的过程中，一些意义已经消失而另一些得以保留，这与词类范畴的典型性和层级有关。“白”的各种意义都可以看作词类范畴的成员，范畴成员的层级成为演变机制。范畴中的典型成员和基本层次范畴倾向于被保留，而非典型成员和非基本层次范畴则多数消亡。同时，与“白”相似的副词还有“干、瞎、空”等，它们在语义、语用等方面与“白”的联系和区别，也值得我们进一步探讨。[⑭]

附 注

① 本文未标注出处的语料均出自北京大学中国语言学研究中心CCL语料库。

② 这是袁毓林（2014）在描写副词“白”的意义时引入的术语，比“意义”“语义”等都要更加精准，在这里我们也使用这个概念。

③ 另外，对近代副词“白”的使用情况还可以详见郭良夫（1988），胡增益（1989、1995），马思周（1981、1990）。

④ 为了精简篇幅，本文仅举出《红楼梦》中的部分例子，不列举全部。

⑤ 例（15）中“白日”指具有耀眼光线的太阳，“白”的意义为“明亮的”。

⑥ 第四类例子中的“白”并不能算作真正的形容词“白”，“清白、洁白”中“白”仅仅是一个语素成分。但是“白”的语义参与了合成词的意义识解，因此我们在这里也列举出来。

⑦ 例（40）和例（41）引用自袁毓林（2012）。

⑧ 关于“白”的隐性否定语义，详见曾静涵、袁毓林（2015）。

⑨ 指出“白”与否定有密切关系的还有张谊生（2000），认为“白”能够否定命题的预设。袁毓林（2014）对张谊生先生的观点做了修正，认为“白”字句否定的不仅不是命题的预设，同时还以言谈双方共知的情况（语用预设）为语义前提。

⑩ 这一“预期”，也可以理解为袁毓林（2014）指出的“劳酬均衡原理”，即：付出与收获应该具有一定的平衡。

⑪ ［-享用］其实是一个开放类特征，这里本文借鉴了张谊生（2000）的语义描写角度。

⑫ 这种情况严格地说叫作充分条件假言推理。

⑬ “不添加外物的”（如“白饭、白粥”）主要在中国南方使用，我们推测这应该与南方方言较多地保留了古汉语用法有关。北方官话区一般不说“白饭、白粥”，而直接表述为“大米饭、大米粥”。

⑭ 详见曾静涵、袁毓林（2017b，2018）。

参考文献

郭良夫 （1988） 近代汉语副词“白”和“白白”，《中国语言学报》第3期，第230—244页。

胡增益 （1989） 满语的bai和早期白话作品“白”的词义研究，《中国语文》第5期，第388—396页。

胡增益 （1995） 满语“白”同汉语副词“白”的借贷关系，《中国语言学报》第5期，第265—299页。

刘 烨 （2011） 预设否定副词“白”和“瞎”的主观性语义分析，《浙江海洋学院学报》（人文科学版）第2期，第75—80页。

马思周、潘慎 （1981）《红楼梦》《儿女英雄传》中的副词“白”，《中国语文》第6期，第461—463页。

马思周 （1990）再论近代汉语副词“白”，《中国语文》第5期，第386—392页。

潘 峰 （2004） 释“白”，《汉字文化》第4期，第20—24页。

邱 冰 （2004） 副词“白”的始见书证，《中国语文》第2期，第171页。

杨荣祥 （2007） 近代汉语副词“白”的释义与来源，沈家煊、吴福祥、李宗江主编《语法化与语法化研究》（三），商务印书馆，北京。

袁毓林 （1995） 词类范畴的家族相似性，《中国社会科学》第1期，第154—170页。

袁毓林 （2012） 动词内隐性否定的语义层次和溢出条件，《中国语文》第2期，第99—113页。

袁毓林 （2014） 概念驱动和句法制导的语句构成和意义识解——以“白、白白（地）”句的语义解释为例，《中国语文》第5期，第402—417页。

曾静涵、袁毓林 （2015） 汉语“白”的隐性否定语义探析，《澳门语言学刊》第2期，4—14页。

曾静涵、袁毓林 （2017a） 从语义地图看现代汉语“白”的语义演变，吴福祥、陈前瑞主编《语法化与汉语语法研究（八）》，商务印书馆，北京。

曾静涵、袁毓林 （2017b） 汉语副词“干”的去范畴化，《阅江学刊》第6期，第115—126页。

曾静涵、袁毓林 （2018） 汉语的隐性否定副词及其语义特征，《中国语文通讯》定稿待刊。

张谊生 （1994） “白”类副词的表义特点及其潜在内涵，《徐州师范学院学报》（哲学社会科学版）第3期，第128—132页。

张谊生 （1999） 近代汉语预设否定副词探微,《古汉语研究》第1期，第27—35页。
张谊生 （2000）《现代汉语副词研究》，学林出版社，上海。
张谊生 （2003） 近代汉语情态化副词“白”再议,《乐山师范学院学报》第1期，第1—10页。
中国社会科学院语言研究所词典编辑室编 （2012）《现代汉语词典》(第6版)，商务印书馆，北京。
Boucher, J. & C. E. Osgood （1969） The Pollyanna Hypothesis. *Journal of Verbal Learning and Verbal Behavior*1:1-8.

引书目录

《红楼梦》(校注本，以庚辰本为底本)，人民文学出版社，北京，1982。
《儿女英雄传》，人民文学出版社，北京，1983。
《歧路灯》，人民文学出版社，北京，1980。
《金瓶梅词话》，人民文学出版社，北京，1991。
《红楼复梦》，春风文艺出版社(简体字本)，沈阳，1988。

The Functional Diffusion, Semantic Construal and Evolutionary Mechanism of the Implicit Negative Adverb *Bai*（白）

ZENG Jinghan, YUAN Yulin

Abstract: This paper takes *bai*（白）as a case to investigate the semantic and pragmatic functions of adverbs with implicit negative features in Chinese, and it explores the evolutionary mechanism of *bai* from the perspectives of logic and cognition. It is firstly proposed that *bai* in Mandarin is of various kinds of parts of speech and expresses different senses. Then different parts of speech and senses of *bai* are enumerated and analyzed in the vernacular novels in Qing dynasty. Secondly, the functional diffusion and semantic construal of *bai* are studied based on the illustration of the implicit negation of *bai*. Finally, the paper discusses the semantic evolution of *bai* at various historical phases, and analyzes its evolutionary mechanism.

Keywords: *bai*（白）, implicit negation, pragmatic function, semantic construal, evolutionary mechanism

（曾静涵：100875　北京，北京师范大学文学院
woshijinghan@126.com；
袁毓林：100871　北京，北京大学中文系/中国语言学研究中心/
计算语言学教育部重点实验室
yuanyl@pku.edu.cn）

反问句中“什么”的否定类型与否定意义*
——从“行、知、言”三域理论看

刘彬　袁毓林

提要　本文主要从“行、知、言”三域的角度讨论反问句中“什么”的否定类型及相应的否定意义。文章在前人研究的基础上，引入交际关联和认知转喻的理论，从三域角度对表示否定意义的“什么”句进行了分析，区分了“什么”句的三种否定类型：知域否定（语义解释为：不该〔认为〕……，如“你神气什么？”）、言域否定（语义解释为：不要说……，如“什么你的我的？”）、行域否定（语义解释为：不〔是〕……，如“什么好消息！”）。研究认为，“什么”句的否定以知域否定和言域否定为主，也涉及行域否定。本文的分析有助于我们更清楚地认识“什么”句内部的否定层次和否定特点。

关键词　“什么”　交际关联　认知转喻　“行、知、言”　三域否定

1　“行、知、言”三域与反问句

沈家煊（2003）指出了人们的概念系统中存在着三种不同的概念域，即行域、知域、言域。其中，“行”指行为、行状，“知”指知识、认识，“言”指言语、言说（沈家煊 2003：195）。它们分别对应于Sweetser（1990）中的content、epistemic modality、speech acts三个层次或三种认知领域（cognitive domain）。“行、知、言”三个

收稿日期：2016-11-29；**定稿日期**：2017-8-6。**通讯作者**：刘彬。

* 本文得到教育部人文社会科学重点研究基地重大项目“汉语意合语法框架下的词汇语义知识表示及其计算系统研究”（18JJD740003）和教育部人文社会科学研究青年基金项目“现代汉语反问句的形式语义学与语用学研究”（19YJC740033）的资助。文章写作过程中承蒙李强博士提出修改建议，同时《语言学论丛》编辑部和匿名审稿专家提出了宝贵的修改意见，谨此一并致以诚挚的谢意。

概念域的区分，有利于更系统地区分和说明各种句子成分之间的语义关系。比如，沈家煊（2003）利用三域说明了各种类型的复句所表达的语义关系；肖志野、沈家煊（2009）利用三域说明了“了$_2$”的各种意义和用法之间的区别与联系，并且说明了“了$_2$”和“了$_1$”之间的关系。

而率先从“行、知、言”三域角度考察反问句的是李宇凤（2010）。该文根据反问的三类回应对象，即现实行状、社会观念和言语，区分了反问的三种否定：行域否定、知域否定和言域否定。这一研究开创了从三域理论的角度研究反问句的否定类型与否定意义的先河，具有重要价值，同时对本文也具有重要的启发作用。不过，我们也发现李文存在一些问题。比如，该文是根据回应对象的类型来确定反问否定的类型的。例如：[①]

（1）丈夫：吵死了，我睡觉呢。

妻子：还睡觉？都十点了。（引自李宇凤 2010）

例（1）中的反问句“还睡觉？”是回应行域引发语，即针对丈夫的行为“睡觉”，属于行域否定。但该文又说，“反问可以从知域或言域回应行域引发语”。例如：

（2）陈白露：你进了我的卧室，你是什么意思？

张乔治：……我进了你的卧室？（引自李宇凤 2010）

例（2）的引发语是对现实行为的描述，而说话人却从知域进行反问，表达“不该认为我进了你的卧室”的观点，属于知域否定。[②]也就是说，该文一方面认为回应行域引发语的例（1）是行域否定，另一方面又认为回应行域引发语的例（2）是知域否定。显然，这两种说法有相互矛盾之处。至于其中的标准应该如何来把握，该文并没有说明。而且，该文认为“反问的否定域不仅是反问对引发概念域的反映，也是发话人对反问语用角度主观选择的结果。反问能够在一定程度上选择回应否定域，在某些情况下还能兼表多个否定域的反问意义。”也就是说，我们可以根据引发语的概念域来确定反问的否定域，也可以根据发话人主观选择的概念域来确定。这两种标准如何进行权衡和抉择？李文也没有明确说明。此外，李文没有进一步探讨反问句的三种否定之间的关系。

宗守云（2016）在探讨“还X呢”构式时，也谈到“行、知、言”三域。宗文认为，“表示说话人消极情绪的‘还X呢’是由行域贬抑、知域否定、言域嗔怪构成的一个完整的构式系统”。该文也是依据引发语的概念域类型来判断“还X呢”的概念域的。例如：

（3）没本事，就知道欺负老婆。还留学生呢，狗屁！（引自宗守云2016）

宗文分析称，例（3）中汪泰是留学生，作为留学生应该有本事，不应该欺负老婆，说话人认为汪泰达不到留学生的社会标准，用“还留学生呢”对汪泰进行贬抑，可以概括为“行域贬抑”。可见，宗文是依据“还留学生呢”回应的是“欺负老婆”这一行为来判断“还X呢”的概念域的，即认为“还留学生呢”是一种行域贬抑。我们认为，这是不太合理的。因为“知域涉及知识和推理”（沈家煊2003：200），例（3）中“还留学生呢”表示说话人的一种认识和推断，因而可以看成是一种知域否定。在我们看来，“还留学生呢”的语用预设是汪泰是留学生。如果汪泰不是留学生，那么就不能用“还留学生呢”这种反问句形式；因此，“还留学生呢”否定的不是汪泰是留学生这一事实，而是否定汪泰的行为达到了留学生这种道德水准。它表达了“（汪泰）算不上真正的留学生”“不认为（汪泰）是真正的留学生”这种主观评价意义，所以应属于知域否定。

由此可见，从“行、知、言”三域的角度来审视反问句的否定类型与否定意义，虽然是一种新颖且有效的区分方法；但是各家观点不一，标准也不明确、不一致，因而造成在实际分析中出现了分歧。有鉴于此，本文试图在前人研究的基础上，引入交际关联和认知转喻的理论，从“行、知、言”三域的角度重新审视反问句的否定类型和否定意义，希冀做出更加清晰的界定和说明。

2 表示否定意义的“什么”句

为了讨论的方便，本文选取反问句中具有代表性的“什么”句进行分析。在本文中，我们把由疑问代词“什么”（的否定用法）所造成的表示否定意义的句子，称为“什么”句。本节简要综述关于“什么”句的相关研究。

关于“什么”的否定用法，学界有诸多讨论。比如，吕叔湘主编（1980/1999）列举了“什么”的非疑问用法，其中就包括否定用法；邵敬敏、赵秀凤（1989）列举了“什么”的八种非疑问用法，其中包括否定用法和反诘用法；李一平（1996）一文专门讨论了“什么”表示否定和贬斥的用法；寿永明（2002）以“什么”为例讨论了疑问代词的否定用法；姜炜、石毓智（2008）讨论了“什么”的否定功用，并将“什么”看成是一种否定标记；Huang（1982）、Li（1992）、伍雅清（2002）等则从生成语言学的角度讨论了疑问代词的非疑问用法；等等。可以看出，这些研究大多是列举疑问代词“什么”的否定用法，并且依据出现环境的不同进行了分类，同时还适当地探讨了造成这种否定用法的成因。

袁毓林、刘彬（2016）在上述研究的基础上，根据疑问代词“什么”及其否定对象之间的位置关系把“什么”句分成三大类七小类，并指出“什么”句的否定往往是一种引述性否定（语用否定），表示对某种事物（性状、行为、观点等）的合理性的一种否定，也就是认为它不具有合理性。该文进而从社会心理的角度着重探讨了“什么”句表示否定意义的形成与识解机制，揭示了“疑善信恶”这种反常思想和怀疑精神在句子意义的形成和理解时的重要作用。③

不过，我们也发现了袁毓林、刘彬（2016）存在一些问题。比如，关于“什么”句的分类，该文没有考虑到“什么A不A的”（比如“什么漂亮不漂亮的”）、“有什么A（的）”（比如“有什么稀奇的”）等比较常用的“什么”句。而且，“什么”句的否定并不一定都是引述性否定。比如，“你神气什么？”并没有否定“引述性”内容，因而不能说它是一种引述性否定。[④]此外，该文只是例举了“什么”句表示否定意义的现象，并没有讨论不同类型的“什么”句之间的否定差异。例如：

（4）a. 漂亮什么？都这么大把年纪了。

b. 什么漂亮不漂亮的？都这么大把年纪了。

例（4）都带有“不漂亮”的否定意义，但是它们之间似乎存在着差异，至少在否定的程度上不相同。我们明显地可以感觉到（4a）的否定程度要强于（4b）。对于这种现象以及造成的原因，该文没有细究。

有鉴于此，下文将在袁毓林、刘彬（2016）的基础上，借鉴“行、知、言”三域理论，并引入交际关联和认知转喻的理论，对表示否定意义的“什么”句进行进一步的考察，说明其否定的类型、性质和意义，并进一步揭示各种否定类型之间的关系，以期对该句式的特点形成更清晰的认识。

3 “行、知、言”三域与“什么”句的否定类型及其否定意义

从交际关联和认知转喻的理论看，因为反问涉及言语行为类型的转喻用法，即以问句代否定性陈述句，所以，反问往往跟言域有关。同时，因为反问又涉及否定性评价，所以又跟知域有关。另外，否定可以只否定措辞的方式，即言域否定；或只是否定性评价态度，所以是知域否定；也可以顺带对事实（内容）进行否定，因而涉及行域。

由此可以看出，反问句的否定跟“行、知、言”三域都有关系。但是，不同的反问句所属的否定类型及其所表达的否定意义具有较大差异。引言部分也谈到，不同的研究者从三域理论考察反问

句的否定类型时存在差异，而且标准不明确。因而，确定一个相对明确的标准来考察反问句之间的否定差异，显得非常必要。

本文主要根据“什么”的否定对象所属的域，并通过语义解释进行验证的方法来确定“什么”句的否定类型。具体的操作方法是：如果“什么”否定的是某种措辞方式，语义解释为“不要说……”，那么为言域否定；如果“什么”否定的是某种认识或是否定性评价态度，语义解释为“不该（认为）……”，那么为知域否定；如果“什么”否定的是某种事实或内容，语义解释为“不（是）……”，那么为行域否定。

要说明的是，不同的反问句所属的否定类型可能有交叉，即某一反问句既可能是言域否定，也可能还是知域否定，还可能涉及行域上的否定。

我们在袁毓林、刘彬（2016）对“什么”句的分类基础上，增加了“什么A不A的”和“有什么A（的）”两类，即将“什么”句分为“什么+NP”“什么+VP”“什么A不A的”“什么+引述小句”“什么+呀”“V+什么+O”“有什么A（的）”“V+什么+V”“A+什么（+A）”共九类。下面我们将依据上述标准逐一考察这九类“什么”句的否定类型及其相应的否定意义。

3.1 什么+NP

（5）什么好消息？骗人！[⑤]

（6）什么专家啊？连这么简单的问题都不懂。

“什么”用于名词性成分之前，用来否定这些名词性成分代表的事物所具有的某方面的良好性质或状态，意即“达不到某种标准”或“不符合某种资格”（袁毓林、刘彬 2016；姜炜、石毓智 2008）。比如，例（6）表示说话人认为该专家“达不到专家的标准”“不符合专家的资格”（即不配称为专家）。而且，例（6）是说话人不同意对方的观点或措辞（比如，对方认为他是专家）而表达出来的，因而涉及言域；又因为它涉及否定性评价态度，所以是一种知域否定。

同时，该例也对事实进行了否定，语义解释为“不是专家”，因而也涉及行域。也就是说，从“行、知、言”三域的角度来看，上述例子既是一种言域否定，也是知域否定，同时还涉及行域否定。

不过，上述两例中的名词性成分本身都具有褒义或积极的意义。当然，“什么＋NP”中也存在带有贬义、消极意义的名词性成分，此时的“什么”句可以看成一种冗余性的强调否定（袁毓林、刘彬 2016），表达一种强烈的负面评价。例如：

（5'）什么狗屁消息！骗人！

（6'）什么破专家啊！连这么简单的问题都不懂。

这种表示强调否定的“什么”句往往带有说话人强烈的主观情感和评价态度，一般是责备、不满等。从“行、知、言”三域的角度来看，上述“什么”句否定了对方的观点和措辞方式，同时又涉及强烈的否定性态度；所以既是言域否定，也是知域否定。然而因为它不涉及对事实内容的否定，语义解释不能为“不是NP”⑥，所以不是行域否定。

3.2 什么+VP

（7）什么放假？又不是法定假日！

（8）什么吃饭了？菜还没买呢！

“什么”用于动词性成分之前，这种“什么”句一般表示不同意对方的话语或纠正对方的观点。比如，例（7）往往是说话人在对方说出“明天放假”之后，然后说出“什么放假？”来进行反驳和否定。该例表达了说话人不同意对方的话语或措辞，也表达了一种否定性评价态度，所以既是言域否定，也是知域否定。但没有对事实或内容进行否定，语义解释不能为“不是/没有VP”，因而不涉及行域上的否定。

3.3 什么+A不A的

（9）什么漂亮不漂亮的？我看你才漂亮呢！

（10）什么好不好的，能替别人伸把手的就伸把手！

说话人对对方话语里的字眼有所不满或不认同，常常形成“什么A不A的”结构来进行反驳和否定，意思相当于“说A不A的做什么”（参看吕叔湘著、江蓝生补 1985），也相当于“别说什么A不A的”。比如，例（9）往往是说话人在听到对方说“你真漂亮”之后，不认同对方的话语（有时是表示谦虚）而说出“什么漂亮不漂亮的”来进行反驳。显然，这是对所引述的话语及其内容的语用适宜性的否定，从后续的补充小句也可以看出说话人不同意对方的话语。“什么漂亮不漂亮的”的意思相当于“说漂亮不漂亮的做什么”“别说什么漂亮不漂亮的”，即“不要说漂亮”“别说漂亮”，或在当下语境中说漂亮或不漂亮都是不合适的。也就是说，这里的“什么”句否定的是“漂亮”这个说法，因而是言域否定。同时，它也涉及说话人的一种否定性评价态度，即不该说漂亮不漂亮的，因而也涉及知域的否定。

当然，除了形容词，名词和动词也都可以出现在这种结构中。例如：

（11）“你扯哪去了？什么钱不钱的？你把我看成什么人了！？”

（12）什么买不买的，这是送你的。（自拟）

这些情况与形容词的情况类似。比如，例（11）相当于“说钱不钱的做什么”“别说什么钱不钱的”，即“不要说钱”“别说钱”，即否定说钱这个说法，所以是言域否定；同时也传达了说话人的否定性评价态度，即不该说钱不钱的，因而也涉及知域的否定。

3.4 什么+引述小句

（13）——这事儿我不知道啊。

——什么“你不知道”？我跟你说过多少次了。

（14）——这是你的，这是我的。

——什么“你的我的”？我们是一家人，分这么清干什么。

“什么”后面是引述性话语，这种引述性成分往往会加上引号，是一种带有标记的典型的“引述性”内容。这种“什么”句相当于“说什么＋引述小句”，它否定的是用引述小句表达的说法，意思即“不要说＋引述小句”，因而属于言域否定。同时，也传达了说话人的一种否定性评价态度，即不该说引述小句，因而也涉及知域。比如，例（13）表示“说什么‘你不知道’”，它否定的是引述小句“你不知道”这样的说法，意思即“不要说你不知道”，属于言域否定；同时也传达了说话人的一种否定性评价或态度，即你不该说不知道，因而也涉及知域的否定。

3.5 什么＋呀

（15）——他在这方面很有发言权。

——什么呀，他根本就不懂。

（16）——你真刻苦！

——什么呀，你才是学霸。

这种情况可以看成“什么”的独用。“什么”和语气词“呀”之间其实省略了引述性成分，比如例（15）的完整形式应当是“什么‘他在这方面很有发言权’呀”（袁毓林、刘彬2016）。也就是说，这种“什么”句也是一种引述性否定。它否定的是对方的某种说法或措辞，因而也属于言域否定。同时它也传达了说话人的某种评价态度，因而也涉及知域的否定。比如，例（15）否定的是“他在这方面很有发言权”这种说法，属于言域否定；同时也表达了说话人的评价态度，即“不该说他在这方面很有发言权”，所以也属于知域否定。

3.6 V+什么+O

（17）吃什么饭？菜都还没买呢！

（18）还买什么东西？都已经这么晚了。

（19）小孩子插什么嘴！没大没小的。

（20）搞什么名堂？一点都不正经。

袁毓林、刘彬（2016：306）已经指出“什么”插在动宾结构中间表示否定意义有两种情况：一种是否定引述性词语，来间接否定提出或进行这种行为的合适性（如例17—18）；另一种是用消极性词语来称说某种行为，进而用“什么”来直接否定这种行为的合适性（如例19—20）。从“行、知、言”三域角度来看，这两种情况的否定类型稍有差别。比如，例（17）是说话人在听到对方说出“我要吃饭”之类的话语之后，通过引述对方的部分话语构成“吃什么饭？”来否定“我要吃饭”之类话语的合适性，因而属于言域否定；同时也传达了说话人的否定态度，即“不应该说我要吃饭”，因而也涉及知域的否定。例（19）是大人说话时旁边有小孩插话，使他感到不高兴，因而用“插嘴”来称说小孩的行为，并用“插什么嘴！”来表达否定性评价态度，但并没有否定话语措辞，所以只涉及知域否定。

3.7 有+什么+A（的）

（21）这事有什么难办？（引自吕叔湘主编1980/1999）

（22）有什么稀奇，不就是一块石头吗？（引自寿永明2002）

“什么”用在动词“有”和形容词之间，这种“什么”句一般用来否定某种性状。往往是在对方说出某事物或事情的某种性状之后，说话人再用“什么”句来反驳这种观点，意思相当于“没什么A的”。从“行、知、言”三域角度来看，它否定了对方的某种说法或措辞，因而是言域否定；而且传达了说话人的某种否定性评价，所以也是一种知域否定；同时，也顺带对事实进行了否定，语义解释为“不A”，因此也涉及行域的否定。比如，例（21）是说话人在听到对方抱怨说“这件事情真难办”之后，用“这事有什么难办？”来反驳和否定对方的说法或措辞方式，属于言域否定；而且也表达了说话人的否定性评价和态度，即不该认为难办，所以是知域否定；同时，该例也对事实、内容进行了否定，语义解释为"不难办"，因此也涉及行域的否定。

3.8　V+什么（+V）

（23）向南向其他围观的人嚷嚷："看什么看！有什么好看的？又不是演戏！"

（24）怕什么怕？又不是什么大事。

（25）你知道什么！睁着眼睛说瞎话！

（26）低廉的价格和新颖的促销方式吸引了一部分群众，一位中年女子对几次"阻挡"她出手报价的10来岁的女儿发急："你懂什么！一百多块钱买个真皮包，多值！商店里得卖300、400元呢？"

这种"什么"句可以分为两种情况：一种情况是否定某种动作或行为发生的合理性，相当于一个否定祈使句，意思即"不要（别、不用、不该）V"（如例23—例24）；另一种情况是否定对方认为V的合理性，间接地表示"不V"，相当于一个否定陈述句（如例25—例26）（参看袁毓林、刘彬 2016）。显然，它们二者的否定性质和否定意义不太一样。比如，例（24）是说话人在对方说出"怕"之后，使用"怕什么怕！"来否定这个说法或措辞方式，因而是言域否定；同时也表达说话人的否定性评价态度，语义解释即"你不该怕"，所以也属于知域否定。从后续小句也可以看出说话人的责备、不满的态度。而例（25）是说话人在对方表达相关的观点（自认为知道某事）之后，使用"你知道什么！"来表达否定性评价态度，带有强烈的责备和不满的意味，属于知域否定；同时也对事实、内容进行了否定，语义解释即"你不知道"，因而也涉及行域的否定。

3.9　A+什么（+A）

（27）漂亮什么？丑死了。

（28）年轻什么啊，我都五十了。（引自吕叔湘主编1980/1999）

（29）你神气什么！考这么一点分！

（30）你得意什么！比你厉害的人多了去了。（自拟）

这种"什么"句也可以分为两种情况：一种情况是用来否定用该形容词性成分称说某种性状的合理性（如例27—28）；另一种情况是否定对方表现出该形容词所表示的性状的合理性（如例29—30）。（参看袁毓林、刘彬 2016）显然，这二者的否定性质与否定意义也不一样。比如，例（27）是说话人在对方表达出"你穿的这件衣服真漂亮"之后，使用"漂亮什么？"进行反驳，否定了对方的说法或措辞方式，同时也传达了说话人的否定性评价态度，所以既是言域否定，又是知域否定；而且还对事实内容进行了否定，语义解释即"不漂亮"，因而也涉及行域的否定。而例（29）是说话人在对方表现出某种"神气"的行为之后，使用"你神气什么！"进行批驳并传达自己的评价态度，语义解释即"你不应该神气"，属于知域否定，但不涉及言域和行域否定。

3.10 小结

综合以上分析，我们在前人研究的基础上，引入了交际关联和认知转喻的理论，同时在"行、知、言"三域理论的基础上，根据"什么"的否定对象所属的域，并结合语义验证的方法考察了九类"什么"句的否定类型及其相应的否定意义。

考察的结果是，"什么"句的否定可以区分为言域否定、知域否定和行域否定（具体结果见下表1）。其中，言域否定："什么"否定的是某种说法或措辞方式，语义解释为"不要说……"，如"什么'你的我的'？"；知域否定："什么"否定的是某种认识或涉及否定性评价态度，语义解释为"不该（认为）……"，如"你神气什么？"；行域否定："什么"否定的是某种事实或内容，语义解释为"不（是）……"，如"什么好消息？！"。

表1 “行、知、言”三域视角下“什么”句的否定类型

“什么”句 \ 否定类型	言域否定	知域否定	行域否定
什么+NP	+	+	+/–
什么+VP	+	+	–
什么+A不A的	+	+	–
什么+引述小句	+	+	–
什么+呀	+	+	–
V+什么+O	+/–	+	+/–
有+什么+A（的）	+	+	+
V+什么（+V）	+/–	+	+/–
A+什么（+A）	+/–	+	+/–

从表1我们可以看出，“什么”句的否定以知域否定为主，我们所考察的九类“什么”句都涉及知域否定。这是因为，“什么”句是一种主观性很强的句式，往往带有说话人强烈的主观情感和态度（往往是否定性评价），因而它较多地涉及知域。同时，因为“什么”句涉及言语行为的转喻和对措辞方式的否定，所以往往也跟言域相关。此外，也有几类“什么”句对事实、内容进行了否定，因而也涉及行域的否定。

我们还可以发现，不同的句式所属的否定域不一，表达的否定意义也不一样。有些句式兼属几个否定域，比如“有+什么+A（的）”句式就兼属知域否定、言域否定和行域否定三种。即使同一个句式，内部也有较大差异，比如“A+什么（+A）”句式内部差异就比较明显。同时，不同句式的否定域存在典型性的差别，比如“什么+A不A的”“什么+引述小句”句式便是以言域否定为主，虽然也表达了知域意义，但更多的是表达否定某种措辞方式的言域意义。

此外，通过本文的研究，我们还可以解决第2节提出的问题，即为什么例（4a）比（4b）的否定程度强一些。如：

（4）a. 漂亮什么？都这么大把年纪了。

b. 什么漂亮不漂亮的？都这么大把年纪了。

依据上文分析，（4a）既属于言域否定，也属于知域否定，还涉及行域的否定；（4b）只涉及言域否定和知域否定。因为（4a）对事实、内容也进行了否定，属于真值条件否定，其否定的程度自然要比没有否定事实内容的（4b）要强一些。

综上，我们认为，“什么”句内部构成与分类复杂，其否定的层次和否定类型存在较大差异。本文从“行、知、言”三域的角度重新审视了“什么”句，提出了一个相对明确的标准来确定“什么”句的否定类型及其相应的否定意义；这不仅可以帮助我们更好地认识该句式的否定类型与否定特点，而且也可以帮助我们了解同一句式内部的差异。

4 结语

自沈家煊（2003）首次介绍并运用“行、知、言”三域理论分析汉语复句所表达的语义关系以来，学者们开始陆续从三域理论的角度来研究汉语中的各种问题。李宇凤（2010）、宗守云（2016）便从“行、知、言”三域的角度分别分析了反问的回应类型与否定意义和“还X呢”构式的意义，但都存在标准不太明确等问题。

本文在前人研究的基础上，引入交际关联和认知转喻的理论，从“行、知、言”三域角度重新考察和审视了“什么”句的否定类型及其相应的否定意义。文章在袁毓林、刘彬（2016）的基础上，从“行、知、言”三域角度考察了各种类型的“什么”句的否定特点与否定意义，依据“什么”的否定对象所属的域，并结合语义验证的方法区分了“什么”句的三种否定类型：知域否定（其语义解释为：不该〔认为〕……，如“你神气什么？”）、言域否定（其语义解释为：不要说……，如“什么你的我的？”）和行域否定（其语义解释为：不〔是〕……，如“什么好消息！”）。通过考察发现，“什么”句的否定以知域否定为主，这是因为“什么”句是一种主观性很强的句式；同时，“什么”句涉及言语行为的转喻，所以往往跟言域相关；也有几类“什么”句对事实、内容进行了否定，因而也涉及行域的否定。

本文提出了一个相对明确的标准来审视反问句中“什么”的否定类型和否定意义，这有助于我们更进一步地认识“什么”句的否定特点及其内部差异；而其他类型的反问句的否定特点和内部差异，则有待于进一步深入的研究。

附　注

① 本文例句如无特别说明，均来自北京大学CCL语料库。

② 查看例（2）的上下文语境可知，张乔治喝醉了酒，并不清楚是不是真的进了陈白露的卧室。因此，在我们看来，说话人使用例（2）是想否定或抵赖“进了你的卧室”这一事实内容，属于行域否定。

③ 详见袁毓林、刘彬（2016）。

④ 本文所说的“引述性”内容，既包括完整地引述对方的话语，也包括部分地引述（比如，采取截取或变形的办法）对方的话语。可参考马国彦（2016：487）所指出的四种引语形式。马文在讨论“别”加引语构成引述性否定时指出，引语的形式主要有四种：一是保持原形不变“X”；二是重叠形式“XX”；三是正反并列形式“X不X”；四是与同类词对举的并列形式“XY”。

⑤ 为了简便，下文的例句若转引自或改编自袁毓林、刘彬（2016），便不再一一标明出处。

⑥ 实际上，它表达的是“是NP”的意思。

参考文献

胡德明 （2010）《现代汉语反问句研究》，安徽人民出版社，合肥。

姜炜、石毓智 （2008）“什么”的否定功用，《语言科学》第3期，270—277页。

李一平 （1996）“什么”表否定和贬斥的用法，《河南大学学报》（社会科学版）第3期，102—108页。

李宇凤 （2010） 反问的回应类型与否定意义，《中国语文》第2期，114—123页。

吕叔湘主编 （1980/1999）《现代汉语八百词（增订本）》，商务印书馆，北京。

吕叔湘著，江蓝生补 （1985）《近代汉语指代词》，学林出版社，上海。

马国彦 （2016）“别”与引述性否定，《世界汉语教学》第4期，484—497页。

邵敬敏 （2014）《现代汉语疑问句研究（增订本）》，商务印书馆，北京。

邵敬敏、赵秀凤 （1989）“什么”非疑问用法研究,《语言教学与研究》第1期，26—40页。

沈家煊 （2003） 复句三域“行、知、言”,《中国语文》第3期，195—204页。

寿永明 （2002） 疑问代词的否定用法,《上海师范大学学报》(哲学社会科学版)第2期，113—117页。

伍雅清 （2002） 汉语特殊疑问词的非疑问用法研究,《语言教学与研究》第2期，41—49页。

肖治野、沈家煊 （2009）“了$_2$”的行、知、言三域,《中国语文》第6期，518—527页。

殷树林 （2009）《现代汉语反问句研究》，黑龙江大学出版社，哈尔滨。

袁毓林、刘彬 （2016）“什么”句否定意义的形成与识解机制,《世界汉语教学》第3期，303—317页。

赵元任著，吕叔湘译 （1979）《汉语口语语法》，商务印书馆，北京。

宗守云 （2016）“还X呢”构式：行域贬抑、知域否定、言域嗔怪,《语言教学与研究》第4期，94—103页。

Clark, Herbert H. & Gerrig Richard J. （1990） Quotations as Demonstrations. *Language* 4: 764-805.

Horn, R. Laurence （1985） Metalinguistic Negation And Pragmatic Ambiguity. *Language* 61, 1:121-174.

Huang, C.-T. James （1982） *Logical Relations in Chinese and the Theory of Grammar*. Cambridge, MA: MIT Dissertation.

Li, Yen-hui, Audrey （1992） Indefinite *Wh* in Mandarin Chinese, *Journal of East Asian Linguistics* 1: 125-155.

Sperber, D. & D. Wilson （1986/1995） *Relevance: Communication and Cognition*. Oxford: Blackwell.

Sweetser, Eve （1990） *From Etymology to Pragmatics: Metaphorical and Cultural Aspects of Semantic Structure*. Cambridge: Cambridge University Press.

The Negative Types and Negative Meanings of *Shenme*（什么）in Rhetorical Questions: Under the Theory of Three Conceptual Domains

LIU Bin, YUAN Yulin

Abstract: This paper mainly discusses the negative types and negative meanings of *shenme*（什么）in rhetorical questions from the perspective of three conceptual domains: acting, knowing, and uttering. Based on previous studies, we introduce the theory of communicative relevance and cognitive metonymy, and analyze the *shenme*-sentences which expresses negative meanings from the said three conceptual domains. The present study distinguishes three kinds of negative types of *shenme*-sentences: negation in knowing domain (with the semantic interpretation being "should not think..."), negation in uttering domain (with the semantic interpretation being "do not say..."), and negation in acting domain (with the semantic interpretation being "be not ..."). We argue that the negative types of *shenme*-sentences operates primarily on knowing domain and acting domain, with uttering domain being involved from time to time. The analysis proposed in this paper will help us understand the negative hierarchy and negative features of *shenme*-sentences more clearly.

Keywords: *shenme*（什么）, communicative relevance, cognitive metonymy, three conceptual domains, negation

（刘彬：430079　武汉，华中师范大学语言与语言教育研究中心
liubin198903@126.com；
袁毓林：100871　北京，北京大学中文系/中国语言学研究中心/
计算语言学教育部重点实验室
yuanyl@pku.edu.cn）

莫斯科词汇类型学研究介绍*

Ekaterina Rakhilina, Liliya Kholkina

提要 传统的类型学研究主要集中于语音、语法层面，对词汇的跨语言表现关注较少。近年来，词汇类型学研究在世界范围内逐步展开，并取得显著进展。莫斯科词汇类型学小组（Moscow Lexical Typology Group，简称MLexT）作为词汇类型学研究的重要学派，在理论探索及研究方法上，均有表率之功。本文以词汇类型学的兴起与研究现状为背景，重点介绍MLexT的基本思路、研究概况。以个案研究为例，解释了词汇类型学理论框架下的重要术语概念，如“框架”“参数”“语义地图”等，在此基础上，详细阐述了MLexT的理论与研究方法。

关键词 词汇类型学 词汇语义 框架 参数 语义地图

0 引言

在语言类型学研究中，词汇类型学属于相对年轻的分支领域。按照Lehrer（1992：249）的经典定义，词汇类型学（Lexical Typology）“关注语言［……］把语义材料包装进词语的独特方式”，旨在揭示词汇层面的内在规律和系统性。其基本假设是，尽管不同语言的词汇从表面上看是杂乱无章、没有规律的，但通过系统的比较可以发现，词汇的多样性在一定程度上是可以解释和预测的。

传统意义上的语言类型学大致等于语法及语音类型学，词汇研究在类型学领域一直处于比较边缘的地位。早期的词汇类型学研究，主要考察与语音、语法和句法问题相关的词汇现象，如语法化或涉及语音问题的词汇历史演变等。词汇类型学取得重大进展则是

收稿日期：2017-2-6；**定稿日期**：2018-5-1。**通讯作者**：Liliya Kholkina。

* 本次研究得到了俄罗斯基础研究基金会的支持（17-06-00184a）。

近二十年的事，主要得益于数据采集技术的进步。与语法标记不同，词复现的频率较低①，且词的分布规则是难以直接观察到的。而近年来大型语料库的诞生，在很大程度上促进词汇类型学的快速发展。研究者可以通过语料库快速获取大量的数据，并且可以直接观察到词在语境中的用法特征。②

本文由四部分内容组成：一、概述词汇类型学研究的不同领域；二、介绍莫斯科词汇类型学小组研究概况；三、结合个案研究论述莫斯科词汇类型学小组的研究在词汇类型学上的贡献；四、简要交代词汇类型学研究的新动态。其中二、三部分是本文讨论的重点。

1 词汇类型学研究的不同领域

早期词汇类型学主要与人类学、民族学研究相关，比较著名的有亲属称谓（Kroeber 1952）和身体部位名称（Brown 1976）的研究。亲属称谓和身体部位名称内部系统性较强，画图分类及成员释义的工作相对容易；且这些概念域成员都是名词，构建类型时一般不需要考虑词语的搭配限制或论元结构。可见，早期词汇类型的研究方法并不适用于词汇系统中的绝大部分概念域。

当代词汇类型学在研究对象和研究视角上都有很大的扩展，加深了我们对词汇层面系统性的认识。

1.1 与语法类型学相关的研究

语言类型学领域内最成熟的研究方向是语法类型学。这方面的研究中有一部分涉及词汇问题，如语法化。语法化研究的是词汇层面的单位演变成语法标记的过程（Heine & Kuteva 2002）。这类研究不会详细分析概念域的内部结构，但需要寻找词的本义与其演变过程之间的关联，这一点比较接近词汇类型学的研究对象。

Talmy（1985）对运动动词的研究也可视为语法类型学和词

汇类型学的交叉。虽然其研究的重点为一个具体范畴（运动动词的路径）的体现，但是对不同运动动词的研究也提供了有价值的参考。随后，词汇类型学对一些运动动词的研究（如Kopecka & Narasimhan 2012）将Talmy的分类作为比较词汇系统的标准之一。③

此外，还有一些以“词汇类型学”为主题的研究实际上更接近语法类型学的研究范围。加拿大学者Newman组织的一系列研究，如给予类动词（Newman 1998），姿势动词坐、站、躺（Newman 2002），吃喝类动词（Newman 2009）都可以归入此类。这些研究包括对动词本义的分析及其引申模型的描述，但重点放在其语法特征的比较上（如词的时态标记、及物性、语法化路径等）。Newman团队的语言样本较为丰富，不过由于缺乏统一的调查问卷和论述体系，因而其得到的跨语言的数据缺乏可比性。Newman出版的三部专著接近论文集性质，单篇文章的论述角度各不相同，提供了很多有趣的资料。由于彼此间可比性较小，故其类型学参考价值不大。

1.2 “自然语义元语言”理论

词汇类型学的发展过程中，波兰语言学家Anna Wierzbicka提出的“自然语义元语言”理论起到了重要作用（Wierzbicka 1972、1980; Goddard & Wierzbicka 2002、2014）。其基本假设是每个语言中都必然存在一组不可以被进一步简约的“核心语义”（semantic core），即一套无法被定义的释义词汇，被称为“语义元”。每种语言的语义元有60多个，借助它们通过“简约释义”方式，可以解释语言中的所有其他词语。④

自然语义元语言的重要贡献在于其使词汇类型学的研究领域扩大，不再局限于身体部位、亲属称谓等相对封闭的概念域，且强调提出统一比较标准的必要性。当然，该理论不可避免地也存在一定的局限性。首先，某个成分能否成为语义元的标准不明确，给人的感觉是任意性较大，事实上语义元的数量不固定也与此相关。其次，不同语言中语义元的等同性也存在问题。比如，英文的WANT

只对应汉语的“要”，而这两个词的词义和用法显然不完全相同。另外，“简约释义”方式也难以达到很高的准确度，并不能对近义词进行区分。由此可见，元语言理论还有待改进，词汇类型学的研究还存在其他角度与方案。

1.3 语言心理学与词汇类型学

与心理学相关的词汇类型学研究以色彩名称（Berlin & Kay 1969）的跨语言调查为代表，其基本理论依据是“刺激反应理论”。该研究首先确定每种语言中符合一系列条件的基本颜色词（basic colour terms）[⑤]，再邀请母语者将320张色卡（colour chips）归入该语言的基本颜色词的范围。研究发现，有11种颜色词属于人类语言的基本色彩名称，而这些名称有严格的等级性：

“黑/白 > 红 > 黄/绿 > 蓝 > 棕 > 粉/橙/灰/紫”

也就是说，所有语言都有白色（亮色）和黑色（暗色）的名称。如果某一语言中有三个颜色词，则第三个会是红色，以此类推。Berlin和Kay的研究不仅发现了词汇层面的规律性现象，还揭示了其内在的蕴涵关系，在词汇类型学领域建立了新的里程碑。

但是从现代语言学的角度来看，这种研究方法仍然存在一些缺陷。如在使用视觉上的刺激来收集语料时，研究者往往忽视所考察的词在语言中的表现（如搭配限制、在特定上下文中呈现的语义等），而这些信息对提取词的语义特征非常重要（下文有专述）。

1.4 马克斯-普朗克研究所的语言与认知小组

马克斯-普朗克研究所（Max-Plank Institute）的语言与认知小组（Language and Cognition Group）[⑥]是当前从事词汇类型学研究的主要团队之一，它继承与发展了“刺激反应理论”，取得了一系列颇有影响的成果。

该小组以Melissa Bowerman、Stephen Levinson和Asifa Majid为代表，使用广泛的语言样本（包括许多非洲土著语言）进行了多个概念域的跨语言调查。如空间概念（Bowerman 1992、1996）、身体部位（Majid *et al*. 2006）、描述物体在空间中位置的方式（Levinson 2008）、切割和破坏事件（Bowerman *et al*. 2007、Majid *et al*. 2008）、地形景观的名称（Burenhult *et al*. 2008）、“放与取”类动词（Kopecka & Narasimhan 2012）等。主要研究方法是通过给母语者播放视频等手段，对母语者进行感官“刺激”，收集他们的语言反应，并对收集到的真实语料进行分析归类。如切割和破坏事件项目以61部短视频[⑦]为视觉刺激考察了28种语言的母语者。视频内容由一些提前设计的情景构成，例如双手撕抹布、以小腿为支撑点用手折断一根木棍、用刀把胡萝卜切成几块、用剪刀把一条绳子剪成几段等。母语者通过观看视频后的直观反应，选用母语语言中一个合适的动词或谓词性短语来表达这些情景中的动作。然后，研究者分析哪些情况可以用一个词指称，哪些需要选择不同的词语。最后发现，区分切割和破坏动词的重要语义特征是破坏物分裂点的可预测性（predictability）。分裂点可预测性分为高预测性（如用刀切胡萝卜）、中等预测性（如用斧子砍树枝，斧子接触到树枝的点比用刀时更难预测）和低预测性（如盘子摔碎到地上）三级。得出的结论是：位于该等级序列两端的情形不能用一个词来表示，而离得比较近的有可能用一个词来表示。

不过该项目的研究仍具有一定的局限性。首先，以“刺激反应”理论为基础的研究方法所得到的结果，大都脱离了语言的自然使用，不考虑词的搭配限制及各种特殊用法；其次，一些表达抽象概念的概念域（如疼痛概念域）无法用“刺激反应”法来研究；第三，由于视频的前期制作程序复杂，故很难在调查中对问卷内容进行临时调整。

以上几类词汇类型学研究，相对于早期词汇类型学而言，在概念域的选取范围、语言样本的多样化以及数据收集与处理的方法上都有显著的发展。然而，这些研究反映出的普遍问题是：重概念而轻语言，亦即重点考察概念的普遍性，而忽略词在语言中的用法特点。而“词的使用”正是莫斯科词汇类型学小组最关注的问题，也成为其区别于其他研究学派的重要特点。

2 莫斯科词汇类型学小组研究概况

莫斯科词汇类型学小组（Moscow Lexical Typology Group，简称MLexT）是在莫斯科语义学派的基础上形成的，成立于2005年。小组成员主要来自Ekaterina Rakhilina带领的讨论班。MLexT的基本研究思路是将莫斯科语义学派分析近义词的方法与类型学家的研究方法相结合，系统地研究不同语言中近义词之间的细微差别，并找出词汇层面跨语言的规律。莫斯科语义学派和语法类型学关于人类语言的最基本假设有着诸多共通之处，在进行跨语言词汇研究时，具有互补性。下面分别对二者进行介绍。

2.1 莫斯科语义学派的指导意义

早在20世纪60年代莫斯科语义学派在国际语言学界就享有盛誉。其经典研究方法是通过分析词的语境结构和搭配来发现近义词之间的区别。莫斯科语义学派最重要的理论假设是，任何语言中都不可能存在语义完全等值的绝对同义词，因此可以通过比较近义词的手段发现某个概念域的语义特征（Apresjan 2000）。搭配研究法的核心是发掘一个词无法被其近义词取代的特征语境以及决定其不被替换的语义特征。

需要说明的是，莫斯科语义学派本身没有涉及类型学研究，它的目标是对单个词进行尽可能详尽的描写。如果将其他语言的词汇系统纳入考察范围，新的任务就出现了。比如，双语词典旨在将一个词平行翻译成另一种语言中意义相近的词，语言之间的对译词只是近义关系，这意味着搭配研究法也可以用来进行跨语言的词汇比较。因此，MLexT需要从收集到的数据中提取具有类型学意义的语义特征。

2.2 语法类型学的方法论价值

词汇类型学研究也会借鉴语法类型学的研究方法。语法类型学研究早于词汇类型学几十年，在样本选取、数据收集等工作上已经形成了比较成熟的研究方法，尤其是对语法范畴的研究（参看Comrie 1976、1985；Bybee & Dahl 1989；Corbett 1991、2000；Aikhenvald 2000）。目前，大多数从事类型学研究的学者认为语法意义存在一个封闭的、具有普遍意义的清单（Bybee & Dahl 1989：51—52；Plungian 2000：233—238），每种语言都在这个清单上选取一个子集。不同语言选取的子集可以有很大的不同。并且，一个简单的标记或结构可以表达很多种语法意义，这种现象在跨语言中很常见。大多数类型学家都认为不同语言语法形式与语法意义结合的差异是在一系列认知策略的作用下完成的（参看Plungian 2000；Haspelmath 2003）。

语法类型学研究主要有两方面的目标：（1）描写出一套普遍存在的语法意义；（2）确定语言在合成意义时使用的策略。

借鉴语法类型学的思路，词汇类型学也可以设定两个研究目标：a.建立一套具有普遍意义的词汇语义系统；b.发现词汇语义结合成词的策略（即词化策略）。下面详细论述这两个目标。

2.2.1 具有普遍意义的特征与对立

相比语义范畴而言，语法范畴通常有比较明确的标志和对立关系，而一组近义词的词义往往比较相似，对立关系不明确。

词汇层面上最明确的二元对立是反义词。借助反义词通常可以更清晰地反映一个词的语义特征。比如，英文的old“老、旧”有两个反义词，分别是young“年轻”和new“新”。在an old shoe/sailor“旧鞋子/老水手”这样的搭配中都可以用old，但是反义词不能一样：an old shoe的反义词是a new shoe，an old sailor的反义词是a young sailor。从这个对立中可以看出，主体是否有生命对old“老、旧”反义词的区分能够起到作用。由此推测，某些语言可能会用不同的词表达两种对立的old。比如，Cuscan Quechua语表达老旧义时存在这种对立的词化策略：thanta用来指人工制品的老旧，而machu和paya则分别指男人和女人的老旧。

然而很多词只有近义词却没有反义词。如“草”“房子”“金色”“修饰”“挖掘”等，很难想象其反义词是什么。并且即便有反义词的词，它们的意义也不是完全相反的。例如，形容词live/dead“活的/死的”明显反映了两个对立概念，dead意为生物失去生命（a dead cat“一只死猫”，dead trees“死去的树木”等），而live就应该表示生物具有的生命特征，但live却很少用来修饰有生命的名词。所以，如果某个有生名词前出现live时，经常是为了强调其非凡性，如a live performance（现场演出，而非提前录制），又如live snakes（是真正的蛇，而非玩具）。可见，词汇类型学和语法类型学的研究对象存在较大的差异。因此词汇类型研究不能照搬语法类型学的方法，而需要做出相应的调整。

2.2.2 意义结合成词的策略

同一个语法标记通常具有多个语法功能，每个功能都会体现在不同的句法环境中，且不同语言鉴别句法环境的方法也有可能不同。语法类型学家在已知的语言中收集相关的句法环境，并以此来鉴别和调查新样本。当某种句法环境在语言中对研究的范畴有效，它就可能被纳入语法范畴的普遍清单。研究语言中有哪些句法环境可以由同一个语法标记来表示，也就相当于从语法类型学的角度分析这种语言。

词汇学研究也有类似的思路，即把相关的“环境”（MLexT称之为典型情景，即“语义框架”，详见下文）找出来，并考察它们在不同语言中用词汇手段来表示的情况。当然，这里还涉及一些具体操作问题，比如如何选择概念域，设定概念情景和语言样本的选取等（下文有专述）。

2.3 莫斯科词汇类型学的理论框架与研究方法

2.3.1 语言样本的选取

设定词汇类型学的样本范围本身就是一项具有挑战性的工作。研究者首先从母语出发，收集所要考察的概念域中包含哪些词，然后再扩大到其他语言。词汇类型学选取语言样本的数量和择取方法不同于语法类型学。

语法类型学的样本通常覆盖200—400种，并且要求对语言的亲属关系和地域性有一个平衡（Bybee 1985; Bybee *et al.* 1994），即在发生学上关系密切的几种语言不适合作为考察样本，以免它们的相似性扭曲了概貌。不过Kibrik（1992、1998）声称，具有亲属关系的语言同样适用于语法类型学的研究。

相较于语法类型学，能够用于词汇类型学研究的语言样本数量较为有限。在词典不充足且通常不适用的情况下，词汇类型学要依赖田野调查。调查周期相对较长，想要仿效语法类型学覆盖几百种语言不太现实。MLexT认为，对词汇类型学而言，好的研究方法比数量丰富的样本更为重要。如果研究方法是类型学的（即适用于不同的语言），即使数据有限，该研究也应该视为类型学研究。MLexT的研究项目中，样本数量最多的是水中运动动词，覆盖近50种语言（Majsak & Rakhilina 2007）；疼痛动词覆盖22种语言（Britsyn *et al* 2009; Reznikova *et al*. 2012），旋转动词覆盖17种语言（Kruglyakova 2010）；物理属性词“利”和“钝”覆盖17种语言（Kyuseva 2012）。MLexT发现，即使只有15种语言的样本同样能发现有价值的、具有普遍意义的规律。

值得一提的是，Haspelmath（2003）也指出，由十几种语言组成的样本也足以展现特定语法范畴的总体面貌。可见，在样本数量方面语法范畴的研究与词汇研究具有一定的共性。而问题在于，目前许多语法范畴已经描述得很透彻，而词汇概念域的总体面貌还不够清晰，因而需要在这方面多下功夫。

此外，词汇类型学研究在选取语言样本时倾向于认为语言样本可以在发生学上相关，即有亲属关系的语言同样适合做词汇类型学研究（参看Rakhilina & Prokofieva 2004）。原因在于语法结构的演变可能需要几个世纪，而词汇的稳定性要差很多。说话者可以在一代人中观察到一个词的产生和淘汰与词汇语义的显著变化。因此，即使是关系很近的语言，比如俄语和波兰语，在特定的概念域内，并不一定有很多同源词。即使在来源上有关系，这些词相对于它们的亲属词而言，也会发展出差别很大的用法。此外，亲属语言（甚至是关系较远的方言）同样会发生具有类型学意义的词义引申。

2.3.2 收集数据的方法

词汇类型学家所利用的资源非常广泛，包括各种类型的词典、大型语料库、对母语者的调查（包括问卷填写与补充、核对例子的有效性等）。

首先在母语中确定某个概念域的大致轮廓之后，MLexT开始从双语词典中收集平行的翻译。任何一个词在翻译成其他语言时都可能存在多种意义，也很有可能存在好几个词对应相同的翻译。例如，俄语的*tolstyj*对应汉语中三个形容词“厚”（“厚被子”）、“粗”（“粗绳子”）和“胖”（“胖孩子”）。这都可以帮助我们精确地理解词义，找出比较的基础。

不过需要特别指出的是，语法类型学研究可以依靠语法专著获取数据，而词汇类型学研究不能完全依靠词典。虽然词典和语法专著都是二手资料，原则上享有平等地位，但是语法专著已经接受了类型学家近半个世纪以来的语言观念，从而具有一定的可比性，而词典在这方面还存在很大差距。词典中提供的数据对于词汇语义学研究而言往往是不完备、不连贯，也不具有兼容性的，因而仅依靠词典无法对词汇进行精细的跨语言比较研究，需要重新审核相关数据。

如果所调查语言有相应的语料库，收集数据最便捷的方法是查找语料库。如果所考察的词较常见，且语料库体量足够大，词的典型搭配和近义词之间的用法差别会清楚地显现出来。

当然，语料库也可能存在一些问题，或语料库的部分数据已经过时，或出现很特殊、不规范的例子，或存在一些其他技术层面的漏洞。所以，还需要把收集到的例子交给母语者确认。而对于没有词典和数据库的语言，调查母语者就成了收集数据的唯一途径。就以往的经验来看，调查这种语言时，需要提前准备好调查问卷等资料。从这个意义上来说，通过语料库收集例子不仅可以获取词的用法，还能发现与其他语言潜在相关的语境。

2.3.3 语义框架——跨语言比较的基础

"框架"[⑧]（frame）指概念域的典型情景，在类型学的调查问卷中起带入的作用。与语法类型研究类似，当与所研究的概念域有关的某个情景在某种语言中有专门的词来表示，MLexT就把它纳入调查问卷。框架的作用相当于语法类型学家所使用的某个语法范畴普遍存在的语法意义的集合，找出框架之后可以用来研究特定语言在合成意义时使用的策略，即词化策略。

以水中运动项目为例，通过对近50种语言的调查，MLexT发现，这个概念域包含四个基本框架，分别是：

1）主动游泳（Swimming）；

2）依靠水流被动漂移（Drifting）；

3）静止漂浮在液体表面（Floating）；

4）交通工具（和上边的人）的水上位移（Sailing）。

在MLexT考察的样本中，词化策略大致分两类：第一种词化类型是合并系统（dominant system[⑨]），即用一个词表示概念域中所有框架，如保加利亚语的*pluvam*能覆盖所有框架。

第二种类型是分类系统（classifying systems），即存在两个以上的词分别表示其中一个或多个框架，从而形成对概念空间不同的分割方式。如泰米尔语（Tamil）有两个水中动词，一个表示游泳框架，另一个表示漂移和漂浮框架。

最后，MLexT借助语义地图展示词化策略的普遍性和可预测性。语法类型学的语义地图代表语法系统的一个域（即语法范畴），比如情态或疑问代词。普遍存在的语法意义形成语义地图上的节点，如果所考察语言中有几种语法意义共用一个语法标记，在语义地图上则用一种颜色或一条线标示出这几个节点。利用语义地图可以使跨语言的比较一目了然（参看Van der Auwera & Plungian 1998；Haspelmath 2003；Tatevosov 2004；李小凡等2015）。

MLexT为每个概念域设计的语义地图，概念空间中的节点代表语义框架。与语法类型学的语义地图类似，经常用一个词来指称的框架在概念空间上也离得近。用一个词来指称的两个框架要有关联，中间不能插用另一个词表示的框架（语义地图连续性原则）。

以水中运动的语义地图为例：

FLOATING 漂浮（静止）

/ \

游泳 SWIMMING DRIFTING 漂移

\ /

SAILING 航行

图1 水中运动动词语义地图

然后将特定语言的数据置于概念空间上，则可以显示在特定语言中概念域是如何用这些词来分割的。以下是泰米尔语和印地语的词化模式：

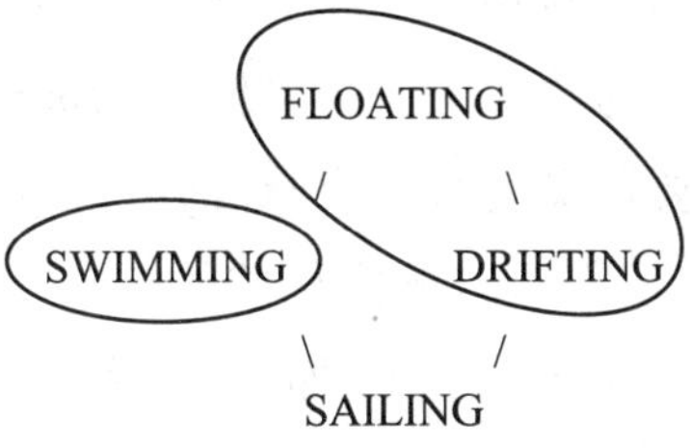

图2 泰米尔语水中运动动词语义地图

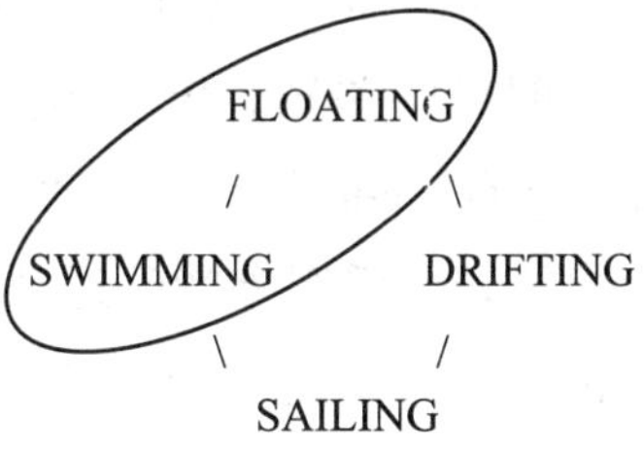

图3 印地语水中运动动词语义地图

同时跨语言数据显示，不存在以下两种类型的词化模式，由此可以得到一些有普遍意义的规律。

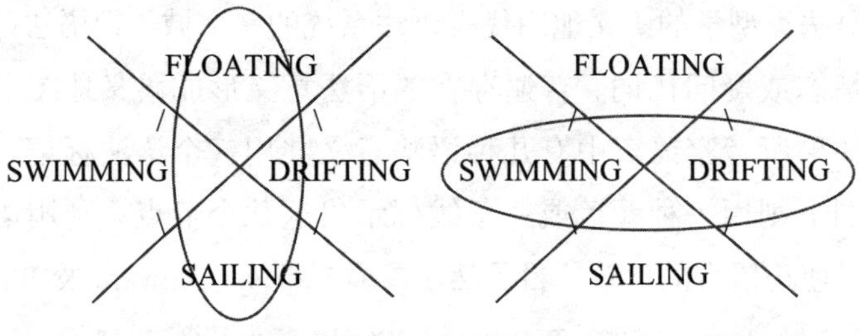

图4 不存在的词化模式

3 MLexT对词汇类型学研究的贡献

本章主要从三方面论述MLexT对词汇类型学研究所做的贡献，具体包括:（1）由于研究范围的拓展，促使我们对词汇层面的规律性表现有更全面且更深入的认识;（2）MLexT首次从类型学的角度考察词义的引申用法;（3）用新方法再看旧问题。下面分别讨论。

3.1 研究范围的拓展

MLexT不局限于传统的研究范围，尽可能拓展研究对象。如研究运动动词时较少考察普通运动动词，而将视野扩大到特殊类别的运动动词。MLexT考察的运动动词除上文已介绍的水中运动动词外，还包括旋转动词、“倒—落”动词、摇摆动词及飞翔动词等。下面举例说明:

旋转动词的特点在于其运动轨迹是圆弧形，这与其他运动事件有明显的差别。传统的类型学认为路径（包括“起点”source和“终点”goal）是运动动词的重要语义要素，如Talmy（1985）。而像旋转、摇摆等特殊运动动词，一般难以确定位移的source和goal。并且，由于旋转事件经常包含两个参与者（如“月亮绕着地球转”），因此“参照物”论元对旋转动词的编码起着重要作用。

“倒—落”动词表示物体不受控制地从高处下落到低处（如杯子掉到地上）或垂直的物体受重力作用横倒（如大树被风刮倒）。“倒—落”动词是MLexT对运动动词的方式要素考察的实践。以往学者对路径要素及其类型已有充分的研究，而方式要素及其类型的研究则鲜有涉及。倒落运动中包含丰富的方式类型，主体类别的不同、起点与终点性质的差异都有可能导致不同形式的倒落。对倒落动词的考察，可以加深我们对方式要素的认识（参看Reznikova & Vyrenkova 2015；墙斯 2017）。

MLexT的研究项目不仅涉及运动动词，还包括表示抽象概念的疼痛动词（Britsyn *et al.* 2009；Reznikova *et al.* 2012）。这个概念域的特点在于，疼痛动词是其他概念域成员通过隐喻手段来表示疼痛义，如英文的“My eyes are burning（字面义为‘燃烧’）”或汉语的“我的头要爆炸了”。MLexT在考察20余种语言后得出的结论是，不同来源域的动词发展出疼痛义时，必然会经过一系列形态和句法的转变。这些变化并非偶然，它们是由来源动词（动作动词、过程动词、状态动词）变成疼痛动词所需要的语义变化类型决定的。

以往很少有学者从事物理属性的跨语言研究，原因在于物理属性很难直接观察，所以在描述分类问题上就比较困难。比较有影响的研究只有Goddard & Wierzbicka（2007）。MLexT的框架分析法恰好可以为此提供直接而有效的研究工具。MLexT开展对物理属性形容词（如“尖”“湿”“软”等）的研究。形容词的语法模式比较单一，大部分物理属性词只有一个论元，依靠句法手段难以发掘其语义特征。并且，物理属性相对抽象的概念，也无法通过视频等直观的视觉刺激收集数据。MLexT通过研究发现，物理属性语义场内部组织的特点及引申方向往往受到一些因素制约，如不同感官来源信息、搭配的类型与主观色彩（李亮 2015）。

3.2 从类型学视角考察词义引申

MLexT发现词汇层面的共性不仅表现在词的基础义上，词的引申义同样存在跨语言共性。Lakoff（1980）曾经提出引申义的发展并非偶然，而严格遵守一系列认知机制，且产生引申用法的基本认知原则具有普遍性。MLexT首次进行了成规模的跨语言引申用法的考察，为概念域列出了相关的隐喻清单。MLexT发现，词义的引申不是随意的，而是受基础义来源框架的影响；并且一个概念域内不同的基础义会发展出不一样的引申用法，即基础义框架之间的对立会直接影响引申义的发展。

下面主要以水中运动动词、旋转动词为例说明。

水中运动动词的引申义。水中运动动词的引申义具有跨语言共性。

游泳框架常引申出“在人群中挤出一条通道”的意义。产生这种引申用法的必要条件是相关动词在本义上就具有“主动”这个语义成分、如楚瓦什语（Chuvash）的*иш*、科米语的*уявны*、日语的*oyogu*都有这一类用法。

漂浮框架常引申出“不稳定”的意义，“不稳定”引申用法的依据是浮在水面的物体往往会晃动，给人的感觉是不稳定。英文的*float*、葡萄牙语的*flutuar*、波斯语的*šenāvar budan*、芬兰语的*uida*、拉丁语的*fluctuare*都有这一类的引申用法。“不稳定”隐喻可以体现在具体物体上，如“木质地板漂浮（不稳定，容易晃动，上下起伏）”这类的说法，也可以描述抽象物“浮动汇率（上下起伏）”“经济在漂浮（不稳定）”。汉语里“漂摇”“人心浮动”等说法比较接近。

漂移框架常引申出“在空气中运动”的意义。这种引申用法极其普遍，几乎所有的语言里都有这类说法。如汉语里“碧空中飘浮着朵朵白云”都属于此类。

旋转动词的引申义。跨语言证据显示，旋转概念域中最基本的语义框架为外轴线（“绕”）旋转和内轴线旋转（“转”），除此之外绝大多数语言有单独的词来指称滚动动作。

旋转动词的引申用法很丰富，且在跨语言中表现出较强的一致性。引申用法始终保持与本义的关联性，且经常保留本义用法最突显的语义特征，因此，不同的基础义框架发展出来的引申义也不同。旋转动词的引申义主要分内轴线与外轴线两部分。

内轴线旋转动词在基础义上是一价的（如“花样滑冰运动员原地转”），该语法特征在引申义用法中得以保留，即引申义用法也是一价的。内轴线定向的旋转通常引申出“事态正常发展（运转）”，而不定向的旋转则引申出“安定不下来（转来转去）”之义。物体的旋转会导致方向的改变，让观察者看到它的另一面，故可引申出“转变”“事物形状的改变”“精神状态的变化”等用法。

外轴线旋转引申用法的共同基础是参照物，这类动词是二价的（“月亮绕地球运行”），这一语法特征决定了外轴线旋转动词在引申用法上也是二价的。外轴线旋转动词发展的几个典型引申用法有“追逐参照物”“寻找参照物”“回避参照物”，下面分别介绍。

在“追逐参照物”这个引申用法中，旋转体的轨迹变得不突显，不一定是圆形的；主要的含义是旋转体追随参照物，不愿意离开。汉语普通话的“围/绕”也有类似的引申义，如“小孩子喜欢围在妈妈身边撒娇”。

“寻找参照物”。为了围绕参照物进行旋转，旋转体需要对参照物的位置有把握。如果参照物的位置是固定的，但是旋转体不知道其位置，它的运行就会脱离圆形轨迹，变得不太规律。由于在这类用法里旋转体有明确目标，即要找到参照物，它一般是有生命的，而因为参照物的位置不确定，句子里经常不提到参照物而只给出更广泛的动作的范围，但是旋转体的位移是有目标的，而这个目标就是参照物。如汉语的“绕”:“我们摸黑绕了老半天，最后又来到那个有天井的院子”。

“回避参照物”。在以上所描述的引申用法里，参照物具有一定的吸引力，但这一类用法里主体要避免跟参照物的接触，主体能够洞悉参照物的位置，但由于参照物被视为不如意的现象，主体要回避参照物。第一步引申可能是主体要避免与具体的障碍物发生接触，所以要绕过它。第二步引申中参照物变成抽象的物体，如“困难想绕是绕不开的”。

此外，MLexT还展开对动物鸣叫声（如吠、嘶、鸣、吼等）隐喻用法的考察。这个项目提出的问题是，表示动物的鸣叫声的动词被用来描述人、自然物或人造物时，会发生什么样的变化，且这类变化是否具有跨语言的普遍性。通过对近30种语言的调查发现，这个概念域中也存在一些比较稳定的认知规律。比如用描述蛇、狗及一些猛兽叫声的象声词来描述人时，一般会产生消极义（如汉语的“吠”）。

3.3 对旧问题有新认识

词汇类型学的著名研究案例（如身体部位项目）在MLexT分析体系中也经常需要再次反思。传统上，身体部位项目的研究方法是按照不同语言的词化策略在人体图不同部位上涂颜色，加上标签（Majid *et al.* 2006）。这样处理的语料非常便于做跨语言比较，不同语言的词化策略一目了然。不过，从MLexT研究方法的角度来看，其中一些结果需要进一步确认。比如，在人的“手”领域，许多语言有胳膊（*arm*）和手（*hand*）的对立。俄语也如此，在画图时，会有单独的词来指称手（*hand*），即*kist'*（*kist'*的本义为“刷子”）。但是在实际语言使用中，类似“握在*kist'*中”或“在*kist'*中拿着”这样的搭配是不允许的，这种情况下应该用整个“手”领域（从胳膊到手指）的总称*ruka*。而*kist'*只能用在描述外表（*uzkie kisti*“很窄的手”）或姿势（*polozhit' kisti na koleni*“把手放在膝盖上”）时。由此可见，通过画图的方式证明的某种词语在语言中的存在并不一定能代表该词在语言中的实际运用，该词在图中所覆盖的部位也不代表它的实际语义。MLexT正在开发符合MLexT研究方法的身体部位问卷。

以往考察颜色词时重点在于收集跨语言中哪些色卡对应同一个词，而很少关注颜色词在语言中的使用。实际上在同一种语言中有些颜色词的搭配限制并不相同。如Rakhilina（2000/2008：168-196）阐述了许多俄语中色彩名称的搭配限制。例如，俄语中的

korichnevyi（棕色、褐色）不能修饰有生命的主体及其组成部分和自然物：

（1）a.**korichnevaya zemlya* 棕色、褐色的土地

b.**korichnevyi stvol dereva* 棕色、褐色的树干

c.**korichnevyi medved'* 棕色、褐色的熊

d.**korichnevye glaza* 棕色、褐色的眼睛

在修饰人造物时，*korichnevyi*（棕色、褐色）不受限制：

（2）a. *korichnevaya kraska* 棕色、褐色的油漆

b. *korichnevaya rubashka* 棕色、褐色的衬衣

c. *korichnevye botinki* 棕色、褐色的鞋

可见，虽然所指称的颜色相同，俄语中表示“棕色、褐色”的词只能描述人造物，而这一重要信息无法通过色卡调查发现。

4 词汇类型学研究新动态

本文对MLexT的研究方法做了详细介绍。任何一种方法都需要检验和不断改进，MLexT的研究方法面临的主要问题是手工处理语料耗时太长，因而努力方向之一是例句自动收集和分类，这将大大加快工作进度。

与此同时，自动收集和分类语料需要以已经过确认的跨语言数据为基础。因此，MLexT继续展开手工收集分析语料的试点项目，了解更多新概念域的内部组织。

从研究对象上看，迄今为止MLexT研究得比较多的是谓词性词汇，主要是动词和形容词，且选择比较“客观”的领域，如物理属性词。目前MLexT逐渐开始考察人的属性（如聪明、灵巧-机灵等等）、抽象词汇（如希望、良心、沮丧等）、人造物名词等。

最后，正如文章开头提到，发展词汇类型学研究的重要前提是语料库。因此，MLexT重点发展俄语国家语料库的平行语料库和学习子语料库，这也是该小组在工作中得到的重要启发。

附 注

① 这里具体指所要考察的词，比如在跨语言层面调查水中运动动词。

② 当然，词汇类型学研究也对数据库类型提出更高的要求。比如体量上的要求，二三十万字的语料库足以研究具有普遍意义的语法标记，而研究某个词时，一亿字的语料库不一定适合。遇到一些专门的词，有时需要万亿字的大型语料库。无论如何，在大数据时代背景下，词汇类型学研究已经取得显著进步，并为类型学研究开辟了新视野和方向。

③ 值得一提的是，Kopecka & Narasimhan（2012）通过详细语言数据分析，发现很多自然语言中运动动词的分类与Talmy的结论并不相符，这对Talmy的分类（包括Slobin 2004的新版本）提出了很大的挑战。

④ 语义元的具体数量有时进行调整，自然语义元语言理论的介绍请参见：http://www.griffith.edu.au/humanities-languages/school-languages-linguistics/research/natural-semantic-metalanguage-homepage

中文介绍及中文的语义元请参见：http://www.griffith.edu.au/humanities-languages/school-languages-linguistics/research/natural-semantic-metalanguage-homepage/resources/non-english-nsm

⑤ 基本颜色词应该符合以下要求：1.不是复合词（*米黄色）；2.心理上突出（psychologically salient），在请母语者说出色彩名称时很快就会被提出来的（红、*朱、*赤）；3.搭配能力高（*皎〔指白色，但多形容日、月光亮而洁白〕、*皙〔多指人的肤色洁白〕）。

⑥ 官方网页：http://www.mpi.nl/departments/language-and-cognition。

⑦ 相关所有视频可参考http://fieldmanuals.mpi.nl，切割和破坏事件项目视频介绍参看Majid等（2008：147-148）。

⑧ 值得注意的是本文讨论的框架与传统上理解的框架（Fillmore 1976、1982，目前通行的框架网络概念参看 framenet. icsi. berkeley.edu）不同。传统上对框架的定义是伴随句法角色的成分。然而，这种研究思路对词汇类型学来说不起什么作用。以形容词为例，形容词基本只有一个固定的句法位置——靠近它修饰的论元。所以，如果对形容词进行分类，依据的特征是语义类型而不是论元的句法特点。如“毛糙的布料”和“粗糙的皮肤”，“毛糙”和“粗糙”的句法表现没有差别，不同点在于论元的语义类型，即“毛糙”所修饰的论元是人造物。因此，MLexT所讨论的框架关注的不是句法而是论元的语义类型。

⑨ 笔者把“dominant system”翻译成“合并系统”，是基于对术语所指的内容的考虑。“dominant system”指的是用一个词覆盖多个甚至所有基础框架的情况。语义地图中，能够被一个词覆盖的框架可以合并。

参考文献

李　亮 （2015）《词汇类型学视角的汉语物理属性形容词研究》，北京大学博士学位论文。

李小凡、张敏、郭锐等 （2015）《汉语多功能语法形式的语义地图研究》，商务印书馆，北京。

墙　斯 （2017）《词汇类型学视角下汉语运动动词的历史演变研究——以三组运动动词为例》，北京大学博士学位论文。

Aikhenvald, Alexandra Y. （2000） *Classifiers: A Typology of Noun Categorization Devices*. Oxford: Oxford University Press.

Apresjan, Ju. （2000） *Systematic Lexicography*. Oxford: Oxford University Press.

Auwera, J. van der, Plungian V. A. （1998） Modality's Semantic Map. In *Linguistic Typology* 2.1: 79-124.

Berlin, B., Kay P. （1969） *Basic Color Terms: Their Universality and Evolution*. Berkeley.

Bowerman, M. （1992） Topological Relations Pictures. Field Manual, 1, *Language and Cognition.*

Bowerman, M. （1996） Learning How to Structure Space for Language: A Cross-linguistic Perspective. In P. Bloom, M. A. Peterson, L. Nadel, & M. F. Garrett（eds.）*Language and Space*（pp. 385-436）. Cambridge, MA: MIT press.

Bowerman, M., van Staden M., Booster J. S. （2007） The Semantic Categories of "cutting and breaking" Events across Languages, *Cognitive Linguistics*,（2007）. 18（2）. 133-152.

Britsyn, V. M., Rakhilina E.V., Reznikova T.I., Yavorska G.M.（eds.）（2009） Koncept boli v tipologičeskom osveščenii（The Concept of PAIN in Typological Context）. Kiev, Dmitri Burago's Publishing House.

Brown, C. （1976） General Principles of Human Anatomical Partonomy and Speculations on the Growth of Partonomic Nomenclature. *American Ethnologist*, 3, 400-424.

Burenhult, N., Levinson S.C. （2008） Language and Landscape: A cross-linguistic Perspective. *Language Sciences*, 30（2/3）, 135-150.

Bybee, J. L. （1985） *Morphology: A Study of the Relation between Meaning and Form.* Amsterdam: John Benjamins.

Bybee, J. L., Dahl Ö. （1989） The Creation of Tense and Aspect Systems in the Languages of the World. In *Studies in Language*, 13. 51-103.

Bybee, J. L., Perkins R., Pagliuca W. （1994） *The Evolution of Grammar: Tense, Aspect and modality in the Languages of the World.* Chicago.

Comrie, B. （1976） *Aspect.* Cambridge: Cambridge University Press.

Comrie, B. （1985） *Tense.* Cambridge: : Cambridge University Press.

Corbett, G.G. （1991） *Gender.* Cambridge: Cambridge University Press.

Corbett, G.G. （2000） *Number.* Cambridge Textbooks in Linguistics. Cambridge: Cambridge University Press.

Fillmore, Ch. （1976） Frame Semantics and the Nature of Language. In *Annals of the New York Academy of Sciences: Conference on the Origin and Development of Language and Speech.* 280: 20-32.

Fillmore, Ch. （1982） Frame Semantics. In *Linguistics in the Morning Calm.* Seoul, South Korea: Hanshin Publishing Co. 111-137.

Goddard, C. and Wierzbicka A.（eds.）（2002） *Meaning and Universal Grammar: Theory and Empirical Findings*（2 volumes）. Amsterdam/Philadelphia: John Benjamins.

Goddard, C., Wierzbicka A. （2007） NSM Analyses of the Semantics of Physical Qualities: Sweet, Hot, Hard, Heavy, Rough, Sharp in Cross-linguistic Perspective // *Studies in Language*, Volume 31, Number 4. p. 765-800.

Goddard, C., Wierzbicka A. （2014） *Words and Meanings: Lexical Semantics Across Domains, Languages, and Cultures*, Oxford University Press, Oxford.

Haspelmath, M. （2003） The Geometry of Grammatical Meaning: Semantic Maps and Cross-linguistic Comparison, Tomasello M.（ed.）*The New Psychology of Language*, vol. 2. Mahwah, NJ. P. 211-242.

Heine, B., Kuteva T. （2002） *World Lexicon of Grammaticalization*. Cambridge: Cambridge University Press.

Kibrik, A. E. （1992） Tipologija rodstvennyx jazykov: sinxronija i èvoljucija [Typology of Genetically Related Languages: Synchrony and Evolution]. In *Tipologičeskoe i sopostavitel'noe izučenie slavjanskix i balkanskix jazykov.* Moscow: ISB RAN.

Kibrik, A. E. （1998） Does Intragenetic Typology Make Sense? In W. Boeder *et al.*（eds.）*Sprache im Raum und Zeit: in memoriam Johannes Bechert.* Tübingen: Narr, Bd. 2: Beiträge zur empirischen Sprachwissenschaft.

Kopecka, A., Narasimhan B.（eds.）（2012） *Events of Putting and Taking: A Crosslinguistic Perspective*. Amsterdam.

Kroeber, A. （1952） Classificatory Systems of Relationship, *The Nature of Culture.* Chicago.

Kruglyakova, V.A. （2010） Semantika glagolov vraščenija v tipologičeskoj perspektive [Semantics of Rotation Verbs in a Typological Perspective]. Ph.D. thesis, Russian State University for Humanities.

Kyuseva, Maria V. （2012） Leksičeskaja tipologija semantičeskix sdvigov nazvanij kačestvennyx priznakov 'ostryj' i 'tupoj' [Lexical Typology of Semantic Shifts in Adjectives 'sharp' and 'blunt']. Diploma paper, Moscow State University.

Lakoff, G., Johnson M. *Metaphors* (1980) *We Live By*. Chicago.

Lehrer, Adrienne (1992) A Theory of Vocabulary Structure: Retrospectives and Prospectives. In Pütz, Manfred (ed.) *Thirty Years of Linguistic Evolution.* Studiesin honour of René Dirvén on the occasion of his sixtieth birthday. Amsterdam: Benjamins. pp. 243-256.

Levinson, S.C. (2008) *Space in Language and Cognition: Explorations in Cognitive Diversity.* Singapore.

Majid, A., Enfield N. J., Van Staden M. (eds.) (2006) Parts of the Body: Cross-linguistic Categorization. Special Issue-*Language Sciences*, 28 (2-3).

Majid, A., Boster J., Bowerman M. (2008) The Cross-linguistic Categorization of Everyday Events: A Study of "cutting and breaking", *Cognition*, 109 (2).

Majsak, T., Rakhilina E. (eds.) (2007) Glagoly dviženija v vode: leksičeskaja tipologija [Verbs of AQUA-Motion: A Lexical Typology]. Moscow: Indrik.

Newman, J. (ed.) (1998) *The Linguistics of Giving*. Amsterdam, John Benjamins.

Newman, J. (ed.) (2002) *The Linguistics of Sitting, Standing and Lying*. Amsterdam: Benjamins.

Newman, J. (ed.) (2009) *The Linguistics of Eating and Drinking.* Studies in Typological Linguistics 84. Amsterdam/Philadelphia: John Benjamins.

Plungian, V.A. (2000) Obščaja morfologija (Common Morphology). Moscow: URSS.

Rakhilina (Рахилина Е. В.) (2000 / 2008) *Когнитивный анализ предметных имен: семантика и сочетаемость*-М., 2000 (2-е изд.-2008).

Rakhilina (Рахилина Е. В.) (2009) *Корпусные исследования по русской грамматике*, ред.-сост. К. Л. Киселева, В. А. Плунгян, Е. В. Рахилина, С. Г. Татевосов. М.: Пробел.

Rakhilina (Рахилина Е. В.) (2010) *Лингвистика конструкций*, отв. ред. Е. В. Рахилина. М.: Азбуковник.

Rakhilina, E.V., Prokofieva I.A. (2004) Rodstvennye jazyki kak ob"ekt leksičeskoj tipologii: russkie i pol'skie glagoly vraščenija [Genetically Related Languages in Linguistic Typology: Russian and Polish Verbs of Rotation]. In *Voprosy jazykoznanija*, 1, 60-78.

Reznikova, T., Rakhilina E., Bonch-Osmolovskaya A. (2012) Towards a Typology of Pain Predicates. In *Linguistics.* Volume 50, Issue 3, pp. 421-465.

Reznikova, T., Vyrenkova A. (2015) Semantics of Falling: A Cross-linguistic Approach. Higher School of Economy, Basic research program: *Linguistics.*

Slobin, D. I. (2004) The Many Ways to Search for a Frog: Linguistic Typology and the Expression of Motion Events, S. Stroemquist, L. Verhoeven（eds.）*Relating Events in Narrative: Typological and Contextual Perspectives.* Mahwah.

Talmy, Leonard （1985） Lexicalization Patterns: Semantic Structure in Lexical Forms. In *Language Typology and Syntactic Description*, ed. Timothy Shopen, 57-149. Cambridge: Cambridge University Press.

Tatevosov, S.G. （2004） Semantičeskoe kartirovanie: metod i teorija［Semantic Maps: A Method and a Theory. In *Vestnik Moskovskogo universiteta.* Ser. 9. Filologija, 1, 123-141.

Wierzbicka, A. （1972） *Semantic Primitives.* Frankfurt.

Wierzbicka, A. （1980） *Lingua Mentalis.* Sydney.

Moscow Lexical Typology Group: New Methodology for Lexical Typology

Ekaterina Rakhilina, Liliya Kholkina

Abstract: The paper introduces the methodology and techniques of lexical typological studies undertaken by Moscow Lexical Typology Group. It gives a brief overview of main research results achieved by MLexT with a focus on issues that merit special attention, namely, frame approach and semantic maps, the importance of combinability, and the research of metaphoric meanings.

Keywords: lexical typology, semantics, metaphor, frame, semantic map

Ekaterina Rakhilina: National Research University Higher School of Economics, School of Linguistics,（head）
Russian Academy of Sciences, Vinogradov Institute for Russian Language,（leading researcher）
rakhilina@gmail.com;
Liliya Kholkina: Russian State University for the Humanities, Institute of Linguistics, Education and Research Center for Oriental Languages and Cultures,（head）
kholkina.liliya@yandex.ru）

图书在版编目(CIP)数据

语言学论丛.第59辑/北京大学中国语言学研究中心《语言学论丛》编委会编.—北京:商务印书馆,2019
ISBN 978-7-100-17558-6

Ⅰ.①语… Ⅱ.①北… Ⅲ.①语言学—丛刊 Ⅳ.①H0-55

中国版本图书馆 CIP 数据核字(2019)第 113475 号

语言学论丛

ESSAYS ON LINGUISTICS

(第五十九辑)

北京大学中国语言学研究中心

《语言学论丛》编委会编

商 务 印 书 馆 出 版

(北京王府井大街 36 号 邮政编码 100710)

商 务 印 书 馆 发 行

北京市白帆印务有限公司印刷

ISBN 978-7-100-17558-6

2019 年 6 月第 1 版　　开本 787×960 1/16

2019 年 6 月北京第 1 次印刷　　印张 24½

定价:68.00 元